江苏高校优势学科建设工程(地理学)

DAXUE YANJIUXING
KECHENG ZHUANYE JIAOCAI

大学研究型课程专业教材

地理与海洋科学类

国土综合整治与生态保护修复研究导引

金晓斌　梁鑫源　韩　博　编著

南京大学出版社

图书在版编目(CIP)数据

国土综合整治与生态保护修复研究导引 / 金晓斌，梁鑫源，韩博编著. —南京：南京大学出版社，2023.1
大学研究型课程专业教材. 地理与海洋科学类
ISBN 978-7-305-25888-6

Ⅰ. ①国… Ⅱ. ①金… ②梁… ③韩… Ⅲ. ①国土整治-高等学校-教材②生态恢复-高等学校-教材 Ⅳ. ①F205②X171.4

中国版本图书馆 CIP 数据核字(2022)第 227546 号

出版发行	南京大学出版社	
社　　址	南京市汉口路 22 号　　邮　编 210093	
出 版 人	金鑫荣	
书　　名	**国土综合整治与生态保护修复研究导引**	
编　　著	金晓斌　梁鑫源　韩　博	
责任编辑	田　甜	
照　　排	南京紫藤制版印务中心	
印　　刷	南京玉河印刷厂	
开　　本	787×960　1/16　印张 31.75　字数 535 千	
版　　次	2023 年 1 月第 1 版　2023 年 1 月第 1 次印刷	
ISBN	978-7-305-25888-6	
定　　价	78.00 元	

网　　址：http://www.njupco.com
官方微博：http://weibo.com/njupco
官方微信：njupress
销售咨询热线：(025)83594756

* 版权所有，侵权必究
* 凡购买南大版图书，如有印装质量问题，请与所购
　图书销售部门联系调换

总　序

研究生是高校学术研究的主力军。他们的独特优势在于热情一旦被激发,巨大的能量将在瞬间释放,足以化解众多科学难题。纵观科学发展历史,多数学者后来取得的重要成果和学术声誉的基础,是在研究生阶段奠定的。当然,优势不会凭空转化为胜势,还需要一些基本的条件。

首先,研究生要有过硬的写作功夫。学术写作的要点是清晰表述事实、阐明逻辑关系。刻画事实如同画家给人画像,准确、逼真、神似是应追求的标准。各种事实之间、事实与理论之间、不同理论之间隐含着严密的逻辑,揭示这些逻辑关系要通过论说来实现,一篇论文的水平在很大程度上就是论说的水平,具体而言就是解释、比较、讨论的水平。平时多写短文,每年完成一定数量的学术论文,这是提高写作水平的有效途径。

其次,研究生要有攻克科学难题的勇气。科学发展的历史就是不断克服困难的历史;如今,人类虽然获得了许多知识,但尚未攻克的难题更多。研究生是有能力应对其中部分难题的,他们不应该由于学校的考核标准压力而忽视了自身的潜力,限制了自身的发展。如果能够找到合适的研究切入点,从相对容易的论题入手,取得初步成果,然后逐步深入,以少积多,最终将能完成一项原本难以想象的任务。研究切入点的确定要靠研究生的主观努力,阅读文献、参加学术会议、与指导老师和同学进行讨论,这些活动都能引发许多有价值的论题,经过进一步消化、吸收和凝练,可转化为自己的研究内容。

最后,研究生应在发展新技术、新方法上有所作为。有了科学问题,下一步的任务就是明确要做哪几项工作,如何完成,也就是明确研究方案。研究工作涉及数据和样品采集、实验室分析和数据处理,因而需要掌握一定的操作技能,但要做出更具创新性的成果这还不够。有哪些前人没有采集过的数据、是否需要设计新的仪器来采集和分析数据、能否建立更新更有效的计算和模拟方法？研究生要经常思考这些问题，有意识地朝着研制新仪器、发展新方法的方向去努力。

我们出版这套"导引"系列教程的目的就是要帮助研究生们提高研究能力。与通常的教材不同，这套教程的重点不是专业知识的系统介绍，而是要在发现科学问题、寻找研究切入点、发展方法技术上提供线索。我们期待研究生能从中获益，促进他们早期学术生涯的发展。

南京大学地理与海洋科学学院

2013 年 5 月 20 日

前　言

长期以来,国土整治都是中国自然资源管理体系中的一项重要内容。国土整治自20世纪80年代起就被任美锷、吴传均、包浩生等老一辈学者所倡导,并于90年代开始了以农村土地整理为代表的地方实践探索。21世纪初,在中央支持下全国土地整治进入发展高潮。十八大以来,随着国家生态文明战略部署以及自然资源管理体系改革深入,国土整治行业开始探索转型路径。2018年自然资源部成立后,正式确立了国土空间生态修复职能,国土整治也完成了从传统土地整治到国土综合整治与生态保护修复的转型。

伴随着国土整治行业的蓬勃发展,相关专业教育与人才培养也蒸蒸日上。在各类大专院校的土地资源管理、地理学、资源环境与城乡规划等专业内,普遍设置了土地整治相关课程内容。2017年,"土地整治工程"正式被教育部设置为本科专业。经过长期教学实践,相关专业知识凝聚并形成了一批优秀教材,为促进知识传递和人才培养做出了重要贡献。然而,国土整治行业的迅猛发展给专业培养带来了巨大挑战,特别是在2018年机构改革后,国土整治从相对单一的土地和农业工程向"山水林田湖草"系统治理转型的态势愈发显著,与之相关的概念、理论、方法和技术愈发多样,已远远超出传统土地整治工程的范畴。因此,面向新时期国土综合整治与生态保护修复的行业需求,编制适应当前乃至未来一段时期知识发展趋势专业教材的需求愈加迫切。

自2008年起,南京大学在地理与海洋科学学院开设了"土地科学基本问题""土地整治原理与方法"等研究生课程,并由笔者承担主要教学任务。为配合专业教学工作,笔者在十多年教学实践中大量积累教学素材,并在科研工作中不断尝试"产学研"结合,始终将行业实践和专业前沿理论作为教学的重点。同时,考虑到当前国土综合整治与生态保护修复突出的交叉学科特征,笔者也广泛吸收景观生态学、土地系统科学、可持续性科学、农业工程学、生态工程学等相关学科的科研成果与教学经验,力争确保专业知识的完整性和系统性。

尽管笔者一直从事相关专业的教学与研究工作,也广泛收集和吸收相关科研成果,但本书的编写仍面临一系列挑战。首先是学科知识体系的建立。目前并不存在"国土综合整治与生态保护修复"的学科或专业,这一概念更多是对复杂甚至混乱的相关概念取并集。当前,国土整治行业发展仍处于转型探索期,相关学术研究可谓生机勃勃、百家争鸣,但这也给知识体系的建立带来了巨大挑战。尽管如此,笔者认为充分了解行业态势和学术现状对培养研究生的行业意识和批判性思维至关重要。因此,本书尝试按照"背景—理论—方法"的逻辑搭建知识框架,并在此基础上尽可能将各类概念的联系与差异、专业知识的理论渊源以及特定方法的来源及适用场景展示给读者,供读者思考并批判地吸收。

本书编写的第二个挑战是对行业技能与理论知识的权衡。与其他学科相似,国土综合整治与生态保护修复专业教育也面临培养路线的选择。国土综合整治与生态保护修复本身是一项应用性极强的学科,许多有关工程、规划和管理的专业知识直面行业一线。但同时,它又是一项涉及学科范围极广、相关理论知识极为丰富的学科。近年来,随着整治行业的系统化、生态化转型,理论指导对行业发展的重要性也正逐步提升。然而,行业与学术领域在术语、概念及知识体系等方面的差异是客观存在的问题,教材编写中势必会面临对不同知识解释方式的取舍。本书考虑到研究生培养方向的差异,尽可能完整阐述行业性和学术性知识,并尝试将其融合。例如,通过案例方式解释相关理论在整治规划中的具体应用,或解释某项行业管理内容背后的科学原理。

本书编写的另一个挑战是国土综合整治与生态保护修复的概念融合。事实上,国土综合整治和生态保护修复在实践中有着不同的发展轨迹。"整治"的相关概念是以农村土地整理为起点,逐渐向城市低效用地、废弃矿山、海岛与海岸带等其他国土空间拓展,其发展轨迹与土地管理部门的职能设置紧密相关。"生态修复"长期存在于国内外学术研究语境中,在生态学领域有着非常丰富的科学解释。如今,二者在行政层面率先结合,但随之而来的是行业以及学界的长期争论。有关二者关系、地位、内涵的辨析层出不穷,笔者无法也无意给出一个明确的结论,因为观点争鸣本身就是行业发展的一部分。本书尽可能将有关概念的解释展示给读者,以此作为一个引子,便于读者在后续学习以及阅读更多相关文献时能够理解其观点差异。

本书得到教育部新文科研究与改革实践项目、江苏高校优势学科建设工程的大力支持。全书共包括13章,内容围绕国土整治概念,政策与行业发展,学科理论基础,整治修复对象与载体,整治修复的资源学、规划学、管理学和经济学方法以及相关案例展开,系统讲述了国土综合整治与生态修复的科学原理,以及行业关注的重点问题和常用技能。本书适用于高校土地资源管理、土地整治工程、人文地理与城乡规划等专业开设的研究生课程,也可供其他专业的教师和学生、相关行业的从业者以及其他感兴趣的读者阅读参考。

本书由金晓斌拟定大纲,由相关人员集体协作共同完成。具体分工如下(工作单位均为南京大学地理与海洋科学学院):第1章,金晓斌、韩博执笔;第2章,金晓斌、李寒冰、翁睿、梁鑫源执笔;第3章,金晓斌、张晓琳、翁睿、王世磊、宋家鹏、应苏辰执笔;第4章,金晓斌、孙瑞、刘静萍、宋家鹏、梁鑫源执笔;第5章,金晓斌、刘笑杰、宋家鹏执笔;第6章,金晓斌、张晓琳、李权荃执笔;第7章,金晓斌、罗秀丽执笔;第8章,金晓斌、朱文洁执笔;第9章,金晓斌、韩博执笔;第10章,孙瑞、梁鑫源执笔;第11章,韩博执笔;第12章,张晓琳执笔;第13章,韩博执笔。全书由金晓斌负责总纂,由金晓斌、梁鑫源负责统稿,由梁鑫源、王世磊负责校对。在此,对本书编写过程中相关领导给予的指导和关心表示衷心感谢,对所有编写人员、参考文献的作者以及关心本书出版的各界同仁一并致谢!由于时间仓促,本书在编写过程中难免有所疏漏,敬请读者批评指正!

金晓斌

目 录

理 论 篇

第一章 绪论 ······ 3
1.1 国土整治概念发展脉络 ······ 3
1.2 基本概念与定义 ······ 5
1.2.1 国土综合整治 ······ 5
1.2.2 生态保护修复 ······ 7
1.2.3 其他相关概念 ······ 8
1.3 内涵与分类 ······ 9
1.3.1 国土综合整治与生态保护修复内涵解析 ······ 9
1.3.2 国土综合整治与生态保护修复分类体系 ······ 20
参考文献 ······ 28

第二章 政策演变与行业发展 ······ 29
2.1 国土综合整治的国情基础 ······ 30
2.1.1 国土综合整治的理念引领 ······ 30
2.1.2 国土综合整治的现实背景 ······ 32
2.1.3 中国国土与环境治理体系 ······ 35
2.2 国土综合整治的国际经验与启示 ······ 39
2.2.1 法律体系的保障与支撑 ······ 39
2.2.2 生态景观的融合与重塑 ······ 41

  2.2.3　乡村特色的保留与挖掘 ·· 42
  2.2.4　多元化的融资体系与发展模式 ······································ 44
  2.2.5　多部门的协调与联动 ·· 45
  2.2.6　科技和人才的投入 ··· 46
  2.2.7　公众的广泛参与与监督 ·· 47
 2.3　中国土地整治与生态修复发展历程 ··· 48
  2.3.1　土地整治政策梳理 ··· 48
  2.3.2　生态修复政策梳理 ··· 55
  2.3.3　融合发展历程 ·· 62
 参考文献 ·· 65

第三章　学科理论基础与研究前沿 ·· 67
 3.1　学科理论基础 ·· 67
  3.1.1　学科基础 ··· 67
  3.1.2　理论基础 ··· 78
 3.2　国内外研究前沿与进展 ·· 93
  3.2.1　研究方法及数据来源 ·· 94
  3.2.2　国外相关研究进展与前沿 ··· 95
  3.2.3　国内相关研究进展与前沿 ··· 102
 参考文献 ·· 110
 附录 ·· 121

第四章　国土综合整治与生态保护修复的要素及载体 ················· 122
 4.1　国土综合整治与生态保护修复的对象 ····································· 122
  4.1.1　自然资源要素 ·· 122
  4.1.2　国土空间要素 ·· 126
 4.2　面向国土空间优化的整治修复规划路径 ·································· 128
  4.2.1　国土空间本底调查 ··· 129
  4.2.2　整治修复分区 ·· 130
  4.2.3　重点区域指引 ·· 131

	4.2.4	整治修复分类	132
	4.2.5	重大工程布局	133
4.3	面向国土空间障碍的整治修复工程措施		135
	4.3.1	补充耕地数量的工程措施	135
	4.3.2	提高耕地质量的工程措施	136
	4.3.3	优化土地利用格局的工程措施	138
	4.3.4	提高基础设施的工程措施	140
	4.3.5	提升生态环境的工程措施	141
4.4	整治修复实施的载体与形式		145
	4.4.1	整治修复规划载体	145
	4.4.2	整治修复项目载体	152
参考文献			166

方　法　篇

第五章	国土整治修复的资源学方法		173
5.1	资源环境承载力评价		174
	5.1.1	土地承载力评价	175
	5.1.2	水资源承载力评价	179
	5.1.3	环境承载力评价	182
	5.1.4	生态承载力评价	184
5.2	国土空间开发适宜性评价		186
	5.2.1	城镇建设用地适宜性评价	187
	5.2.2	农业生产适宜性评价	188
	5.2.3	生态保护重要性评价	190
5.3	生态系统安全风险评价		207
	5.3.1	生态风险评价	207
	5.3.2	生态系统恢复力评价	212
参考文献			217

第六章 国土整治修复的规划学方法 ·················· 225
6.1 土地利用需求预测方法 ·················· 226
6.1.1 土地利用需求的灰色预测法 ·················· 226
6.1.2 土地利用需求的回归预测法 ·················· 229
6.1.3 土地利用需求的系统动力学法 ·················· 230
6.2 土地利用优化配置方法 ·················· 232
6.2.1 传统数学模型方法 ·················· 233
6.2.2 元胞自动机模拟方法 ·················· 235
6.2.3 基于主体的建模方法 ·················· 237
6.3 土地利用分区方法 ·················· 240
6.3.1 判别分析方法 ·················· 241
6.3.2 K-means 聚类算法 ·················· 243
6.3.3 神经网络模型法 ·················· 246
6.4 景观格局分析方法 ·················· 247
6.4.1 景观指数评价方法 ·················· 248
6.4.2 景观"源—汇"分析方法 ·················· 252
6.4.3 景观格局模型分析方法 ·················· 253
6.5 生态网络分析方法 ·················· 259
6.5.1 生态网络构建方法 ·················· 260
6.5.2 生态节点布局方法 ·················· 266
6.5.3 生态网络评价方法 ·················· 268

参考文献 ·················· 270

第七章 国土整治修复的管理学和社会学方法 ·················· 276
7.1 整治修复目标决策分析方法 ·················· 277
7.1.1 政策文献计量法 ·················· 277
7.1.2 SWOT 分析法 ·················· 283
7.1.3 AHP 决策分析法 ·················· 287
7.1.4 决策树法 ·················· 290

7.2 整治修复项目绩效评价方法 ········ 293
7.2.1 目标管理法 ········ 294
7.2.2 标杆管理法 ········ 297
7.2.3 关键绩效指标法 ········ 299
7.2.4 全生命周期管理法 ········ 302
7.3 整治修复主体行为分析方法 ········ 305
7.3.1 利益相关者方法 ········ 306
7.3.2 社会网络分析方法 ········ 310
7.3.3 行动者网络分析法 ········ 313
7.3.4 结构方程模型 ········ 317
参考文献 ········ 321

第八章 国土整治修复的经济学方法 ········ 332
8.1 国土整治生态效益评价 ········ 332
8.1.1 生态产品价值核算 ········ 333
8.1.2 生态恢复成本—费用测度 ········ 342
8.2 国土整治经济效益评价 ········ 347
8.2.1 国土整治项目绩效评价 ········ 347
8.2.2 土地增值测算与分配 ········ 350
8.3 国土整治社会效益评价 ········ 356
8.3.1 资源要素指标交易 ········ 356
8.3.2 土地资源代际最优配置 ········ 359
8.3.3 政策社会效益测度 ········ 364
参考文献 ········ 366

实 证 篇

第九章 中国国土综合整治潜力评价与综合分区 ········ 373
9.1 案例背景 ········ 373

9.1.1 国土综合整治规划研究背景 ·· 373
9.1.2 国土综合整治对国土空间规划的支撑 ·························· 375
9.2 分析过程 ·· 376
9.2.1 总体思路 ··· 376
9.2.2 耕地资源整治分析 ·· 377
9.2.3 农村居民点整治分析 ··· 380
9.2.4 城镇空间整治分析 ·· 383
9.3 案例总结 ·· 385
9.3.1 国土综合整治规划需求 ··· 385
9.3.2 国土综合整治规划落实途径 ·· 387
9.3.3 政策启示 ··· 388
参考文献 ·· 389

第十章 江苏省国土综合整治与生态修复 ·································· 390
10.1 案例背景 ·· 391
10.1.1 政策背景 ··· 391
10.1.2 区域需求 ··· 392
10.2 研究过程 ·· 393
10.2.1 国土整治修复目标与空间划定 ·································· 393
10.2.2 国土空间整治修复研究体系 ····································· 394
10.2.3 现状问题解析与潜力评估 ··· 396
10.2.4 省域整治修复格局构建 ··· 401
10.2.5 整治修复重点区域识别 ··· 404
10.2.6 整治修复重大工程布局 ··· 407
10.2.7 国土整治修复实施机制 ··· 410
10.3 案例总结 ·· 414
10.3.1 省域国土整治修复范式 ··· 414
10.3.2 省域国土整治修复讨论 ··· 414
10.3.3 国土空间规划背景下的研究展望 ······························ 416

参考文献 ········· 418

第十一章 江苏省长江经济带生态保护修复规划 ········· 419

11.1 案例背景 ········· 419
11.1.1 政策背景 ········· 419
11.1.2 区域概况 ········· 420
11.1.3 生态问题 ········· 421

11.2 分析过程 ········· 422
11.2.1 分析思路和技术路线 ········· 422
11.2.2 现状评价与问题识别 ········· 424
11.2.3 多尺度规划决策 ········· 432
11.2.4 生态保护修复格局构建 ········· 433

11.3 案例总结 ········· 437
11.3.1 区域生态保护修复思路 ········· 437
11.3.2 生态修复机制创新 ········· 438

参考文献 ········· 439

第十二章 常州市金坛区生态网络优化 ········· 441

12.1 案例背景 ········· 441
12.1.1 研究背景 ········· 441
12.1.2 文献综述 ········· 443
12.1.3 研究区概况 ········· 445

12.2 优化过程 ········· 447
12.2.1 优化思路与技术路线 ········· 447
12.2.2 生态网络识别与演变 ········· 448
12.2.3 生态网络优化与评价 ········· 454

12.3 案例总结 ········· 464
12.3.1 生态网络视角的生态修复对策与建议 ········· 464
12.3.2 本案例存在的问题 ········· 464

参考文献 ········· 466

第十三章 常州市金坛区生态型土地整治规划 ················ 470
13.1 案例背景 ·· 470
13.1.1 政策背景 ·· 470
13.1.2 项目简介 ·· 472
13.2 规划过程 ·· 473
13.2.1 规划思路 ·· 473
13.2.2 要素特征识别与功能分区 ······························ 475
13.2.3 生态化工程设计 ··· 478
13.2.4 整治效果评价 ·· 481
13.3 案例总结 ·· 484
13.3.1 建设理念转变 ·· 484
13.3.2 技术方法创新 ·· 484
13.3.3 评估方式转变 ·· 485

参考文献 ·· 486

理论篇

第一章 绪论

国土综合整治和生态保护修复,都是中国国土整治事业在特定历史时期的概念载体与政策落实途径。为便于充分理解国土综合整治与生态保护修复"是什么""为什么""做什么",笔者拟对中国国土整治发展脉络做简要梳理,然后对国土整治相关纷繁复杂的概念进行对比,最后以国土综合整治与生态保护修复分类对近年来业界与不同学者对其内涵的不同理解进行总结,以便读者理解几个易于迷惑的关键问题,如"为什么要将看似无直接关联的国土综合整治与生态保护修复两者进行并列?""国土综合整治与生态保护修复是规划还是工程?""国土综合整治与土地整治的关系?"等。需要读者予以注意的是,在任何政体的任意时期,没有哪项政策是一蹴而就、一成不变的。多数情况下,一项政策的制定都具有特殊的时代背景与发展环境,并历经初步探索、逐渐完善、政策转型甚至政策中止等过程。一项政策的出现与发展往往需要充分回溯方可理解其现状,并对其历史功绩、现今优势或与当前环境不相适应之处具有辩证的认识。

1.1 国土整治概念发展脉络

长期以来,由于行业管理实践的不断变化与快速发展,国土整治相关概念也不断更新演变,导致学术研究中对土地整理、土地整治、国土整治、国土综合整治等概念混用、误用、交叉使用现象明显(夏方舟 等,2018)。概念混淆的主要原因之一是学术研究与行业管理的交叉重叠。在行政管理体系下,国土整治概念具有较为清晰的发展路径,从以农用地为主的土地整理,到以实现补充耕地目标为主的土地开发、整理、复垦,再到针对包括城乡建设用地在内的土地整治,最后到针对"四区一带"(城市化地区、农村地区、重点生态功能区、矿产资源开发集中区以及海岸带和海岛地区)的国土综合整治,整治对象与整治范围不断扩大,并通过具体的土地整理、高标准农田建设、矿山复垦、海岸带修复等专项整治项目落实整治任务。但在学术研究层面,学者对国土整治内涵的理解有一定差异。在20世纪80年代国土整治尚未转化为政策时期,学者们便从地理学与资源学的学理视角提出了国土整治概念。任美锷(1983)将国土整治概念拆分为"国土"和"整治"两部分,认为针对国土空间陆海全域开展的调查研究、编制开发利用规划、制定管理法即为国土整治。陈传康、周立三、吴传钧等学者也持相似观点,强调以国土开发、利用、保护、治理、规划编制促进国民经济建设是国土整治的核心任务(夏方舟,2018)。这种理解充分体现了地理学综合性与区域性特征,具有前瞻性与大局观,但受限于当时的国家治理与管理能力,缺少从理念向实践转化的路径。尽管如此,系统性与综合性仍然成为后来研究者坚持的学术理念,在国土整治具体化为农用地整理等工程项目阶段,学者们从广义与狭义解析国土整治内涵,一方面仍持续开展有关"土地综合整治""生态型土地整治""多功能土地整治"等研究,探索系统性国土综合整治在学理与实践中的可能性;另一方面积极参与各类专项整治的规划与管理,将"人地关系""乡村地域系统""土地系统"等研究融入国土整治内涵解析体系。

近十年来,随着国土资源利用矛盾的深化以及对国土管理理解的深入,各类专项整治也向综合化发展,"全域整治""土地整治+"等概念在业界与学术界都受到广泛关注。特别是2018年以来,国土综合整治与国土空间生态修复在国家政策层面的部署,激起了学术界对相关概念的热烈探讨,针对土地整治、国土综合整治、国土空间生态修复的内涵、目标、任务、范畴的辨析成为研究的热点。学者们基于不同学科背景提出了不同的解析思路,例如,贾文涛(2018)从土地整治行业发展角度,提出国土综合整治是土地整治的转型发展,是统筹山水林田湖草系统治理、建设美丽生态国土的政策平台;韩博等(2019)借鉴"人—地系统"理论,提出了广义国土综合整治是人类优化调控国土空间与资源的全部活动的观点,并提出了面向当下国土资源管理现实需求的狭义国土综合整治分类体系;夏方舟等(2018)通过梳理不同时期国土综合整治内涵演进,提出当前国土综合整治的核心特征是整治范围全域性、整治对象全要素和整治过程全周期;王威与胡业翠(2020)基于对国土整治历程回顾,提出国土综合整治是国土整治的新阶段,生态系统保护修复是国土综合整治的实施内容与手段之一;王军等(2020)辨析了国土整治与生态修复的内涵关联,认为两者分别针对格局失序、效能低下和品质不高的空间及结构不良、功能受损的生态系统进行整治与修复,互为依存,相互促进。尽管目前的研究对国土整治内涵解析尚未达成一致,但普遍认可系统性、综合性、区域性是国土整治的本质要求,这一理解也成为当前及未来国土整治研究的基本出发点。

由此可知,如今业界与学界对国土综合整治与生态保护修复的概念内涵仍未达成一致,但在以下方面具有一定共识:第一,国土综合整治与生态保护修复在政府职能部门管理上具有继承性。原土地整治相关管理部门承担起了具体管理工作,但核心目标从以耕地保护为主转向以生态保护修复为主。第二,国土整治发展脉络下国土综合整治概念本身更具包容性。"国土"概念本身包含了生态空间,因此理论上生态保护修复是国土综合整治的目标与路径之一,但由于当前生态保护修复对国土资源优化与管理具有不可替代的重要作用,应当在行政管理体系中加以强化。第三,服务于现实管理需求,以国土空间资源对象为依据,将国土综合整治与生态保护修复作为并列概念予以强调。其中,国土综合整治延续原土地整治发展脉络,以农业空间、城镇空间为整治对象。生态保护修复以生态空间为对象,探索区别于传统以土地整治项目为实施载体的整体保护、系统修复路径。

1.2 基本概念与定义

1.2.1 国土综合整治

1. 国土

国土是国家主权与主权权利管辖范围内的地域空间,包括国家的陆地、陆上水域、内水、领海及其底土和上空。国土是由各种自然要素和人文要素组成的物质实体,是国家社会经济发展的物质基础、资源,是国民生存和从事各种活动的场所、环境,属于空间范畴。

2. 国土空间

国土空间是包含"国土要素"和"空间尺度"两大特性的具有明确边界的复杂地理空间,一般可分为城市空间、农业空间、生态空间和其他空间四类,其不但强调各类国土要素聚集或分布于具有不同空间尺度的综合地理单元之上的基本特征,还注重各类国土要素在空间中的物质交换和能量流通,并在特定的空间尺度范围内体现出不同的空间异质性及特定功能。其中,"国土要素"特指在人类活动影响下的土地要素(具有地上、地表、地下垂直空间结构特征的自然地理要素综合体)和海洋要素,抑或是指各类森林、湿地、荒漠、草原、农田等陆地生态系统类型以及海洋生态系统类型;而"空间尺度"特性则强调国土要素的空间边界及其空间关系特征,空间边界可以参照不同的生态学组织水平(群落、生态系统、景观、区域等)来界定,空间关系则是指不同空间边界所体现出的特定地理空间范围内相应的空间结构与空间格局(群落组成、生态系统结构、景观格局、区域空间协同等)特征。

3. 国土整治

国土整治是以实现一定时期内国民经济发展为主要目标,针对国土开发利用和治理保护工作中存在的主要矛盾,根据农业生态平衡原理和国民经济计划要求,兼顾各部门、各地区的经济效益、生态效益和社会效益而采取的对土地资源进行考察、规划、开发、利用、改良、治理、保护等措施的总称。它是保障人类社会与自然界之间物质交换的良性循环,合理开发利用农业土地资源,提高土地利用度,保持生态平衡,防止水土流失、土壤沙化和碱化等现象发生的重要手段之一。

4. 国土综合整治

国土综合整治是针对国土空间开发利用中产生的问题,遵循"山水林田湖草生命共同体"理念,综合采用工程、技术、生物等多种措施,修复国土空间功能,提升国土空间质量,促进国土空间有序开发的活动,是对国土空间与自然资源利用的优化,也是统筹山水林田湖草系统治理、建设美丽生态国土的政策平台。

1.2.2 生态保护修复

1. 生态

生态是指生物在一定自然环境下生存和发展的状态,也指生物的生理特性和生活习性,即一切生物的生存状态,以及生物之间、生物与环境之间环环相扣的关系。

2. 生态环境

生态环境,即"由生态关系组成的环境"的简称,指影响人类生存与发展的水资源、土地资源、生物资源以及气候资源数量与质量的总称,是人类生存和发展的主要物质来源,同时它也承受着人类活动产生的废弃物和各种作用结果,是关系到社会和经济可持续发展的复合生态系统。良好的生态环境是人类发展最重要的前提,也是人类赖以生存、社会得以安定的基本。因此,保护生态环境对于人类社会可持续发展至关重要。

3. 生态保护

生态保护是指为保护生态功能,通过采取一系列措施加大生态环境保护与建设力度,进而保护自然生态系统(森林、草原、荒漠、湿地、水域和海洋等生态系统,包括构成这些生态系统的所有组分和物种)与人工生态系统(一切人类活动所形成的人工生态系统,如农田、城镇、工矿和交通用地等)的一项战略措施,对维护国家和区域生态安全、维持生态系统的完整性和生态功能的稳定性、支持社会经济可持续发展、保障人民群众健康具有重要意义。一般可从水源涵养、水土保持、风沙控制、生物多样性保护、洪水调蓄等方面入手,通过实施绿色工程、建立自然保护区、划定生态功能保护区等措施实现。

4. 生态修复

生态修复是以不同空间尺度范围内受损或缺乏稳定与安全性的生态系统为对象,通过对国土要素的空间结构调整与优化、生态功能修整与重建,辅以中观尺度上的生态工程等系统性措施,通过修复生态系统过程和提升生态系统服务的治理活动,最终实现生态系统健康、景观生态安全和区域可持续发展。具体而言,生态修复是指针对受到干扰或损害的生态系统,遵循生态学原理和规律,主要依靠生态系统的自组织、自调节能力以及适当的人为引导,遏制生态系统进一步退化,强调将人的主动治理行为与自然的能动性相结合,使生态系统修复得以发挥促进人类可持续发展的积极意义。

5. 国土生态修复

国土生态修复是以不同空间尺度范围内结构紊乱、功能受损甚至遭到破坏的区域性生态系统为修复对象,以减轻人类活动对生态系统的负面干扰为目标,通过国土要素的空间结构调整与优化以及生态功能修整与重建,或依靠生态系统自我调节能力与自组织能力,或借助生态系统的自我恢复能力辅以人工干预,或通过实施中观尺度上的大型生态工程等系统性修复措施,使缺乏稳定性、不健康或者面临生态风险的生态系统结构、生态系统过程、生态系统服务,逐步向良性循环方向发展,最终实现维持生态系统健康、景观生态安全和区域可持续发展的目的。国土生态修复是以生态空间修复为核心内容的全域生态系统保护与恢复,是实现退化生态系统"整体保护、系统修复、综合治理"的重要抓手。

1.2.3 其他相关概念

1. 土地整治

土地整治是为满足人类生产、生活和生态功能需要,依据土地整治规划等相关规划,对未利用、低效和闲置利用、损毁和退化土地进行综合治理的活动。土地整治是土地开发、土地整理、土地复垦、土地修复的统称。

2. 土地综合整治

土地综合整治指为满足人类生产、生活和生态功能需要,依据土地整治规划及相关规划,在一定区域范围内综合运用相关政策,采用先进工程技术,通过调整土地利用结构、优化土地空间布局、保障土地可持续利用,实现粮食安全、现代农业、精准扶贫、生态修复等综合效应的治理活动,具有内容丰富、模式多样、目标多元、手段综合等特点,是推进乡村振兴和城市更新、实现城乡融合发展的重要平台。

3. 生态重建

生态重建是指针对强烈人类活动或自然干扰下受到严重损害的生态系统,以主动的人工干预为主导,辅以积极的生态建设,重建替代原有生态平衡的新生态系统,是重塑区域生态系统整体稳定性,实现格局—过程—功能有效匹配和发挥,维护国土生态空间健康、稳定及可持续，重建人与自然和谐共生生态系统的重要手段之一。如矿坑回填、矿区土地平整、露天矿表土覆盖、植被再植等工程。

1.3 内涵与分类

1.3.1 国土综合整治与生态保护修复内涵解析

1. 战略需求

当前，中国国土空间与资源开发利用形势发生了重大转变。党的十九大指出，中国当前主要矛盾是人民日益增长的美好生活需要和不平衡不充分的发展之间的矛盾。为解决这一基本矛盾，国土空间利用方式应当从粗放化向可持续、集约、人地和谐的高品质方式转变。国土综合整治作为增强国土开发利用和资源环境承载力之间的匹配程度、提高国土开发利用效率和质量的重要手段，在当前经济转型期肩负着重要的时代使命。2015年5月，中共中央、国务院印发《关于加快推进生态文明建设的意见》，要求"加快推进国土综合整治"；2018年国土资源工作会议提出，要发挥国土综合整治在推进山水林田湖草系统治理中的重要平台作用；2018年，自然资源部成立后正式将"负责国土空间综合整治、土地整理复垦、矿山地质环境恢复治理、海洋生态、海域海岸线和海岛修复等工作"写入部门职能，为国土综合整治工作开展奠定了制度基础；2019年，国土空间规划编制工作正式启动，国土综合整治作为优化国土空间开发利用格局的重要抓手在其中发挥了重要作用。一系列政策标志着国土综合整治进入新时期，即国家发展阶段的新时期、发展导向与发展路径的新时期、行政机构改革的新时期、国土整治内涵进一步丰富的新时期。当前也正是国土综合整治从抽象概念转向具体落实的重要转折期。

生态修复脱胎于自然资源管理，早期关注自然资源为人类提供服务和产品能力的管理（Choi，2008）。生产力进步大大提高了人类对自然资源的需求，但过度利用带来自然资源过载，致使矿山、森林等退化。2005年联合国发布的《千年生态系统评估报告》表明，近50年来人类近乎疯狂地攫取自然资源，生态系统服务中有60%在退化和被人类以不可持续的方式利用。生态系统退化和优质生态产品短缺直接威胁区域乃至全球的生态安全，难以支撑社会经济的可持续发展。为了修复退化的自然资源，生态修复应运而生。有关生态修复概念、原理、技术与方法的研究逐渐受到关注。目前，受到广泛认可的生态修复定义由国际生态修复学会提出，其将之定义为协助已遭受退化、损伤或破坏的生态系统恢复的过程。

在国际上，生态修复逐渐得到公众和政府的普遍关注，《生物多样性公约》明确提出在就地保护时要重建和恢复已退化的生态系统。经过长达50多年的生态修复，莱茵河由最初的"欧洲下水道"成为3000多万人的饮用水源地，1999年缔结的《莱茵河保护公约》进一步明确了"自然方式"治理的主导性。德国通过重新设计低地河流河道，成功降低了洪水发生的风险并增加了无脊椎动物的多样性；澳大利亚在铝土矿废弃地成功恢复了红柳桉树生态系统。2019年3月，联合国宣布实施"联合国生态系统恢复十年（2021～2030）"倡议，号召扩大生态系统修复范围，全球各国家及地方共同努力，采用近自然方式优先保护生物多样性及自然生境，遏止退化趋势，积极应对生物多样性锐减、荒漠化加剧、土地退化等问题。自20世纪50年代以来，中国生态修复开始起步并取得了一定成效。生态修复的对象和范围通常关注小尺度单一类型生态系统，如森林、湖泊，或单一自然地理要素如水体、大气、土壤及生物等污染或者退化过程，进行点状治理。末端治理是20世纪生态修复的显著特征，通过对明显受损、退化的生态系统实施结构调控，从而使其过程或功能达到或超过生态系统初始状态。然而，由于实践中机械地对森林、耕地、草地、水体等要素制定单一目标，由对应管理部门分治，导致生态修复的局部效果显著但整体效果不突出。同时，生态修复大多由区域自主施行，忽视了社会经济建设对生态系统需求的影响，致使部分生态工程短期颇有成效，长期却"修而复退"。随着区域性生态系统要素冲突等问题显现，传统生态修复忽略生态要素关联的缺陷逐渐暴露，多尺度整合与实践中生态过程完整性的缺失使得生态修复工作陷入困境，亟须引入新的理论和方法，提高大尺度生态修复的系统性、协同性。

随着我国社会主要矛盾转化为人民日益增长的美好生活需要和不平衡不充分的发展之间的矛盾，社会经济系统由注重高速度增长转向高质量发展。高品质国土空间是助力社会经济高质量发展的物质基础。由于国土资源的稀缺性和不可再生性,可供开发的国土空间及其承载的自然资源日渐逼近上限,且空间上存在严重的不平衡。如何对国土空间实施合理开发、保护和修复,变革国土空间利用方式,促进可持续发展,成为当务之急。为了支撑社会经济转型,党的十八大首次把生态文明建设上升到中国特色社会主义建设"五位一体"总体布局的战略高度,围绕建设美丽中国目标,布局资源节约、生态修复和环境保护三大任务。党的十九大报告进一步明确建设生态文明、建设美丽中国的总体要求——加大生态系统保护力度、统筹山水林田湖草系统治理、实施重要生态系统保护和修复重大工程。同时在术语使用上,生态修复逐渐转换为国土空间生态修复。2019年5月,《中共中央 国务院关于建立国土空间规划体系并监督实施的若干意见》中明确提出了国土空间生态修复的实施要求:"坚持山水林田湖草生命共同体理念,加强生态环境分区管治,量水而行,保护生态屏障,构建生态廊道和生态网络,推进生态系统保护和修复"。由此,将山水林田湖草视为生命共同体,系统实施国土空间生态修复成为新时期国家生态文明建设的重大战略需求。

2. 理论框架

国内国土综合整治概念出现于20世纪80年代,为促进国土空间与资源合理开发利用,吴传钧、陈传康、陆大道等一批科学家积极呼吁开展国土综合整治。自20世纪90年代开始,随着城市化、工业化进程加快,耕地资源保护面临巨大压力,土地整治作为稳定耕地数量、提高耕地质量的重要手段而广泛开展,成为这一时期国土综合整治的主要形式。新时期,国土空间与资源开发利用面临新的形势,生态环境破坏与自然资源不合理利用成为当前面临的主要问题,业界与学界都呼吁通过国土综合整治促进山水林田湖草系统修复,实现国土空间资源可持续利用。

综上所述,尽管在不同时代背景和形势需求下,国土综合整治被赋予了不同的内涵和表现形式,但其核心内涵始终明确,即国土综合整治是优化国土空间与自然资源利用的过程。不同阶段国土空间资源开发利用能力和社会认知差异导致合理利用的标准不同,但通过国土综合整治实现当前生产力水平下最优利用状态的目标是一致的。因此,为了进行广义国土综合整治分类,需要解析国土空间与自然资源利用的过程,分析国土空间与自然资源利用优化的途径。借鉴人地关系思想,可以将国土空间与资源开发利用系统分为资源系统(利用客体)和社会经济系统(利用主体)(图1-1)。具有现实意义的自然资源系统最小尺度为资源要素(如土地资源、水资源等),资源要素的自然属性与利用属性决定了其可开发利用的条件,而资源要素的权属主体或利用主体的利用能力和行为意愿决定了自然

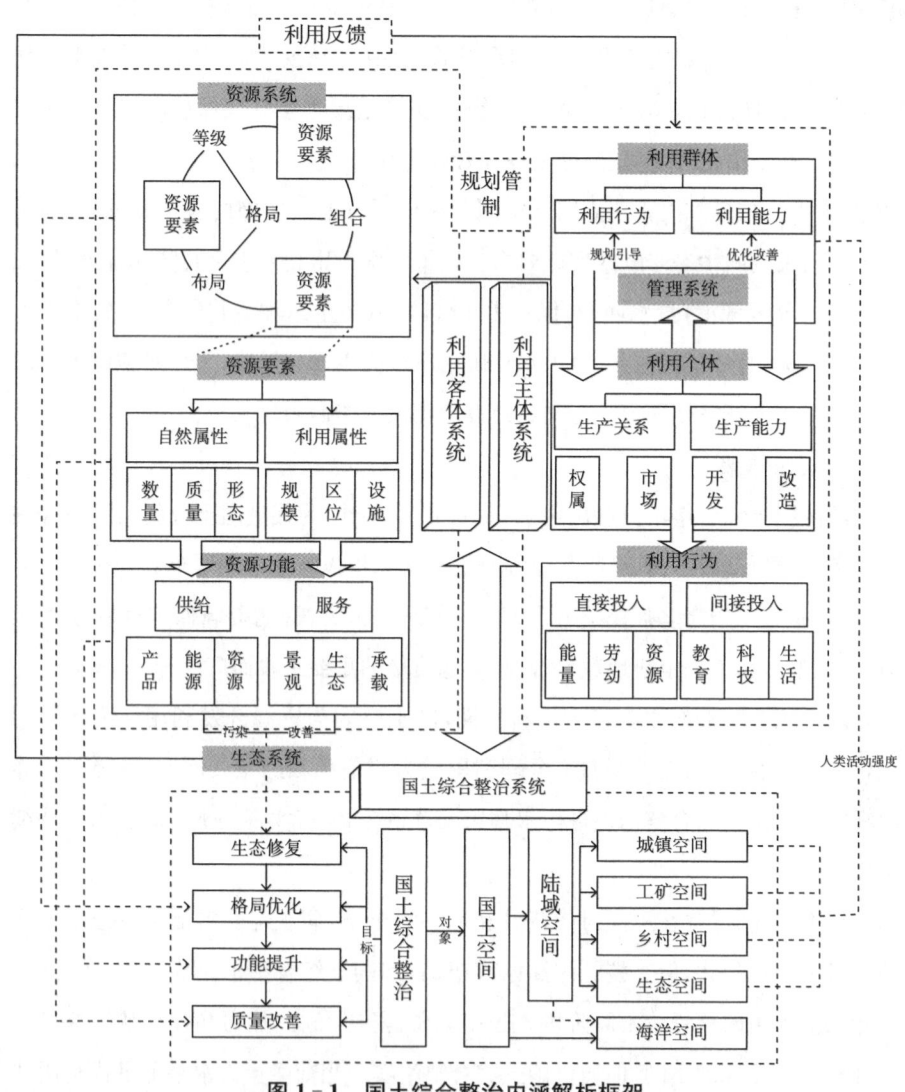

图1-1 国土综合整治内涵解析框架

资源的利用过程。多种资源要素按照一定的等级、组合和空间布局构成了宏观尺度的资源系统,对资源系统开发利用、空间格局与时序的安排(如各级各类规划)及对利用者行为的引导和约束共同构成了利用主体的管理系统。资源开发利用过程具有内部性与外部性,一方面自然资源为利用主体提供所需的产品与服务,另一方面可能会对环境中其他资源系统产生潜在负外部影响。利用主体根据利用结果的反馈调整利用能力与管理策略,从而不断优化自然资源开发利用过程。

广义国土综合整治作为资源开发利用过程的优化,主要途径包括资源要素的改良、资源利用条件的改善、资源系统的空间格局优化等。在社会经济系统方面主要包括利用者行为引导及权属调整、利用能力的提升、资源开发利用管理体系的优化等。由于利用能力的提升主要由技术进步与推广决定,而管理系统的优化主要受体制、法律、政策等影响,因此不作为国土综合整治的核心内容讨论。

3. 基本特征

国土综合整治具有以下特征:第一,多尺度性。国土综合整治既包括资源要素的改造,也包括资源系统格局优化,因此国土综合整治制度设计应考虑层级间的传导性。如图1-1所示,对资源要素自然属性和利用属性的改善以及对利用主体的引导和管理属于微观尺度国土综合整治,对资源系统的格局优化及管理属于宏观尺度国土综合整治。第二,系统性。国土综合整治对象包括全部各类自然资源、利用主体及相关属性,在措施上包括工程、市场、管理、法律、教育、宣传等多种自然资源开发利用优化途径。第三,动态性。要求国土综合整治不断根据利用结果的反馈来优化整治导向、目标和手段。第四,全要素与多途径。国土综合整治对象包括全部各类自然资源和利用主体及其属性与条件,因此广义的国土综合整治涵盖了所有自然资源开发利用优化的行为,包括工程、市场、管理、法律、教育、宣传等。

多尺度性同样是生态保护修复的基本特征。生态保护修复的对象理论上可分为社会经济系统及自然生态系统,其途径也相应分为以优化人类开发利用活动为主的"修"及以发挥自然生态系统恢复功能为主的"复"。但是,由于当前自然生态系统的高度人工化,现实的生态修复过程多为两个途径相结合。宏观尺度的生态保护修复不只是各类生态工程、生态管制、生态措施的空间布局,更是目标约束下区域社会经济发展的引导。按照保护修复理念调整社会经济发展方向，通过构建生态补偿等机制协调经济活动与生态修复活动，制定区域层面的生态保护修复规划是宏观尺度生态修复的实现途径。中观尺度生态保护修复的对象主要是各类景观生态要素，以县区级国土空间规划为载体，通过调整景观结构、优化景观格局、改善景观生态功能等途径落实宏观尺度生态保护修复规划。微观尺度生态保护修复与传统狭义的生态修复概念近似，是操作层面实施的具体途径。通过县区级生态修复专项规划布局生态修复工程项目，制定地块尺度的生态管制规则，推行适宜区域条件的生态设计标准。

4. 关键问题

（1）国土综合整治与生态保护修复的关系

通过前述分析可以看出，国土综合整治与生态保护修复在目标、途径、任务等方面有一定的重叠内容，但正如本章开篇所说，政府作为引导社会发展的关键枢纽，在政策制定中需要充分考虑前瞻性与引导性。尽管中华人民共和国成立以来生态保护修复有不同的实践形式，但如今作为一项全新概念出现，目的在于突出其在自然资源管理中的地位，强化其对于当前中国社会经济发展及资源优化利用的特殊重要性。因此，国土综合整治与生态保护修复的内涵理解，不仅应考虑科学性，还应考虑政治性。不可否认，由于长期以来国土整治以土地整治作为政策载体，生态修复概念的提出在一定程度上改变了原政策发展脉络的延续性。因此，当前不论是行业管理者还是学术研究者，都面临厘清国土综合整治与生态保护修复关系的困难。在当前制度体系下，生态保护修复业务的管理者多具有丰富的土地管理与土地整治行业管理经验，因此在梳理生态保护修复任务的过程中，常将土地整治、矿山修复、建设用地整治等传统国土部门业务纳入其中，并向其他生态修复业务拓展。但是，由于生态保护修复、国土空间生态修复等概念本身具有一定局限性，将其对象完全囊括农业、城镇、生态空间并不易快速被接受。因此，在实际管理与规划工作中，又重新对国土综合整治与生态保护修复进行了区分，一般将农村、城市作为国土综合整治对象，将山水林田湖草以及海岸带与海岛等作为生态保护修复对象，而矿山修复等兼具整治与修复特征的任务在不同分类体系下可能被划分为国土综合整治或生态保护修复中的一种。

综合而言，由于国土综合整治与生态保护修复的交叉重叠，通常会将某项整治修复工作视应用场景划分为国土综合整治与生态保护修复其中一种。例如，由于实施面源污染治理、土壤污染修复、农田防护林建设等工程，部分农用地整治项目也可被视为生态保护修复范畴；同样，流域环境治理中可能涉及土地复垦、土地整理等工程内容，也可被视为国土综合整治范畴。为了便于分工管理，经过长期工作磨合、探索后，各地方逐渐形成自适应的整治与修复分类体系。出于向读者介绍国土综合整治与生态保护修复特征的目的，本书遵从了将国土综合整治与生态保护修复按空间类型进行分离的体系，以便读者能在阅读过程中体会两者的共性与差异。

（2）生态修复相关概念辨析

生态修复（ecological restoration）一词的早期概念是指恢复人类破坏当地生态系统多样性和动态的过程，较为普遍的概念是2002年国际生态修复学会指出的"修复是协助一个遭到退化、损伤或破坏的生态系统恢复的过程"。最近，生态修复被定义为"以实现大量生态系统恢复为目标的任意形式的活动，这些活动对照适当的参考模型，与实现恢复所需的时间无关"。在欧美等西方国家，常用"生态恢复"一词，"生态修复"则常见于我国和日本的研究中。我国学者焦居仁（2003）认为，为了加速已被破坏生态系统的恢复，还可以辅助人工措施为生态系统健康运转服务，而加快恢复则被称为生态修复。近年来，生态修复的概念不断发展，但至今尚未统一（表1-1）。

表1-1 生态修复概念

学者/机构	时间	概念
Bradshaw and Chadwick	1980	修复是一个笼统的词，用来描述所有那些旨在以恢复生物潜力的形式改善受损土地或重建已被破坏的土地并使其恢复有益利用的活动（Martin，2017）
Berger	1986	自然资源修复是指对已损坏的资源或区域在生物、结构和功能上进行更新的过程（Martin，2017）
Higgs	1994	生态修复是涉及生态系统恢复的一整套思想和实践（社会、科学、经济、政治）（Higgs，1994）
Jackson	1995	修复是恢复人类对当地生态系统多样性和动态的破坏的过程（Jackson et al.，1995）

续　表

学者/机构	时间	概念
SER(国际生态修复学会)	2002	修复是协助一个遭到退化、损伤或破坏的生态系统恢复的过程(Hobbes et al.，2004)
焦居仁	2003	为了加速已被破坏生态系统的恢复,还可以辅助人工措施为生态系统健康运转服务,而加快恢复则被称为生态修复(焦居仁,2003)
Davis and Slobodkin	2004	生态修复是恢复景观的一个或多个价值的过程或属性的过程(Davis and Slobodkin,2004)
CBD(生物多样性公约)	2016	生态修复是指管理或协助恢复已退化、受损或被破坏的生态系统,以维持生态系统的弹性和维护生物多样性的过程
Miller	2017	修复是以实现大量生态系统恢复为目标的任意形式的活动,这些活动对照适当的参考模型,与实现恢复所需的时间无关

生态修复与生态恢复、生态重建既有区别又有联系。狭义上,生态修复针对受到干扰或损害的生态系统,遵循生态学原理和规律,主要依靠生态系统的自组织、自调节能力以及适当的人为引导,以遏制生态系统的进一步退化;生态恢复强调的是恢复过程中充分发挥生态系统的自组织和自调节能力,即依靠生态系统自身的"能动性"促使已受损生态系统恢复为未受损时的状态;生态重建则指针对受损极为严重的生态系统,以人工干预为主导重建,替代原有生态平衡的新的生态系统。生态修复、生态恢复和生态重建三者的最终目的都是使退化或受损的生态系统回归到一种稳定、健康、可持续的发展状态。广义的生态修复包括生态恢复、修复和重建三重含义。生态修复使退化的生态系统处于恢复的轨道上,从而适应区域和全球的变化,适应组成物种的持续和演化,通常用于描述生态系统所寻求的过程和结果。生态修复是诸多恢复性活动之一,这些恢复性活动包括生态修复及与之关联的或互补的活动,所有这些活动都有助于改善生态系统健康、生态系统完整性和社会生态弹性。

(3) 生态修复的主要理念

① 基于生物多样性目标的生态修复

在生态修复过程中,生物多样性变化起着关键作用,构成生物多样性的物种组成决定了修复的方向和质量,也决定了生态系统和景观的抵抗力和恢复力。物种组成往往也是许多其他修复目标的基础,实现这些目标所选择的物种不仅仅基于特定的参考地点或历史组成,还可以包括参考系统之外的一系列选择。

在植物修复方面,有学者提出建立修复种子库的概念,内容包括种子收集和储存、种子修复使用、种子种植、培训和信息传播的基础设施,帮助重新引入植物物种,进行大规模的土地修复。种子的来源可以适当减少本地物种,更多地关注高质量和基因多样性的种子,以增加对当前和未来环境变化的适应潜力。此外,由于植物能够改变土壤属性,变化的土壤属性又反过来影响植物性能,需要考虑植物—土壤反馈(PSF)的作用,在地上—地下结合的环境中进行生态修复,运用"土壤生态知识"(SEK),综合考虑土壤的物理、化学和生物特性,例如利用土壤微生物群落促进土壤氮的减少。

然而,历史上以植物为中心的修复方法建立在"梦境假说"的基础上,即一旦生态系统的植被建立起来,动物就会回归到扰动前的丰度、多样性和群落动态,但是恢复自然植被结构并不一定能促进动物的自然重新定居。因此,越来越多人呼吁考虑动物在生态系统修复中的价值和作用。在动物修复方面,通常通过提供栖息地资源来提高种群生存能力,包括在整个景观中重建关键的生境资源(如食物、食物基质、庇护所和繁殖地)以及维持影响种群生存能力的长期景观尺度过程(如分散、迁移)。最近,有一种关于回归野生环境的呼吁,强调野生动物的重新定居,考虑野生动物福利对生态修复的影响,从而重组生物群落和生态系统过程,以最少的持续管理提供自我维持的生态系统。

② 基于生态系统功能目标的生态修复

生态系统功能与生态系统稳定性密切相关,功能多样性有助于缓冲环境变化对生态系统的干扰。在恢复生态系统功能时,通过重新引入关键功能群的优势种、增加不同功能特征的物种,以增加生态系统功能多样性。如果本地关键功能物种已经灭绝,引入具有相同功能特征的非本地物种作为生态替代也是一种有效的修复方法。功能目标有时是不确定和难以衡量的,响应—效应框架可以将修复目标转化为生态系统功能目标,并用定量方法将生态系统功能目标转化为相应的物种组合,并直接用于生态修复。在定量框架下,响应特性通过环境过滤和物种间的相互作用影响群落的组合方式,效应特性决定了生物体对生态系统功能的影响。功能的修复也可能依赖于植物与土壤之间的相互作用,例如受干扰植物群落恢复后功能群组成的变化对群落中土壤有机质中的碳储量有较大影响。火作为一种修复工具,可以帮助增加或减少特定物种,从而创造理想的植物群落,增强生态系统稳定性。在恢复生物群落方面,发展功能性食物网有利于促进营养结构和生态网络的整合,增加生态系统的复杂性。

③ 基于景观尺度的生态修复

由于人类活动的干扰,生物栖息地破碎化越来越严重,局部生态系统或特定地区的斑块能够支持的物种数量减少,更易受到边缘效应和多因素干扰的协同影响。因此,生态修复向大规模、景观尺度的方向发展。

恢复关键物种的栖息地和景观的连通性是景观尺度修复的两个重要方面。破碎化或退化的栖息地最终会导致物种不断减少直至灭绝。目前,原地修复对阻止物种灭绝的收效甚微,因此产生了保护导向型的修复方法,其通过提供额外的栖息地来帮助恢复受威胁的物种,将保护迁移作为一种手段,引进物种,建立新的生物群落。将物种引入历史分布范围之外的适宜栖息地,重点关注数量较少的关键物种,发挥生态系统的自我设计能力,从而实现栖息地的恢复。景观连通性作为景观修复的一个重要特征,允许个体和基因在斑块之间和景观之间流动,对增强修复区域的物种丰富度、恢复力和生态系统功能有重要作用,可以通过建立走廊连接现有的碎片为保护提供作用。确定景观尺度的优先修复区域也有助于增强景观连通性,目前针对该问题研究提出了许多决策方法。例如,使用保护规划工具 Zonation(分区)判断物种栖息地的预期贡献,以确定恢复的空间优先级;基于多尺度的景观结构定义优先修复区域;结合成本估算和栖息地网络中增强连接性的潜力对修复的地块进行优先排序。

景观尺度的修复规模庞大,范围从几平方公里的生态斑块到横跨大陆的生态走廊不等,覆盖了各种栖息地和物种范围,为多个利益相关者提供服务和价值,涉及各种相互作用的生态、文化、社会、政治和经济等因素。因此,景观修复需要纳入社会经济层面,整合利益相关者的合作和社会动机,权衡利益相关者的成本效益,从而促进修复成功。

④ 基于社会生态尺度的生态修复

生态修复是直接造福生态系统的人类活动之一，不仅影响生态系统，也影响人类社会，关系着人类与自然系统之间不可分割的联系。一个成功的修复应该建立在社会生态条件改善的基础上，因此需要不断探索人类社会和生态修复的相互影响。

生态修复的目标应该是经济和社会可接受的。在经济方面，生态修复每年需要花费巨额的资金用以改善生态系统和向社会提供服务，因此生态修复的成本—效益逐渐引起了修复学家的关注，这也成为大规模修复的关键因素。目前，研究大多集中于成本—效益的估算，例如将经济学工具应用于修复领域，以解决生态修复的四个关键挑战——社会和经济效益、总成本、项目的优先级和选择以及修复计划的长期融资；用概率方法量化修复策略的预期结果，用于规划未来的干预措施，使生态系统恢复的投资回报最大化；从成本—效益的角度指导修复发生的时间、地点和方式。在社会方面，人与自然的相互关系使资源管理者认识到社区的互动和支持对修复项目取得成功的重要性，因此生物文化修复的概念被用于指导修复实践。生物文化修复是指土地和文化相互强化的修复，即生态服务的修复有助于文化的复兴，而文化的更新促进生态逻辑完整性的修复。为了使文化与自然联系起来，将本地人的历史知识、生态情感和生态记忆融入生态修复中，运用地方感在复杂的人类—自然生态系统中建立人对生态系统的依恋，实现生态修复的长期效益。

此外，越来越多的人认识到生态修复的决策在很大程度上受到过去经验、传统以及同行输入的影响，科学上的不确定性以及不符合实际的目标可能会导致修复的失败，并为此付出巨大的代价。因此，在修复领域呼吁基于证据的修复，包括使用严格、透明、可重复的方法来识别和积累相关知识，批判性的评估科学，整合可信度高的科学，综合各个学科的交叉运用等，从而产生强有力的修复政策和管理。总之，在社会生态尺度，主张将修复治理纳入生态修复活动，关注不同时间和空间尺度、生物可行性、社会文化可接受性、财务可行性和制度可操作性，包括四个关键组成部分的修复，即法律、管辖权和机构，财政资源和可得性，本地人民等利益相关者的协作、协调和参与，科学、技术和信息。

1.3.2 国土综合整治与生态保护修复分类体系

分类体系构建是国土综合整治与生态保护修复从"是什么"到"怎么做"的关键衔接。在政策制定中，顶层设计通常需要解决政策背景、政策需求、政策目标、政策要求等问题，侧重结果导向与原则把控。但在地方实践中，通常需要明确政策"做什么"以及"如何做"，以便不同地方、不同背景的行业从业人员能够按照相对标准、规范的流程进行政策落实。通过前文所述可知，国土综合整治与生态保护修复在理念上有很强的理论性、综合性和复杂性，导致在实践管理中易出现理解偏差。因此，提出有效的分类体系便成为国土综合整治与生态保护修复政策实施路径的起点。通常政策设计的理论框架相对稳健，而实践路径往往需要随社会发展阶段变化、区域背景差异而调整。同样，国土综合整治与生态保护修复分类体系在不同时期也有着显著差异，因社会矛盾演化、治理能力变化、资源环境变化而转变。由于在中国长期政策演化中，国土综合整治与生态保护修复长期分处不同发展路径，因此本节将分别介绍国土综合整治与生态保护修复在实践管理与学术研究中的分类体系。

1. 国土综合整治分类

针对特定对象的分类研究一般有两种解析思路：一是"自下而上"的聚类法，即识别分类对象包含的全部内容特征，将具有相同或相似特征的内容归为一类；二是"自上而下"的分类法，即将分类对象按照一定的分类原则与分类依据划分为不同类型。由于国土综合整治内涵处于动态发展过程，且实践中各整治措施难以穷尽，因此理论上应采取"自上而下"的分类法构建国土综合整治分类体系。但在实际应用中，由于按照"自上而下"分类，相当部分的整治类型难以在当前技术条件或社会经济支撑下予以实施（如流域生态修复涉及工业企业退出，需要对付出的经济代价进行协调或补偿），或部分类型隶属于不同职能部门，难以在当前制度体系下归并于国土综合整治管理工作中（例如城市空间国土综合整治可能涉及城市规划、住房与城乡建设、市政工程、交通管理等多项内容），因此在行政管理中更具可行性的做法是在延续、归并、整合现有整治类型基础上，适度进行创新探索，确保国土综合整治与生态保护修复作为全新概念仍可持续推进。因此，本节将首先介绍当前行政管理中有哪些国土综合整治分类，然后介绍理论研究中按照"自上而下"分类思路对国土综合整治进行分类的探索。

(1) 行政管理中的国土综合整治分类

早在2017年前后,中国国土资源管理部门便开始国土综合整治探索,并在《全国国土规划纲要(2016—2030年)》中首次提出"四区一带"国土综合整治格局,即将国土综合整治分为城市化地区综合整治、农村地区综合整治、重点生态功能区综合整治、矿产资源开发集中区综合整治、海岸带综合整治("四区一带")以及海岛地区综合整治。尽管这一分类体系更类似于整治工作的总体布局与分区,而非具体落实的整治措施,但仍然对之后的政策研究形成了深远的影响。当前,中国最权威的代表行政管理体系对国土综合整治分类理解的是自然资源部相关职能设置。在自然资源部"职能配置(七)"中明确规定,自然资源部"负责国土空间综合整治,土地整理复垦,矿山地质环境恢复治理,海洋生态、海域海岸线和海岛修复等工作"。该说明提出了五项职能,但并未具体解释国土空间综合整治的内涵及其与土地整理复垦等工作内容的关系。负责中国国土整治具体行业业务管理的事业部门自然资源部国土整治中心将其专项工作分为重大工程与示范建设、土地复垦、建设用地整治、农用地质量监测评价、生态保护修复、耕地监测,强调了国土综合整治在耕地保护、建设用地整治与复垦方面的任务。近年来,国土空间规划编制工作的推进有力促进了国土综合整治与生态保护修复从概念向工作任务的落实。例如,《省级国土空间规划编制指南(试行)》提出生态修复和国土综合整治包括山水林田湖草系统修复、国土综合整治、矿山生态修复和海洋生态修复,并明确说明国土综合整治"包括农村和城镇土地综合整治、重大自然灾害后生态修复……大力推进乡村全域土地综合整治……在主要城市化地区开展低效用地再开发和人居环境综合整治"。

(2) 理论研究中的国土综合整治分类

以国土综合整治内涵为基础,按照国土综合整治分类原则,可从空间、系统、途径三个层次进行国土综合整治分类。国土空间是国土综合整治的基本对象,其主要类型包括陆地空间与海洋空间,其中陆地空间按照人类活动强度的高低又可以划分为城镇空间(人口密度高,人类活动最剧烈)、工矿空间(人类直接开发利用国土空间资源的高强度活动空间)、乡村空间(以农业生产活动为主的低强度活动空间)和生态空间(人类活动较少的生态重要区与生态脆弱区)。提升国土空间与自然资源利用效率的途径包括通过改善资源本底条件、优化资源开发利用条件、引导利用者合理利用实现资源要素功能提升,以及通过各类资源开发利用活动的空间配置、国土空间用途管制等实现资源系统格局优化。通过整治对象与整治途径的组合,可以构建广义国土综合整治分类框架(图1-2)。

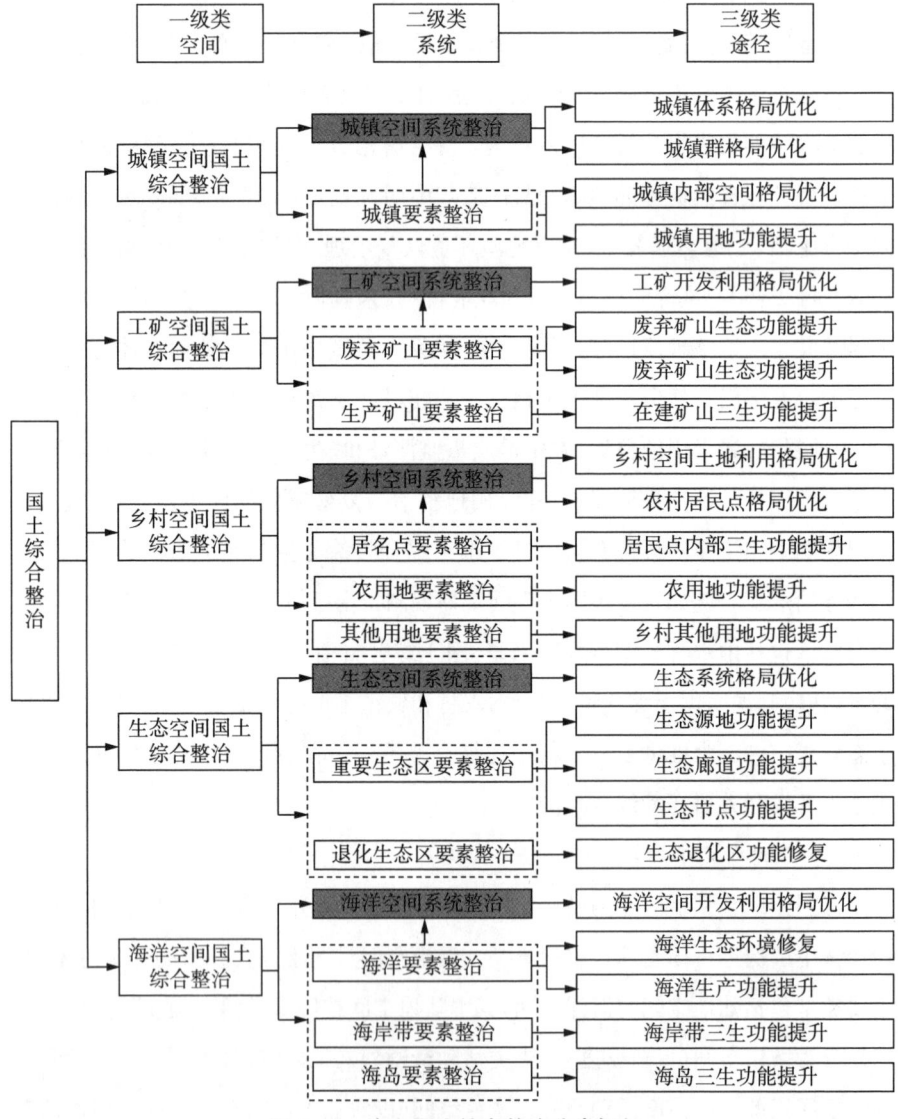

图1-2 广义国土综合整治分类框架

新时期国土综合整治分类体系首先应依据广义国土综合整治分类框架确定实际整治类型划分,其次应根据规划要求明确不同整治类型的定位,最后需要提出可为层级间传导提供参考的控制指标。基于此构建国土综合整治分类体系,包括5个大类、11个亚类及23个小类,各类型的定位及控制性指标见表1-2。

表1-2 新时期国土综合整治分类体系

大类	亚类	小类	定位、目标与途径	参考指标
城镇空间国土综合整治	城镇系统格局优化型整治	城镇全域土地利用格局优化	针对部分城市无序蔓延、功能单一化、城市空间格局和土地利用结构亟须优化的问题,通过城市地类调整、用途转换、生态网络建设等措施,实现城镇空间功能复合、用地高效、生态友好	"退二进三"面积、城市生态用地面积、城市农用地面积、交通用地沿线治理面积
	城镇空间功能提升型整治	低效建设用地再开发	针对城市郊区、城中村建设用地利用效率低、生活品质差等问题,通过三旧改造、城市更新等手段,促进建设用地集约利用,盘活低效用地	低效建设用地再开发面积
		城市景观与环境综合整治	针对城市生活环境恶化、景观单一化等问题,通过完善城镇污水、垃圾处理等环保基础设施建设以及城市特色景观风貌设计等,促进城市生活与景观功能提升	人均公共卫生设施数、特色风貌建设面积比
		城市地质灾害防治型整治	针对部分城市的地质灾害风险问题,实施城市地质安全防治工程,开展地面沉降、地面塌陷和地裂缝治理,修复城市地质环境	地质灾害治理点数量
		城市生态修复型整治	针对城市水污染、土壤污染加剧,城市湿地退化等问题,通过污染土地修复、城市湿地修复、城市生态廊道建设、城郊绿地防护带建设、城市绿心建设等,建设多功能复合城市绿色空间	人均绿地公园面积、棕地整治面积、城市生态廊道修复比例、城市湿地修复面积
工矿空间国土综合整治	废弃矿山用地功能提升型整治	工矿废弃地复垦利用	针对废弃工矿土地利用功能丧失、土地资源浪费等问题,通过土壤污染修复、工矿用地复垦,实现基本农田再造,促进工矿废弃地生产功能恢复	工矿废弃地复垦面积
		工矿废弃地生态修复	针对废弃工矿造成土壤污染、地质灾害风险、水土流失风险等问题,通过工矿用地复绿、还湿等措施,恢复工矿用地生态功能,增加生态源地面积	工矿废弃地复绿面积、工矿废弃地恢复湿地面积

续表

大类	亚类	小类	定位、目标与途径	参考指标
工矿空间国土综合整治	生产中矿山功能提升型整治	绿色矿山建设	针对部分矿山废气、废料污染严重导致环境污染，同时存在地质灾害风险等问题，通过工矿生产排放控制、废气废料处理设施建设等，促进集约高效、生态优良的绿色矿山建设	绿色矿山示范区建设个数
乡村空间国土综合整治	乡村系统格局优化型整治	居民点空间布局优化型整治	针对当前村落格局不合理、空心村不断增多的问题，采用拆村并点、土地复垦等措施，结合增减挂钩等政策，形成合理、有序、功能联系紧密的居民点体系	空心村治理面积、中心村建设个数、农村建设用地复垦面积
		农用地格局结构优化型整治	针对部分地区农用地结构失序、农业发展支撑性弱等问题，通过地类调整、农业结构调整等措施，形成高效集约、生态友好、有助于激活乡村发展的农用地利用格局	粮经作物面积比、设施农用地面积、特色农业面积、复种指数
	乡村空间功能提升型整治	农用地规模质量提升型整治	针对部分地区农用地质量低下、耕地破碎化严重、农业设施不完善等问题，通过地力提升、设施建设、权属调整等手段，改善农用地生产能力，促进农用地高效集约利用	中低产田面积、高标准农田建设面积、耕地质量等别、耕地破碎度
		居民点景观与环境治理型整治	针对居民点环境恶劣、生活垃圾污染严重、特色乡村风貌缺失等问题，通过乡村风貌治理、公共卫生设施建设、特色景观设计等，促进美丽宜居乡村建设，保存乡土风情	传统村落个数、居民点环境治理个数、人均公共卫生设施比例
		污染治理与生态修复协同性整治	针对土壤污染、土壤退化、地下水超采严重等问题，通过土壤生态修复、节水灌溉设施建设、农业面源污染治理等措施，促进生态功能提升	盐碱化和酸化土地治理面积、污染土壤修复面积、黑土地退化治理面积、节水灌溉面积
生态空间国土综合整治	生态系统格局优化型整治	生态网络格局优化型整治	针对生态格局无序、生态连通性差、生态结构不稳定等问题，通过生态廊道修复与连通、生态屏障建设、关键生态节点建设等，构建安全保障、韧性高的生态网络安全格局	关键生态节点建设个数、生态廊道连通性指数、生态源地修复面积、生态廊道修复长度

续表

大类	亚类	小类	定位、目标与途径	参考指标
生态空间国土综合整治	生态重要区功能提升型整治	生态源地规模质量提升型整治	针对草原、林地、水源地等重要生态源地生态功能退化、布局破碎化、生物多样性下降等问题，通过优化生态空间土地利用结构，促进生态用地发挥规模效应，通过退化草原林地修复、河流湖泊治理等，促进生态源地质量提升	生态退耕面积、集中连片生态源地面积、退化林地修复面积、"三化"草原治理面积、河湖治理面积、湿地修复面积
生态空间国土综合整治	生态脆弱区功能提升型整治	土地荒漠化整治	针对土地荒漠化问题，通过实施包括造林种草、合理调配生态用水、增加林草植被、建设水土保持设施等荒漠化治理工程，促进荒漠化治理，提升荒漠化土地生态功能	土地荒漠化治理面积
生态空间国土综合整治	生态脆弱区功能提升型整治	土地石漠化整治	针对土地石漠化问题，通过加强林草植被保护与建设和退耕还林，合理开发利用林草资源，加强坡改梯、坡面水系和雨水集蓄利用工程建设等	土地石漠化治理面积
生态空间国土综合整治	生态脆弱区功能提升型整治	水土流失治理	针对水土流失问题，通过水土保持工程、坡改梯工程等建设，结合小流域综合治理，促进水土流失治理	水土流失治理面积
生态空间国土综合整治	生态脆弱区功能提升型整治	地质灾害综合整治	针对部分地区滑坡、泥石流、地面沉降等地质灾害风险大的问题，通过实施山体边坡绿化工程、山洪沟治理等，降低地质灾害风险，修复破损山体	受灾土地修复面积、地质灾害防治面积
海洋空间国土综合整治	海洋要素格局优化型整治	海岸带开发利用格局优化型整治	针对海岸带利用强度高导致海岸带生态功能破坏、海水污染等问题，通过建设用地退出、限制滩涂开发、恢复生态用地等措施，促进海岸带开发利用格局优化	海岸带工业用地面积、海岸带生态用地面积、海岸带农用地面积
海洋空间国土综合整治	海洋空间功能提升型整治	过度开发型海岛整治	针对部分海岛开发强度大导致海岛生态环境破坏、海水污染加剧等问题，通过海岛开发管制、海岛生态用地恢复等，促进海岛生态功能提升	海岛整治个数、海岛整治面积

续 表

大类	亚类	小类	定位、目标与途径	参考指标
海洋空间国土综合整治	海洋空间功能提升型整治	特色海岛开发型整治	针对部分具有重要开发潜力海岛，在保障海岛生态功能前提下进行适度开发，通过海岛开发利用规划、基础设施建设等，促进海岛合理有序开发，提升国土利用效率	特色海岛开发个数
		海岸带生态修复型整治	针对海岸带污染物排放严重，红树林、滨海湿地退化等问题，通过水污染治理、海岸带生态用地修复、退化湿地恢复等手段，提升海洋生态灾害防范能力	整治和修复海岸线公里数、海岸带重要生态用地面积、红树林修复面积

2. 生态保护修复分类体系

2018年中央机构改革后，在延续土地整治业务基础上确立了自然资源部国土空间生态修复职能，因此，有相当一部分带有土地整治背景的管理者与学者在构建生态保护修复分类体系时都将原土地整治业务纳入其中，这也导致许多生态保护修复分类与国土综合整治分类存在重叠。例如，《省级国土空间生态修复规划编制指南（试行）》提出了按照空间类型划分构建生态保护修复分类体系的方案，具体分为生态空间生态修复、农业空间生态修复、城镇空间生态修复、生态廊道和网络建设，并确定了各类型的重点任务（表1-3）。自然资源部办公厅等联合发布的《山水林田湖草生态保护修复工程指南（试行）》将生态保护修复工程分为土地综合整治、矿山生态修复、流域水环境保护治理、污染与退化土地修复治理、生物多样性保护、重要生态系统保护修复。这一分类体系整合了原分散于国土资源部门、农业农村部门、生态环境部门有关生态保护修复的职能，形成了兼顾对象分类与途径分类的分类体系。

表1-3 分区分类生态保护修复体系

分类	重点任务
生态空间生态修复	在生态功能空间充分考虑气候变化、水资源条件，围绕水源涵养、水土保持、生物多样性维护、防风固沙、海岸防护、洪水调蓄等生态系统服务功能，针对水土流失、石漠化、土地沙化、海岸侵蚀及沙源流失、滨海湿地丧失和自然岸线受损、矿山生态破坏、生物多样性降低甚至丧失等生态退化、破坏问题，按生态系统恢复力程度，科学确定保育保护、自然恢复、辅助修复、生态重塑等生态修复目标和措施，维护生态安全，提升生态功能

续　表

分类	重点任务
农业空间生态修复	围绕农田、牧草地的生态功能提升,保护乡村自然山水,以乡村全域土地综合整治为生态修复的主要手段,实施重点生态功能区退耕还林、还草、还湖、还湿,推进历史遗留矿山综合治理和绿色矿山建设,恢复退化土地生态功能和生物多样性,促进乡村国土空间格局优化,助力生态宜居的乡村建设
城镇空间生态修复	统筹城内城外,保护和修复各类自然生态系统,连通原有河湖水系,重塑健康自然的河岸、湖岸、海岸,修复原有的自然洼地、坑塘沟渠等,通过竖向设计建设雨水花园、下凹式绿地和绿道系统,促进水利、市政工程生态化,完善蓝绿交织、亲近自然的生态网络,科学开展国土综合整治,减少城市内涝、热岛效应,提高城市韧性,提升城市人居生态品质。加快历史遗留矿山生态修复,推进绿色矿山建设。结合生态廊道建设,修复提升城镇特色风貌和人文景观
生态廊道和网络建设	以河流水系、重要动物栖息和迁徙路线、重要交通水利等基础设施为脉络,保护和维持现有良好的生态廊道,在问题突出区域连通生态廊道,改善陆海之间、流域水系之间、陆地重要生态系统之间的整体性、连通性。在城镇、农业与生态空间相邻或冲突区域,发挥生态廊道的过渡或隔离作用,根据实际需要建设边缘地带过渡带或生态隔离带。构建生物多样性保护网络,保护和恢复动植物栖息地及其迁徙廊道,有效避免和治理外来物种入侵

参考文献

[1] 韩博，金晓斌，孙瑞，等，2019. 新时期国土综合整治分类体系初探[J]. 中国土地科学，33(8)：79-88.

[2] 贾文涛，2018. 从土地整治向国土综合整治的转型发展[J]. 中国土地(5)：16-18.

[3] 焦居仁，2003. 生态修复的要点与思考[J]. 中国水土保持(2)：5-6.

[4] 王军，应凌霄，钟莉娜，2020. 新时代国土整治与生态修复转型思考[J]. 自然资源学报，35(1)：26-36.

[5] 王威，胡业翠，2020. 改革开放以来我国国土整治历程回顾与新构想[J]. 自然资源学报，35(1)：53-67.

[6] 夏方舟，杨雨濛，严金明，2018. 中国国土综合整治近40年内涵研究综述：阶段演进与发展变化[J]. 中国土地科学，32(5)：78-85.

[7] Choi Y D, Temperton V M, Allen E B, et al., 2008. Ecological restoration for future sustainability in a changing environment[J]. Ecoscience, 15(1)：53-64.

[8] Davis M A, Slobodkin L B, 2004. The science and values of restoration ecology[J]. Restoration Ecology, 12(1)：1-3.

[9] Jackson LL, Lopoukhine N, Hillyard D, 1995. Ecological restoration: a definition and comments[J]. Restoration Ecology, 3(2)：71-75.

[10] Higgs E, 1994. Expanding the scope of restoration ecology[J]. Restoration Ecology, 2(3)：137-146.

[11] Hobbes R J, Davis M A, Slobodkin L B, et al., 2004. Restoration ecology: the challenge of social values and expectations[J]. Frontiers in Ecology and the Environment, 2：43-48.

[12] Martin D M, 2017. Ecological restoration should be redefined for the twenty-first century[J]. Restoration Ecology, 25(5)：668-673.

第二章 政策演变与行业发展

面对国土资源供给紧缺与"三生空间"优化需求不平衡、国土空间品质提升与人民美好生活现实需求不匹配等严峻形势,持续推进生态文明体制改革以弥补国土空间治理短板成为新时期背景下的必然选择。其中,国土整治与修复作为生态文明建设的关键举措备受重视。2015年,《关于加快推进生态文明建设的意见》明确提出要"加快推进国土综合整治"。2017年,《全国国土规划纲要(2016—2030年)》将"综合整治"列为"三位一体"总体格局的重要部分。此后,国务院机构改革确立自然资源部、生态环境部,统一行使全民所有自然资源资产所有者角色,统筹"山水林田湖草"整体保护、系统修复、综合治理、整合分散的环境保护工作。一系列重要政策和改革举措共同推助国土整治行业发展,为当前全域整治与生态修复等工作奠定了基础。国土整治以响应国家发展战略为目的,其主要内容取决于国家经济、政治与其发展水平。改革开放初期,国土整治是指土资源在区域层面的考察、开发、利用、治理、保护及其相关工作。40余年改革开放历程促使新时期国土整治内涵和重点随着时代、国情的巨大变化发生了重大调整,体现了国土资源利用、生态环境保护治理理念的转变过程。在当前国土空间规划背景下,国土整治作为一项长远性战略布局,是国土空间资源与环境的利用、保护、治理等战略的综合。本章通过对国土综合整治相关理念与现实背景的分析,总结国际经验与启示,梳理中国土地整治与生态修复发展历程,以综合分析土地整治政策演变与行业发展方向及趋势。

2.1 国土综合整治的国情基础

2.1.1 国土综合整治的理念引领

1. 生态文明建设

生态文明是人类对传统工业文明进行理性反思的产物，是对当代日趋严重的生态环境问题的实践反思和理论应答，是寻求解决工业文明困境所进行的一种文明建设活动。生态文明作为全新的理念，是中国发展进入新阶段的迫切需要，而生态文明思想也逐渐融入我国经济、政治、文化、社会建设等各方面和全过程（曹宇 等，2019）。在新时代发展理念的指引下，伴随自然资源部门成立及下辖国土空间生态修复新职责的明确，土地整治顺应时代背景，通过向国土综合整治与生态保护修复转型实现外延拓展和内涵提升。党的十八大报告揭示了生态文明建设的本质和要求："面对资源约束趋紧、环境污染严重、生态系统退化的严峻形势，必须树立尊重自然、顺应自然、保护自然的生态文明理念，把生态文明建设放在突出地位……努力建设美丽中国，实现中华民族永续发展。"党的十九大报告对生态文明建设提出了更高要求，旨在建设人与自然和谐共生的现代化社会，"既要创造更多物质财富和精神财富以满足人民日益增长的美好生活需要，也要提供更多优质生态产品以满足人民日益增长的优美生态环境需要"。综合而言，生态文明是以尊重自然、顺应自然和保护自然为前提，以人与自然和谐共生为宗旨，以建立可持续的生产方式、消费模式为内涵，以引导人类走上持续、和谐的发展方式为着眼点的重要发展理念与指导。生态文明建设的核心目的是在人类改造客观世界的同时，积极改善和优化人与自然的关系，建设科学的生态产业体系，创造美好的宜居环境，提供优质的生态产品，从而实现人、自然、社会的和谐发展。从生态文明建设的角度来看，国土具有经济、社会、生态等多重属性和功能，是经济社会发展和生态文明建设的物质基础和空间载体，关乎国家经济安全、生态建设和社会发展。国土综合整治是自然资源领域开展生态文明建设、实现生态保护和修复的具体体现。构建国土综合整治框架，明确国土空间整治的思路、方向和技术路径，可为实现自然资源资产统一管理和系统治理、开展生态文明建设提供基本依据。在国土综合整治过程中，必须正确处理好政府和市场在资源配置中的关系、统筹好资源保障开发与生态保护的关系、统筹好资源收益和分配的关系、正确处理好中央和地方的关系，进而树立生态文明和绿色发展新理念。国土综合整治的主要任务包括优化国土空间开发格局、推进资源节约和集约利用、加强自然资源保护和生态修复、统筹陆海开发和海洋生态环境保护、推进自然资源管理制度改革五个方面。未来，国土综合整治应以新时代生态文明理念为统领，坚持生态文明战略举措，优化国土空间开发格局，全面促进资源节约。对各类生态要素统筹兼顾、整体施策、多措并举，全方位、全地域、全过程保护整治修复国土空间，系统治理"山水林田湖草"生命共同体，以达到优化国土空间功能、提升国土空间质量的目的（张磊，2019；杨忍和刘芮彤，2021）。

2. 粮食安全战略

粮食安全作为全球发展背景下的重要问题，与土地资源的关系密不可分。国际冲突、极端天气以及新冠疫情引发的经济衰退和粮食贸易供应链中断等的相互叠加，加剧了全球粮食供给体系的不稳定性和不确定性（梁鑫源 等，2021）。年均超5亿吨的大规模谷物消费量以及显著提高的粮食生产成本等突出现象，迫使我国从经济、政治和实际需求上，更加重视粮食安全保障的工作。自2005年以来，保证"粮食安全"始终是每年中央"一号文件"重要内容之一。此后，确保国家粮食安全，保障重要农产品有效供给，以及构建新形势下的国家粮食安全战略，日益成为发展现代农业的首要任务。2018年中央"一号文件"提出"夯实农业生产能力基础"，并强调"深入实施藏粮于地、藏粮于技战略，严守耕地红线，确保国家粮食安全，把中国人的饭碗牢牢端在自己手中"，同时在法律层面建议推进粮食安全保障立法。可见，粮食安全对于我国社会经济稳定发展的重要意义。作为世界上粮食生产、消费的大国，我国耕地资源数量有限的问题日渐凸显，严重制约粮食安全战略的有效实施。因此，如何盘活现有土地、加强土地资源可持续利用，成为增加生产资料、提高生产条件、推动粮食安全的关键举措。国土综合整治应通过统筹治理低效利用、不合理利用和未利用土地，恢复生产建设破坏和自然灾害损毁土地等过程，提高土地质量与资源利用效率，成为实现粮食增产、农民增收，确保耕地资源动态平衡以及保障粮食安全的核心工程之一。

3. 碳中和与碳达峰目标

联合国政府间气候变化专门委员会(IPCC)于2018年发布的《全球升温1.5℃特别报告》指出，农业、林业和其他土地利用活动在实现全球升温稳定在1.5℃及以下的目标中发挥着重要作用。中国也提出"2030年实现碳达峰、2060年实现碳中和"的"双碳"目标，促进了全国范围内的增汇减排行动。生态需求变化、膳食结构调整、共享发展与乡村振兴等阶段目标使决策者对国土综合整治的认知发生变化，以理念转变驱动的碳效应变化成为国土综合整治服务于"双碳"目标的前提条件。恢复生态系统功能、减缓土地退化、保护生物多样性、发展可持续农业等是应对气候变化的有效措施。在此基础上，土地利用方式和土地管理行为是影响温室气体排放的重要因素，其中，农业用地向建设用地的转化显著增加了碳排放量。可见，耕地面积的减少是导致生态系统固碳能力下降的主要原因之一。国土综合整治可通过耕地保护优化空间和产业布局、增加绿(蓝)色碳汇和土壤碳汇、提高资源利用效率等方式助推减碳增汇。例如，通过建设用地腾挪转换集约、节约利用土地和优化国土空间及产业布局，减缓建设用地扩张导致的耕地面积减少以间接遏制碳排放，严控和缩减高能耗产业发展空间，促进产业结构转型；通过植树造林补充森林等自然生态系统，增强国土空间吸收、存储、替代和适应二氧化碳等温室气体的能力(丁明磊 等，2022；黄贤金 等，2022；赵荣钦 等，2022)。

综合而言，国土综合整治的各项措施均有利于"双碳"目标的实现。例如，耕地保护与质量提升促进碳减排，土地集约节约利用提升土地利用效率，资源循环高效率利用降低能耗，资源布局优化助力产业低碳转型，生态保护修复提升生态系统碳汇。作为生态文明与碳中和新时期的重要国土实践活动，国土综合整治在实践理念、实践方式、价值导向等层面与"双碳"目标联系更紧密，具有更高可操作性和实施效益，在发展方向和总体目标方面与"双碳"内涵高度契合，可助力实现"双碳"目标。

2.1.2 国土综合整治的现实背景

1. 中国社会经济基础

据《中华人民共和国2020年国民经济和社会发展统计公报》统计显示，面对严峻复杂的国际形势、艰巨繁重的国内改革发展稳定任务以及新冠肺炎疫情的严重冲击，2020年全年国内生产总值达1015986亿元，比上年增长2.3%，其中第一产业、第二产业、第三产业占比分别为7.7%、37.8%、54.5%。不仅如此，精准脱贫攻坚战也取得决定性成就，按照每人每年生活水平2300元（2010年不变价）的现行农村贫困标准计算，551万农村贫困人口实现脱贫。党的十八大以来，总计9899万农村贫困人口实现全面脱贫，贫困县全部摘帽，绝对贫困历史性消除。从城镇化发展情况看，城乡区域协调发展稳步推进。2019年年末，我国常住人口城镇化率超过60%，粤港澳大湾区建设、黄河流域生态保护和高质量发展等区域重大战略深入实施。

据《中华人民共和国国民经济和社会发展第十三个五年规划纲要》，"十三五"时期，国内外发展环境更加错综复杂。国际视野上，和平与发展依然是时代主题，世界多极化、经济全球化、文化多样化、社会信息化深入发展；国内视野上，经济长期向好的基本特征没有改变，发展前景依然广阔，但提质增效、转型升级的要求更加紧迫。总体上，经济发展进入新常态，向形态更高级、分工更优化、结构更合理阶段演化的趋势更加明显。全面深化改革和全面推进依法治国正释放新的动力、激发新的活力。然而，必须清醒认识到，发展方式粗放和不平衡、不协调、不可持续的问题仍然突出，经济增速换挡、结构调整阵痛、动能转换困难相互交织，社会经济仍面临稳增长、调结构、防风险、惠民生等多重挑战。针对国家整体发展情况而言，农业基础依然薄弱，城乡区域发展不平衡，空间开发粗放低效，资源约束趋紧，生态环境恶化趋势尚未得到根本扭转。基于此，围绕我国发展阶段、发展环境、发展条件变化做出科学判断后，"十四五"规划提出的推动高质量发展主题成为实现"经济发展取得新成效"目标的必然要求。"十四五"时期经济社会发展主要目标之一就是"经济发展取得新成效"，要求"在质量效益明显提升的基础上实现经济持续健康发展，增长潜力充分发挥，农业基础更加稳固，城乡区域发展协调性明显增强，现代化经济体系建设取得重大进展"。而国土综合整治作为保障资源供给、提高资源利用效率、修复生态环境的重要手段，对中国社会经济发展具有积极推动作用。

2. 中国资源环境状况

据《中华人民共和国2020年国民经济和社会发展统计公报》,当前我国资源环境发展态势呈现森林、灌丛、草地生态系统质量总体向好,城镇、农田生态系统格局变化剧烈,森林、湿地生态系统人工化趋势明显等特征。农业生产与开发导致的水土流失、土地沙化、石漠化等问题依然严重,城镇化、工业化与资源开发导致的流域生态破坏、城镇人居环境恶化、自然海岸线丧失、野生动植物自然栖息地减少等问题加剧。全国生态安全形势仍旧严峻,生态环境风险增加,生态保护与发展矛盾突出。主要存在以下几方面问题:第一,生态系统类型复杂多样,格局局部变化剧烈。尽管森林、湿地生态系统面积有所增加,但灌丛、草地、农田生态系统面积减少,城镇生态系统面积扩张迅速。第二,生态系统服务功能低,难以满足社会经济可持续发展要求。尽管生态系统土壤保持、防风固沙和洪水调蓄功能有所提高,但生物多样性保护功能有所下降。第三,生态环境脆弱,人工化加剧,生态环境问题依然突出。水土流失、土地沙化和石漠化等土地退化问题依然严重。

改革开放以来,我国政府高度重视环境保护工作,通过采取一系列保护和改善生态环境的重大举措,加大生态环境建设力度,有效保护和改善了部分地区的生态环境。具体表现在:植树造林、水土保持、草原建设和国土整治等重点生态工程取得进展;长江、黄河上中游水土保持重点防治工程全面实施;重点地区天然林资源保护和退耕还林还草工程开始启动;建立了一批不同类型的自然保护区、风景名胜区和森林公园;生态农业试点示范、生态示范区建设稳步发展;环境保护法制建设逐步完善。然而,部分地区生态环境恶化趋势尚未得到有效遏制,生态环境破坏依旧呈现范围扩大、程度加剧、危害加重等特征。例如,长江、黄河等大江大河源头的生态环境恶化呈加速趋势,沿江沿河的重要湖泊、湿地日趋萎缩,尤其北方地区江河断流、湖泊干涸、地下水位下降严重,加剧了洪涝灾害的危害和植被退化、土地沙化;草原地区的超载放牧和过度开垦、樵采,有林地、多林区的乱砍滥伐,致使林草植被遭到破坏,生态功能衰退,水土流失加剧;矿产资源的乱采滥挖,尤其是沿江、沿岸、沿坡的开发不当,导致崩塌、滑坡、泥石流、地面塌陷、沉降、海水倒灌等地质灾害频繁发生;全国野生动植物物种丰富区的面积不断减少,珍稀野生动植物栖息地环境恶化,珍贵药用野生植物数量锐减,生物资源总量下降;近岸海域污染严重,海洋渔业资源衰退,珊瑚礁、红树林遭到破坏,海岸侵蚀问题突出。生态环境的持续恶化将严重影响我国经济社会的可持续发展和国家生态环境安全。

国土综合整治通过对某一空间范围内的自然资源采取综合措施,实施一系列工程活动,有助于实现提升国土资源利用效率和质量、保障国土资源可持续利用和改善生态环境的目的。从地理学和生态学的角度,其核心都是通过改变和调整土地利用、覆被的空间格局和结构类型来协调人地关系,促进人与自然和谐发展。随着整治目标的多元化、整治内容和手段的多样化、整治(时空)维度的不断拓展,国土综合整治将通过有目的、有组织的人类活动大规模改变土地利用、覆被和陆地生态系统,进而对生态系统服务功能和生态环境保护产生重要影响,为改善我国资源环境问题发挥积极作用。

2.1.3 中国国土与环境治理体系

1. 空间规划体系

空间规划体系的首次提出是在 2013 年《中共中央关于全面深化改革若干重大问题的决定》"加快生态文明制度建设"篇章中:"建立空间规划体系,划定生产、生活、生态空间开发管制界限,落实用途管制……完善自然资源监管体制,统一行使所有国土空间用途管制职责。"在 2014 年《生态文明体制改革总体方案》中,空间规划体系要求"构建以空间规划为基础、以用途管制为主要手段的国土空间开发保护制度","构建以空间治理和空间结构优化为主要内容,全国统一、相互衔接、分级管理的空间规划体系"。此后,2015 年《中共中央关于制定国民经济和社会发展第十三个五年规划的建议》进一步提出,要"建立由空间规划、用途管制、领导干部自然资源资产离任审计、差异化绩效考核等构成的空间治理体系"。随着 2017 年《省级空间规划试点方案》的印发,进一步探索空间规划编制思路和方法成为现实。

2018 年,中华人民共和国全国人民代表大会和中国人民政治协商会议做出党和国家机构改革的重大决定,其中一项重要的变化是由新组建的自然资源部统一承担空间规划体系的建立和监督实施职责。次年 5 月,《中共中央 国务院关于建立国土空间规划体系并监督实施的若干意见》出台,明确提出"到 2020 年,基本建立国土空间规划体系"。这是国家在体制层面构建统一的空间规划体系的重要举措,也是国家实现治理体系与治理能力现代化目标的重要举动。从国际经验看,空间规划不仅是实现空间环境"刚性管控"的有力工具,也是实现"战略引领"的重要政策手段,空间规划的重要性已上升到了治国理政的高度。

国土空间规划体系重构的前提是对空间多元价值属性的准确认识,既要通过强调空间"自然资源"价值属性,纠偏历史时期的"增长主义"所导致的遗留问题,也要充分认识到国土空间所具备的更广泛、更实际的人文社会属性、资本与资产属性。与此同时,国土空间规划的核心目标应聚焦于解决新时代的根本矛盾——"人民日益增长的美好生活需要和不平衡不充分的发展之间的矛盾"。必须超越"空间管控技术工具"的角色,真正从"公共政策"的角度来全面理解国土空间规划的功能定位,统筹考虑保护和发展之间的关系,统筹政府、市场、社会的关系,统筹效益、秩序、品质的关系,统筹长远目标与实施时序的关系(张晓玲 等,2017;董祚继,2020)。

国土空间规划是由各个层级、多种规划类型共同构成的空间规划体系。然而,我国复杂的现实国情制约着国土空间规划体系的完善过程。由于资源掌控差异及政绩考核、税收体制等原因,不同层级政府间的利益诉求和关注重点并不相同:中央政府首要关注的是生态环境保护、国土开发秩序、可持续发展;市县地方政府侧重于强调地方发展、空间开发绩效;省级政府则居于二者之间,必须上下传导、兼顾中央与地方的需求。对应不同层级政府事权,不同层级空间规划内容、重点及表达形式等自然有所差异。"纵向到底,横向到边"的要求,其本质含义是要实现对国土空间管制的全覆盖,而不是用某种简单的、垂直传导的规制体系统一辽阔国土上的所有空间规划,更不可能简单理解成在数据平台上用比例缩放绘制全国"大一统"的空间规划。同时,必须厘清政府、市场、社会的权益与行为边界,统筹好集权与分权的有机结合关系,既不能简单延续传统的计划管控思维,也不能放任自由市场经济的无序失控。

2. 管控制度体系

以《生态文明体制改革总体方案》中确定的"到 2020 年,构建起由自然资源资产产权制度、国土空间开发保护制度、空间规划体系"目标为基础,国务院颁布实施《省级空间规划试点方案》,落实国土空间管控策略。国土空间管控是对国土空间各类开发保护活动的科学谋划与管理安排,是进行国土空间宏观调控和微观管理的重要政策工具。在国土空间开发保护制度体系中,空间规划是基础,用途管制和差异化支持是核心,空间监管是保障,差异化绩效考核则是必要的奖惩保证机制。

国土空间规划的前提是对一定空间范围的环境资源和生态系统承载能力加以评估,并以评估结果作为空间规划其他事项推进的基本依据。如何将国家和区域生态环境整体视为确定性的空间范围施行有效管控,依赖于对国家和区域生态环境状况的恰当认知。编制国土空间规划的重要内容是对国土空间范围内的不同类型自然生态要素,诸如土地、森林、草原、湿地、水域、岸线、海洋和生态环境进行调查和评估,确定国土空间的不同类型用途、权属和分布状况。国土空间规划应当考虑的要素包括国土空间区划、主体功能定位、空间开发状况、国土空间开发需求、国土空间承载力。此外,由于国土空间规划体系的层级和尺度差异性,国家级、省级、地市级、县市级四个层面的管控对象与途径具有显著差异,通常上位规划侧重功能定位、格局、规模及目标管控,而下位规划更侧重功能边界、过程、质量及用途管控。

国土空间用途管控制度主要包括生态保护红线制度、环境质量红线制度和国土空间修复制度。生态保护红线制度指的是通过划定最小保护空间,对生态脆弱区、重要生态功能区等实施特殊保护。生态保护红线划定区域通常是生态文明建设的最小空间保障,《生态文明体制改革总体方案》等规范性文件将生态保护红线制度作为国土空间管控的重要抓手。其目标在于:第一,生态保护红线为国土空间划定最小的保护空间范围,在划定的空间范围内实施对生态系统和生态要素的特殊保护;第二,生态保护红线制度为国土空间开发设定限度,即国土空间开发不能超越生态系统的最高承载力。

环境质量红线是在污染物总量控制的基础上发展而来,且二者的关系相辅相成。我国《环境保护法》强调,政府需对环境质量负责。《环境保护法》规定,重要环境管理制度包括污染物总量控制制度、环境质量目标责任制和考核制度、区域环境治理制度和部门间协作制度等;对于环境质量恶化的区域应采取行政约谈、环保督察、区域限批等措施。现行的《环境保护法》侧重从环境资源要素的全局、国土空间的视角和立体的维度来维护和提升环境质量。

国土空间修复制度的目标在于通过一定的技术方法和法律手段改变和阻断国土空间要素退化的过程,使国土空间要素和生态系统的结构、功能恢复到原有的或一定的水平。《自然生态空间用途管制办法(试行)》要求,对受损的国土空间实施修复。以现有规范为基础,完善国土空间修复制度,首先应准确定位国土空间修复制度理念,国土空间修复制度包含对于诸多国土空间要素的修复,如土壤污染、土地资源破坏、矿产开采、农业开垦等造成的国土空间破坏,且混杂了诸多社会因素。然而,科学技术的"价值中立"无法全面解决国土空间修复所引致的社会、经济问题和兼顾所有利益相关者的利益。因此,国土空间修复不仅仅是单纯的技术过程,更应具有价值判断的立场。应当在国土空间修复过程中融入社会因素,考量公众的参与能力和参与程度,同时还需要完善国土空间修复激励制度。

3. 技术标准体系

技术标准是在现有科学技术水平的基础上,通过归纳总结前人有益实践经验后得出的针对普遍性问题的最佳解决方案。国土空间规划技术标准体系是保证国土空间规划科学性的前提条件和提高国土空间规划体系运行效率的重要抓手,有利于高效指导各层次、各类型国土空间规划实践活动。

按照"多规合一"要求,自然资源部会同相关部门负责构建统一的国土空间规划技术标准体系,修订和完善国土资源现状调查和国土空间规划用地分类标准,并制定出各级、各类国土空间规划编制办法和技术规程。2020年,省、地市级国土空间规划编制指南相继出台,全国自然资源与国土空间规划标准化技术委员会成立。2021年,国土空间布局优化、国土空间规划体系建立及监督实施、国土空间用途管制等技术标准被列入自然资源标准制修订工作计划。区别于传统土地整治规划与城市规划,国土空间规划技术标准体系的架构逐渐清晰,空间层级依次从国家、省、地市、县、乡,最后落至村和社区。工作流程兼顾空间规划的全过程,包括编制、审批、实施、监督评估与预警、调整。标准的类型逐渐丰富,囊括国际标准、综合标准、基础标准、通用标准、专项标准。

在生态文明建设与资源紧约束条件下以及新型城镇化与高品质人居环境要

求下,我国国土空间规划改革对规划目标协同、自然资源管理、空间品质提升提出新的要求。为解决我国规划管理、资源保护和城乡建设中涌现的各类问题,技术标准体系需要突破现有技术瓶颈,实现规划目标传导以及关键要素配置优化,构建一套空间优化和控制的技术方案。技术标准需要考虑信息化条件下的数据分析、规划决策、评估监测技术,构建辅助规划关键功能实现的信息化技术支持体系,助推国土空间治理智能化水平的提升。随着人与自然和谐共生、以人民为中心的理念逐步深入人心,支撑国土空间规划的知识结构在不断调整,呈现出从偏重工程技术转向与制度建设相结合、自然科学与社会科学内涵并重的趋势。未来亟须构建融合多学科理论知识、适应"多规合一"的国土空间规划知识体系。通过构建多学科知识交叉融合的技术体系,实现不同学科之间的取长补短,推动国土空间规划理论方法的规范化。

2.2 国土综合整治的国际经验与启示

2.2.1 法律体系的保障与支撑

世界上较早开展土地整治且具备发展优势的国家(地区),如德国、日本、荷兰、中国台湾等,无一例外先后出台过一系列法律法规,以保障土地整治实施过程。尤其自20世纪70年代新农村建设成为普遍性的世界级课题后,无论是经济蓬勃发展的日本、韩国,经济发达的德国、意大利,还是相对落后的巴西、印度,均从国家角度进行了农村建设和村庄建设,期间的经验教训为我国土地整治工作提供了丰富的实践案例(程丹,2015)。

德国土地整治的法律体系具有时效性强、体系完整、权能完善的特点。为了适应社会经济变化,德国于1953年首次颁布的《土地整理法》自制定后,经多次修订,从注重单一农业生产目标向关注农村综合发展延伸。此后,与土地整治相关的一系列法律,如《空间规划法》《德国联邦自然保护和景观保存法》《法兰克福地产整理法》《不动产市场价值评估法》《联邦建筑法》和《建筑法典》等的颁布,使土地整治的法律体系更加系统化。在此基础上,政府从程序、组织、技术和特殊事项各方面对土地整治全过程进行规范化管理,以实现法律权能的完善。

荷兰于1924年出台第一部《土地整理法》,首次从法律意义上确定了国家土地整治活动。1938年,荷兰《土地整理法》被进一步修订以简化整理项目的审批程序。随着1947年《瓦赫伦岛土地整理法》的颁布,荷兰土地整治从简单的土地调整转向更为复杂的土地发展计划。此后,1954年再次修订的《土地整理法》及1985年颁布的《土地开发法》更倾向于重视户外休闲娱乐及生态景观的保护。另外,《乡村发展的布局安排》《户外娱乐法》和《自然和景观保护法》等法律法规也共同促进荷兰土地整治法律的体系化(贺贤华 等,2017)。

日本颁布的关于土地管理方面的法律多达130余部,构成了纵横交织的制度体系,可分为土地管理基本法规、土地政策、国土规划、土地整治相关法规、资源环境相关法规等。其中,《土地基本法》为基础,土地政策、国土规划为指导,土地整治相关法规为主体,资源环境相关法规为限制条件。具体而言,农村地区土地整治的核心法律是《土地改良法》和《农地法》,城市地区则是《土地区划整理法》和《都市计划法》。

中国台湾地区土地重划是以土地法为基础,"国土"综合开发计划、区域计划法为指导,市地重划和农地重划为主体的法律体系。其中,市地重划的法律包括《都市计划法》《都市土地重划实施办法》《平均地权条例》等;农地重划包括《农地重划条例》《农地重划实施细则》《农地发展条例》等。

目前,我国土地整治活动多依靠政府的行政命令,法律约束性不强。尽管土地整治已建立了一定的法律法规和行业标准,但相关法律规范等级较低、系统性不足,未颁布专门的土地整治法,制约着土地整治事业的科学推进。因此,制定门类齐全、科学配套的法律体系意义重大。完善相关法律制度,提高土地整治的规范化管理水平,是推进中国土地整治由单一的土地整治活动向多功能发展的必然选择。一方面,应增强土地整治的可操作性,并将土地整治的具体流程、步骤以法律的形式确定下来,以减少人为因素的干扰,提高土地整治的效率。另一方面,应考虑协调不同部门、行业间的协作问题,完善与土地整治相关的法律法规,最终形成一套完备的法律体系,为土地整治提供法律保障(张姗,2018)。

2.2.2 生态景观的融合与重塑

由于土地整治项目需要借助一系列生物工程措施对水、田、路、林、村进行综合整治,不可避免地对项目区及其背景区域的水资源环境、土壤、植被等环境要素产生直接或间接、有利或有害的影响。因此,土地整治应遵循生态优先原则,整治的重点转向以土地为核心的生态保护,实现提高农地永久持续生产能力、优化农地生态结构、保护生物的多样性及生态平衡的目标。德国、日本、荷兰开展的土地整治是修复景观、保护生态的有效工具,旨在协调人类—环境系统发展中长远利益与近期利益之间的矛盾,对我国土地整治与生态景观的融合与重塑具有重要借鉴价值(程丹,2015)。

德国土地整治在完善的法律保障和现代整治技术的支撑下,重视自然景观保护的综合性和区域的可持续发展。除农、林用地外,土地整治通过构建自然保护区和优先区,丰富物种的多样性和保护基因资源。对林地、水域及休闲用地建设时,既要使其满足作为公园、运动场地、露宿营地、研究和观察自然生态用地等既定功能,又要促使新建景观与周边景观之间协调融合,达到较高的经济、生态和美学价值。

日本从生态技术、公众参与生态维护、生态教育等方面,大力推行生态型土地整治,其生态水域规划、生物资源开发与利用技术、生态型农业机械运用较为广泛。通过生态水域规划,洄游鱼类可利用水系网络进行繁殖,非洄游鱼类通过保护池进行繁衍生息;生物资源的利用主要集中在家畜排泄物和农作物秸秆的堆肥还田、废弃食用油的生物燃料化使用;科研院校和相关企业、财团组成"联协会"形式,共同参与生物资源的合作开发与研究。此外,日本政府通过设立农民组织,动员项目区农民参与生态维护,强化农民自身生态理念,充分激发行为主体的生态保护热情。

荷兰在土地整治过程中融入了风景园林设计,项目主导的风景园林设计师不单要进行乡村的景观布局、绿化设计等传统业务,同时需要参与到基础设施的路线设计、区域种植规划、生态网络设计以及当地历史纹理的延续设计中。对基础设施的路线选址而言,土木建筑工程师多考虑快捷便利、实用和成本预算,风景园林设计师则更善于考虑基础设施与沿途风景的融合、协调以及线性的衬托。对于生态网络的规划,风景园林设计师会关注当地自然的发展进程,参考景观生态学的设计,兼顾农业发展、户外休闲、生态自然保护区等的利用布局。荷兰颁布的第三个《土地整理法》明确规定了允许预留出 5% 的土地服务于除了农业生产之外的其他目的,如自然保护、休闲娱乐、村庄改造、改善景观等,乡村景观规划自此在荷兰获得法律地位(张姗,2018)。

针对我国国土综合整治现状,考虑长远利益,应将自然和景观的保护作为我国土地整治的重点发展方向,不应只立足于短期内单纯的地块合并与调整、村庄改造,而应着眼于创设区域内人地永久共荣的生态系统。国土综合整治借助工程措施对水、田、路、林、村等进行整治,过程中将不可避免地对土地整治区域及其背景区域的水资源水环境、土壤、植被、大气、生物等环境要素及其生态过程产生不利影响。有必要制定相关措施将工程活动对生态环境造成的负面影响控制在最低限度,并促使生态环境正向发展。例如,在土地整治中通过农田防护林网的修建,可以促进防风固沙,改善农田小气候。此外,我国在道路桥梁、通水设施建设、土木设计施工等基础设施建设方面具备完整且经验丰富的工程队伍,但仍缺乏国土综合整治对整体布局的全面把握。我国的风景园林设计师更多地活跃在房地产行业、公园规划、城市园林设计中,参考荷兰土地整治经验,如何挖掘风景园林设计师的灵感,使其广泛地参与到田水路林村的设计布局、土地利用类型的分布设计和生态景观的空间布局等土地整治过程中应是未来工作的重点。

2.2.3 乡村特色的保留与挖掘

全面推进国土综合整治,有助于逐步缩减城乡不平衡发展,激活乡村内生发展动力,统筹人与自然的和谐发展,最终实现全面乡村振兴。然而,当前土地整治面临整治目标单一、整治模式固化、重工程轻统筹等问题,区域同质化现象严重,影响土地整治成效。因此,保留与挖掘乡村特色是国土综合整治中需关注的重点问题。德国、日本、法国等在村庄特色的保留与挖掘方面已有相关基础,可为我国国土综合整治的开展提供借鉴经验。

1954 年,"村庄更新"的概念在德国被正式提出,通过"村庄更新"强化乡村治理成为德国的特色整治工程。1976 年,德国首次将"村庄更新"写入《土地整理法》,试图保留村庄的地方特色和传统优势。20 世纪 90 年代,自可持续发展的概念提出后,德国村镇建设开始倾向注重生态保护的内向式发展,通过减少不必要的扩张,在现有建设范围内寻找发展更新的潜力。此时的"村庄更新"将乡村的文化价值、休闲价值和生态价值提升到和经济价值同等重要的地位。总体上,德国的"村庄更新"是针对经济社会发展变化而采取的适应性调整:一方面,为适应农业经济结构调整的要求,改变了失去居住功能的农业经济房屋的用途,重新调整了剩余建筑物的形状、规模、开发状态和建筑物现状;另一方面,为适应农村社会和人口发展状况,减少了失去经济收益的土地利用,通过对农村基础设施做出相应调整改善农村生活和生产条件(贺贤华 等,2017;李钢,2018)。

日本则采用"一村一品"模式振兴乡村经济。"一村一品"的发展理念最早是由日本大分县前知事平松守彦于1979年倡导发起的,随着"一村一品"运动的深入开展,其基本思想已逐步被许多国家和地区所认识和接受。"一村一品"的发展理念破除本土特色突破乡村发展过程中"千村一面"的发展瓶颈,成为振兴地方经济、消除贫困和城乡差距的重要措施。

法国土地整治借助城市总体规划和土地利用规划指导城乡土地利用,优先保证各类绿地、开放空间、农场牧场、村庄建设用地及规模,以及农房高度边界和绿色边界,在一定程度上保持了乡村形态和自然景观的原始延续。保护自然景观的同时注重维护乡村人文景观,从而避免城市化可能导致的乡村衰落(周岚和于春,2014)。

整体谋划国土空间综合整治,对于乡村特色的保留与挖掘具有重要意义,也是弘扬优秀传统文化、保留村庄原始风貌等精神的具体落实。目前,我国已在部分具有资源特色的农村开展了相关工作。例如,江西九江龙安山风景区依托土地整治项目,在保护"庐山沿线"优质山水资源的基础上,发展地方特色农业,挖掘红色文化、宗教文化以及古艾文化,打造"红色旅游""休闲运动""禅修养生""宗教体验""生态体验"五条游线及居住配套建设,促进形成"三生一体"协调发展的美丽乡村建设样本。不过,其在乡村特色的保留与挖掘方面仍有较大提升空间,需进一步优化传统村落人居环境,完善乡村旅游服务设施,构建绩效评价指标体系,拓展疗养健身、休闲旅游、生态旅游和农家乐旅游项目,不断优化村域产业结构,合理开发利用当地的自然资源以充分发挥传统文化资源优势。

2.2.4 多元化的融资体系与发展模式

土地整治是一项涉及面广、工作量大的系统工程，大量的资金投入是开展土地整治的关键，土地整治的融资对能否顺利实施土地整治具有重要意义。实施土地整治是调整土地利用结构和土地关系的政府措施，必须建立以政府投入为主体的资金保障体系，方能使土地整治按照符合长远和全局利益的要求顺利实施。德国、韩国等融资经验对我国土地整治工作的开展具有一定参考价值。

德国土地整治的费用一般由国家资助80%（其中联邦60%、州40%），20%为土地整治参加者自筹。针对困难地区尤其是边远山区，国家将提高资助比例，尽量减少其自筹资金。国家资助的土地整治费用并未有固定标准，大多随具体内容的不同而不同，具有明显的导向作用。如对道路规划和建设、水域整治、地产测量和估价等为集体服务的措施，国家资助总费用的70%~90%；对土壤改良等措施，国家资助总费用的70%；而对生态环境保护和景观保护的措施，费用则完全由国家承担。类似的政策规章有利于促使土地整治参加者对生态环境保护和景观保护给予足够重视，从而有助于土地整治总体目标的实现。

韩国政府于20世纪70年代初开始实施"新村运动"。"新村运动"在发展初期主要采用政府主导的发展模式，通过政府投资改善农民居住环境，完善农村教育等公共基础设施，消化过剩产能，逐步缩小城乡差距；在发展中期，"新村运动"采取政府培育、社会跟进的发展模式，鼓励发展畜牧业、农产品加工业、特色农业以及农协组织，逐步培育社会发展实体；随着"新村运动"逐渐深入，韩国政府建立和完善了全国性"新村运动"的民间组织，政府负责制定规划和协调服务以及提供一些财政、物质、技术支持等，培训和宣传工作则改由民间组织主动承担；在发展后期，"新村运动"逐步转入国民主导发展模式，农业科技推广、农村教育机构、农村经济研究等组织机构在"新村运动"中发挥主导作用，政府则只为国民自我发展创造更有利的环境。该运动以"立足本地、放眼世界，独立自主，锐意创新，培养人才、面向未来"为基本理念，充分利用本地资源，开发具有本地特色的产品，对土地整治效益的发挥产生了重要作用。

在现阶段，我国土地整治过程中，项目资金主要来源于政府，给政府造成极大的财政压力，同时政府的资金投入相对土地整治所需资金并不充分。因此，当前阻碍我国土地整治事业发展的主要障碍是缺乏资金以及全社会各方的低参与度，在后续国土综合整治实施过程中，可通过争取金融机构和企业的支持，提高资助比例。

2.2.5 多部门的协调与联动

土地整治是面向田、水、路、林、村的综合整治，其目的是实现经济、社会及生态均衡发展的综合目标，具体操作必然涉及多个领域，各部门的协调与配合是土地整理工作顺利开展与实行的必要保障。目前，已有国家在多部门协调方面进行了大量工作，可为我国国土综合整治工作提供借鉴。

德国土地整治的政府机构被称为土地整治局（农村发展局），土地整治是在从事农业产业的工人代表、公共利益代表、土地所有者共同参与下进行的一种经济活动。土地整治局的职责主要是进行土地整治方面的立法工作，制定土地整治相关的操作细则，在有关的法律框架内对土地整治过程进行全程监督，并承担相应的法律责任。土地整治最高权力机构是州一级，在地方区域和基层也均设立土地整治机构，地区和基层土地整治机构只需要负责本区域内的工作，禁止干涉其他地区的土地整治工作。德国土地整治工作的具体执行单位为参加者联合会，该会由土地整治区域内的土地所有人和土地整治期间的合法建屋权人共同组成。联合会是一种社会法人团体，由组织民主选出的理事会作为其权利代表人，具体执行工作受土地整治局的指导和监督。在规划编制阶段，主管部门需要邀请各有关部门充分研讨，吸收各方的意见和建议以及各部门的发展计划，并把各方的观点和计划落实到规划中。空间规划作为一种综合规划，充分考虑了实施性和可操作性（程丹，2015）。

荷兰的土地整治是有关部门相互配合、分工协作的结果。前期土地整治的管理部门包括中央土地整治委员会和土地整治服务局，而后区域政府或省一级政府也逐渐参与到管理工作中。土地整治项目的实施部门为农村地区水资源和土地资源管理局，同时，省一级政府也负责配合进行具体实施工作。另外，由各方利益集团成立土地整治委员会，具体负责地方土地整治项目的决策工作；地籍管理部门负责项目实施中的田块划分工作；土地管理基金会则负责为计划实施和正在实施的土地整治项目收购土地。

在当前我国机构改革和生态文明建设背景下，应进一步树立"绿水青山就是金山银山"和"山水林田湖草"生命共同体等绿色生态理念。基于土地整治全周期过程，以服务城乡统筹发展、助力精准扶贫、落实空间规划、推进新型城镇化等为导向，将所有国土资源纳入整治范畴，整合各部门现有分散的治理政策，着眼于改善某一区域的生产、生活和生态环境，构建具有时代特色的国土综合整治长效机制。由于国土综合整治具有系统性强、涉及面广等特点，国土综合整治机制应向多部门协调合作的方向探索，明确相关部门职责，建立健全共同责任制度，避免在工作推进过程中，因缺乏部门合作和区域协作而出现各自为政、条块分割的情况。

2.2.6 科技和人才的投入

土地整治的技术手段是土地整治成功的基础，其科学规范性是判断土地整治是否可持续的指标之一，主要包括信息采集技术、环境评价技术、地产评估技术以及景观塑造保护技术。土地整治需要获取大量的土地、资源和环境信息，有关信息的进一步管理、应用和分析也需要相关信息系统提供支持。对此，德国及日本在土地整治过程中对技术和人才的重视值得借鉴。

德国土地整治从区域整体出发，制定区域用地的控制性原则和总体安排，统一布局和设计土壤保护与改善、农田水利基础设施、道路交通网络、自然景观保护及村庄更新等内容，主要依靠土地评价、土地信息化、景观塑造与保护、地籍测量、空间规划等技术支撑，并强调各种技术的整体性、一致性和协调性融合。德国较早将信息技术应用于土地整治，例如通过地理信息系统（Geographic Information System，GIS）对包括土地的地理位置、相邻关系、图层划分及与土地相关的各种空间属性和人文属性进行系统的测绘及管理，规划、管理和监控土地整治区域，提高土地整治方案科学性；运用GISPAD和MGIS软件系统对土地进行重新分配，制作不同用途的图件。

日本土地整治工程的设计寿命为40年，工程的健康运行期为60年，但实际正常运行期高于60年。而工程的"长寿"正是依靠科技的力量：日本农田灌溉基本依靠滴灌技术，田间排水工程基本实现管道化，并利用机器人对管道化工程实施针对性的检查、监测，极大程度降低了人工成本和工程的维护成本。此外，日本政府规定每五年组织一轮调查评估，为编制下一个五年土地整治计划提供技术支持。

目前,我国土地整治的相关技术还不够完善,由于自然资源管理部分的监测监管系统与省系统信息未实现互享共用,省、部级监管系统联动不足,导致农村土地整治监测监管系统中部分项目数据与省、部级监管系统中数据存在不一致。建议加快建立全国土地整治信息系统,促进全国范围内土地资源信息共享;进一步加大科技投入,鼓励和支持先进科学技术应用于土地整治,提升科技的支撑力量。同时,建议在全国范围内开展专业技术人才的培养工作,并鼓励生态环境专家、园林设计专家和城市规划专家加入土地整理的工作中来,提高和完善土地整理成果的专业性和全面性。

2.2.7 公众的广泛参与与监督

土地整治活动通常直接面向农户,整治成果直接影响农户的切身利益,因此获取农民的理解和支持将促进土地整治实施效率的提升。作为政府的公共管理手段,土地整治应逐渐从"自上而下"向"自下而上"转变,更多考虑公众的需求和意愿。土地综合整治的重点在乡村地区,其关注对象主要是农民、农业和农村的发展,其特点是与土地结合紧密,故而需要更加详尽具体的考虑。可见,公众的积极参与和广泛支持是土地整治目标完整实现的关键。在国外土地整治过程中,与其相关的利益群体全程参与,可为我国土地综合整治的实施提供经验参考。

日本土地整治制定了周密的工作程序。在土地整治实施前,由土地整治区域中各村的村民代表和指导人员组成的委员会对规划方案、土地权属和地块调整方案等进行讨论和表决,经委员会三分之二以上的成员同意后方可实施工程。个人拟参加土地改良需提出申请,在获得同一地区三分之二以上参加人同意后方可获得参加土地改良的资格。可见,日本的土地整治不仅是政府行为,更是民众的一种自觉行为,具有广泛的群众基础,最大程度避免了项目准备和实施过程可能出现的阻力和障碍。

荷兰土地整治项目同样拥有较广泛的群众基础。项目的提出要求土地整治范围内拥有25%以上土地面积的居民同意,方能被中央土地整治委员会认可,而项目的实施则需获取拥有一半以上土地面积的居民同意。由农户代表、水资源管理委员会代表、市政府代表及其他利益集团代表组成的土地整治委员会具体负责项目的规划和设计、组织公众听证会以及工程的实施与监督等事项。

面向社会公众的宣传与引导是国土整治工作的关键环节,但目前我国土地整治工程中公众参与力度较小。一方面,建议相关部门做好土地整治的宣传与引导工作,使农民在充分了解土地整治的基础上逐步培养其参与意识,并为下一步的决策参与奠定基础;另一方面,应建立完善的信息公示制度,定期通过公示栏、网上信息发布,或手机信息通知等方式,及时将土地整治的规划及调整、项目的实施及验收等信息向社会公众公开,保障公众的知情权,提高土地整治的透明度,争取支持并形成合力。

2.3　中国土地整治与生态修复发展历程

2.3.1　土地整治政策梳理

伴随不同时期社会经济发展历程的推进,中国土地整治方向和目标从最初的以开发未利用地、增加耕地数量、助力城镇化发展为主,到侧重于农田与村庄综合整治、"数量"与"质量"并重的耕地保护,再到关注土地的多元功能、实现城乡价值的最大化(龙花楼 等,2018)。根据土地整治目标变化,我国土地整治发展历程围绕整治对象可划分为四个阶段(图2-1):第一,数量潜力挖掘阶段。2004年以前,该阶段土地整治以补充耕地数量为主要目标,注重耕地数量的动态平衡。第二,数量与质量并重阶段。2005—2011年,该阶段在整治对象为传统耕地的基础上纳入建设用地,土地整治由关注数量型增长到综合考虑整治规模与新增耕地质量,从高度强调耕地保护逐步落实为具体的土地开发、整理和复垦工程。第三,数量—质量—生态多目标整治阶段。2012—2018年,该阶段土地整治内涵更加丰富,目标和效益愈加多元化,强调一体化统筹管理,提出通过"田水路林村城"和"山水林田湖草"综合整治提升人类生活和生产条件、保护人类生态空间的系统思路。第四,全域空间多目标综合整治阶段。2019年至今,该阶段土地整治对象和范围进一步扩大,上升至全域土地综合整治层面,包括农用地整理、建设用地整理、乡村生态保护修复和乡村历史文化保护,强调以镇域为单元实施全域综合整治。

第二章 政策演变与行业发展

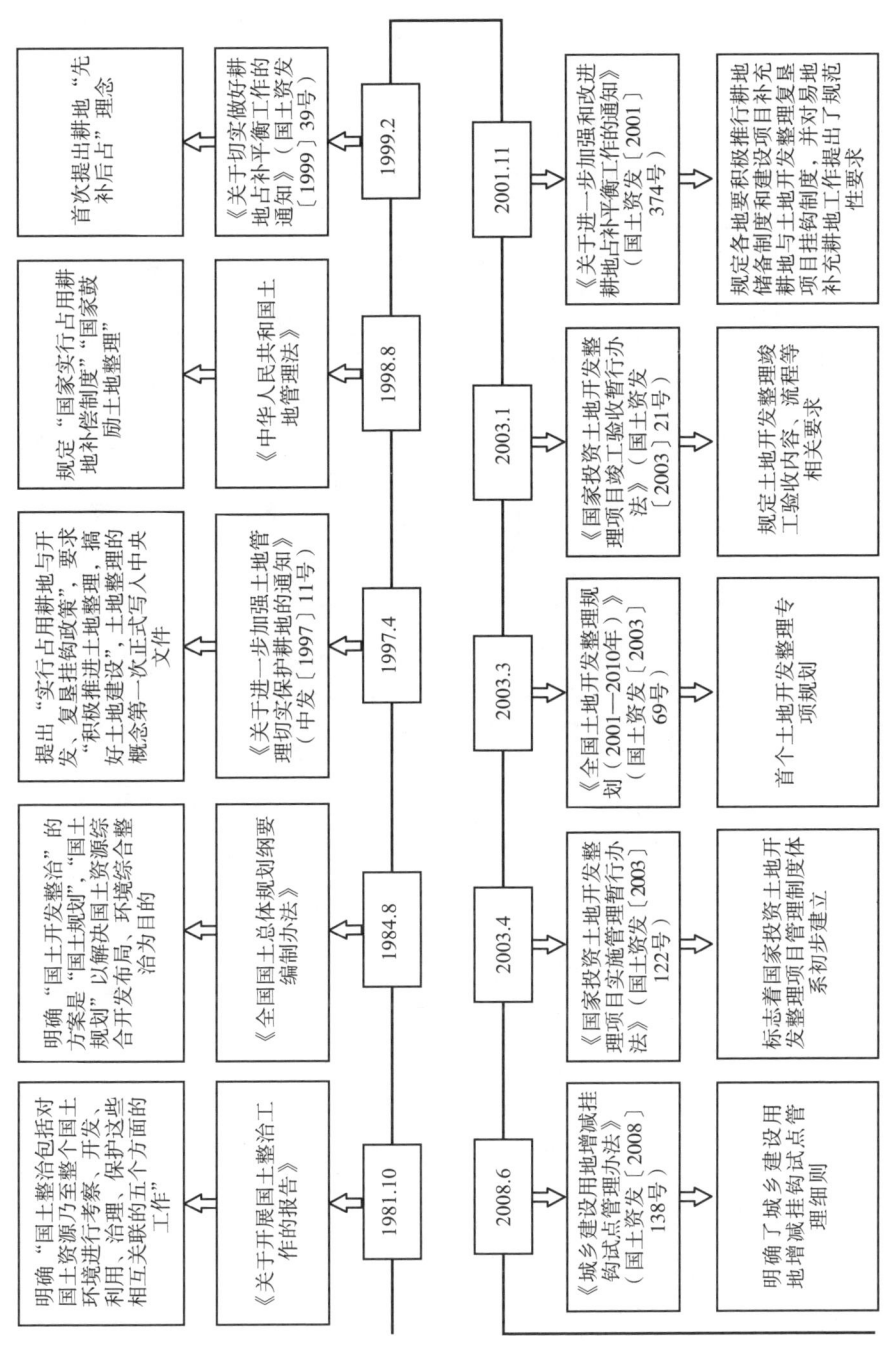

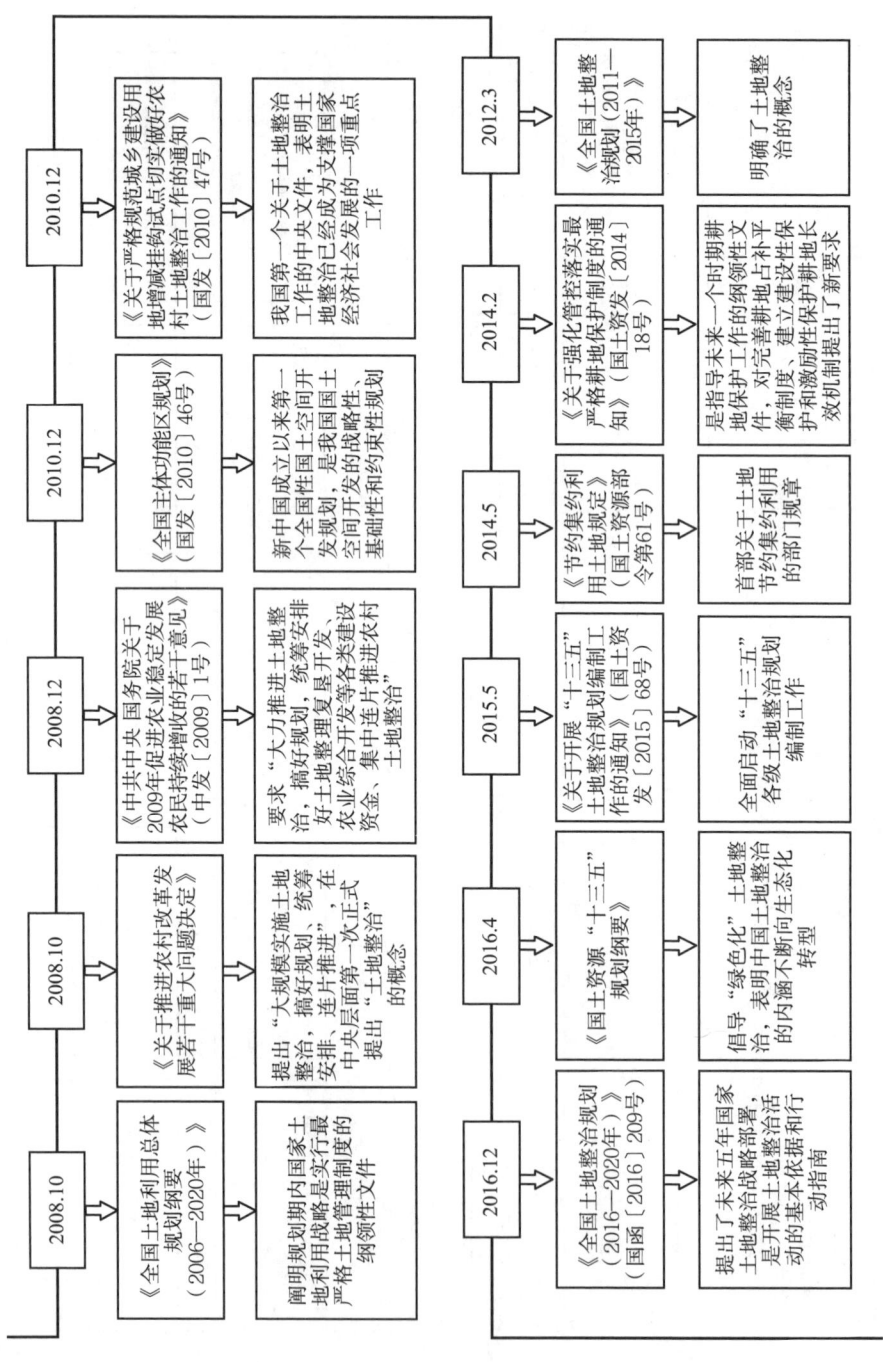

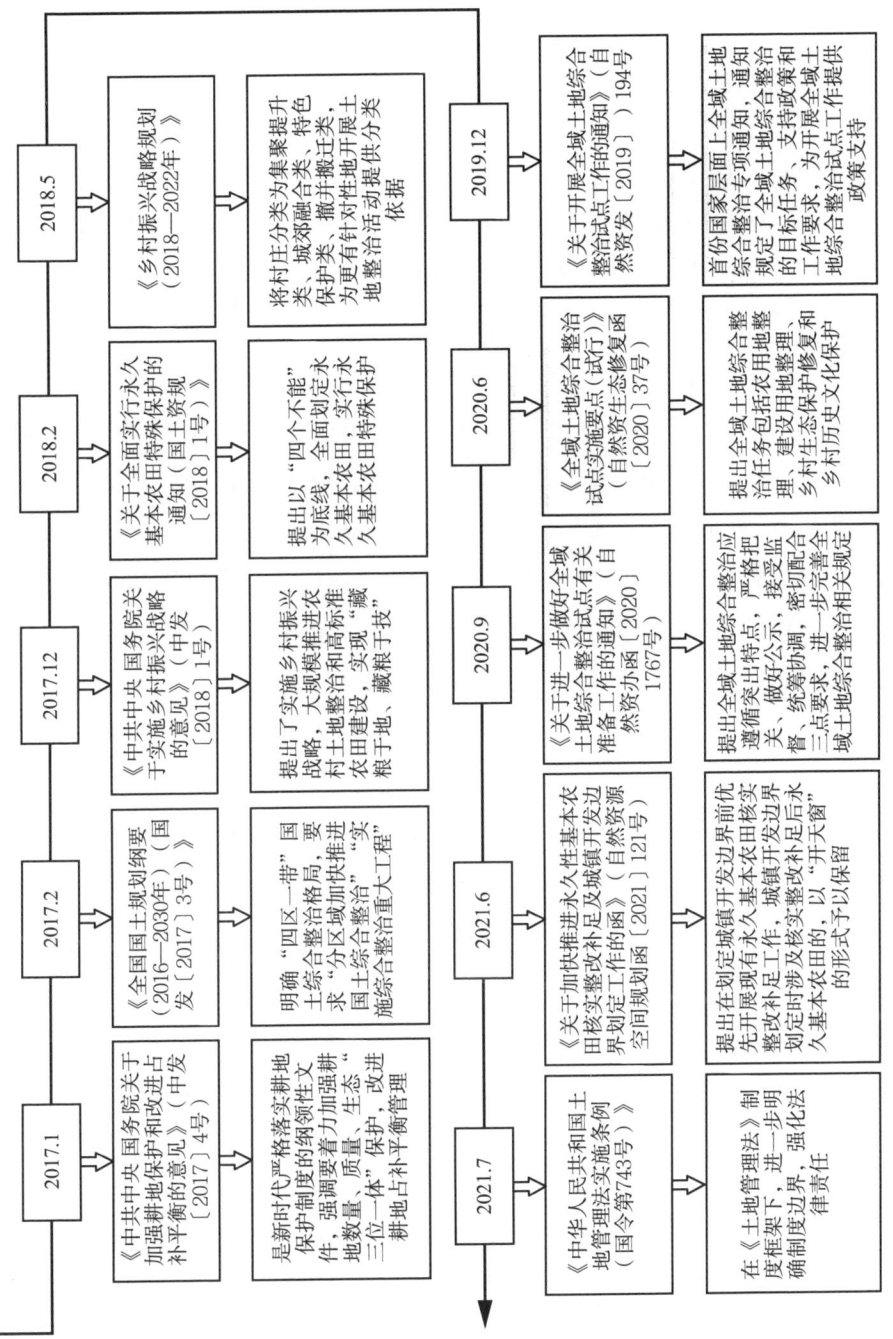

图2-1 土地整治政策梳理

1. 数量潜力挖掘阶段：2004年以前

1981年，中央书记处首次提出"国土整治"，并将其作为一项长远性和全局性任务。同年10月7日，国家建委《关于开展国土整治工作的报告》明确指出："国土整治包括对国土资源乃至整个国土环境进行考察、开发、利用、治理、保护相互关联的五个方面的工作。"1997年，中共中央、国务院颁布《关于进一步加强土地管理切实保护耕地的通知》（中发〔1997〕11号），提出"实行占用耕地与开发、复垦挂钩政策"，要求"积极推进土地整理，搞好土地建设"。土地整理的概念首次正式写入中央文件，进一步明确了土地整理的内涵，即按照土地利用总体规划的要求，通过对田、水、路、林、村进行综合整治，搞好土地建设，提高耕地质量，增加耕地有效面积，改善农业生产条件和环境。1998年，第九届全国人民代表大会常务委员会第四次会议修订《中华人民共和国土地管理法》，次年1月1日起施行。该法明确规定"国家实行占用耕地补偿制度""国家鼓励土地整理"，同时开征新增建设用地土地有偿使用费、耕地开垦费和土地复垦费，土地整治工作自此具备了稳定的资金来源渠道。至1999年，《关于切实做好耕地占补平衡工作的通知》（国土资发〔1999〕39号）首次提出耕地"先补后占"的理念，国土整治对象明确为耕地，注重耕地数量上的动态平衡。为应对乡镇企业异军突起及城镇化进程中城乡建设用地快速扩张导致的耕地面积大幅萎缩、粮食安全保障压力增大等突出问题，我国乡村地区广泛开展了土地整治实践，其中不乏一些成功模式，如上海的"三个集中"整治模式（农民住宅向中心村和小集镇集中、乡镇企业向工业园区集中、农田土地整治向规模经营集中）、安徽六安的小区综合整治模式等。

该阶段我国土地整治的资金数量、项目数量及建设规模快速增长，土地整治活动以补充耕地数量和为城镇化、工业化提供发展空间为主要目标，且"开发"作为"国土整治"一体化（考察、开发、利用、治理、保护）的重要内容日渐凸显，形成"国土开发整治"概念，并进一步细化了对国土"保护"和"治理"的认知。总体上，该阶段土地整治经历了从被界定为强调规划性、战略性和地域性"国土资源的开发利用与治理保护"，到融合环境与经济要素并突出强调促进人地关系协调发展的必要性和重要性的过程，一定程度上保障了农业生产、农民增收以及粮食安全（龙花楼，2013；夏方舟，2018；王威和胡业翠，2020）。

2. 数量与质量并重阶段：2005—2011 年

为落实《国务院关于深化改革严格土地管理的决定》中"鼓励农村建设用地整理，城镇建设用地增加要与农村建设用地减少相挂钩"的要求，原国土资源部于 2005 年组织启动了增减挂钩试点工作。同年，国家提出新农村建设方略，旨在通过工农互惠、用地挂钩、以城带乡来形成城乡统筹协调发展的新格局。土地整治通过改善农村的生产、生活条件及生态环境，为新农村建设奠定了物质基础。2006 年，116 个国家基本农田保护示范区建立。在此次基础上，2008 年《城乡建设用地增减挂钩试点管理办法》（国土资发〔2008〕138 号）进一步加强和规范了城乡建设用地增减挂钩试点工作，明确城乡建设用地增减挂钩试点管理细则。同年 10 月 6 日，国务院发布实施《全国土地利用总体规划纲要（2006—2020 年）》，阐明规划期内国家土地利用战略，成为实行最严格土地管理制度的纲领性文件。而后，党的十七届三中全会通过的《中共中央关于推进农村改革发展若干重大问题决定》提出"大规模实施土地整治，搞好规划、统筹安排、连片推进"，在中央层面首次正式提出"土地整治"的概念，开启了土地整治发展新纪元。次年，《中共中央 国务院关于 2009 年促进农业稳定发展农民持续增收的若干意见》（中发〔2009〕1 号）明确要求确保复垦耕地质量。在此前提下，2010 年《国务院关于严格规范城乡建设用地增减挂钩试点切实做好农村土地整治工作的通知》（国发〔2010〕47 号）将城乡用地增减挂钩纳入土地整治，意味着我国土地整治由关注数量型增长到综合考虑整治规模与新增耕地质量，且农村建设用地整理成为土地整治的重要组成部分（龙花楼 等，2018）。同年，《国务院关于印发全国主体功能区规划的通知》（国发〔2010〕46 号）发布，标志着中华人民共和国成立以来的首个全国性国土空间开发规划诞生，是我国国土空间开发的战略性、基础性和约束性规划。

该阶段土地整治从高度强调耕地保护，逐步落实为全国范围内具体的土地开发、整理和复垦工程，演变为一定时期内对区域国土开发、利用、治理和保护行动的统一管理工程（夏方舟，2018）。城市低效用地再开发、城乡建设用地增减挂钩、农村建设用地整理、工矿废弃地复垦利用、低丘缓坡荒滩等未利用地开发利用、土地生态整治等工程进一步丰富传统土地整理的内涵，土地整理提升至土地综合整治新高度，整治实施模式多样化、内容综合性等特点愈发鲜明，并逐渐成为新农村建设、城乡统筹、乡村振兴、精准扶贫等战略目标的重要抓手。

3. **数量—质量—生态多目标整治阶段：2012—2018年**

自2012年党的十八大报告中提出关于"优化国土空间开发格局""健全国土空间开发、资源节约、生态环境保护的体制机制"要求后，生态优先、绿色发展的生态文明思想理念迅速发展并逐渐渗入到土地整治、生态建设修复、灾害污染治理各项活动中。自2015年起，接连颁布《关于加快推进生态文明建设的意见》和《生态文明体制改革总体方案》，强调"树立山水林田湖草是一个生命共同体理念，进行整体保护、系统修复、综合治理"，要求"编制实施全国国土规划纲要，加快推进国土综合整治"。此后，《全国土地整治规划（2016—2020年）》（国土资发〔2017〕2号）进一步提出加强农田生态建设，倡导实施土地生态环境综合整治，表明我国土地整治内涵逐渐向生态化转型。2016年，原国土资源部印发《国土资源"十三五"规划纲要》，同年《国务院关于全国土地整治规划（2016—2020年）的批复》（国函〔2016〕209号）提出未来五年国家土地整治战略部署，确定土地整治的指导思想、基本原则、目标任务和方针政策，统筹安排各项土地整治活动和高标准农田建设任务，明确土地整治重点区域和重大工程，成为开展土地整治活动的基本依据和行动指南。而党的十九大报告提出的"构建国土空间开发保护制度"为土地整治赋予了更深层次的内涵，目标和效益愈加多元化，全区域、全要素、全生命周期整治思路得到重视（夏方舟，2018）。

总体上，这一时期土地整治从多元化走向综合化，具有综合性、社会化特点，发展前景广阔。土地整治主要围绕永久基本农田的保护与建设、城乡建设用地增减挂钩展开。该阶段的土地整治作为人类采取综合措施对国土资源进行开发、利用、整治、保护、治理活动并实现永续发展的过程，已被视为服务于国家顶层战略的重要工作内容，是推进现代化建设的主要动力、统筹城乡融合发展的关键抓手、推进新型城镇化和乡村振兴的核心平台及实现生态文明的建设路径。

4. **全域空间多目标综合整治阶段：2019年至今**

2019年，自然资源部印发《自然资源部关于开展全域土地综合整治试点工作的通知》（自然资发〔2019〕194号），这是首次从国家层面上规定了全域土地综合整治的目标任务、支持政策和工作要求，提出"整治区域内涉及永久基本农田调整的应编制调整方案并按已有规定办理,确保新增永久基本农田面积不少于调整面积的5%"的创新政策,为开展全域土地综合整治试点工作提供政策支持。2020年,自然资源部国土空间生态修复司印发《全域土地综合整治试点实施要点(试行)》(自然资生态修复函〔2020〕37号),提出全域土地综合整治任务包括农用地整理、建设用地整理、乡村生态保护修复和乡村历史文化保护。同年9月,《自然资源部办公厅关于进一步做好全域土地综合整治试点有关准备工作的通知》(自然资办函〔2020〕1767号)提出全域土地综合整治应遵循突出特点,严格把关、做好公示,接受监督、统筹协调,密切配合三点要求,完善全域土地综合整治相关规定。此外,第十三届全国人民代表大会将生态文明建设写入宪法,生态文明建设被提高至空前的历史高度和战略地位。值得一提的是,生态文明建设在全域整治和乡村振兴领域必将发挥越来越重要的作用。事实上,全域整治是分区域、跨系统、成体系的综合整治,既包括"田水路林村"综合治理、工矿等废弃地复垦利用和城乡低效用地再开发等促进耕地保护的传统整治内容,还具备城乡用地综合整治、陆海统筹整治和流域协调整治等推进生态文明建设的新时代内涵。

全域土地综合整治是在吸收传统土地整治核心内涵的基础上的集成与创新,其目标任务从粮食安全拓展到城乡融合与生态安全,整治类型从农用地整治、"空心村"整治和工矿用地整治延伸为农用地整理、建设用地整理及乡村生态保护修复。从总体来看,全域土地综合整治将数量、质量、生态三位一体的理念融入其中,逐步走向综合化、绿色化和生态化(杨忍和刘芮彤,2021),更加强调整治范围的整体性、整治对象的综合性、整治模式的差异性、整治措施的系统性和整治目标的多样性。基于此,开展全域整治既是新发展理念对国土整治工作提出的必然要求,也是推进新农村建设和乡村振兴的重要途径。至此,我国的土地整治从生态转型阶段迈入全域空间多目标综合整治阶段。

2.3.2 生态修复政策梳理

在理论引导、实践支撑、机构优化等多重因素的叠加效应下,生态修复对象由单一生态系统向多要素转变,新时期国土空间生态修复更加强调对山水林田湖草等要素进行整体保护、系统修复和综合治理。我国生态修复发展历程可划分为三个阶段(图2-2):第一,单要素环境治理阶段。2000年以前,该阶段国土空间生态

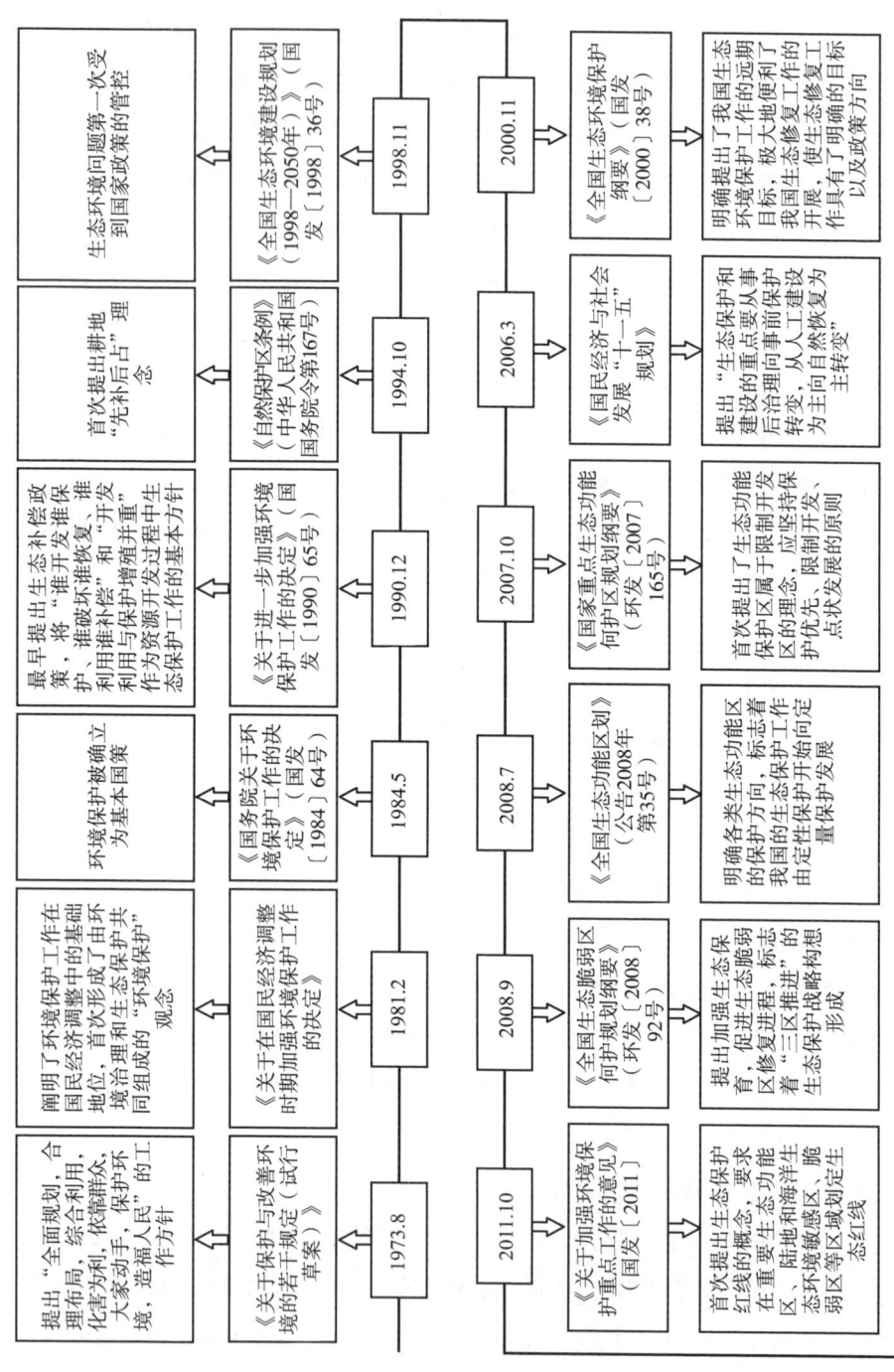

第二章 政策演变与行业发展

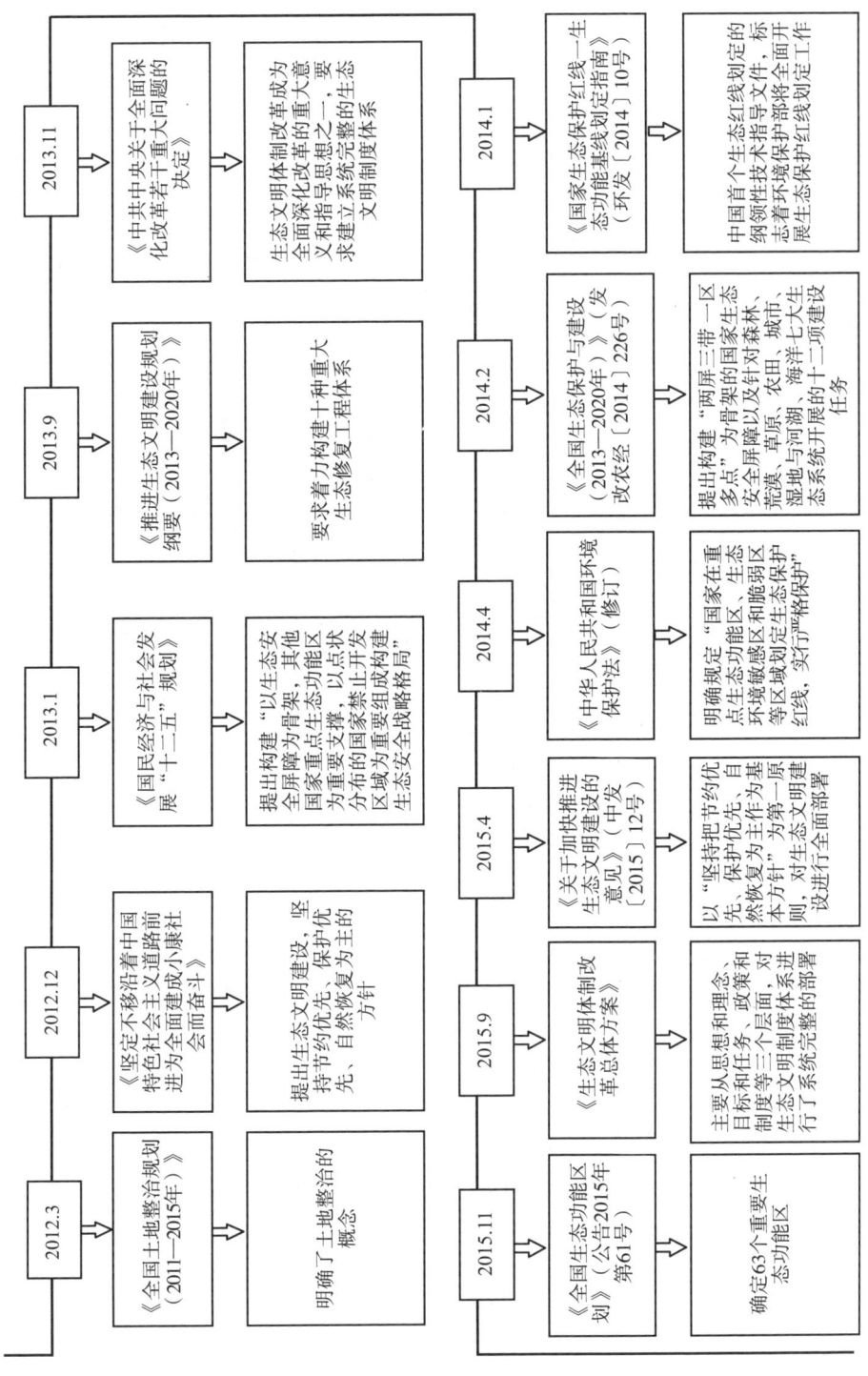

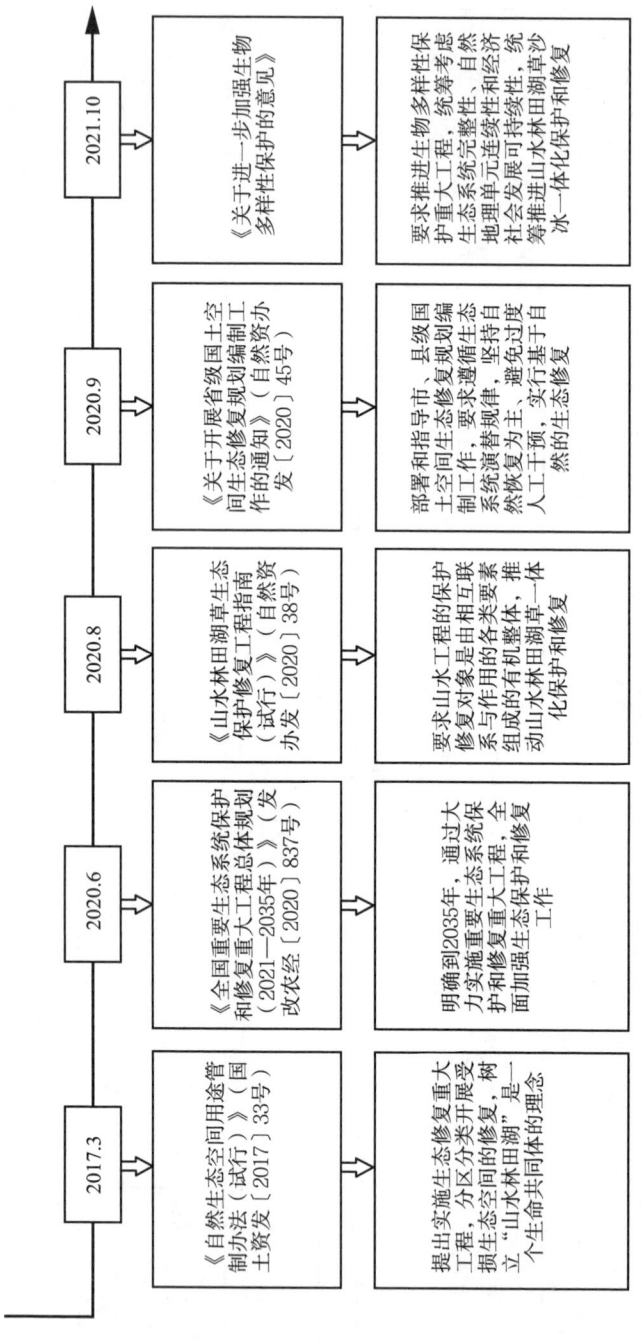

图2-2 生态修复政策梳理

修复目标以数量为主,注重单一受损生态系统的修复。第二,多要素生态保护阶段。2001—2011年,该阶段生态修复的类型涉及土壤污染、河流湖泊、退化森林、滨海湿地、矿区等,出现山、水、林、田、湖、草等多个要素的单项生态修复。第三,全域全要素生态保护与修复阶段。2012年至今,该阶段生态文明建设思想日益受到重视,国土空间生态修复强调"山水林田湖草是一个生命共同体"的理念,更注重全域、全要素的系统性保护与修复。

1. 单要素环境治理阶段:2000年以前

1973年,国务院召开首次全国环境保护会议,指出我国在环境污染和生态破坏方面的严重问题,制定了中国第一部环境保护的综合性法规——《关于保护与改善环境的若干规定(试行草案)》,提出了"全面规划,合理布局,综合利用,化害为利,依靠群众,大家动手,保护环境,造福人民"的工作方针,打破了社会主义中国不存在环境污染和生态破坏的观念(侯鹏 等,2021)。1990年,国务院印发《国务院关于进一步加强环境保护工作的决定》(国发〔1990〕65号),最早提出生态补偿政策,将"谁开发谁保护、谁破坏谁恢复、谁利用谁补偿"和"开发利用与保护增殖并重"作为资源开发过程中生态保护工作的基本方针。1994年,首部自然保护区管理的专门法规性政策《中华人民共和国自然保护区条例》(中华人民共和国国务院令第167号)发布,重点对自然保护区建设、管理、法律责任以及行业部门职责提出规定,要求按照核心区、缓冲区和实验区进行分区管理,明确了环保部门综合管理与行业部门主管的管理体制(侯鹏 等,2021)。此后,《国务院关于印发全国生态环境建设规划的通知》(国发〔1998〕36号)发布,首次将生态环境问题纳入国家政策的管控范围,提出"通过重点工程的建设,把这些关系全局发展的重点地区的基本农田、优质草地、水源涵养林和防风固沙林建设起来,形成带网片结合、纵横交错、相互联结、结构合理的林草植被体系和水土流失防治体系"。其"生态分区+主要方向+重要工程"模式与"部际联席会议"制度在我国《全国水土保持规划(2015—2030年)》《岩溶地区石漠化综合治理规划大纲(2006—2015年)》等规划中显现,诸多生态建设治理工程延续至今(王威和胡业翠,2020)。在此基础上,《国务院关于印发全国生态环境保护纲要的通知》(国发〔2000〕38号)进一步明确提出我国生态环境保护工作的远期目标,使生态修复工作具有了更为明确的目标以及政策方向,生态功能区、自然保护区、生态示范区、资源开发监管政策等成为目前区域生态保护的主要政策,为保障国家和区域生态安全发挥了重要作用。

总体而言,自中国第一部环境保护的综合性法规出台起始,生态修复的理念逐渐通过立法的形式予以体现,如在《中华人民共和国土地管理法》(1986年)、《土地复垦规定》(1989年)、《中华人民共和国水土保持法》(1991年)等法律法规中,均对开展国土空间生态修复工作有所要求。此阶段我国国土空间生态修复的主要目标比较单一(以数量目标为主),注重单一受损生态系统的修复,并未形成系统性修复和差异化修复的理念,生态修复以简单的土地整治、生态造林为主要手段,具体包括对单一的田、水、路、林、村的整治活动。虽然在防治水土流失、减少自然灾害方面发挥了积极作用,但对生态系统结构和功能的改善有限(许闯胜等,2021)。

2. 多要素生态保护阶段:2001—2011年

2007年,国家环境保护总局发布《国家重点生态功能保护区规划纲要》(环发〔2007〕165号),首次提出生态功能保护区属于限制开发区的理念,应坚持保护优先、限制开发、点状发展的原则,合理引导产业发展、积极发展生态产业和环境友好型产业,保护和恢复生态功能、提高生态系统调节服务能力,强化生态环境监管、维护区域生态安全。之后,2008年《全国生态功能区划》(公告2008年第35号)确定了50个重要生态功能区,强调重点关注水源涵养、水土保持、防风固沙、生物多样性维护和洪水调蓄功能。上述政策的出台标志着我国的生态保护工作开始由定性保护向定量保护发展,即通过生态敏感性分析、生态系统服务功能评价等手段,确定不同区域的生态主导功能,有针对性地制定生态保护与生态建设工程,为区域生态建设提供基本依据。2011年,国务院印发《国务院关于加强环境保护重点工作的意见》(国发〔2011〕35号),首次提出生态保护红线的概念,要求在重要生态功能区、陆地和海洋生态环境敏感区、脆弱区等区域划定生态红线,明确生态修复以环境综合治理为主要目标,且修复的核心对象是受破坏的环境。

该阶段的生态修复理念开始转向自然修复,生态修复手段由定性转向定量且更为多样化。此阶段将生态保护与人类福祉密切关联在一起,更加清晰地证明了自然生态是人类社会发展的根本性、基础性支撑。可持续发展理论和生态系统认知，显著推动着生态保护观念从生态环境与资源的协同管理向生态环境与资源、社会协同管理的转变，从只注重生态环境问题末端治理向注重生态环境问题治理、源头保护和自然修复的综合治理转变，开启了从发展中保护向保护中发展的转变。

3. 全域全要素生态保护与修复阶段：2012年至今

2012年，中共第十八次代表大会报告《坚定不移沿着中国特色社会主义道路前进　为全面建成小康社会而奋斗》提出推进生态文明建设，坚持节约优先、保护优先、自然恢复为主的方针，着力推进绿色发展、循环发展、低碳发展，形成节约资源和保护环境的空间格局、产业结构、生产方式、生活方式，从源头上扭转生态环境恶化趋势，为人民创造良好生产生活环境。次年，《国民经济与社会发展第十二个五年规划纲要》随即提出构建"以生态安全屏障为骨架，其他国家重点生态功能区为重要支撑，以点状分布的国家禁止开发区域为重要组成构建生态安全战略格局"。紧随其后，《推进生态文明建设规划纲要》要求着力构建十种重大生态修复工程体系，并于十八届三中全会通过的《中共中央关于全面深化改革若干重大问题的决定》中，将生态文明体制改革作为全面深化改革的指导思想之一，要求建立系统完整的生态文明制度体系。2014年，原环境保护部推出《国家生态保护红线——生态功能基线划定技术指南（试行）》（环发〔2014〕10号），是我国首个生态红线划定的纲领性技术指导文件，标志着原环境保护部将全面开展生态保护红线划定工作，体现了原环境保护部推进主体功能区规划、实行最严格的源头保护制度、改革生态环境保护管理体制的行动导向。2015年，《中共中央　国务院关于加快推进生态文明建设的意见》（中发〔2015〕12号）进一步对生态文明建设进行全面部署，并在2016年《关于推进山水林田湖生态保护修复工作的通知》（财建〔2016〕725号）中提出以"山水林田湖是一个生命共同体"为重要理念，将"多规合一"改革逐步纳入生态文明体制改革的范畴。此后的"十三五"规划明确提出，要建立国家空间规划体系，以主体功能区规划为基础统筹各类空间性规划，推进"多规合一"。2018年，中共中央首次决定召开全国生态环境保护大会，会议正式确立习近平生态文明思想，在我国生态文明建设和生态环境保护发展历程中具有划时代意义。

2020年，国家发展改革委、自然资源部印发生态保护修复领域的首个综合性规划《全国重要生态系统保护和修复重大工程总体规划（2021—2035年）》（发改农经〔2020〕837号），对全国生态修复工作具有重要战略性、指导性作用：一方面继承了传统土地整治以问题为导向的"重点区域—重大工程—保障机制"主线条，确立了以目标为导向的国土空间优化、生态服务提升等重点任务；另一方面明确了土地综合整治的基础作用，在陆域范围内的全部重大工程中均将土地综合整治作为主攻方向（汤怀志 等，2016）。为解决保护修复对象单一、各项目系统性不足问题，提升保护修复措施选择的科学性，同年8月，自然资源部办公厅、财政部办公厅、生态环境部办公厅联合印发《山水林田湖草生态保护修复工程指南（试行）》（自然资办发〔2020〕38号），明确山水工程的保护修复对象是由相互联系与作用的各类要素组成的有机整体，确保山水林田湖草一体化保护和修复，为山水林田湖草整体保护与修复指明了方向。之后在《关于开展省级国土空间生态修复规划编制工作的通知》（自然资办发〔2020〕45号）中部署和指导了市、县级国土空间生态修复规划编制工作，要求遵循生态系统演替规律，坚持自然恢复为主、避免过度人工干预，实行基于自然的生态修复。强调将乡村全域土地综合整治作为农业功能空间修复的手段，实施重点生态功能区退耕还林还草还湖还湿，恢复退化土地生态功能，促进乡村国土空间格局优化，助力生态宜居的乡村建设。国土空间生态修复工作自此提升至国家战略层面。

新时期的国土空间生态修复是以"山水林田湖草是一个生命共同体"为理念，节约优先、保护优先、自然恢复为主，保障生态安全，促进人与自然和谐发展。以不同空间尺度范围内受损或具有安全风险的生态系统为对象，提升生态系统质量和稳定性。国土空间体系下的生态修复以系统工程理论、景观生态学理论、恢复生态学理论、人地关系地域系统理论等作为理论支撑，将山上山下、地上地下、陆地海洋以及流域上下游的整体性保护与系统性修复相结合，打破了以往各个部门治山、治水、护田各自为战的工作格局（许闻胜 等，2021）。

2.3.3 融合发展历程

在国土空间规划统一要求和生态文明建设时代背景下，全域土地综合整治和国土空间生态修复成为优化国土空间布局、统筹区域协调发展和推动经济、社会、生态系统健康运行的重要抓手。有学者认为,全域土地综合整治与国土空间生态修复是一种包含与被包含的关系,国土空间生态修复的对象主要侧重于生态系统,而全域土地综合整治的对象更为广泛,涉及生产、生活、生态和其他复合系统;也有学者认为,二者是"整治与修复、局部与系统、工程与生态、政府与市场"的关系。实际上,无论整治与修复之间存在何种相互关系,二者均嵌套于生产、生活和生态空间之内,并通过土地整治的问题导向和生态修复的目标导向相衔接,共同推动土地整治和生态修复的问题缓解与目标实现。一方面,自然资源部于2019年年底发布《自然资源部关于开展全域土地综合整治试点工作的通知》(自然资发〔2019〕194号),指出农用地整理、建设用地整理和乡村生态保护修复是全域土地综合整治的三大主体内容;另一方面,生态基础网络、生态景观和生态要素作为我国国土空间生态安全格局的核心架构,是国土空间生态修复总体目标的细化体现。二者衔接关系如图2-3所示(杨忍和刘芮彤,2021)。

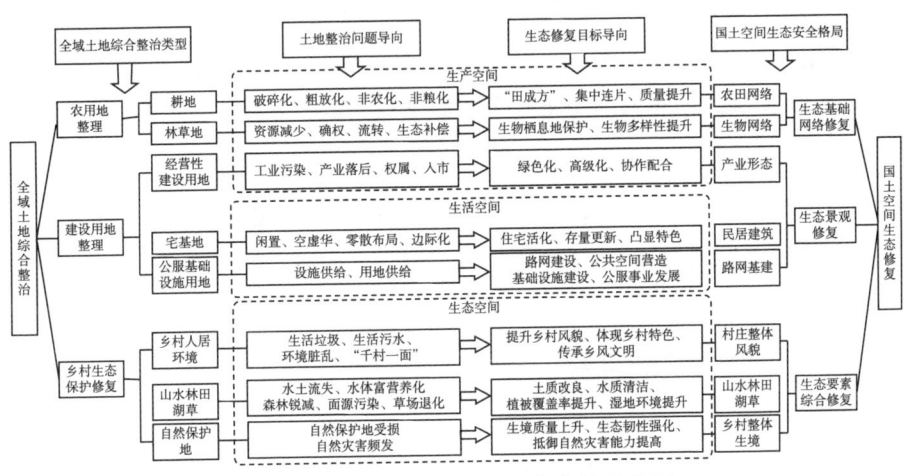

图2-3 土地整治与生态修复衔接示意图

国土综合整治与生态保护修复是土地整治的崭新阶段,是土地整治发展的必然趋势,新时代国土整治修复理念的创新性、政策手段的系统性、措施效果的综合性方面将进一步提升。从理念引领上看,生态文明理念作为新时代国土整治修复的主导理念并贯穿始终。党的十九大报告描绘了新时代我国生态文明建设的宏伟蓝图和实现美丽中国的战略路径,力争"到2035年,生态环境根本好转,美丽中国目标基本实现",为国土整治修复战略计划的制定提供时间规划和引领。新时代国土整治修复的原则应与"尊重自然、顺应自然、保护自然"理念、"山水林田湖生命共同体整体保护、系统修复、综合治理"理念、"空间均衡"理念、"保护优先、自然恢复为主"理念牢牢结合。从内容定位上看,国土整治修复作为开发利用过程的"负外部性"治理更贴合。如今,国土整治修复更关注消除或减弱开发利用中的限制因素,解决国土空间失衡、资源利用效率不高、生态环境破坏等问题,无论是城市化地区的低效建设用地再开发、城市环境综合治理中滑坡、地裂、塌陷等地质灾害治理,抑或是农村地区的高标准基本农田建设、田水路林村综合治理和重要生态功能区水土保持、水源涵养、防风固沙等内容,国土整治修复对于区域范围内开发利用造成的国土空间、资源、生态环境的"负外部性"治理与灾害问题处置功效日益彰显,并直接助力国土承载力和适宜性提升。从战略衔接上看,国土整治修复与国土空间规划及主体功能区战略对接趋势明显。国土空间规划和主体功能区编制的内在机理,即"资源环境承载力评价"与"国土空间适宜性评价",也可为区域国土整治修复定位和布局提供依据,促进实现空间结构优化、资源高效利用、生态保护修复、灾害污染治理等目标,助力国土空间承载力和适宜性提升。此外,土地整治、矿山治理等专项国土整治活动与主体功能区对接,进行区域性布局的趋势早已显现。综上,借鉴主体功能区和国土空间规划内在机理,对接两项规划开展"国土整治修复功能区划",进而推进国土整治修复工作,已然是一条光明之路(王威和贾文涛,2019;王威和胡业翠,2020)。

参考文献

[1] 曹宇,王嘉怡,李国煜,2019.国土空间生态修复:概念思辨与理论认知[J].中国土地科学,33(07):1-10.

[2] 程丹,2015.国外土地整理的成功经验及对我国土地整理的启示[J].宿州学院学报,30(08):9-13.

[3] 丁明磊,杨晓娜,赵荣钦,等,2022.碳中和目标下的国土空间格局优化:理论框架与实践策略[J].自然资源学报,37(05):1137-1147.

[4] 董祚继,2020.从土地利用规划到国土空间规划——科学理性规划的视角[J].中国土地科学,34(05):1-7.

[5] 贺贤华,毛熙彦,贺灿飞,2017.乡村规划的国际经验与实践[J].国际城市规划,32(05):59-65.

[6] 侯鹏,高吉喜,陈妍,等,2021.中国生态保护政策发展历程及其演进特征[J].生态学报,41(4):1656-1667.

[7] 黄贤金,张安录,赵荣钦,等,2022.碳达峰、碳中和与国土空间规划实现机制[J].现代城市研究(01):1-5.

[8] 李钢,2018.借鉴国际经验打造生态修复治理新标杆[J].群众(17):61.

[9] 梁鑫源,金晓斌,孙瑞,等,2021.粮食安全视角下的土地资源优化配置及其关键问题[J].自然资源学报,36(12):3031-3053.

[10] 龙花楼,张英男,屠爽爽,2018.论土地整治与乡村振兴[J].地理学报,73(10):1837-1849.

[11] 龙花楼,2013.论土地整治与乡村空间重构[J].地理学报,68(08):1019-1028.

[12] 汤怀志,梁梦茵,范金梅,等,2016.我国土地整治规划的发展历程、趋势与反思[J].郑州轻工业学院学报(社会科学版),17(06):52-59.

[13] 王威,胡业翠,2020.改革开放以来我国国土整治历程回顾与新构想[J].自然资源学报,35(01):53-67.

[14] 王威,贾文涛,2019.生态文明理念下的国土综合整治与生态保护修复[J].中国土地(05):29-31.

[15] 夏方舟,2018.全域土地综合整治:发展背景、系统内涵与趋势展望[J].浙江国土资源(10):23-25.

[16] 许闯胜,刘伟,宋伟,等,2021.差异化开展国土空间生态修复的思考[J].自然资源学报,36(02):384-394.

[17] 杨忍,刘芮彤,2021.农村全域土地综合整治与国土空间生态修复:衔接与融合[J].现代城市研究(03):23-32.

[18] 张磊,2019.国土综合整治与生态保护修复探析[J].决策探索(中)(12):81-82.

[19] 张姗,2018.美丽乡村建设国外经验及其启示[J].农业科学研究,39(01):73-76.

[20] 张晓玲,赵雲泰,贾克敬,2017.我国国土空间规划的历程与思考[J].中国土地(01):15-18.

[21] 赵荣钦,黄贤金,郧文聚,等,2022.碳达峰碳中和目标下自然资源管理领域的关键问题[J].自然资源学报,37(05):1123-1136.

[22] 周岚,于春,2014.乡村规划建设的国际经验和江苏实践的专业思考[J].国际城市规划,29(06):1-7.

第三章 学科理论基础与研究前沿

国土综合整治与生态保护修复是一项多学科交叉工作,为更好开展国土综合整治和生态保护修复,需要深入理解与国土综合整治和生态保护修复相关的不同学科特点和理论基础。不同学科及其相关理论为开展国土综合整治和生态保护修复提供了基础研究条件,然而不同学科背景下的研究人员对国土综合整治和生态保护修复的理解具有显著差异。了解国内外相关研究的关键问题,可以更好地把握研究方向和前沿,进一步明确国土综合整治和生态保护修复研究重点和方向。基于此,本章通过梳理与国土整治修复相关学科(如地理学、生态学等),分析学科自身特点和在国土整治修复工作中所起到的作用,为未来开展国土整治修复的学科交叉提供基础支撑;同时,借鉴和总结不同学科的基础理论,包括国土综合整治的土地供给理论、系统理论等和生态保护修复的恢复生态学理论、景观生态学理论等,为国土整治修复工作开展提供理论指导;系统梳理国内外研究前沿和进展,分析现有研究热点和特色,为进行国土整治修复开创性研究提供基础。

3.1 学科理论基础

3.1.1 学科基础

随着城市化进程的不断推进,国土空间开发与保护的矛盾日益突出,过度强调开发建设引起的生态系统破坏、缺少国土空间布局统一谋划导致耕地产量不高、建设用地布局杂乱等问题亟待解决。国土综合整治与生态修复为解决国土空间突出问题提供了全新的视角,是提高国土空间利用效率、提升生态服务功能的强有力手段,也是乡村振兴战略、国土空间规划落地的重要支撑。在提升国土空间利用效率方面,整治修复涵盖了对资源要素的解析,包括耕地数量、城乡关系、矿山集约化程度、地质灾害、水资源开发等,涉及农学、经济学、管理学等相关学科。在生态保护修复方面,侧重通过国土空间生态安全格局构建和生态空间功能解析明确修复途径,涉及地理学、生态学等学科领域。在整治修复重大工程布局方面,又涉及测绘科学与技术、农业综合产能、环境科学与工程、城乡规划等学科知识。

根据国务院学位委员会、教育部印发的《学位授予和人才培养学科目录设置与管理办法》(学位〔2009〕10号)的规定,《学位授予和人才培养学科目录》将本、硕、博教育分为学科门类和一级学科,是国家进行学位授权审核与学科管理、学位授予单位开展学位授予与人才培养工作的基本依据。在国务院学位委员会2013年修订的"学位学科分类"体系中,理学门类的0705地理学、0713生态学,农学门类的0903农业资源与环境,经济学门类的0202应用经济学,法学门类的0301法学、0303社会学,管理学门类的1203农林经济管理、1204公共管理,工学门类的0816测绘科学与技术、0828农业工程、0830环境科学与工程、0833城乡规划学,等等,均与国土资源科学存在一定的学科渊源。其中,在0903农业资源与环境学科中设有"土地资源学"学科方向,在1204公共管理学科中设有"土地资源管理"学科方向。在现行的学科体系中,国土资源科学问题研究分散于相关学科,学科交叉和互融成为其研究特色(图3-1)。

1. 地理学

地理学是研究地球表层空间地理要素或者地理综合体空间分布规律、时间演变过程和区域特征的一门学科,是自然科学与人文科学的交叉,具有综合性、交叉性和区域性的特点(傅伯杰,2017)。地理要素通常包括水、土壤、大气、生物和人类活动,简称水、土、气、生、人五大要素,地理综合体即由地理要素组成。在自然界中,一个生态系统、一个自然地带都可以看作地理综合体。在人类社会中,地理综合体可以是一个城市,或者是城市的一个街区。地理综合体存在空间与时间两个维度,空间分布规律研究中,从西双版纳到黑龙江漠河就是一个热带到寒带的

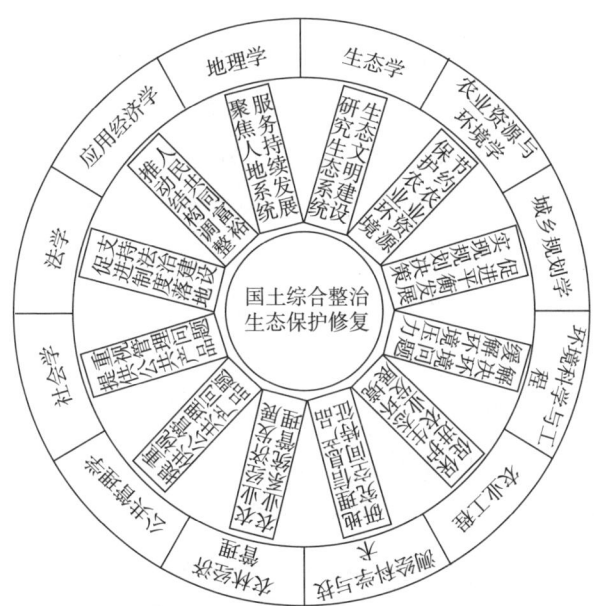

图 3-1 开展国土综合整治与生态保护修复的学科基础

空间跨越,类似的自然地带分布即地理综合体的空间分异;时间演变过程主要是对历史时期的研究,包括一部分的地质历史时期,例如第四纪研究需要分析从过去到现在的地理过程,进而预测未来发展变化,这就是时间演变过程。地理要素、地理综合体的区域特征也是地理学的研究范畴,例如在京津冀协同发展战略研究中必须以分析区域特征为首要前提,考虑城市产业的互补性、功能定位、交通网络构成等,辨析城市之间的相互作用,方能为区域协调与可持续发展服务。

地理学作为一个门类多样的学科,下属的自然地理学、人文地理学、地理技术科学均与其他学科有不同程度的关联(Maria,2006)。国土综合整治与生态保护修复涉及项目区的整治分区、格局优化与空间权属调整等人地关系地域系统内部的要素重构、结构重塑、功能重现与系统重建,强调以构建整治与修复路径实现人类—环境系统和谐。吴传钧院士提出的地理学的研究核心,即"人地关系地域系统"(吴传钧,1991),探求地球表层中地理要素的分布、发展、演化、规律,为区域视角开展整治修复决策提供基本遵循依据。同时,整治修复借鉴了地理学的地理环境整体性、人地互动性理论,探讨各个地理要素之间所具有的相互联系性和其结构与功能之间的关联性等问题，为合理制定整治修复策略提供前提条件。针对中国快速发展过程中所面临的众多资源环境问题，地理学的发展应聚焦国家重大需求，为国家社会经济可持续发展提供科学决策，服务国家社会经济与资源环境的协调可持续发展。未来需通过研判整治区域国土空间问题和整治潜力，制定整治修复策略，遵循人地关系地域系统理论以及地理学空间异质性，将地理信息大数据与地理模型应用于国土综合整治与生态保护修复分区及布局优化，强化整治与修复实践，进而促进人地系统可持续运行。

2. 生态学

生态学是研究生物与环境关系的科学，是探讨自然界多样性的生态学现象及其生态学过程的状态、演变和控制机理的生物学分支学科，其研究范围包括个体、种群、群落、生态系统、生物群区以及全球生物圈等多个层次，也涵盖了物种形成、表观遗传、组织构造、演替进化、发育繁殖、响应适应与自然环境互馈关系的生命现象及过程（于振良 等，2016）。生态学系统概念是对生物系统及生命系统概念的综合及扩展，是对传统生态学研究中不同层级对象的抽象概括及概念集合。基于生态学系统的概念及相关理论，按照研究对象可以将当代生态学归纳为以下五个二级分支学科：生命过程系统生态学、生物系统生态学、生态系统生态学、宏观生态系统生态学、人类社会系统生态学。五个分支学科均基于传统的生态学理念，具有独立的研究对象、理论基础和方法论体系的科学研究领域（于贵瑞 等，2021）。

作为国土综合整治与生态保护修复的重要内容，生态系统修复与景观格局优化研究基于"源—汇"理论以及格局与过程相互作用等生态学理论，通过重建景观连通性以及重组景观结构，为生态修复实践与生态安全格局分区提供有效支撑。不仅如此，区域尺度差异性所蕴含的生态系统交互作用机制将对生态修复实践产生一定影响。此外，生态学在不断与地理学、大气科学、资源环境科学、社会经济学交叉融合的过程中创立了丰富多彩的科学概念及研究领域，在自然科学体系中的作用和学术地位越来越重要，但是其核心的科学概念仍侧重研究生物生存状态及其与环境的关系，或者广义地理解为研究生态学系统及其与环境系统相互作用关系的科学。基于生态学系统概念的现代生态学科学研究和生态学专业知识体系还在不断地发展完善之中,一些分支学科必将逐渐发展成为具有独特理论、研究对象及方法论的新兴学科,也必将为国土综合整治与生态保护修复实践及生态文明建设做出新的贡献。

3. 农业资源与环境

农业资源与环境主要研究农业资源的管理及利用、农业生态、农业环境保护、农产品检测等方面的基本知识和技能,包括农业资源的规划与利用、农业环境的保护与污染防治等。例如土地、草原、野生动植物等农业资源的调查与保护,水体富营养化、重金属污染等农业环境污染的防治,农产品农药残留的检测,等等。研究方向主要包括土壤学、植物营养学、农业环境保护、农业资源与信息技术。其中,土壤学以"土壤物质运动与环境的关系"为核心,主要研究土壤组成、土壤物理、化学和生物学特性、土壤发生与演变、土壤分类和分布、土壤开发利用和保护等。植物营养学主要研究植物体内、植物与环境之间物质能量转化与交换规律及调控技术等。农业环境保护主要研究农业污染物的环境行为、毒害机理、农业农村环境污染防控与农业生态建设等。农业资源与信息技术主要研究土地信息技术及其应用、水土资源利用与保护等领域,以农业资源信息技术应用和农业信息化为特色和优势。

农用地整治是国土综合整治的核心任务,主要包括围绕耕地破碎化与耕地质量欠佳等耕地利用问题而采取的一系列工程措施。同时,农业资源与环境学科所涉及的土壤保护、水土资源利用等学科基础不仅为提高耕地质量、实现粮食产能提升的研究提供了便利条件,所涉及的农业污染防治与农业生态建设也能在极大程度上保障农业生态系统修复,促进耕地数量、质量与生态三位一体建设。强化农业资源与环境研究,拓展农业资源与环境应用领域,为推动国土综合整治与生态保护修复以及建设美丽中国提供了强有力的支撑。

近年来,我国粮食持续高产、农民连年增收,成绩令人瞩目,但也付出了一些代价,资源过度开发利用,耕地数量减少、质量下降,农业面源污染加重,资源环境亮起了"红灯"。目前,全国基础地力相对较高的耕地面积不足三分之一,特别是东北黑土地退化严重。同时,农药化肥等投入品使用存在不同程度问题。此外,还有大量农业废弃物未能得到有效处理,成为当前农业面源污染的主要来源。

4. 应用经济学

应用经济学是以经济学、金融学、数量经济学、统计学、数学、计算机等学科理论为基础的应用性社会科学学科。应用经济学主要指应用理论经济学的基本原理，研究国民经济各个部门、各个专业领域的经济活动和经济关系的规律性，或对非经济活动领域进行经济效益、社会效益的分析。大体上可分为如下几个分支：第一，以国民经济个别部门的经济活动为研究对象的学科，如农业经济学、工业经济学、建筑经济学、运输经济学、商业经济学等；第二，以涉及国民经济各个部门而且有一定综合性的专业经济活动为研究对象的学科，如计划经济学、劳动经济学、财政学、货币学、银行学等；第三，以地区性经济活动为研究对象的学科，如城市经济学、农村经济学、区域经济学（经济地区规划、生产力布局）等；第四，以国际经济活动为研究对象的学科，如国际经济学及其分支（国际贸易学、国际金融学、国际投资学等）；第五，以企业经营管理活动为研究对象的学科，如企业管理、企业财务、会计学、市场（销售）学等；第六，与非经济学科交叉联结的边缘经济学科，如与人口学相交叉的人口经济学，与生态学相交叉的生态经济学或环境经济学，与社会学相交叉的社会经济学，与自然地理学相交叉的经济地理学、国土经济学、资源经济学，等等。这些边缘经济学科主要研究非经济领域发展变化的经济含义、经济效益、社会效益，进而从中找出发展的规律性。

国土综合整治与生态保护修复活动是一项重要的社会性工程项目，成本预测与社会经济效益评价是检验项目可实施性与实施效果的重要标准，也是政策实施价值的显化方式。应用经济学所包含的投入—产出关系能够测算项目实施的人工费、材料费、管理费、机械设备费用、不可预见费和其他费用；同时，项目实施后的社会效益、经济效益与生态效益评估可借助经济学成本—收益方法测算。尤其是应用经济学与环境经济学、国民经济学等学科交叉融合之后，经济学领域更加关注国土、资源以及环境方面蕴含的经济学问题。此外，国土综合整治与生态保护修复项目实施也推动了经济学研究领域的拓展。因此，注重应用经济学与其他经济学科的应用，是落实国土综合整治与生态保护修复项目实施过程全链条完备性的必要环节。

5. 法学

法学是研究法、法的现象以及与法相关问题的专门学科,是关于法律问题的知识和理论体系。由于社会关系的纷繁复杂,不断形成不同的部门法予以调整,随即出现了相应的法学分支学科对其进行研究。法学作为一门系统的学问,不仅要研究各个部门法,还要以不同角度、不同方法进行综合剖析,为各个部门法学的研究提供理论基础和相关条件。法学学科分为五个子项,分别是理论法学、法律史学、部门法学、国际法学以及法学其他学科。法学与国土综合整治和生态保护修复的关系密切,如《中华人民共和国土地管理法》明确了我国土地整治在不同时期的关键问题与核心目标,成为土地管理行业的最基本的法则。

法治建设是趋于合法化的基本遵循,也是治理能力和治理体系现代化的具体体现。《中华人民共和国土地管理法》《全国土地整治规划》以及《关于开展省级国土空间生态修复规划编制工作的通知》等政策文件与法令是对国土综合整治与生态保护修复实施的强制性表达,包含了对实施背景、实施原则、实施过程、实施监管以及实施评估等方面的详细规范。随着土地整治实践的深入,土地整治内涵不断丰富、外延不断拓展。在范围上,由分散的土地整治项目向集中连片的土地综合整治转变,从农村延伸到城镇工矿,并拓展到了"全域整治",包含农用地整治、农村集体建设用地整治、城镇工矿建设用地整治、土地复垦与修复、未利用地开发等五种类型,在实践中更多地表现为融合多种类型的区域性综合整治。在内涵上,由最初的追求新增耕地数量为主向增加耕地数量、提高耕地质量、优化用地布局、改善生态环境并重等多目标转变,把山水林田湖作为一个生命共同体来建设与修复,落实数量、质量、生态"三位一体"理念,成为保发展、守红线、促转变、惠民生的重要平台和抓手,有力支撑国家粮食安全战略、新型城镇化、节约优先战略和脱贫攻坚战略落地,成为落实最严格耕地保护制度和最严格节约用地制度的重要途径。随着土地整治实践的发展,其所包含的整治对象系统性、整治目标多元性以及整治手段完备性对土地整治法治建设和制度改革也提出了相应实践需求。

6. 社会学

社会学是系统研究社会行为与人类群体的科学,是一门具有多重研究方式的学科,主要涉及科学主义实证论的定量方法和人文主义的理解方法,它们相互对立、相互联系,共同发展及完善一套有关人类社会结构及活动的知识体系,并以运用这些知识去寻求或改善社会福利为主要目标。社会学的研究范围广泛,包括了自微观层级的社会行动或人际互动至宏观层级的社会系统或结构。社会学在研究题材或研究法则上均有相当的广泛性,其传统研究对象包括社会分层、社会阶级、社会流动、社会宗教、社会法律、越轨行为等,而采取的模式则包括定性和定量的研究方法。由于人类活动的所有领域都是由社会结构、个体机构的共同影响塑造而成,因此随着社会发展,社会学将进一步扩大其研究重点至其他相关科目。

社会学在国土综合整治研究中应用广泛,如土地整治社会评价通过应用社会学相关理论和社会科学的调查研究方法,分析土地整治已经产生和将要产生的社会影响,分析项目与社区相互适应性和社区的接受程度,发现已经实施的项目或将要实施的项目在实施过程中可能出现的社会问题和社会风险,并提出针对性的项目建议,保证项目的顺利实施和可持续性(饶静,2017)。同时,将土地整治社会评价指标体系建设纳入土地整治评价过程,更加注重整治项目实施的公平性与社会可参与性,这也是进行项目实施过程问题识别与保证国土整治实践的基础。党的十九大报告提出实施乡村振兴战略,要坚持农业农村优先发展,按照产业兴旺、生态宜居、乡风文明、治理有效、生活富裕的总要求,建立健全城乡融合发展体制机制和政策体系,加快推进农业农村现代化。土地整治引进社会评价工作,可以为项目地区的人口、区域协调发展提供机遇,提高项目实施效果,并为项目地区的社会发展目标,如减轻或消除贫困、保护生态环境、促进社会和谐发展等,提供科学依据。

7. 农林经济管理

农林经济管理专业是将经济学、管理学的基本理论和方法引入林业、农业和农村领域,研究如何促进国家农业经济发展,是从市场运作的角度对农业、林业生产以及农村、林区发展进行经济、社会和制度分析与系统管理的学科(杨红强 等,2014)。农林经济研究涵盖范围较广,其重点研究领域包含农业经济理论与政策、农业资源与环境经济、农村与区域发展、食物经济管理、粮食安全、农民问题等多个方面。

基于国土综合整治和生态保护修复的农用地整理、建设用地盘活、未利用地开发以及生态产品价值实现是有效解决三农问题与实现乡村振兴的重要途径。农林经济管理学科关注农业政策与理论、农村治理与可持续发展以及农民权益保障等方面，重在挖掘并解析三农问题来源，通过国土整治实践的物质空间改造与社会空间维护过程予以解决并采取管理措施予以保障，即在依托农林经济管理多学科理论支撑推动国土整治实践的同时，也发挥了其系统管理的学科优势，强化了国土整治实践后期的实施成效。

党的十八大以来，农业农村经济取得快速发展，发展成就的取得与多年来我国农业经济管理扎实有效的学科建设及务实高效的研究工作密不可分。未来应根据农林经济管理学科自身的特色和优势，抓住农业、农村、农民问题进行学科创新，在进一步强化传统的农业经济理论与政策、农业技术经济、农村企业管理等研究领域的同时，积极开拓区域经济发展、资源经济与资源管理、农业可持续发展、农村扶贫开发、农户风险管理、农产品比较优势及竞争力提高等研究领域，充分体现学科特色，提升学科地位和影响力（阳利永和刘秀华，2007），从而为国土整治实践的理论与政策支撑以及对三农问题的解析与治理奠定基础。

8. 公共管理

公共管理学是运用管理学、政治学、经济学等多学科理论与方法，专门研究公共组织尤其是政府组织的管理活动及其规律的学科群体系。其主要特点在于：第一，在综合运用多学科理论与方法的同时更重视从经济学视角来研究公共管理问题，重视定性分析的同时更强调定量分析工具的运用；第二，以公共利益为核心展开对公共机构与其他社会机构（各类企业和公共组织等）以及与个人之间的利益关系问题的研究，大大拓展了以往公共行政学的研究范畴。

国土综合整治与生态保护修复作为一项重要的实施性规划举措，实施过程涉及政策问题识别、政策制定、政策执行、政策评估与监控以及政策调整与终结，具有全链条性、全过程性和全生命周期性。公共政策作为公共管理运行的一项基本手段，时刻关注公共利益最大化和社会效益最大化。国土整治修复通过制定合理的公共政策并实施，以达到维护公共利益的目标，并且将其视为检验和衡量项目实施成效的重要考核指标。

此外，国土综合整治与生态保护修复的成功案例可成为基于自然的解决方案

(Nature-Based Solution, NBS)的重要经验参考，为解决人类命运共同体难题与维护公共利益提供了基本参考。未来，在人类命运共同体理念指引下，中国如何与世界上其他国家和谐共生，提供有利于世界人民共生、共存、共荣的公共管理服务和公共管理经验，也将是公共管理学科使命担当。国土综合整治与生态保护修复实践应着眼于局部视野和全球视野，在服务于国内"山水林田湖草生命共同体"重大项目实施的同时，思考中国国土整治研究能够为全球国土空间可持续利用与生态环境保护提供的概念、理论、证据和知识，进而为构建人类命运共同体提供中国方案。

9. 测绘科学与技术

测绘科学与技术是研究地球和其他实体与时空分布有关信息的采集、存储、处理、分析、管理、传输、表达、分发和应用的科学与技术。测绘科学与技术的研究内容包括探测地球和其他实体的形状与重力场以及空间定位的理论与方法；利用各种测量仪器、传感器及其组合系统获取地球及其他实体与空间分布相关信息，制成各种地形图和专题图；建立地理、土地等各种空间信息系统，为研究自然和社会现象，解决人口、资源、环境和灾害等社会可持续发展中的重大问题，以及为国民经济和国防建设提供技术支撑和数据保障。

国土综合整治与生态保护修复作为一项技术性工程，包含数据收集与处理、地理勘测与制图以及地籍测量技术和工程测量技术应用。集成自动化、数字化、智能化的测绘科学与技术可以通过技术转移和应用嵌入国土整治实施过程，运用"3S"技术推动国土整治与生态修复实践效率提升，促进国土综合整治与生态保护修复向信息化与智能化转型。随着空间技术的发展，现代测绘科学研究范围已扩大到外层空间乃至其他星球。测绘科学与技术和地球物理学、地质学、天文学、地理学、海洋科学、空间科学、环境科学、计算机科学、信息科学及其他许多工程学科都有密切的联系，但测绘科学与技术更侧重研究地球表层和物体的空间特征和变化，例如设计与制作地图，开发与建立地理信息系统的理论、方法和技术。围绕测绘科学与技术应用领域，未来应更加注重与重大项目实施相结合，尤其是在国土整治领域，充分发挥测绘科学与技术学科优势，实现国土整治项目实施全过程动态监测。

10. 农业工程

农业工程学是农业科学的三大分支(农业生物学、农业工程学、农业经济学)之一,其主要内容包括农业机械化、农业生物环境控制、农产品加工、农业水土资源利用、农业电气化与自动化、农业系统工程与管理工程、农村能源等技术。随着农业的高度发展,农业工程技术的研究与开发已经进入一个新的发展阶段,开始着重于发展机、电、液一体化和环境友好的高新技术装备以及服务于可持续发展的集成技术体系的研究。在发达国家,高度智能化的农业机器人已投入使用,农业作业的精确度大幅提高。农业工程实用技术的研究与推广使农业机械的发展达到了较高的水平。

国土综合整治与生态保护修复的重点内容之一在于农用地整治,以期通过土地整治实现农用地集中连片,进而有效增加农业耕作面积。农业工程重点关注农业机械化及其自动化以及农业水土资源条件改善,可为国土整治过程中诸如农田改良、水利设施完善、农田防护林建设以及农田生态建设提供技术支撑。当前,我国正处于从传统农业向现代农业转变的关键时期,随着工业化、城镇化、农业现代化和信息化的加快推进,农业产业结构的调整和优化,农村劳动力结构和农民的劳动观念正在发生深刻的变化,农业与农村发展对农业工程科学与技术的依赖越来越强。未来应积极推动农业工程学科的实践应用导向,强化农业科技创新和技术转换,促进国土综合整治与生态保护修复实施过程的技术水平提升和国土资源合理布局。

11. 环境科学与工程

环境科学与工程是基于自然科学、工程科学与社会科学发展起来的综合性新兴交叉学科,是一门研究人与环境相互作用及其调控的学科,主要研究人类—环境系统的发展规律,调控二者之间的物质、能量与信息的交换过程,寻求解决环境问题的途径和方法,以实现人类—环境系统的协调和持续发展。环境科学与工程下含环境科学与环境工程两个研究方向,其中环境科学涉及环境的自然科学、技术科学与人文社会科学领域,主要研究环境演化规律,揭示人类活动同自然生态系统的相互作用关系,探索人类与环境和谐共处的途径与方法;环境工程专业则涉及环境领域里的工程和技术问题,主要研究大气污染防治、水污染防治、固体废物处置与资源化、噪声控制以及光、热、放射性和电磁辐射污染与防治等。

当前,人类社会面临复杂的发展与环境矛盾,我国经济持续高速发展面临巨大的环境压力,解决环境问题的需求已经成为环境科学与工程学科体系进一步完善的动力。国土综合整治与生态保护修复实践以人类—环境系统可持续发展为导向,重点揭示人类不合理与高强度活动对资源环境的威胁强度,进而采取工程措施实现人地协同。环境科学与工程研究是针对人类—环境系统演化过程进行的调控与防治,其具体措施和目标与国土整治和生态修复相一致,即环境科学与工程研究可为国土综合整治与生态保护修复实践提供目标引领和可持续发展策略。未来,应将多要素复杂环境问题的作用机理、环境与健康效应、工业污染系统控制、复杂体系解析方法论、污染综合防治技术系统集成等环境科学与工程前沿领域,纳入国土综合整治和生态保护修复综合框架。

12. 城乡规划学

城乡规划作为政府管理职能,是基于经济、社会、环境的综合发展目标,以城乡建成环境为对象,以土地利用为核心,通过规划编制和规划管理,对城乡发展资源进行空间配置,并将公共政策付诸实施的过程。因此,城乡规划学科的知识基础包括三个主要领域,即城乡建成环境发展规律、城乡建成环境规划编制、城乡建成环境规划管理;下设六个研究方向,即城乡与区域规划理论和方法、城乡规划与设计、城乡规划技术科学、社区与住房规划、城乡历史遗留保护规划、城乡规划管理。

城乡规划学科从实践中产生并服务于实践,未来的发展方向应紧跟社会需求与形势变化,促进决策支持规划实践(彭翀 等,2018)。国土综合整治和生态修复不仅关注当前的国土空间利用问题,而且强调通过长时间持续性的整治规划助推生态文明建设。城乡规划学涵盖的功能分区、空间协同与村镇建设等基本规划理念、方法和管理思路可为土地整治规划编制与实施提供重要启示,有助于确立国土综合整治和生态保护修复目标与实施路径。

3.1.2 理论基础

国土综合整治和生态保护修复由传统农用地整治、建设用地整治、未利用地开发、土地整治与复垦以及全域土地综合整治等发展而来,其演变过程经历了起始、发展、演变和延拓多个阶段。当前,面向美丽中国建设与生态文明战略、城乡融合与乡村振兴战略以及国土空间治理体系与治理能力现代化建设的现实需求,国土综合整治和生态保护修复面临严峻的现实挑战,尤其是新时代国土空间规划背景下的国土综合整治和生态保护修复内涵扩充亟须统筹多学科、多样化理论的支撑。简而言之,科学有效的国土综合整治和生态保护实践离不开系统性的理论基础作为引导(图3-2)。

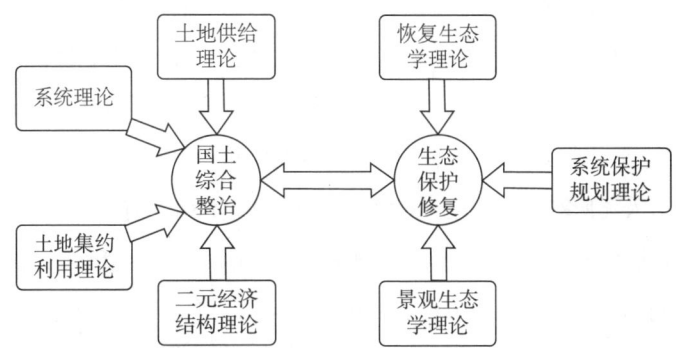

图3-2 开展国土综合整治与生态保护修复的理论基础

土地供给理论、系统理论、土地集约利用理论和二元经济结构理论等可作为指导国土综合整治实践的理论基础,其中土地供给理论强调国土综合整治过程中土地供给的稳定性,系统理论注重国土综合整治实践对山、水、林、田、湖、草等全要素整治以及结构、功能、系统的整体性优化,土地集约理论侧重国土综合整治项目投入与产出关系的均衡性,二元经济结构理论重在倡导以国土综合整治活动促进城乡融合与城乡要素流动。生态保护修复理论基础涵盖恢复生态学理论、景观生态学理论和系统保护规划理论,其中,恢复生态学理论注重区域生态问题解析,景观生态学理论强调过程耦合与空间集成以及生态格局实现过程,系统保护规划理论强调从山、水、林、田、湖、草等方面实现自然资源全要素系统性修复。

1. 国土综合整治的相关理论

(1) 土地供给理论

在经济学上,供给的意义是指生产者进行商品生产并提供出售给需求方的行为。供给包括生产、向市场提供出售、售出三个环节,一般简化为生产与销售两个环节。土地、劳动力、技术和资本是经济学中的重要生产要素,其中,由于土地资源本身的稀缺性和不可再生性,土地资源优化配置问题备受关注。土地供给作为物质资料生产过程的关键,探究其对国土综合整治和生态保护修复的指导意义至关重要。

土地供给是指地球能够提供给人类社会利用的各类生产和生活用地的数量(毕宝德 等,2016),包括在一定的技术、经济和环境条件下对人类有用的土地资源数量和未来一段时间内预知可供利用的土地数量,通常可将土地供给分为自然供给和经济供给。土地的自然供给是无弹性、固定不变的。土地经济供给是指在土地自然供给的基础上,投入人类劳动进行开发后,成为人类直接用于生产、生活和各种用途土地的供给。土地经济供给是有效供给,土地由自然供给变成经济供给后,才能为人类所利用。影响土地经济供给的基本因素有自然供给量、人类利用土地的方式和技能、交通条件、土地利用的集约度、社会经济发展需求变化、工业与科技的发展等(朱杰,2010)。土地的自然供给和经济供给既有联系,又有区别。土地的自然供给是土地经济供给的基础,土地的经济供给只能在自然供给的范围内变动。需要说明的是,土地的经济供给是有弹性的,人类虽然无法增加土地的自然供给,但可以在自然供给的基础上调整经济供给。

国土整治无法改变土地的自然供给,但是可以调整土地的经济供给,如增加土地经济供给数量,提高土地经济供给质量。首先,国土整治不仅包括对已利用土地进行的深度开发,即提高土地利用效率、增加有效耕地面积,也包括对荒滩、荒坡、荒山、荒沙地等未利用地的广度开发,即扩大可利用土地面积。通过建设用地整理,除了增加农用地的数量外,也能增强建设用地质量。如通过农村居民点整理,清理荒废闲置宅基地,提高农村土地集约水平,有效增加建设用地的经济供给。其次,按照土地供给的价值趋向,建设用地带来的经济效益往往高出农用地几倍甚至几十倍。因此,农用地相比较而言缺乏供给弹性,同一地块,农用地效益比较低,缺乏竞争力,往往易被建设用地所取代,这一点在城乡连接地带表现尤为突出。通过土地整治,建设完善的农业生产基础设施,可以提高土地质量和土地产出率。土地产出率的提高,从土地利用的效果上讲,相当于扩大了土地面积,因而也是农用地经济供给的间接增加。农用地利用效益的提高,有助于从经济上形成对农用地的保护机制,减少建设用地对农用地的占用量。最后,保护和改善生态环境是土地整治的重要内容之一。在土地整治过程中,采取各种措施消除影响土地生态系统稳定性的消极因素,提高系统的自我调节能力与环境容纳能力,可有效防止因生态脆弱与生态失衡造成的土地毁损或质量下降,保障农用地生产能力的持续发展,从而达到确保农用地经济供给的稳定性。国土整治就是通过改善土地利用环境和建设生态景观,消除土地利用中对经济社会发展起限制作用的因素,促进土地利用的有序化和集约化。其实质是通过对土地利用环境的优化,不断提高土地利用率和产出率,满足经济社会发展对土地资源的需求。通过国土整治来改变影响土地经济供给的系列因素,可以提高土地经济供给的数量,使之表现为动态的、有弹性的供给。总体上,国土整治对土地供给的影响主要体现在增强土地经济供给数量、增强土地供给的弹性、提高土地经济供给的稳定性三个方面。

一般而言,土地自然供给通过强调土地数量增强引导国土整治实践,进而促进农用地整理、建设用地复垦、未利用地开发以及生态空间治理,有效增加面向社会经济发展的土地供给;同时,土地经济供给的弹性效应可以增加与耕地占补平衡和城乡建设用地增减挂钩政策的相互衔接,使国土整治后的土地供应融入土地交易市场,实现经济增长需求的土地有效供给。总之,国土空间综合整治需要依据土地的供给理论,合理利用土地,做到地尽其用,节约利用土地,提高土地利用集约度,在内涵上增加用地,在深度上增加土地经济供给,以满足人类—环境可持续背景下的土地需求。

(2) 系统理论

系统一词源自古希腊语,表示由部分构成的整体。美籍奥地利学者、理论生物学家贝塔朗菲在 1932 年提出"开放系统理论",阐述了系统论的思想;1968 年贝塔朗菲发表的专著《一般系统理论:基础、发展和应用》奠定了系统论的学科基础(Bertalanffy,1968),并且在《一般系统论的历史与现状》一文中探讨了系统研究的未来发展。伴随着世界复杂性问题突显,出现了一系列以探索复杂性为己任的学科,系统科学研究尤为重要。系统科学的发展可分为两个阶段:第一阶段以二战前后控制论、信息论和一般系统论等的出现为标志,主要着眼于他组织系统的分析;第二阶段以耗散结构论、协同论、超循环论等为标志,主要着眼于自组织系统的研究。信息学家魏沃尔指出,19世纪及其之前的科学是简单性科学,20世纪前半叶发展起无组织的复杂性的科学,即建立在统计方法上的学科,20世纪后半叶则发展起有组织的复杂性的科学,主要是自组织理论。

系统是由若干要素以一定结构形式联结构成的具有某种功能的有机整体。在此定义中包括了系统、要素、结构、功能四个概念,表明了要素与要素、要素与系统、系统与环境三方面的关系。其中,系统观点第一个方面的内容是整体性原理(或称为联系原理)。整体性原则是系统科学方法论的首要原则,认为世界是关系的集合体,根本不存在所谓不可分析的终极单元,关系对于关系物是内在的而非外在的。系统观点第二个方面的内容是动态演化原理或过程原理。动态演化原理的基本内容可概括如下:一切实际系统由于其内外部联系复杂的相互作用,总是处于无序与有序、平衡与非平衡的相互转化的运动变化之中,任何系统都要经历一个系统的发生、维生、消亡的不可逆演化过程。即,系统存在在本质上是一个动态过程,系统结构不过是动态过程的外部表现,而任何一个系统作为过程又构成更大过程的一个环节、一个阶段。魏宏森和曾国屏(2009)将系统论的基本规律总结为结构功能相关律、信息反馈律、竞争协同律、涨落有序律和优化演化律等五项内容。

土地利用系统是信息不完全的灰色系统,具有系统要素、要素关系、系统结构和系统作用原理的不完全性。同时,土地利用系统属于多要素、多层次、组织水平较高的复杂系统,具有很强的模糊性。此外,系统学理论中尚有非线性系统理论,包括耗散结构、协同学、突变理论、混沌与分形理论和开放的复杂巨系统理论。结构决定功能,这是系统理论得出的普遍规律,作为一个多层次结构的负荷体,合理的土地利用系统结构可以产生结构效应,促使土地利用系统功能效率的提高。土地整治正是这一原理的具体体现,即通过土地整治改变现有的土地利用结构以优化其功能,可见系统理论是国土综合整治的重要理论支撑。与传统的农用地整治(如高标准农田建设、中低田改良)、农村建设用地整治(如村庄整治、"空心村"改造)、国土空间生态修复(如废弃矿山复垦、灾毁土地复垦)等单要素土地整治相比,国土综合整治和生态保护修复最大的区别在于把区域国土空间视为一个有机整体,遵从国土空间的系统性特征,按照"整体规划、整体设计、综合整治"的总要求,顺应不同国土空间要素间的内在关联规律,对山水林田湖草村等全要素进行综合整治,实现乡村空间形态、产业发展、生态环境、人居环境、基础设施、乡风文明、乡村治理的系统性重塑。国土综合整治和生态保护修复是一个典型的系统工程,认识国土综合整治和生态保护修复的系统性特征及其具体表现是落实系统思维的基础。

国土空间综合整治涉及多种要素解析,包括农用地整理、建设用地整理、乡村生态保护修复以及公共空间治理等社会、经济和环境要素,这些要素之间不是孤立的,而是存在广泛且多层次的相互联系、相互制约、相互作用,并且具有明显的动态演化特征。按照一定结构将要素进行组合可表现出一定的功能,即成为一系列的系统,如土地利用系统、经济系统、环境系统。其中,土地利用系统内部由耕地、林地、牧地、水域、工矿地和未利用等子系统组成,子系统之间存在着相互影响与相互制约,同时又与土地利用大系统之间存在联系。经济系统内部涵盖农业生产与非农生产要素与功能,构成彼此权衡的稳定系统。环境系统涉及山、水、林、田、湖、草等多要素,各要素之间的协同治理是实现环境系统可持续运行的重要保障。

(3) 土地集约利用理论

土地集约利用的概念最早来源于对农业利用的研究,由大卫·李嘉图等古典政治经济学家在地租理论中首次提出(邵晓梅 等,2006)。而最早研究土地集约利用的杜能农业区位理论、威廉·配第地租理论、威斯特报酬递减律理论、Ebenzer Howard 田园城市理论、Eliel Saarinen 有机疏散理论、赖特广亩城市理论、可持续发展理论、特洛尔景观生态理论等有关城市规划和土地利用配置的相关理论都被引入土地集约利用研究。

土地集约利用实质是一个相对性概念。首先,土地集约利用是相对于传统的粗放用地模式的概念;其次,土地集约利用是一个动态过程,人类改造世界和利用自然的能力随着经济社会发展不断增强,土地承载能力也会随之提高,不同历史时期呈现不同的土地利用集约度。因此,集约利用土地的科学内涵,不应寻找最高的土地利用强度,而应寻找最优集约度,以使土地利用的经济效益与环境效益、社会效益相统一。

　　土地集约利用理论一般是指在同一块土地上投入较多的生产资料和劳动,进行精耕细作,用提高单位面积产量的方法增加产品总量和取得最高经济效益。如农业土地集约利用,是指在一定面积的土地上,集中地投入较多的生产资料和劳动,使用先进的技术和管理方法,以求在较小面积的土地上获得高额产量和收入的一种农业经营方式。按照生产要素投入的构成不同,农业土地集约利用分为资金密集型、劳动密集型和技术密集型。城市土地集约利用的概念是从农业土地集约利用引申而来的。由于城市土地利用的特殊性,其内涵远比农业土地集约利用丰富和复杂,需要从不同角度和不同范围对城市土地集约利用进行概念解释和界定。从不同空间尺度出发,城市土地集约利用含义包括宏观、中观和微观三个层次。随着城市土地利用实践的深入和研究的深化,城市土地集约利用的内涵和外延不断扩大。

　　由于土地利用报酬递减规律的作用,土地利用集约度的提高是有限度的(董秀茹,2006)。理论上,当对土地连续投入资本和劳动力达到经济上的报酬递减点,即边际收益等于边际产出时,经营者将不会追加投入,这一临界点就是土地利用的集约边界,达到了集约边界的土地利用称之为理论上的集约利用。反之,未达到集约边界的土地利用称之为理论上的粗放利用。土地利用的集约程度一般应与一定生产力水平和科学技术水平相适应,随着科学技术化水平的提高,低集约化的土地利用必然向集约化程度高的方向发展,同时也可以认为是在低集约化土地利用状态下所应该具备高集约化程度的土地利用潜力。目前我国农村居民点的集约化潜力是巨大的,这为村镇发展提供了较为丰富的后备土地资源。

　　如何在土地利用结构合理性条件下实现区域土地最大产出和土地利用效益,是区域土地集约利用关注的重要课题。土地集约利用实质上是土地投入和产出的关系表现,即以在土地上最少的投入获得最高产出,其内涵扩展包括以下三层含义:

　　第一,土地地块集约利用,是指区域某一土地利用类型的地块集约化利用;

　　第二,土地类型集约利用,是指区域同一土地利用类型土地集约化利用;

　　第三,区域土地集约利用,主要是根据有限土地资源自然属性(土地经济、生态、适用性)和社会属性(市场供求关系、城市发展需求、社会经济发展需求)对土地资源利用的优化配置。

土地集约利用理论所包含的投入产出最大化是国土综合整治与生态保护修复实践的内在要求和实现目标。一方面,当前国土空间利用面临保护耕地面积、控制开发强度和维护生态环境等方面的土地集约利用重要难题,应通过农用地田坎整治、灌溉条件改善、矿区生态修复和城镇工矿用地整治等措施调整人地关系、优化空间结构、统筹区域发展、保障生态安全,以改善山水林田湖草路村城海全要素的国土空间结构和功能,实现各类国土空间用地类型趋于集约化,实现土地利用质量和效率提升;另一方面,基于国土综合整治与生态保护修复实践过程应体现集约化特征,且项目实施前后过程土地地块、类型等的集约利用状况对比,可作为国土整治监测与实施评估的重要考核指标。

(4) 二元经济结构理论

二元经济结构理论是区域经济学的奠基性理论之一。诺贝尔经济学奖得主刘易斯较早地揭示了发展中国家并存着农村中以传统生产方式为主的农业和城市中以制造业为主的现代化部门,由于发展中国家农业中存在着边际生产率为零的剩余劳动力,因此农业剩余劳动力的非农化转移能够促使二元经济结构逐步消减(Lewis,1954)。此后,拉尼斯、费景汉修正了刘易斯模型中的假设,在考虑工农业两部门平衡增长的基础上,完善了农业剩余劳动力转移的二元经济发展思想。

二元经济结构理论具体指发展中国家一般存在着性质不同、成熟度不一的两个经济部门:现代部门和传统部门。二者在资本运用、生产规模、生产方式、生产效率、收入水平等方面存在显著差异。二元结构现象被认为是发展中国家工业化过程中必然出现的经济现象,因而二元经济结构理论对广大发展中国家的经济和社会发展发挥了重要的理论指导作用。

二元经济结构对发展中国家包括我国的经济发展具有双重的影响(任保平,2004年)。一方面,从历史发展进程来看,发展中国家的经济是在原有传统落后的经济基础上,随着技术的进步、社会分工的发展和机器大工业的产生,逐渐出现城市的现代经济部门,从而形成了二元经济结构。因此,二元经济结构的出现不是偶然的,而是随着现代经济的产生且在现代经济相对不发达的条件下形成的。另一方面,二元经济结构如果长期存在和延续,特别是城乡二元经济差别长期不断扩大,就会产生极大的负面效应。这种消极影响主要表现为:第一,造成传统部门的长期落后,导致农业的生产规模、技术水平、资金积累和农业收入低下,阻滞农业的现代化,农业劳动者在利益的驱动下过度流向收入水平较高的城市,造成农业的萎缩。第二,制约现代部门,特别是城市现代工业的发展。落后的传统农业,会限制农业为工业发展提供粮食、原料、副产品、市场等作用的发挥,从而不利于现代经济的发展。加之农村劳动力过度流向城市,会导致城市难以承受,进而产生各种城市弊端,如公用设施不足、住房紧张、就业困难、社会秩序不安定等。第三,导致城乡差别、工农差别的拉大,不利于整个国民经济持续、协调、稳定发展。我国在社会形态与意识形态方面均存在城乡二元化结构,构成目前社会经济和意识形态中的突出矛盾,解决这些矛盾可以进一步推动社会经济前进,其焦点就是解决农业、农村、农民的"三农"问题,而解决"三农"问题,关键就是实现乡村振兴战略。

传统意义上的农村土地整治更多局限于工程技术属性,其核心目标主要集中在扩大农田规模、提高耕地质量、优化村庄布局等物质层面,甚至部分地区仅将土地整治视为城市化建设提供用地空间的一种手段。新常态背景下,乡村振兴不仅表现在居住环境和公共服务等物质层面的提升,更体现于充满活力的产业、独特的文化、有序的治理体系等深层次复兴。实现乡村全面复兴,应立足于城乡地域系统的差异和乡村地域的多功能价值,避免盲目地复制以往"乡村工业化""乡村城镇化"的线性转型过程,走可持续的内涵式发展道路。首先是激活人口、土地、产业等乡村发展关键要素。以土地综合整治为切入点,推进生产、生活、生态空间重构,加强与现代农业、体验农业、民宿经营和旅游观光等乡村多元业态的有机融合,促进乡村人口非农转移和土地利用方式转变,实现乡村"人口—土地—产业"的协调耦合。其次是统筹物质空间振兴与精神内核提升。基于土地综合整治,改变耕地数量、质量和农村建设用地利用形态,盘活乡村土地资源,兼顾保护村庄传统风貌、传承乡土文化、延续聚落肌理,维护乡村独特的魅力,提升乡村地域生态、文化功能。最后是对接空间重构与乡村治理体系重构。伴随乡村生活空间的聚集,探索管区、基层自治组织、社区等相结合的乡村治理模式,加强与适度规模经营相适应的新型经营主体能人队伍建设,实现乡村空间体系与组织治理体系重构的有效衔接。

2. 生态保护修复的相关理论

(1) 恢复生态学理论

全球变化、生物多样性丧失、资源枯竭和生态环境退化使人类陷于生态困境,并严重威胁到人类社会的可持续发展。因此,如何保护现有的自然生态系统、综合整治与恢复已退化生态系统、重建可持续的人工生态系统,已成为摆在人类面前亟待解决的重要课题。在此背景之下,恢复生态学(Restoration Ecology)应运而生,并于20世纪80年代迅猛发展,现已成为世界各国的研究热点。恢复生态学是研究生态退化的机理和过程以及生态恢复的技术与方法,为解决人类所面临的全球生态问题、实现可持续发展提供理论支持和技术保障的一门学科。作为生态学的一个分支,强调生态恢复过程,具有理论性和实践性。同时也是农业技术、生物技术和工程技术综合的大尺度生态工程研究,以及生态系统生态价值和经济效益综合体现的研究(章家恩和徐琪,1999)。

恢复生态学的理论基础包括干扰理论和演替理论。干扰是指生态系统结构、动态和景观格局形成、发展的基本动力,不仅会影响生态系统本身,而且还会改变生态系统所处的环境条件。按照干扰来源可以分为自然干扰和人为干扰。自然干扰具有一定的局域性和偶发性,可归纳为火干扰、气候性干扰、土壤性干扰、地因性干扰等。人为干扰往往体现为高频率、高强度、持续性的作用过程,比如森林砍伐、过度放牧、垦荒、采矿、修路以及水体、大气和土壤污染等。干扰是生物进化过程中重要的选择压力,干扰时间的长短会影响生境对物种的有效性,干扰的大小会影响景观环境条件的异质性。中度干扰压力下,生态系统中的物种丰富度最高,因此中度干扰理论在生态系统恢复中具有重要的理论指导作用。生物群落演替是指某一地段上,一种生物群落被另一种生物群落取代的过程。在深入认识生态学原则和动态原则的基础上,基于人工植被或生态系统模拟自然生态系统的演化过程是退化生态系统恢复与重建最有效的途径,即顺应生态系统演替的发展规律。由于干扰的作用,植被要达到稳定或平衡状态是不可能的,干扰在很大程度上决定着现代景观中绝大部分植被类型及其非平衡性，因此将干扰融入演替过程是当代演替理论的重大进展。

恢复生态学的基本原理包括限制性因子原理、生态位原理、主导生态因子原理、生物多样性原理、边缘效应原理。限制性因子原理包括生物生存和繁殖依赖于各种生态因子的综合作用，限制生物生存和繁殖的关键性因子称为限制性因子。任何一种生态因子接近或超过某种生物的耐受范围，即可称为这种生物的限制性因子。生物的生存与繁殖，依赖于某种综合环境因子的存在，只要其中一项因子的量（或质）不足或过多，超过了某种生物的耐性限度，则该物种就不能生存甚至灭绝，这一概念被称为Shelford耐性定律。这对退化生态系统恢复时物种的选择和生境的改良具有双重指导意义。极度退化生态系统恢复的初期均会选择将生境忍耐区间很大的物种作为先锋物种，并针对某些关键低量的生态因子或营养元素给予人工补偿。例如，在针对盐碱地、裸地、沙化土地的治理和改良时，目标可以相对更加明确，重点更加突出。主导生态因子原理是指生态系统的动态发展受制于该体系中的某些因子。一个生态系统中通常只有少数因子具有支配作用（即主导生态因子），包括负向和正向两种，共同影响着生态系统演替、退化以及生态系统的恢复与重建。生态位原理主要指自然生态系统中的一个种群在时间、空间上的位置及其与相关种群之间的功能关系。结合竞争排斥理论，将生态位的概念应用于自然生物群落，则有以下要点：第一，一个稳定的群落中占据了相同生态位的两个物种，其中一个物种终究要灭亡；第二，一个稳定的群落中，由于各种群在群落中具有各自的生态位，种群间可避免直接竞争，从而保证了群落的稳定；第三，由多个生态位分化的种群所组成的群落，要比单一种群组成的群落更能有效地利用环境资源，维持长期的、较高的生产力，具有更大的稳定性。生态恢复特别是构建高物种多样性的复合生态系统时，应考虑各个物种在空间的生态位。

根据恢复生态学理论，恢复重建、恢复方式和恢复目标是其主要内容（彭少麟 等，2020）。其中生态恢复与重建是指根据生态学原理，通过一定的生物、生态以及工程的技术与方法，人为地改变和切断生态系统退化的主导因子或过程，调整、配置和优化系统内部及其与外界的物质、能量和信息的流动过程以及时空秩序，使生态系统的结构、功能和生态学潜力尽快恢复到一定或原有乃至更高的水平。生态恢复过程一般是由人工设计并在生态系统层次上进行的,根据生态系统退化的不同程度和类型,可以采取恢复、重建和保护三种不同的方式:恢复是指在生态系统的结构和功能已受到严重的干扰和破坏,对经济发展产生显著负面影响时,需要采用的人为措施恢复;重建是指在生态系统的结构和功能已受到严重的干扰和破坏情况下,自然恢复有困难,需要进行的人工生态设计,包括生态改建或重建;保护是指对生态敏感、景观好、有重要生物资源的地区采用保护的方式。根据不同的社会、经济、文化与生活需要,人类往往会针对不同的退化生态系统制定不同水平的恢复目标。但无论什么类型的退化生态系统,都应该存在一些基本的恢复目标或要求,主要包括:第一,实现生态系统的地表基底稳定性。地表基底(地质地貌)是生态系统发育与存在的载体,基底不稳定(如滑坡)则无法保证生态系统的持续演替与发展。第二,恢复植被和土壤,保证一定的植被覆盖率和土壤肥力。第三,增加种类组成和生物多样性。第四,实现生物群落的恢复,提高生态系统的生产力和自我维持能力。第五,减少或控制环境污染。第六,增加视觉和美学享受。

恢复生态学理论对于生态保护修复的理论指导意义在于,通过查清国土空间生态系统病症、病因和病理,可以有效开展物种修复、结构修复和功能修复。其目标是修复受损生态系统,目的是保护国土空间生态系统的整体平衡和可持续发展,采用的路径包含自然修复和社会修复的双向修复。比如陡坡地水土流失的生态环境治理,既包含退耕还林还草的"结构调整"和"生态移民"等社会修复,也包含植绿、护绿等自然修复;采煤塌陷地的生态环境治理,既包含了对因采煤塌陷而受污染土地的环境修复以及生态破坏的修复,也包含对由此引发的失业、经济转型等的社会修复。国土空间生态环境治理具有修复规模大、区域性强、工程类型多、技术复杂、修复时间长、治理措施综合和综合效益显著等基本特点,是国家实现可持续发展的重要战略之一。

(2)景观生态学理论

1938年,德国地理植物学家特洛尔首先提出了景观生态学这一概念。20世纪70年代以来,全球性资源、环境、人口、粮食问题日趋严重,加之生态系统思想的广泛传播,使景观生态学得到了较大发展,并在80年代后期逐渐成为世界上资源、环境、生态、地理方面的研究热点。景观生态学的理论发展突出体现在对异质景观格局和过程的关系及其在不同时间和空间尺度上相互作用的研究。理论研究还包括探讨生态过程是否存在控制景观动态及干扰的临界值;不同景观指数与不同时空尺度对生态过程的影间扩散响;景观格局和生态过程的可预测性;等级结构和跨尺度外推。现代景观学研究正在向两个方向发展,一个方向是强调分析研究和综合研究相结合,通过对景观各个组成成分及其相互关系的现象去解释景观的整体特征,近似于综合自然地理;另一个方向是研究景观内部的土地结构,探讨如何合理开发利用、治理和保护景观。

景观生态学理论包含生态进化与生态演替理论、空间分异性与生物多样性理论、景观异质性与异质共生理论、岛屿生物地理与空间镶嵌理论、尺度效应与自然等级组织理论和生态建设与生态区位理论(邬建国,2000)。其中,生态演替进化是景观生态学的一个主导性基础理论,现代景观生态学的许多理论原则如景观可变性、景观稳定性与动态平衡性等,其基础思想都来源于生态演替进化理论。景观异质性的理论内涵是景观组分和要素,如基质、镶块体、廊道、动物、植物、生物量、热能、水分、空气、矿质养分等在景观中总是不均匀分布的。由于生物不断进化,物质和能量不断流动,干扰不断,因此景观永远无法达到同质性的要求。所谓景观空间结构,实质上就是镶嵌结构。生态系统学也承认系统结构的镶嵌性,但因强调系统统一性而忽视了镶嵌结构的异质性,而景观生态学是在强调异质性的基础上表述、解释和应用镶嵌性的。尺度效应是一种客观存在且用尺度表示的限度效应,而等级组织是一个尺度科学概念,因此,自然等级组织理论有助于研究自然界的数量思维,对于景观生态学研究的尺度选择和景观生态分类具有重要的意义。生态区位论和区位生态学是景观生态学的重要理论基础。其中,生态区位是景观组分、生态单元、经济要素和生活要求的最佳生态利用配置;生态规划是按生态规律和人类利益统一的要求,贯彻因地制宜、适地适用、适地适产、适地适生、合理布局的原则,通过对环境、资源、交通、产业、技术、人口、管理、资金、市场、效益等生态经济要素的严格生态经济区位分析与综合,来合理进行自然资源的开发利用、生产力配置、环境整治和生活安排。相应地,景观生态学的基本任务包含四个方面:第一,景观生态系统结构和功能研究,包括对自然景观生态系统和人工景观生态系统的研究；第二，景观生态监测和预警研究，主要是对人类活动影响和干预下自然环境变化的监测，以及对景观生态系统结构和功能的可能改变和环境变化的预报；第三，景观生态设计与规划研究，通过分析景观特性以及对其判释、综合和评价，提出景观最优利用方案；第四，景观生态保护与管理研究，即运用生态学原理和方法探讨合理利用、保护和管理景观生态系统的途径。

景观生态学理论重点关注过程耦合与空间集成。其中，过程耦合体现为景观过程之间的相互影响和作用，包括自然过程与人文过程的耦合、与地理过程的时空耦合等。由于景观格局与社会—生态过程相互影响，过程耦合往往也包括景观格局与社会—生态过程的耦合。空间集成是在过程耦合机理识别基础上，以空间单元为载体，整合景观结构、过程和功能，基于景观格局优化达成景观功能与过程的高效、协调、有序。空间集成强调多要素关联及其综合作用分析，关注要素分析的系统性、整体性、动态性和协调性，包括不同尺度系统要素的多层次整合，特定尺度社会、经济和自然系统的要素整合等。以过程耦合、空间集成为理论内核，景观生态学与新时期国土空间生态修复战略需求高度契合。新时期的国土空间生态修复强调国土空间自然资源属性和空间属性的统一，核心是系统治理，这与景观生态学的整体性原则相一致。景观生态学的"格局—过程—尺度"能够为国土空间生态修复提供机理认知，而"格局与过程耦合—时空尺度—生态系统服务—景观可持续性"研究路径则为国土空间生态修复提供了一体化的实践手段。具体而言，格局与过程耦合可以帮助国土空间生态修复厘清山水林田湖草各要素间的复杂关联关系，为实施全域、全要素、全过程生态修复提供理论基础。以国土空间为载体，基于多尺度的结构调控和功能优化，使国土空间生态修复化被动为主动，从源头入手，在国家、省、市、县和乡镇尺度自上而下和自下而上联动，修复退化、受损的生命共同体（彭建 等，2020）。

（3）系统保护规划理论

21世纪以来，系统保护规划（Systematic Conservation Planning，SCP）理念的提出在国际学术界产生了广泛的影响，目前已经发展成为保护生物学领域主流的保护规划方法。该方法强调生态保护不仅要关注目标物种本身，还要考虑其所在的生态系统和有关生态过程；不仅要重视保护区，还应重视保护区与周围环境的关系;生物多样性保护战略应在物种—生境—保护区—保护区网络等多层次和多尺度上进行,基于物种生境格局和生态学过程的保护对生物多样性的维持更有意义(张路 等,2016)。

系统保护规划包含了8个关键的步骤(张晓琳 等,2021):第一,利益相关者的识别与参与。有效的保护规划需要从规划过程开始就要求利益相关者的参与,利益相关者通过信息交流,实现协作决策,通过增加利益相关者对决策的理解来促进支持,并增强规划者的责任感。潜在的利益相关者包括政府、各有关行业、传统所有者、土地所有者和相关社区成员。第二,识别保护对象和目标。为网格制定清晰的目标和对象是系统保护规划和其他方法区别的标志。保护目标阐明了保护和恢复生物多样性的优先事项,而社会经济目标则旨在保护和增强该区域及人类的社会和经济利益。第三,编制数据。为设计出网格使保护目标和对象具体化,必须了解和绘制保护特征图。此外,还可以绘制人类利用、威胁和土地所有权图,收集最佳的生态、社会经济和文化数据并评估现有数据找出差距,再收集新数据填补这些空白。保护特征可能是某些物种的重要区域,描述区域不同栖息地类型的分类,或生物多样性分布的代表性区域;人类利用图可描绘捕鱼、采矿或林业的高价值地点;威胁可能包括高度发达的地区或点污染源;所有权可以包括简单费用(免费保留)、许可证(租赁权)和资源提取索赔以及本地人民的传统所有权或管理权所持有的土地。第四,设定保护目标和设计原则。保护目标就是明确在网格中每种保护特征被保护的数量(例如物种和栖息地类型)。设计原则对网格的地理结构施加影响,确定诸如站点的大小、形状、数量和连通性等因素,目的是在一个紧密的网格中确保持久性和生态完整性。保护目标可以是诸如"保护每个生物区域的20%"或"至少10个海龟筑巢地点"的陈述;设计原则可以包括"单元格大小不小于20 km^2"或"选择7到12个站点"。第五,对比已存在的保护区并分析保护空缺。大多数地区已经建立了保护区,一旦确定保护特征和目标,即可与现有的保护区进行对比,来确定当前已经涵盖保护特征和实现保护目标的程度,并提出有意义的保护方案。在某些情况下,现有的保护区可以通过加强管理来实现目标。第六,选择新的保护区。该步骤填补了上一步骤中确定的保护空缺。为符合保护目标和设计标准设计了选择方案,从可能的方案中会选择新的地点保护,在该步骤中可借助类似 Marxan 等决策支持工具的支持。第七,实施保护行为。保护措施的实施涉及对精细范围边界的决策、适当的管理措施以及其他特定部位的考虑。如果网络中的所有站点不能立即受到保护,则可能需要实施临时保护并设置实施顺序的优先级。第八,保持和监管保护区网格。一旦建立了保护网格,就必须按照最初设立的目标和原则,长期管理和监测保护区是否有效保持了生态完整性,选择的地点是否对保护区产生有效贡献。

系统组成要素和要素间相互作用的复杂性决定了山水林田湖草系统治理是一个从生命共同体整体性特征出发,综合考虑要素交互作用,整合、协同要素空间配置的动态优化过程。实施山水林田湖草生态保护修复时,不能忽视要素的联系,将其简单分类治理(如山的治理、水的修复、林的保护等),也不能采取"一视同仁"的治理方式。需要从生命共同体的系统性出发,根据要素耦合作用机制协调各类型要素,对生命共同体的修复目标、主导功能、环境影响、投入产出等进行综合分析,采取多要素关联、多过程耦合、多空间协同的系统治理措施,方能使生命共同体的整体结构与功能达到预期目标,实现系统的可持续发展(彭建 等,2019)。

综合而言,系统保护规划理论构建了全生命周期的生态保护修复规划和管控策略,基于系统保护规划理论,统筹山水林田湖草生命共同体、制定生态保护修复专项规划、落实关键生态空间管控要求,是强化生态保护系统性修复的基本要求。

3.2 国内外研究前沿与进展

在不同学科背景和理论指导下,世界范围内的研究人员对国土综合整治与生态修复开展了多方面的研究,并取得一系列重要成果。然而,国内与国外关于国土综合整治与生态保护修复存在明显的研究差异,研究重心和方法也各不相同。了解国内外相关研究进展与前沿,可以为更好地认知国土综合整治和生态修复并开展相关研究工作提供基础支撑。本节利用文献计量软件和方法,揭示国内外土地整治与生态修复研究进展和前沿,以期梳理行业演变历程、开拓读者研究思路。

3.2.1 研究方法及数据来源

1. 研究方法

文献计量分析是以已有的文献信息为研究对象,按照文献计量学的分析逻辑和方法,对文献中蕴含的信息进行挖掘和量化分析,进而从数学和统计分析的角度,考察文献之间的外部特征和相互关系。通过文献计量分析的应用,能够定量揭示某一个学科领域的研究起源、发展脉络、研究热点和未来发展趋势(易行 等,2020)。CiteSpace 是德雷塞尔大学陈超美教授开发的可视化分析工具,运用该软件可以对某一领域相关文献的研究热点、研究演变情况等进行分析,并且使其分析结果以可视化的方式呈现(李晨曦 等,2017)。在 Citespace 获得的图谱中,蓝色到红色代表时间推进,节点大小表示分析对象出现的频率,每个节点之间的连线代表二者存在共现或者共引关系;外圈显示为紫红色表明该节点具有较大的中心度。本节的数据处理过程主要依托 CiteSpace 5.7 R2 版本。

2. 数据来源

国外相关研究进展数据样本取自 Web of Science 核心集(表 3-1),土地整治研究进展以"land consolidation""land readjustment""land assembly""land reclamation"为关键词进行检索,检索起止时间为 1921 年和 2020 年,剔除不符合条件的文献,最终得到科研论文 3717 条;生态修复研究进展以"ecological restoration""restoration ecology"为关键词进行检索,检索起止时间为 1985 年和 2020 年,剔除不符合条件的文献,最终得到科研论文 6944 条。

国内土地整治数据样本取自中国学术期刊出版总库(CNKI 总库),土地整治研究进展以"土地开发""土地整理""土地复垦""土地整治""农用地整治""农用地整理""建设用地整治""建设用地整理""国土整治""国土综合整治""全域土地综合整治""全域国土综合整治""全域整治"为关键词进行检索,检索起止时间为 1993 年和 2020 年,剔除不符合条件的论文,最终得到科研论文 4230 篇;生态修复研究进展以"生态修复""生态保护修复""国土生态修复"为关键词进行检索,检索起止时间为 2000 年和 2020 年,剔除不符合条件的论文,最终得到科研论文 2664 篇,并利用 CiteSpace 5.7 R2 对 CNKI 和 CSSCI 数据进行数据转换。

表 3-1 检索条件表

检索领域	检索数据库	检索关键词
国外土地整治	Web of Science 核心集	land consolidation、land readjustment、land assembly、land reclamation
国外生态修复	Web of Science 核心集	ecological restoration、restoration ecology
国内土地整治	CNKI 总库	土地开发、土地整理、土地复垦、土地整治、农用地整治、农用地整理、建设用地整治、建设用地整理、国土整治、国土综合整治、全域土地综合整治、全域国土综合整治、全域整治
国内生态修复	CNKI 总库	生态修复、生态保护修复、国土生态修复

3.2.2 国外相关研究进展与前沿

1. 土地整治研究进展与前沿

国外土地整治研究对象主要集中在水、植被、土壤、农田、河流等方面，注重对自然生态环境的整治和改善（图 3-3）。研究热点包括"land use change"（土地利用变化）、"land management"（土地管理）、"land fragmentation"（土地细碎化）、"rural development"（乡村发展）等。其中，土地利用变化多从景观（landscape）、空间模拟（spatial simulation）等方面着手（Daniela and Marco，2017），具体分析其影响构成（Tu and Chen，2020），对于如何刻画土地利用变化特征及其背后的影响因素提供了多维视角。土地管理多结合土地改革（land reform）（Jürgenson，2016；Bassett，2020）、土地估价（land valuation）等视角（Demetriou，2018；Kiliç et al.，2019；Tezcan et al.，2020），开展土地政策（land policy）（Holtslag-Broekhof，2018）制定的研究，着力为可持续发展（sustainable development）提供有效借鉴（Trystuła，2016）。土地细碎化是土地整治研究的重点之一，目前已形成面向生境碎片化（habitat fragmentation）（Xue et al.，2016；Zhang et al.，2016）、所有权碎片化（ownership fragmentation）（Sklenicka et al.，2017）等多类型研究，针对驱动力（driving force）（Sklenička et al.，2009）、潜力评价（potential evaluation）（Zhou et al.，2017）、生产多样化（production diversification）（Ciaian et al.，2018；Qiu et al.，2020）等多种科学问题展开深入探索，力求解决诸如粮食安全（food security）等关键现实问题。乡村发展相关研究数量最多，多解析空心村（hollowed village）（Liu et al.，2013；Zhang et al.，2016）、空间重构（spatial restructuring）

(Long，2014；Gao and Cheng，2020)、农业生产(agriculture production)(Gniadek et al.，2017)等现实问题，结合乡村振兴(village revitalization)(Zhou et al.，2020)、土地改革(land reform)(Jürgenson，2016；Li et al.，2018；To et al.，2019)等发展背景，开展格局、过程、机制及策略维度的研究。

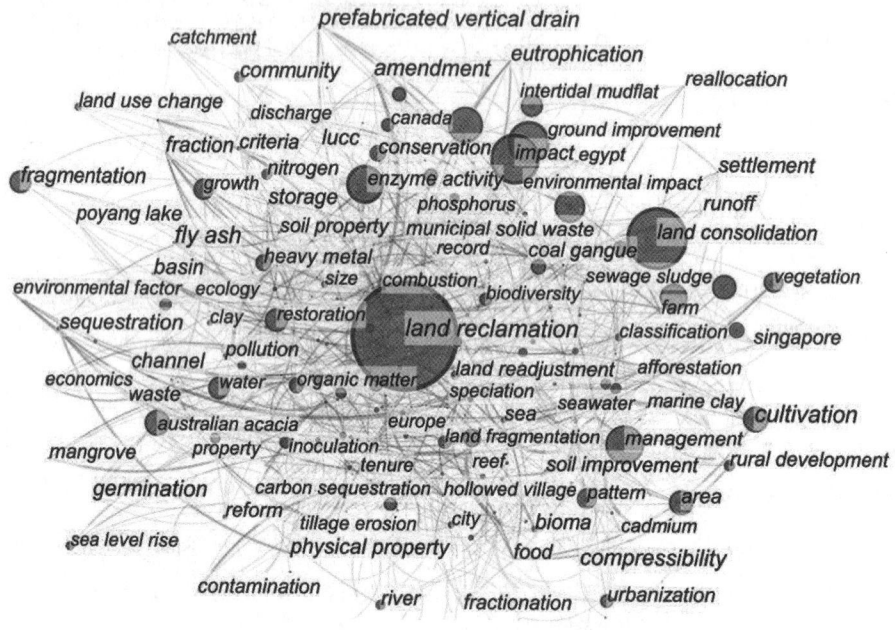

图 3-3　1921—2020 年国外土地整治研究关键词图谱[1]

从 1921—2020 年的演化过程中可以发现，国外开展土地整治较早，相关研究也较为成熟(图 3-4)。关键词爆发开始于 20 世纪 90 年代初，爆发初期出现了多个关键词，以"land reclamation"为重点，以"reclamation""soil""consolidation""settlement"为次重点，主要以提高农地生产力为导向，探究土地复垦、土地整理、植树造林等行为对土壤情况改善、土壤有机质变化等的影响。1995—1999 年，"land consolidation"的重要性提高，土地整理逐渐成为研究热点，直至"vegetation" "biodiversity""impact""soil erosion"等关键词出现，土地整理过程开始融入生态保护等新型理念，植被覆被变化和生物多样性保护引起了广泛关注。之后，

---

[1]　图 3-3～图 3-10 彩图见章节附录。

"China"关键词出现,意味着以中国为案例的土地整理相关研究登上国际舞台,中国经验、中国模式、中国案例开始发挥重大影响力。"management"关键词出现,意味着土地整理已逐渐向行政管理靠拢,需要通过政策规范相关行为。2000—2004年,关键词"urban development""rural development"出现,意味着学界开始从城市和乡村两个视角研究土地整治对发展的作用。2005年后,土地整治领域逐渐开始关注气候变化,探索土地整治对气候的影响,主要包括碳排放、碳效应等,"climate""diversity""storage""community"等成为新的研究热点。2010年以来,国外土地整治非常重视土地整治的生态意义和效果,关键词"sea level change""variability""sequestration"出现,较为关注土地整治实施如何对生态环境造成影响,研究土地整治在改善生产条件、提高农业产量的同时,注重对区域景观格局的改善。

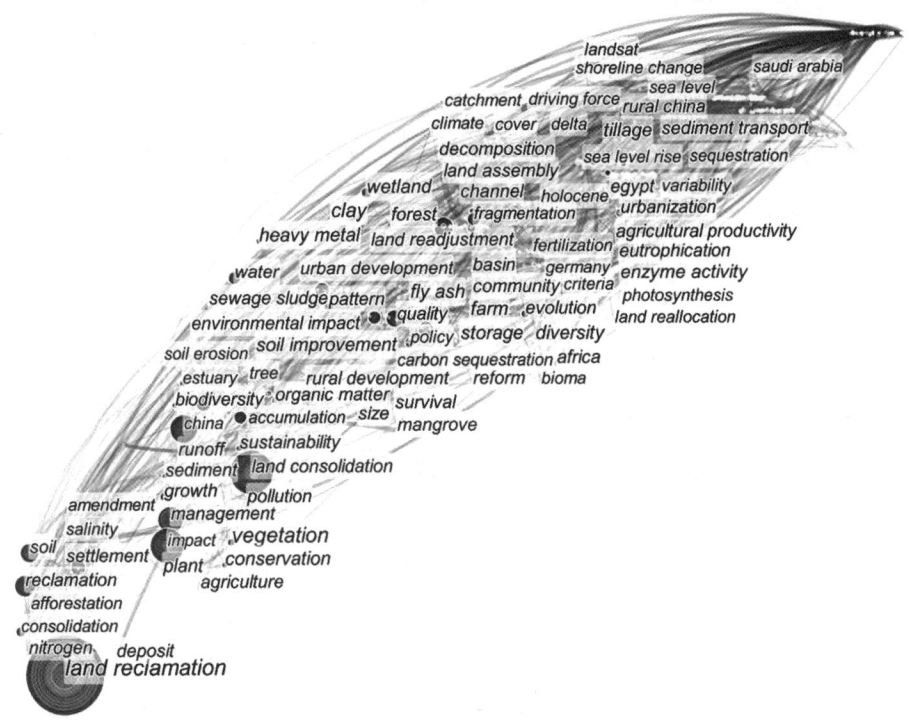

图3-4　1990—2020年国外土地整治研究关键词共线时区图谱

纵观国外土地整治发展历程,主要有以下特点:第一,整治目标由以经济开发为主向全面可持续发展转变。例如,日本第五次全国国土综合开发规划重视安美丽国土建设和可持续发展能力塑造;法国从第七个规划(1976—1980年)开始提出由发展产业转向改善生活条件。第二,整治内容由单一转向综合治理。早期面向区域特定问题,20世纪70年代后,各国转向多目标、多手段的综合治理,如在发展生产的同时更多考虑生态环境维护与污染防治。第三,整治区域由发达地区转向欠发达地区。早期整治多侧重具有区位或资源优势的发达地区,吸引各类企业对其进行优先开发;随着社会发展,通过欠发达地区土地综合整治,促进资源合理配置,缩小地区差别。事实上,在市场经济体制下,多数发达国家将土地整治作为促进欠发达地区发展的重要手段。第四,整治周期由短期行为转向长管长治。例如,日本《国土可持续发展规划》以20年为一个周期。第五,整治主体由一国行动转向多国合作。例如,在全球性资源问题威胁全人类的生存与发展背景下,日本《国土可持续发展规划》中提出了"无缝亚洲"。

2. 生态修复研究进展与前沿

国外生态修复相关科研工作开展较早,基于关键词出现频次的分析(图3-5),可以将国外生态修复研究归纳为以下四类,即驱动因素、生态修复对象、生态修复目标和生态修复技术。生态修复是面向退化和受损的生态系统,但造成生态系统受损和退化的因素是多种多样的,因此识别生态系统退化与受损的驱动因素是对症下药进行生态修复的关键,主要的关键词包括"disturbance"(扰动)、"climate change"(气候变化)、"land use"(土地利用)等。生态扰动是指自然或人为因素引起的群落外部不连续存在、间断发生因子的突然作用或连续存在因子的超"正常"范围波动(周道玮和钟秀丽,1996),包括自然干扰(如地震、台风、洪涝等自然灾害)与人为干扰(如森林砍伐、开垦农田等),两种干扰都有可能造成生态系统的负向演替即生态退化,引起生态修复领域学者重点关注。当前,全球气候变化已经成为科学界的共识,由气候变化引起的极端天气和全球气候变暖冲击了生态系统的结构和功能,其中生态修复领域学者更加关注受气候变化影响下的生态系统变化,即生态系统的气候变化响应(response)(You et al.,2018),包括探讨生态脆弱性是否加剧(ecological vulnerability)(Kling et al.,2020;Ofosu et al.,2020)、物种空间分布是否改变(species distribution)(Keane et al.,2020),期望以生态修复的手段增强生态系统的韧性,使其更加适应未来气候变化情景。土地利用也是另一个重要的驱动因素(Wu et al.，2018；Hung et al.，2020；Li et al.，2020)，尤其是农用地扩张和城市化进程(Aguilera et al.，2020)，直接导致全球范围内的自然生态系统(如森林、草地、水体)大面积消失，结构和功能遭受严重破坏，同时人造生态系统和半自然生态系统的大幅增加也持续威胁着现有的自然生态系统。因此，如何通过生态修复的手段保护自然生态系统，改造人造和半自然生态系统，需要充分了解不同区域土地利用的变化特征与趋势。

与生态修复的多样化动机相对，生态修复的对象也与其修复尺度存在密切联系，从特定物种、群落，到整个生态系统及景观的修复。其中以物种和群落为修复对象的生态修复通常关注"community protection"(群落保护)(Chuang et al.，2018)、"biological invasion"(生物入侵)(Mohanty and Measey，2019)、"population recruitment"(种群增长)(Townsend and Gouhier，2019)，而以生态系统和景观为修复对象则涉及对生态系统整体的综合功能和动态本质的深入认识，既关注生态系统级别的动态过程，也重视与物种、土壤生态等小规模过程的相互结合，鼓励发展的同时有利于宏观、微观尺度生态过程的修复措施，尤其以生态系统服务的价值评估、权衡，以及景观破碎度和连通度等关注最多。可见，以生态系统为中心的生态修复，有利于综合不同部门、利益相关方的生态修复目标，生态系统在欧美等国业已成为生态修复研究的最常用对象。

生态修复目标是一类重要的研究热点，在国土生态破坏严重的情况下，如何针对不同尺度的修复对象和不同类型的生态系统，提出生态修复的管理与治理目标是生态修复领域学者不可回避的问题。一方面，生态修复是应对全球生态环境危机而产生的学科，因此通过生态修复的手段使得自然资源得到有效管理(Okamoto et al.，2020)、生态环境得到有效治理(Ciplet and Roberts，2017；Robinson，2020)是生态修复的最初目标。另一方面，现代社会发展至今，学界发现生态修复本质上是为了缓解人与自然的发展矛盾，生态修复应该更加强调社会、经济和文化属性，具体修复目标应该从单纯的资源与环境管理向推动社会—生态系统耦合(Jones et al.，2019；Rocha et al.，2020)以及促进可持续发展目标实现转变(Bithas，2020)。

生态修复技术是生态修复研究的重点领域，包括生态保护和生态修复。生态保护方面直接作用于山体、河流、森林、农田、湖泊、草原、湿地等生态系统，根本是保护生物多样性。相关关键词包括"protected area"（保护区）（Landres et al.，2020）、"habitat protection"（生境保护）（Pechanec et al.，2018；Bao et al.，2019；Mölder et al.，2020）等，主要方法是通过设立自然保护地，运用法律或其他有效方式获得认可、得到承诺和进行管理，从而达到保护生态系统的目标。生态修复方面既有传统针对土壤、水体、大气和各类生态系统的修复技术，也有再野化和自然再生（Piaia et al.，2020）等新技术，该类型方法强调区域生态系统回归野性、自主的状态，通过减少人为干扰，以自然恢复的方法使物种在自然条件下达到丰足的数量，以获得健康、可持续的生态系统。

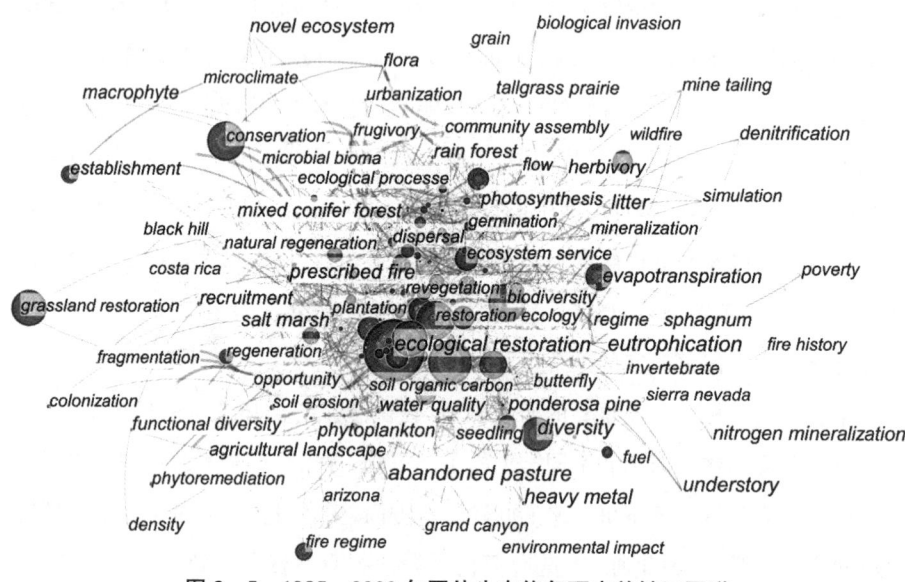

图 3-5　1985—2020 年国外生态修复研究关键词图谱

从 1985—2020 年的演化过程中可以发现，国外学者对生态修复研究开展较早（图 3-6）。在研究初期，即 1995 年以前，除生态修复（restoration ecology 和 ecological restoration）以外，热度较高的关键词主要包括"diversity"（多样性）、"conservation"（保护）、"biodiversity"（生物多样性）等，且这类关键词热点一直延续至今，表明生物多样性保护是生态修复的永恒话题。如何恢复生物多样性，防止物种灭绝是一项系统工程，需要长时间、跨学科以及深入实践的研究。1995—2004

年是关键词集中爆发时期,其中既有关注特定生态问题的关键词如野火、富营养化、生物入侵等,也有关注特定生态修复对象的关键词如热带雨林、废弃牧草地、农业景观,还有关注生态修复新理念的如生态系统服务、自然更新等。这一时期关键词的大量出现反映了全球变化加剧与人口增加导致多种生态问题显现,促使更多生态修复相关的新方法、新理念出现以解决日益严峻的生态问题。2005—2009年,新型生态系统"novel ecosystem"的提出成为生态修复的新理念,同时也引起巨大争议。新型生态系统是指由非生物要素、生物要素和社会要素(以及要素间相互作用)构成生态系统,这一概念的提出旨在点明某些生态系统已经完全远离原有系统,造成了其功能、结构或者组成要素的不可逆转,并形成了一个新的生态系统,这种情况下生态修复以恢复到原始生态系统状态为目标的构想是不切实际的。2010年以来,出现了如"poverty"(贫困)、"opportunity"(机会)等一些新的关键词,表明国外生态修复开始更多与社会科学相融合,试图探索生态修复在推动社会公平正义、消除贫困方面的作用。

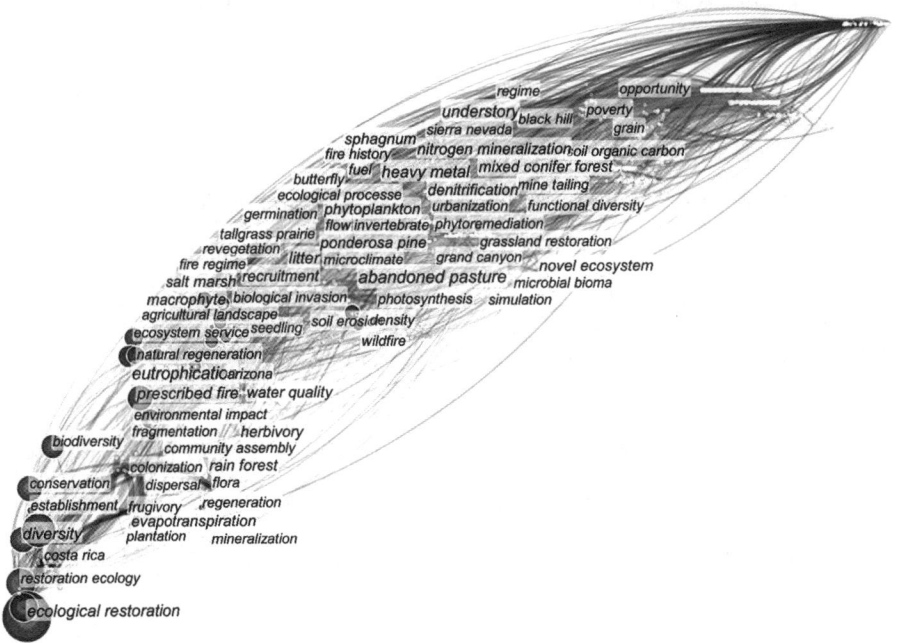

图3-6 1985—2020年国外生态修复研究关键词共线时区图谱

纵观国外生态修复发展历程，主要有以下特点：第一，生态修复对象不断多元化，从山体、水体到山体、绿地、水系和棕地等。目前，生态修复对象包括山体、绿地、水系、棕地、森林、农田、草原、荒漠等各方面。第二，修复范围不断扩大，从小规模、实验性的废弃地修复到大规模、实践性的生态系统修复。1935年，生态学家奥尔多·利奥波德（Aldo Leopold）对24公顷的废弃地进行生态恢复试验，利用生态种植的方法使其成为有美学和生态学价值的植物园；1975年，美国召开"受损生态系统修复研讨会"，正式阐述了"生态修复"的概念和原理以及修复的方法。第三，修复理论和方法不断完善。19世纪80年代诞生了许多关于生态修复理论的著作，例如，生态学家凯瑞斯（Cairns）主编的《受损生态系统的恢复过程》；1985年，国际生态恢复会成立，Abler和Jordan提出生态恢复学术语；1987年，Jordan、Gilpin和Abler主编出版《恢复生态学——生态学研究的一种合成方法》一书，标志着生态修复研究作为一门学科的产生。90年代后，在澳大利亚和中国香港等地区也相继开展了关于生态修复问题的会议，所涉及的问题包括城市、森林、农田、草原、荒漠、河流、湖泊等类型，并集中于研究退化原因、重建模式和技术（程灿辉，2018）。

3.2.3 国内相关研究进展与前沿

1. 土地整治研究进展与前沿

国内土地整治研究对象主要集中在农用地、建设用地、矿山、土壤等方面。土地整治研究热点包括"土地复垦""土地利用""土地管理""土地资源"等（图3-7）。其中，土地复垦相关研究呈现出一定的演进特征，从复垦开展初期的适宜性评价（王锐 等，2018），向多样导向的矿区土地复垦（张振佳 等，2020）、生态型复垦（白中科 等，2018）等研究过渡，最终总结凝练出土地复垦的一般模式（曹梦 等，2019）。土地利用的研究最为常见，围绕利用的核心命题，开展从理论端到实务端的研究类型转变，其中理论解析包括土地利用变化（李玉恒 等，2020）、土地利用景观格局（韩博 等，2019；李裕瑞 等，2019）、土地利用结构（盛羊羊 等，2020）等，实务应用包括土地利用规划（陈珊珊，2020）、土地集约利用（葛玉娟 等，2020）等。土地管理多面向我国农村地域，开展土地征收（陈怡竹，2020；张安录，2020）、土地权属管理（李朝阳，2019）、宅基地使用权（李丽 等，2020）等方面的研究,以服务于农业现代化(刘世薇 等,2018;吴妍,2020)的阶段目标;也有学者立足政策设计,开展土地管理制度(林坚 等,2019;赵雲泰,2019)的相关探索。土地资源的研究较为丰硕,以资源为核心,面向可持续利用(张正峰,2019)、新型城镇化(曹春艳,2018;曾潍嘉,2020)等现实背景的需求,开展土地流转(刘永强 等,2020)、土地资源配置(陈磊和姜海,2019;韩博 等,2019)、土地所有权(王彦青,2017;刘玉姿,2019)等方面的研究,并尝试开展土地评价(赵轩 等,2020)衡量上述资源配置行为的成效。

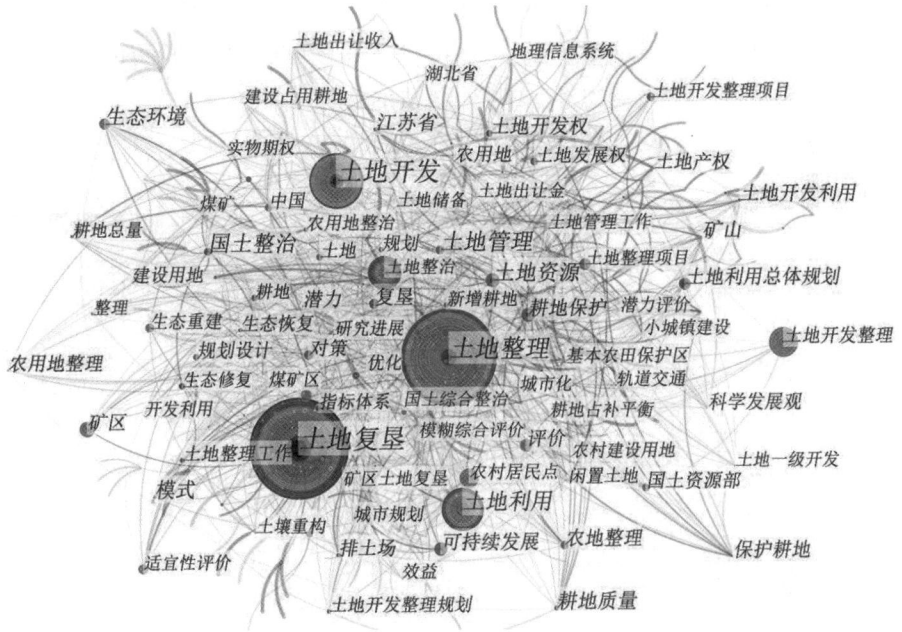

图 3-7　1993—2020 年国内土地整治研究关键词图谱

从 1993—2020 年的演化过程中可以发现,研究初期,出现"土地复垦""土地开发""土地利用"等关键词,且这些关键词一直保持较高热度,其中"土地复垦"热度最高(图 3-8)。1999 年国家颁布实施的《中华人民共和国土地管理法》,提出了"土地整理"的概念,学术界开始围绕"土地整理"开展土地整治研究。与此同时,"耕地保护""土地资源""可持续发展""土地利用总体规划""农地整理"等热词逐渐凸显,可见此时土地整治的对象多侧重于农用地,以拓展农用地数量、提高农用地生产水平为核心目标,并开始与土地利用总体规划衔接,统筹布局一定区域范围内的各类整治活动,注重可持续发展理念。1999—2004年,"农村居民点""矿区土地复垦""建设用地"等关键词出现,我国土地整治的范围逐渐扩大,开始涉及建设用地。2004—2010年,由于2008年党的十七届三中全会正式提出了"土地整治"的概念,该关键词出现频次较高,我国土地整治研究掀起了一番热潮。随后,关键词"适宜性评价""效益""指标体系""模糊综合评价"的出现,表明相关研究具有较强的行政管理、政策服务色彩,而评价类研究是该阶段的重点。2014年,国土综合整治与生态修复概念出现,意味着整治工作不再局限于以单一要素去实现局限性目标,而需要融入生态文明发展理念,统筹实现田、水、路、林、村全要素综合整治,重点关注生态环境保护与修复的重要意义,改善农村生产、生活和生态整体水平。

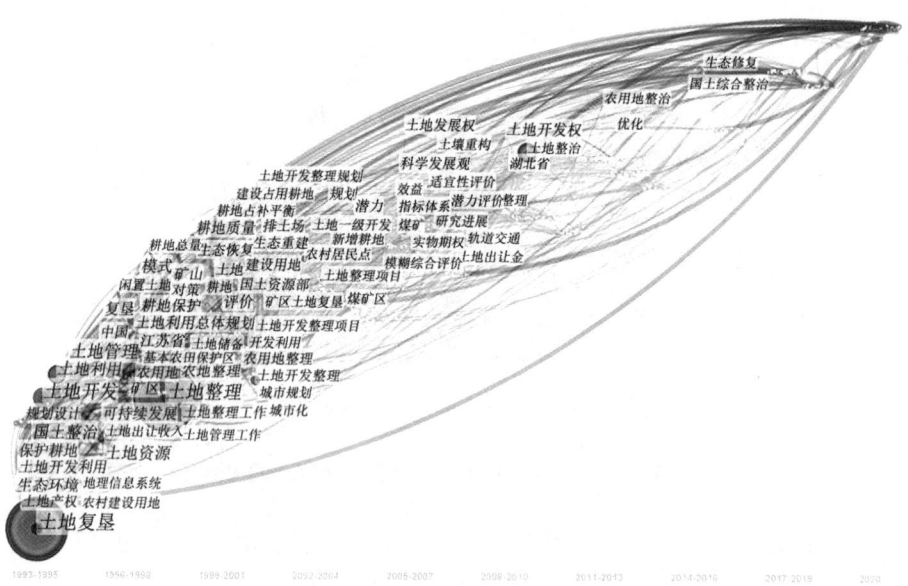

图3-8　1993—2020年国内土地整治研究关键词共线时区图谱

在国内土地整治发展历程中,主要有以下特点:第一,土地整治内涵和目标不断拓展,更强调一体化统筹管理,通过"田水路林村城"和"山水田林湖草"的综合整治,提升我国社会各个层面的生产和生活条件,保护人类赖以生存的耕地资源和生态空间,统筹城乡融合发展、区域协调发展以及人与自然和谐发展,实现"土地整治保障粮食安全、推动现代农业、促进生态治理、助力脱贫攻坚……"的"1＋N"综合效应；全域整治是分区域、跨系统、成体系的综合整治，既包括"田水路林村"综合治理、工矿等废弃地复垦利用和城乡低效用地再开发等促进耕地保护的传统整治内容，还在深入推进生态文明建设的过程中，具备城乡用地综合整治、陆海统筹整治和流域协调整治等新时代内涵(胡动刚 等，2021)。第二，土地整治范围和对象不断多元化，从以农用地为主的土地整理，到以实现补充耕地目标为主的土地开发、整理、复垦，再到针对包括城乡建设用地在内的土地整治，最后到针对"四区一带"(城市化地区、农村地区、重点生态功能区、矿产资源开发集中区以及海岸带和海岛地区)的国土综合整治，整治对象与整治范围不断扩大，并通过具体的土地整理、高标准农田建设、矿山复垦、海岸带修复等专项整治项目落实整治任务。第三，中国土地整治研究与行业发展阶段高度同步，始终将土地整治现实需求作为研究核心命题，并以地理学人地关系思想、景观生态学理论、土地多功能理论为指导，在土地整治系统化、生态化方向上发挥了重要倡导与推动作用。第四，土地整治理论研究层面尚未形成从理论到实践的双向促进，一方面现有研究偏向借鉴多学科方法解决技术层面问题，缺乏对土地整治现象、规律、机制的理论解释；另一方面对土地整治实践的理论提炼总结不足，尚未形成土地整治自身理论体系(韩博 等，2021)。

2. 生态修复研究进展与前沿

基于研究频次较高的关键词及其内在逻辑关系(图 3-9)，将国内生态修复研究热点分为四个大类，即生态问题、生态修复技术与工程、生态修复对象和生态修复相关制度研究。生态问题是国内生态修复研究领域最为关注的热点问题，相关关键词包括"水土保持""富营养化"等，与我国较为突出的水土流失、河流湖泊污染以及土壤环境污染等问题密切相关。"水土保持"是国内生态修复研究最多的议题，也是我国作为世界上水土流失最为严重的国家和地区之一的特征反映，为此，学者针对水土流失重灾区如黄土高原(刘丽 等，2020)等，开展诸如水土流失的多元驱动机制(朱青 等，2020)、水土流失修复保持措施(杨磊 等，2020)和水土保持动态监测(吕文星 等，2019)等一系列研究。"富营养化"是另一个备受关注的生态问题，改革开放以来，我国工业化、城镇化发展进程加快，来自工业企业、农业生产和城镇生活的废水、废渣排入水体,造成不同程度水质恶化、水体生境退化等问题。学者们通过分析水库、湖泊、河流等典型水体中的氮、磷、钾和浮游生物等导致水质恶化和富营养化的元素的浓度以及其时空变化,探讨了水体生态问题主要成因,因地制宜地采取建立生态浮床、人工湿地系统、溯源治理等生态修复方法,提供相关对策(钟诗群 等,2014;黄徐 等,2020;李昂臻 等,2020;施玉齐 等,2020)。

生态修复技术与工程也是国内生态修复领域关注的重点之一,如何改进生态修复技术,减少人工修复过程对自然生态系统的负面干扰;如何统筹各项生态修复工程布局,开展综合的生态修复工作,一直是国内生态修复研究亟须解决的问题。在当前国内水资源紧缺、水质性缺水和水体生境退化等背景下,生态修复技术多围绕水体进行,形成了从河岸、水面到底栖的一系列生态修复技术,如运用挂壁式种植方式恢复岸线植被(汤春宇 等,2018)、运用水生植物修复技术和生物膜技术改善水体环境(王亚艳 等,2015)、河湖底栖生物基底修复(陈静 等,2016)等。另外,国内学者在长期的生态空间保护修复、农村和城镇空间整治修复的实践中,形成了一系列具体的生态修复工程部署与实施的相关策略,主要包括重要生态系统保护(刘鹏举 等,2019;罗明 等,2020)、关键栖息地保护(孙工棋 等,2020)、流域水环境工程(于鲁冀 等,2013)、污染退化土地修复工程(尹静玄 等,2020)和矿山修复工程(关军洪 等,2017)。

不同类型和不同退化程度的生态系统所适用的生态修复策略各不相同,因此国内对不同生态修复对象的具体修复策略有较为深入的探讨,主要关键词包括"生物多样性""城市""风景园林""河道""流域"等。学者们通过探讨不同生态修复对象的特征、修复目标等,提出设立自然保护区(杨喆和吴健,2019)、城市双修(王敏 等,2019)、景观再生与营造(戴代新,2017)、水环境综合治理(靖中秋 等,2018;王民浩 等,2019)等生态修复手段。

自党的十八大提出生态文明战略以来,有力促进国内生态修复相关政策制度研究的发展,学者们围绕"生态补偿""生态文明建设"等开展相应研究。在"生态补偿"方面,我国自然地理格局多样、生态系统服务供给与需求错配情况较为明显,单纯中央财政补贴显然不能兼顾发展与保护,因此如何稳固生态修复成效便成为相关生态补偿研究的重中之重。为此,国内针对不同的生态系统、不同区域开展一系列生态补偿研究,例如李霜(2020)通过剖析生态系统服务供给和需求,归纳了农地生态补偿机制构建、补偿标准确定和参与主体识别的现状;李洁(2018)则针对渭河流域等重点区域开展生态补偿成本测度与分区;另外还有学者关注生态补偿的标准构建(杨海乐 等,2020)、法律建设(车东晟,2020)等。在"生态文明建设"方面,学者的关注点集中在通过剖析生态文明建设的重要方向、重大领域和重大任务,提出未来多尺度推动生态文明建设实践的路径,尤其以国土综合整治与生态修复为重要抓手,提出契合新时代的国土整治与生态修复转型的路径和策略(吴旭晓,2020)。

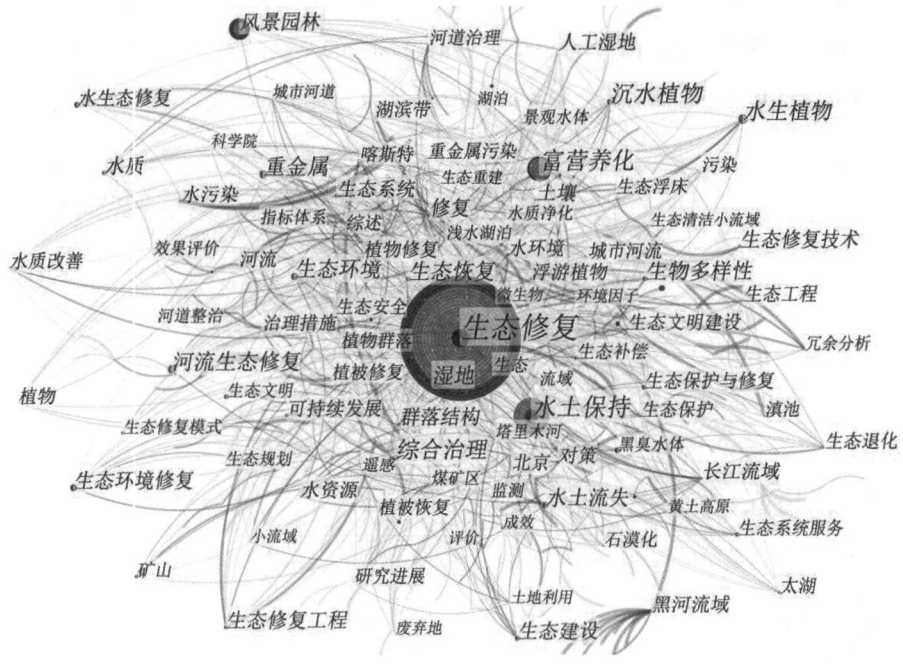

图3-9 2000—2020年国内生态修复研究关键词图谱

通过绘制国内生态修复研究关键词的时区分布图(图3-10),了解其随时间演变趋势以及彼此之间联系,分析国内生态修复领域的前沿变迁。从2000—2020年的演化过程中可以发现,研究初期,出现了"生态修复""水土保持""生态建设""富营养化""水土流失"等关键词,且这些关键词一直保持较高热度,其中

"生态修复"热度最高。同时,国内生态修复研究前沿与具体生态实践高度相关。2003年以前,生态修复研究基本延续前期针对水土流失、水污染等重点问题展开研究,主要探讨诸如水土流失重点区域植被群落建设、生态工程布点等实际问题。2003—2008年,"河流生态修复""生物多样性""生态环境""风景园林"等关键词出现,生态修复范围逐渐扩大。2009年,"生态系统服务"成为新的研究热点,该热词源于人口增加和消费变化对生态系统服务造成巨大影响的大背景,对实现资源的可持续利用有着重要的理论和现实意义,谢高地、欧阳志云、傅伯杰等学者针对生态系统服务价值和服务功能开展了系统的评价与分析。随着生态系统服务研究的深入,以此为基础的"生态补偿"进一步发展。2012年,党的十八大提出生态文明理念以来,"生态文明建设"和"生态文明"迅速成为关键词热点,同时在生态文明理念的指导下,国内生态修复研究逐渐由过去的个别问题和单个要素的治理与修复向多要素综合治理转变,"流域"作为落实综合治理的研究区域成为热点。

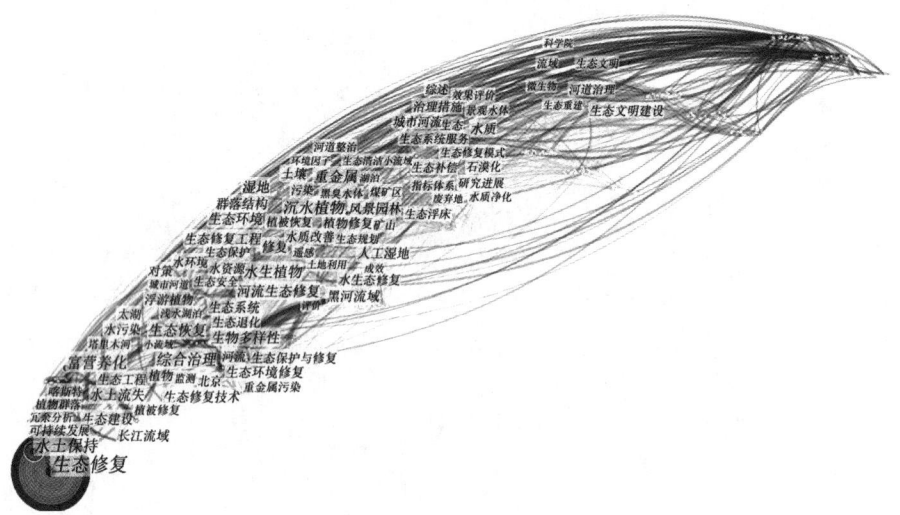

图3-10 2000—2020年国内生态修复研究关键词共线时区图谱

纵观国内生态修复发展历程,主要有以下特点:第一,从学科发展来看,相比于国外研究重视学科理论发展,当前国内研究更加关注实践需求。自20世纪起我国就开始大规模实施退耕还林、三北防护林建设工程、国家天然林保护工程等重大生态工程,学者们也针对大尺度区域的宏观生态修复战略、生态价值评估以及生态补偿机制等进行了大量研究。第二,从修复要素来看,中国国土空间生态修复领域由研究单一要素,如湿地、湖泊、农田、生物等,逐渐走向国土空间生态系统多要素研究。第三,从修复尺度来看,国土空间生态修复尺度由中小尺度,如农用地整治、水环境治理、生物多样性保护等相对独立工程,逐步转向站在国土视角下多尺度研究,如构建国土空间生态安全格局、加强生态系统基础网络建设等,国土空间生态修复逐步实现从点到面的转变。第四,从修复对象来看,水环境、矿山环境、退化污染土地是我国长期关注的修复对象,由于政策导向和研究领域发展,绿色宜居环境、海洋生态、海域海岸带、海岛、城市群等逐渐成为学者关注的一部分。第五,从修复视角看,国土空间生态修复最先着重生态修复技术探索与应用,紧接着关注环境因素对生态修复的响应与互相作用、生态系统服务功能与生态服务价值,之后生态脆弱地区识别、生态修复区规划和生态修复效果评价等也受到学者们的重视。随着研究领域的不断扩展,基于国家生态安全战略的高度,更大空间尺度的自然资源统筹研究将会受到学者们的青睐(刘伟聪 等,2021)。

参考文献

[1] 白中科,周伟,王金满,等,2018.再论矿区生态系统恢复重建[J].中国土地科学,32(11):1-9.

[2] 毕宝德,柴强,李铃,等,2016.土地经济学(第七版)[M].北京:中国人民大学出版社.

[3] 曹春艳,2018.耕地集约利用与新型城镇化耦合协调发展研究——以江苏省为例[J].中国农业资源与区划,39(6):67-73.

[4] 曹梦,张兰兰,李贞,等,2019.复垦年限及植被模式对煤矿复垦土壤微生物多样性的影响(英文)[J].农业工程学报,35(5):278-285.

[5] 曾潍嘉,2020.新型城镇化与土地集约利用的时空演变及关系[J].中国农业资源与区划,41(10):109-114.

[6] 车东晟,2020.政策与法律双重维度下生态补偿的法理溯源与制度重构[J].中国人口·资源与环境,30(8):148-157.

[7] 陈静,秦江,周起超,等,2016.高原湖泊退塘还湖区湿地生态修复技术应用[J].环境科学与技术,39(12):158-168.

[8] 陈磊,姜海,2019.主体功能区导向下的土地资源空间配置:对土地生长空间演进规律的理性思考[J].中国土地科学,33(10):22-30.

[9] 陈珊珊,2020.国土空间规划语境下的城市更新规划之"变"[J].规划师,36(14):84-88.

[10] 陈怡竹,2020.中国土地征收程序模式之转型:从管理主义到协商合作[J].中国土地科学,34(4):35-40+47.

[11] 程灿辉,2018.城市双修下的丘陵城市景观基础设施构建[D].长沙:湖南大学.

[12] 戴代新,2017.景观再生的生态智慧[J].中国园林,33(07):60-65.

[13] 董秀茹,刘强,王秋兵,2006.对"土地报酬递减规律"的再思考[J].北方经

济(09):58-59.

[14] 傅伯杰,2017.地理学:从知识、科学到决策[J].地理学报,72(11):1923-1932.

[15] 葛玉娟,赵宇鸾,任红玉,2020.山区耕地细碎化对不同利用方式农地集约度的影响[J].地球科学进展,35(2):180-188.

[16] 关军洪,郝培尧,董丽,等,2017.矿山废弃地生态修复研究进展[J].生态科学,36(2):193-200.

[17] 韩博,金晓斌,顾铮鸣,等,2021.乡村振兴目标下的国土整治研究进展及关键问题[J].自然资源学报,36(12):3007-3030.

[18] 韩博,金晓斌,沈春竹,等,2019.基于景观生态评价与最小阻力模型的江南水乡土地整治规划[J].农业工程学报,35(03):235-245.

[19] 韩博,金晓斌,孙瑞,等,2019.土地整治项目区耕地资源优化配置研究[J].自然资源学报,34(4):718-731.

[20] 胡动刚,蒙萌,胡思颖,等,2021.2010年以来从土地整治到全域整治的热点研究和阶段分析——基于耕地保护视角[J].华中农业大学学报,40(6):103-111.

[21] 黄徐,罗欢,吴琼,等,2020.不同方法评价深圳湾富营养化问题的研究[J].生态科学,39(04):226-232.

[22] 靖中秋,于鲁冀,梁亦欣,等,2018.北方地区流域水环境综合治理模式研究与实践[J].环境工程,36(05):45-48.

[23] 李昂臻,陈思旭,李海燕,等,2020.北方某省会城市主要水库富营养化程度、特征和防治对策[J].环境化学,39(9):2529-2539.

[24] 李朝阳,2019.我国自然保护地土地权属管理中存在的问题及对策[C]//新时代环境资源法新发展——自然保护地法律问题研究:中国法学会环境资源法学研究会2019年年会论文集(中).[S.l.]:[s.n.].

[25] 李晨曦,吴克宁,吴靖瑶,等,2017.中国土地整治研究热点与发展趋势——基于CiteSpac的知识图谱分析[J].中国农业资源与区划,38(11):46-53.

[26] 李洁,宋晓谕,吴娜,等,2018.渭河流域甘肃段生态补偿成本测度与分区[J].经济地理,38(01):180-186.

[27] 李丽,吕晓,张全景,2020."三权分置"背景下宅基地使用权流转的法学视角再审视[J].中国土地科学,34(3):16-23.

[28] 李霜,聂鑫,张安录,2020.基于生态系统服务评估的农地生态补偿机制研究进展[J].资源科学,42(11):2251-2260.

[29] 李玉恒,宋传垚,阎佳玉,等,2020.深度贫困地区乡村地域系统演化研究——以河北省阳原县为例[J].地理科学进展,39(6):951-959.

[30] 李裕瑞,李怡,范朋灿,等,2019.黄土丘陵沟壑区沟道土地整治对乡村人地系统的影响[J].农业工程学报,35(5):241-250.

[31] 林坚,赵冰,刘诗毅,2019.土地管理制度视角下现代中国城乡土地利用的规划演进[J].国际城市规划,34(4):23-30.

[32] 刘丽,白秀广,姜志德,2020.空间异质性下农户水土保持耕作技术采用行为研究——基于黄土高原3省6县的实证[J].长江流域资源与环境,29(8):1874-1884.

[33] 刘鹏举,袁卓慧,胡业翠,2019.山水林田湖草生态保护修复工程第一批试点区NDVI时空分布与影响因素分析[J].生态经济,35(7):196-202.

[34] 刘世薇,张平宇,宋凤斌,等,2018.黑龙江垦区农业现代化水平评价[J].地理科学,38(07):1051-1060.

[35] 刘伟聪,杨木壮,陈俊垚,等,2021.基于CiteSpace的中国国土空间生态修复研究知识图谱分析[J].国土与自然资源研究(1):86-91.

[36] 刘永强,龙花楼,李加林,2020.农业转型背景下土地整治流转耦合模式与保障机制辨析[J].经济地理,40(10):50-57.

[37] 刘玉姿,2019.三维视角下农民土地财产权的实现[J].中国土地科学,33(2):19-24.

[38] 罗明,张琰,张海,2020.基于自然的解决方案在《山水林田湖草生态保护修复工程指南》中的应用[J].中国土地(10):14-17.

[39] 吕文星,高亚军,徐十锋,等,2019.多沙粗沙区露天煤矿水土保持生态效

应的监测评价[J].水土保持通报,39(3):101-107+118.

[40] 彭翀,吴宇彤,罗吉,等,2018.城乡规划的学科领域、研究热点与发展趋势展望[J].城市规划,42(07):18-24+68.

[41] 彭建,吕丹娜,董建权,等,2020.过程耦合与空间集成:国土空间生态修复的景观生态学认知[J].自然资源学报,35(01):3-13.

[42] 彭建,吕丹娜,张甜,等,2019.山水林田湖草生态保护修复的系统性认知[J].生态学报,39(23):8755-8762.

[43] 彭少麟,周婷,廖慧璇,等,2020.恢复生态学[M].北京:科学出版社.

[44] 饶静,2017.土地整治社会评价内涵、原则及框架方法[J].中国土地科学,31(12):84-91.

[45] 任保平,2004.论中国的二元经济结构[J].经济与管理研究(05):3-9.

[46] 邵晓梅,刘庆,张衍毓,2006.土地集约利用的研究进展及展望[J].地理科学进展(02):85-95.

[47] 盛羊羊,刘新平,张斯奇,2020.新疆莎车县土地整治项目碳效益研究[J].东北农业科学,45(1):119-123+128.

[48] 施玉齐,吴晓东,葛绪广,等,2020.城市湖泊富营养化及氮磷平衡研究——以湖北省黄石市青山湖湖区为例[J].水土保持通报,40(3):208-215.

[49] 孙工棋,张明祥,雷光春,2020.黄河流域湿地水鸟多样性保护对策[J].生物多样性,28(12):1469-1482.

[50] 汤春宇,谭梦,石雨鑫,等,2018.挂壁式种植技术在硬直驳岸河道生态修复中的应用——以苏州城区河道为例[J].环境工程,36(11):13-17.

[51] 王民浩,周晓平,焦梦,等,2019.流域水环境综合治理技术体系研究:以兆河流域为例[J].环境工程,37(10):16-22+28.

[52] 王敏,叶沁妍,汪洁琼,2019.城市双修导向下滨水空间更新发展与范式转变:苏州河与埃姆歇河的分析与启示[J].中国园林,35(11):24-29.

[53] 王锐,秦娅青,孙丹丹,等,2018.露天采石场土地复垦适宜性评价及应用[J].水土保持通报,38(3):187-192.

[54] 王亚艳,张剑刚,倪鹏平,等,2015.原位生态修复技术在城市河道中的应

用[J]. 环境工程，33(3)：11-16.

[55] 王彦青，2017. 1998~2016年农村集体土地产权制度改革综述[J]. 中国农业资源与区划，38(10)：14-18.

[56] 魏宏森，曾国屏，2009. 系统论——系统科学哲学[M]. 北京：世界图书出版公司：64-78.

[57] 邬建国，2000. 景观生态学——概念与理论[J]. 生态学杂志(01)：42-52.

[58] 吴传钧，1991. 论地理学的研究核心——人地关系地域系统[J]. 经济地理(03)：1-6.

[59] 吴旭晓，2020. 河南省生态文明建设效率时空分异及其成因溯源[J]. 生态经济，36(2)：214-222.

[60] 吴妍，2020. 湖北省农业现代化发展水平空间分异及类型[J]. 中国农业资源与区划，41(11)：150-157.

[61] 阳利永，刘秀华，2009. 农地整理与新农村建设的结合点及对策探讨[J]. 中国经济与管理科学(3)：50-51.

[62] 杨海乐，危起伟，陈家宽，2020. 基于选择容量价值的生态补偿标准与自然资源资产价值核算——以珠江水资源供应为例[J]. 生态学报，40(10)：3218-3228.

[63] 杨红强，邬松涛，杨加猛，等，2014. 我国农林高校农林经济管理专业人才培养模式多维比较与改革创新[J]. 林业经济，36(9)：123-128.

[64] 杨磊，冯青郁，陈利顶，2020. 黄土高原水土保持工程措施的生态系统服务[J]. 资源科学，42(1)：87-95.

[65] 杨喆，吴健，2019. 中国自然保护区的保护成本及其区域分布[J]. 自然资源学报，34(04)：839-852.

[66] 易行，白彩全，梁龙武，等，2020. 国土生态修复研究的演进脉络与前沿进展[J]. 自然资源学报，35(1)：37-52.

[67] 尹静玄，王平，徐海音，等，2020. 耐镉细菌联合电动技术修复镉污染土壤的研究[J]. 环境科学学报，40(6)：2212-2219.

[68] 于贵瑞，王秋凤，杨萌，等，2021. 生态学的科学概念及其演变与当代生态

学学科体系之商榷[J]. 应用生态学报，32(01)：1-15.

[69] 于鲁冀,吕晓燕,宋思远,等,2013. 河流水生态修复阈值界定指标体系初步构建[J]. 生态环境学报,22(1)：170-175.

[70] 于振良,葛剑平,于贵瑞,等,2016. 生态学的现状与发展趋势[M]. 北京：高等教育出版社.

[71] 张安录,2020."三块地"改革的理论创新——评《"三块地"改革与农村土地权益实现研究》[J]. 中国土地科学,34(6)：112-114.

[72] 张路,欧阳志云,徐卫华,2015. 系统保护规划的理论、方法及关键问题[J]. 生态学报,35(04)：1284-1295.

[73] 张晓琳,金晓斌,吴心怡,等,2021. 基于系统保护理念的弹性生态保护空间划定——以广东省茂名市为例[J]. 生态学报,41(18)：7393-7405.

[74] 张振佳,曹银贵,耿冰瑾,等,2020. 黄土露天矿区不同复垦年限重构土壤微生物数量差异及其影响因素分析[J]. 中国土地科学,34(11)：103-112.

[75] 张正峰,2019. 面向SDGs的土地可持续利用目标、挑战与应对策略[J]. 中国土地科学,33(10)：48-55.

[76] 章家恩,徐琪,1999. 恢复生态学研究的一些基本问题探讨[J]. 应用生态学报(01)：111-115.

[77] 赵轩,彭建东,樊智宇,等,2020."双评价"视角下基于FLUS模型的武汉大都市区土地利用模拟和城镇开发边界划定研究[J]. 地球信息科学学报,22(11)：2212-2226.

[78] 赵雲泰,2020. 用地审批的制度变迁与治理逻辑[J]. 中国土地(4)：4-6.

[79] 钟诗群,陈荣坤,周杰,等,2014. 大通湖浮游植物群落结构与富营养化动态研究[J]. 生态科学,33(3)：586-593.

[80] 周道玮,钟秀丽,1996. 干扰生态理论的基本概念和扰动生态学理论框架[J]. 东北师大学报(自然科学版),28(1)：90-96.

[81] 朱杰,2010. 土地综合整治规划设计理论与实践研究[D]. 郑州：河南农业大学.

[82] 朱青,国佳欣,郭熙,等,2020. 基于随机森林算法的土壤侵蚀影响因子研

究——以赣江上游流域为例[J]. 水土保持通报, 40(02): 59-68.

[83] Aguilera M A, Tapia J, Gallardo C, et al., 2020. Loss of coastal ecosystem spatial connectivity and services by urbanization: natural-to-urban integration for bay management [J]. Journal of Environmental Management, 276: 111297.

[84] Bao M, Wang X, Liu W, et al., 2019. Habitat protection actions for coastal delphinids in a disturbed environment with explicit information gaps[J]. Ocean & Coastal Management, 169: 147-156.

[85] Bassett E, 2020. Reform and resistance: the political economy of land and planning reform in Kenya[J]. Urban Studies, 57(6): 1164-1183.

[86] Bertalanffy, 1968. General System Theory: Foundations, Development, Applications[M]. New York: G. Braziller: 17-36.

[87] Chuang W C, Garmestani A, Eason T N, et al., 2019. Enhancing quantitative approaches for assessing community resilience[J]. Journal of Environmental Management, 213: 353-362.

[88] Ciaian P, Guri F, Rajcaniova M, et al., 2018. Land fragmentation and production diversification: a case study from rural Albania[J]. Land Use Policy, 76: 589-599.

[89] Ciplet D, Roberts J T, 2017. Climate change and the transition to neoliberal environmental governance[J]. Global Environmental Change, 46: 148-156.

[90] Daniela R, Marco V, 2017. Land use and landscape pattern changes driven by land reclamation in a coastal area: the case of Volturno delta plain, Campania Region, southern Italy[J]. Environmental Earth Sciences, 76(20): 1-19.

[91] Demetriou D, 2018. Automating the land valuation process carried out in land consolidation schemes[J]. Land Use Policy, 75: 21-32.

[92] Gao C, Cheng L, 2020. Tourism-driven rural spatial restructuring in the metropolitan fringe: an empirical observation [J]. Land Use Policy, 95: 104609.

[93] Gniadek J, Janus J, Bacior S, 2017. The influence of land consolidation works on the efficiency of the production process[J]. Acta Scientiarum Polonorum. Formatio Circumiectus, 16(4): 85.

[94] Holtslag-Broekhof S, 2018. Urban land readjustment: necessary for effective urban renewal? Analysing the Dutch quest for new legislation[J]. Land Use Policy, 77: 821-828.

[95] Hung C L J, James L A, Carbone G J, et al., 2020. Impacts of combined land-use and climate change on streamflow in two nested catchments in the Southeastern United States[J]. Ecological Engineering, 143: 105665.

[96] Jones K, Abrams J, Belote R T, et al., 2019. The American West as a social-ecological region: drivers, dynamics and implications for nested social-ecological systems[J]. Environmental Research Letters, 14(11): 115008.

[97] Jürgenson E, 2016. Land reform, land fragmentation and perspectives for future land consolidation in Estonia[J]. Land Use Policy, 57: 34-43.

[98] Keane R E, Holsinger L M, Loehman R, 2020. Bioclimatic modeling of potential vegetation types as an alternative to species distribution models for projecting plant species shifts under changing climates[J]. Forest Ecology and Management, 477: 118498.

[99] Kilić J, Rogulj K, Jajac N, 2019. Fuzzy expert system for land valuation in land consolidation processes[J]. Croatian Operational Research Review, 10(1): 89-103.

[100] Kling MM, Auer S L, Comer P J, et al., 2020. Multiple axes of ecological vulnerability to climate change[J]. Global Change Biology, 26(5): 2798-2813.

[101] Landres P, Hahn B A, Biber E, et al., 2020. Protected area stewardship in the Anthropocene: integrating science, law, and ethics to evaluate proposals for ecological restoration in wilderness[J]. Restoration Ecology, 28(2): 315-327.

[102] Lewis A, 1954. Economic development with unlimited supplies of labour [J]. The Manchester school of economic and social studies, 22(2): 139-191.

[103] Li A, Wu J, Zhang X, et al., 2018. China's new rural "separating three property rights" land reform results in grassland degradation: evidence from Inner Mongolia[J]. Land Use Policy, 71: 170-182.

[104] Li Z T, Li M, Xia B C, 2020. Spatio-temporal dynamics of ecological security pattern of the Pearl River Delta urban agglomeration based on LUCC simulation[J]. Ecological Indicators, 114: 106319.

[105] Liu Y, Yang R, Li Y, 2013. Potential of land consolidation of hollowed villages under different urbanization scenarios in China[J]. Journal of Geographical Sciences, 23(3): 503-512.

[106] Long H, 2014. Land consolidation: An indispensable way of spatial restructuring in rural China[J]. Journal of Geographical Sciences, 24(2): 211-225.

[107] Maria S, 2006. Encyclopedia of Life Support Systems (EOLSS)[EB/OL]. [2022-06-15]. http://www.eolss.net.

[108] Mohanty N P, Measey J, 2019. Reconstructing biological invasions using public surveys: a new approach to retrospectively assess spatio-temporal changes in invasive spread[J]. Biological Invasions, 21(2): 467-480.

[109] Mölder A, Schmidt M, Plieninger T, et al., 2020. Habitat-tree protection concepts over 200 years[J]. Conservation Biology, 34(6): 1444-1451.

[110] Ofosu S A, Adjei K A, Odai S N, 2020. Ecological vulnerability of the Densu river Basin due to land use change and climate variability[J]. Cogent Engineering, 7(1): 1735714.

[111] Okamoto D K, Poe M R, Francis T B, et al., 2020. Attending to spatial social-ecological sensitivities to improve trade-off analysis in natural resource management[J]. Fish and Fisheries, 21(1): 1-12.

[112] Pechanec V, Machar I, Pohanka T, et al., 2018. Effectiveness of Natura 2000 system for habitat types protection: a case study from the Czech Republic[J]. Nature Conservation, 24: 21.

[113] Piaia B B, Rovedder A P M, Procknow D, et al., 2020. Natural regeneration as an indicator of ecological restoration by applied nucleation and passive restoration[J]. Ecological Engineering, 157: 105991.

[114] Qiu L, Zhu J, Pan Y, et al., 2020. The positive impacts of landscape fragmentation on the diversification of agricultural production in Zhejiang Province, China[J]. Journal of Cleaner Production, 251: 119722.

[115] Robinson N A, 2020. Ecological Civilization and Legal Norms for Resilient Environmental Governance[J]. Chinese Journal of Environmental Law, 4(2): 131-161.

[116] Rocha J, Malmborg K, Gordon L, et al., 2020. Mapping social-ecological systems archetypes[J]. Environmental Research Letters, 15(3): 034017.

[117] Sklenička P, Hladík J, Střeleček F, et al., 2009. Historical, environmental and socio-economic driving forces on land ownership fragmentation, the land consolidation effect and project costs[J]. Agricultural Economics, 55(12): 571-582.

[118] Sklenicka P, Zouhar J, Trpáková I, et al., 2017. Trends in land ownership fragmentation during the last 230 years in Czechia, and a projection of future developments[J]. Land Use Policy, 67: 640-651.

[119] Tezcan A, Büyüktaş K, Aslan Ş T A, 2020. A multi-criteria model for land valuation in the land consolidation[J]. Land use policy, 95: 104572.

[120] To P, Mahanty S, Wells-Dang A, 2019. From "Land to the Tiller" to the "New Landlords"? The Debate over Vietnam's Latest Land Reforms[J]. Land, 8(8): 120.

[121] Townsend D L, Gouhier T C, 2019. Spatial and interspecific differences in recruitment decouple synchrony and stability in trophic metacommunities

[J]. Theoretical Ecology, 12(3): 319-327.

[122] Trystuła A, 2016. Multifunctional and sustainable development of rural areas with a focus on land consolidation[J]. International Multidisciplinary Scientific GeoConference: SGEM, 2: 457-463.

[123] Tu H M, Chen H M, 2020. From deforestation to afforestation: Effect of slopeland use policies on land use/cover change in Taiwan[J]. Land Use Policy, 99: 105038.

[124] Wu L, Liu X, Ma X, 2018. Prediction of land-use change and its driving forces in an ecological restoration watershed of the Loess hilly region[J]. Environmental earth sciences, 77(6): 1-13.

[125] Xue S F, Sun T, Zhang H, et al., 2016. Suitable habitat mapping in the Yangtze River Estuary influenced by land reclamations[J]. Ecological Engineering, 97: 64-73.

[126] You J, Qin X, Ranjitkar S, et al., 2018. Response to climate change of montane herbaceous plants in the genus Rhodiola predicted by ecological niche modelling[J]. Scientific Reports, 8(1): 1-12.

[127] Zhang H, Sun T, Shao D, et al., 2016. Fuzzy logic method for evaluating habitat suitability in an estuary affected by land reclamation[J]. Wetlands, 36(1): 19-30.

[128] Zhang W H, Ma Z H, Zhang L, 2016. Effects of Land Consolidation Period and Tillage of Hollowed Villages on Soil Properties in Loess Plateau[C]// 2nd 2016 International Conference on Sustainable Development (ICSD 2016). Atlantis Press, 122-124.

[129] Zhou J, Qin X, Liu L, et al., 2017. A potential evaluation model for land consolidation in fragmental regions[J]. Ecological Indicators, 74: 230-240.

[130] Zhou Y, Li Y, Xu C, 2020. Land consolidation and rural revitalization in China: Mechanisms and paths[J]. Land Use Policy, 91: 104379.

附录

图 3-3～图 3-10

第四章 国土综合整治与生态保护修复的要素及载体

国土综合整治与生态修复作为调控国土空间结构、优化国土功能格局、提高国土资源利用效率、提升国土空间质量、提升国土空间魅力品质、塑造美丽生态国土的重要支撑手段,不仅是解决新时期国土空间资源保护、利用与提升之间矛盾的理性应对和实现精明增长的理想途径,更是新时期生态文明建设背景下践行"绿水青山就是金山银山"和"人与自然生命共同体"理念,系统推进乡村振兴、新型城镇化及城乡融合发展等国家战略的坚实举措。本章以国土综合整治与生态保护修复的内涵提升与外延拓展为基础,围绕国土综合整治与生态保护修复的内在逻辑,以国土综合整治与生态保护修复的基本要素为核心,基于整治修复的对象、目标与任务,全面开展面向规划布局与项目实施的国土综合整治与生态修复,统筹整治修复任务,衔接生态文明建设目标,明确整治修复重点任务,确定整治修复重大工程,统筹兼顾、多措并举、全方位、全地域、全过程保护整治修复国土空间要素,系统治理"山水林田湖草"生命共同体(图4-1)。

4.1 国土综合整治与生态保护修复的对象

4.1.1 自然资源要素

我国已步入高质量发展的生态文明新时代,将"山水林田湖草生命共同体"的"整体保护、系统修复、综合治理"生态环境治理理念注入国土综合整治,以期优化国土空间结构,开展生态保护修复,打造高品质国土空间(夏方舟 等,2018)。国

第四章 国土综合整治与生态保护修复的要素及载体

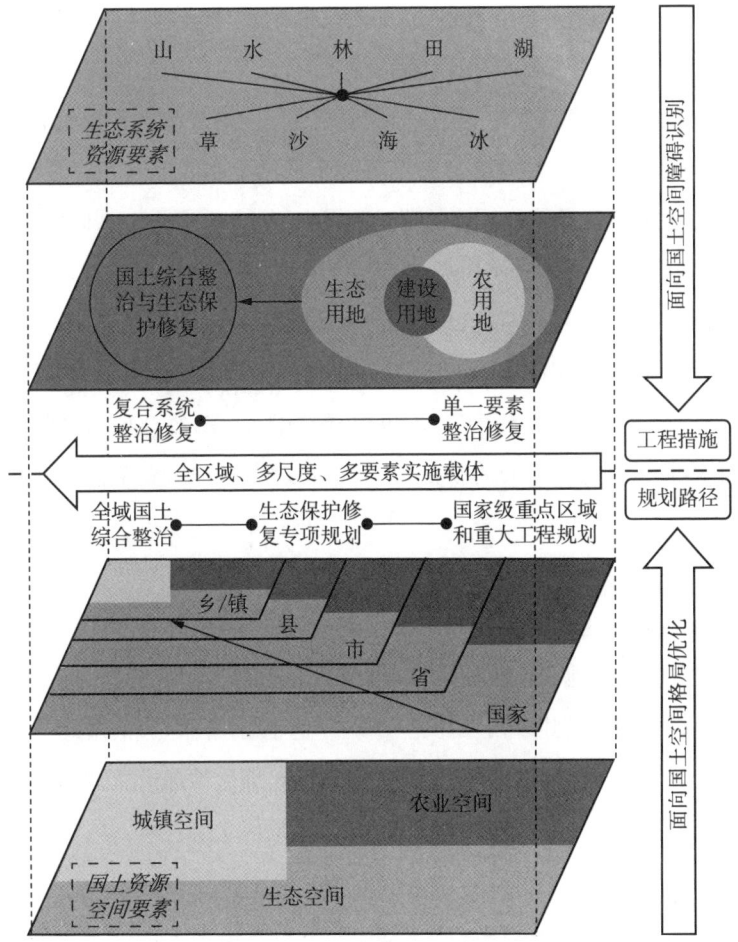

图 4-1　国土综合整治修复总体研究框架梳理

土综合整治与生态保护修复是以新时代生态文明理念为指导思想，遵循自然规律和生态系统的内在机理，对空间格局失衡、资源低效利用、生态功能退化、生态系统受损的国土空间进行适度的人为引导、修复或综合整治，以维护生态安全、促进生态系统良性循环的活动。国土综合整治与生态保护修复立足于生态文明建设的新时代背景，整治范围由局部工程转向全地域、全流域覆盖，整治内容由单一要素转向复合系统，整治目标由要素利用转向国土空间高质量发展。新时期的国土综合整治与生态保护修复不同于以往多聚焦于土地抑或生态等单一维度，不同于局限于山、水、林、田、湖、草等单一要素的"土地整理""土地整治""国土整治""生态修复实践"活动。传统的土地整治对象是未利用、不合理利用、损毁和退化土地,更加强调以耕地为核心的"田水路林村"综合治理;传统的国土综合整治多聚焦于农田、水利、工矿和居民点等单一要素,缺乏对全域要素的系统关联与整治工程的紧密串联,忽视了对作为生命有机体的全域国土空间要素的综合统筹(贾文涛,2018)。在自然资源统一管理的背景下,国土综合整治与生态修复相结合,是面向山水林田湖草沙海等基本要素,对受损、退化、服务功能下降以及不合理利用的空间进行整体保护、系统修复、综合治理的过程和活动。因此,整治修复对象的基本要素涵盖"山水林田湖草"生命共同体之下的土地、矿藏、水流、森林、山岭、草原、荒地、海域、滩涂等各类自然资源,也包括农田、村庄、废弃矿山、城市、道路等非自然要素,同时可基于不同的整治修复目标,对山水林田湖草沙等基本要素分类管理。

1. 山

针对各类废弃、老旧和不达标矿山可能造成的崩塌、滑坡、塌陷、泥石流等灾害,以及含水层破坏、地表植被破坏、水土流失和土地污染等问题,遵循"谁开发,谁保护""谁破坏,谁治理"原则,压实生产矿山企业"边开采、边治理"主体责任,督促矿山企业制定"边开采、边治理"实施方案,分解、细化治理措施,明确治理时限,积极组织实施矿山地质环境恢复治理工程,改善矿区生态环境。

2. 水

针对流域内水资源短缺、水污染严重、水生态退化、水域岸线侵占等问题,落实以水定城、以水定地、以水定人、以水定产的要求,综合利用沟道、河道治理,以及水利灌溉工程、污水治理工程和生态植被恢复等方法,组织清理整治"乱占、乱采、乱堆、乱建"等侵占河湖水域岸线问题,编制"一河一策",实施系统治理、综合治理,统筹推进河湖生态保护修复、河湖面貌持续改善,开展废水循环利用和污染物集中处理,重点饮用水源地、重点流域水资源、农业灌溉用水保护,严格控制陆域入海污染,全面加强水污染治理协作。

3. 林

针对我国森林结构不合理、质量不高、生物多样性被破坏、挤占生态空间潜在威胁较大,尤其是天然林数量少、质量差、生态系统脆弱、保护制度不健全、管护水平低等问题,坚持"自然恢复为主,人工修复为辅""全面保护,突出重点"的原则,加快完善森林保护修复制度体系,开展生物多样性与生态系统保护行动,尤其确保天然林面积逐步增加、质量持续提高、功能稳步提升。

4. 田

针对耕地"非农化"、"非粮化"、耕地破坏、耕地撂荒、耕地质量下降、侵占耕地等问题,坚持最严格的耕地保护制度和最严格的节约用地制度,严守耕地保护红线,以提升粮食产量为目标,大力推进农用地整理和高标准农田建设,加大推进耕地撂荒治理力度,加大退化、污染、损毁农田改良修复力度,保护和改善农田生态系统,加强优质耕地保护,促进稳产高产商品粮棉油基地建设。

5. 湖

针对部分地区围垦湖泊、侵占水域、超标排污、违法养殖、非法采砂,造成湖泊面积萎缩、水域空间减少、水系连通不畅、水环境状况恶化、生物栖息地被破坏、湖泊功能严重退化等问题,明确保护优先、严格管控、一湖一策、系统整治的治理思路,大力推进退田(圩)还湖还湿。

6. 草

针对我国草原生态系统脆弱,保护修复力度不够、利用管理水平不高、科技支撑能力不足、草原资源底数不清、草原生态形势严峻等问题,落实"尊重自然,保护优先""系统治理,分区施策"的工作原则,推进草原治理体系和治理能力现代化,加强草原保护管理,推进草原生态修复,促进草原合理利用,改善草原生态状况,以推动草原地区绿色发展,退化草原得到全面治理和修复,草原生态系统实现良性循环,形成人与自然和谐共生新格局。

7. 沙

针对我国北方广泛分布的荒漠化地区及其严重的风沙危害问题,坚持因地制宜、适地适绿,充分考虑水资源承载能力,宜林则林、宜灌则灌、宜草则草、宜荒则荒,全面保护原生荒漠生态系统和沙区现有林草植被,加大对干旱绿洲区、重要沙尘源区、严重沙化草原区、严重水土流失区的生态修复和沙化土地治理力度。

8. 海

针对我国领海内受全球气候变化、自然资源过度开发利用等影响导致的海洋生态系统退化、近岸海域生态功能受损、生物多样性降低、风暴潮、赤潮、绿潮等海洋灾害多发频发，红树林、盐沼、牡蛎礁、珊瑚礁、海草床、滨海湿地等典型生态系统退化较为严重，调节和防灾减灾功能无法充分发挥，珍稀濒危物种栖息地遭到破坏，有害生物危害严重，生物多样性损失加剧等问题，遵循"陆海统筹，系统修复"的原则，最大程度地修复受损和退化的海洋生态系统，恢复海岸自然地貌，改善海洋生态系统质量，提升海洋生态系统服务功能。

9. 冰

针对全球变暖背景下青藏高原等地区生态环境脆弱敏感，亚洲水塔功能失衡失稳，并表现出冰川退缩、冻土消融、湖泊、河流等液态水体广泛增加等问题，需要充分认识青藏高原生态的重要性和特殊性，坚持保护优先，落实青藏高原生态屏障区生态保护和修复重大工程建设规划，实施保护极地净土行动，加强人类活动迹地修复，建立产业准入负面清单制度，提升生态环境监管治理能力，开展冰川、冻土生态系统保护研究，积极应对气候变化。

4.1.2 国土空间要素

国土综合整治的战略目标应牢牢结合生态文明建设，以空间结构调整优化国土空间功能，以资源高效利用提升国土空间质量，以灾害污染治理保障国土空间安全，以生态系统保护修复打造美丽国土，以整治修复制度体系建设筑牢美丽国土根基，以期提升国土空间的适宜度、美丽度和安全性，拓宽国土空间功能和承载力（王威和贾文涛，2019），打造以人为本的高品质国土空间，提升国土可持续发展能力（王威和胡业翠，2020）。因此，山水林田湖草沙作为国土综合整治对象的基本要素，需要基于空间要素进行统筹，科学确定生态保护修复目标，合理布局项目工程，统筹实施各类工程，协同推进山上山下、地上地下、岸上岸下、流域上下游山水林田湖草一体化保护和修复，增强保护修复效果，优化国土生态服务供给，促进国土空间绿色化建设、高品质发展。

1. 农业空间

主要针对我国农业空间的人均耕地少、耕地利用低效与碎片化、土壤退化、农业结构不合理、坡耕地多开发利用难度大、宜农后备资源不足等问题，坚持以提升粮食产量为目标，重点开展农田综合整理建设适应现代农业发展要求的高标准基本农田,加大对重点工矿区和砖瓦窑厂的塌陷、挖损和压占等废弃土地的复垦力度,增加有效耕地面积。应根据区域优势,优化农业(畜牧业)生产空间布局,引导布局都市农业,提高就近粮食保障能力和蔬菜自给率,重点保护集中连片的优质耕地、草地,明确具备整治潜力的区域以及生态退耕、耕地补充的区域。针对公共服务设施不足、农村空心化严重、人居环境恶化等问题,坚持以乡村振兴为导向,结合村庄布局优化要求,确定乡村地区"田、水、路、林、村"全域综合整治和"山、水、林、田、湖、草、沙、冰"全要素修复的目标、重点区域和重大工程,推进美丽乡村建设。针对农田生态环境脆弱、水资源缺乏、农业生态系统退化、景观格局破碎和农业灾害频发等问题,重点维护和恢复以耕地为主体的农田生态系统的健康,提升系统生态功能和景观功能,加强农田水利和防护林网设施建设,增强耕地抵御自然灾害的能力,防止耕地污染、耕地沙漠化与水土流失等耕地退化现象的发生。

2. 城镇空间

主要针对城镇空间内城乡联动性较差,空间破碎、用地无序蔓延、用地效率低下、空间品质不佳等问题,围绕新型城镇化、乡村振兴、产城融合,明确城镇体系的规模等级和空间结构,提出村庄布局优化的原则和要求。完善城乡基础设施和公共服务设施网络体系,改善可达性,构建不同层次和类型、功能复合、安全韧性的城乡生活圈。针对采煤塌陷地、油田、露天矿山、塌陷地存量采矿用地、老旧废弃工业园区等低效工业用地问题,坚持市场取向、因势利导的原则规范推进城镇低效用地再开发,促进城镇更新改造和产业转型升级,优化土地利用结构,提升城镇建设用地人口、产业承载能力,建设和谐宜居城镇。针对绿色空间不足、与自然生态空间连通性差及与其他空间冲突严重等问题,根据城市发展阶段与目标、用地潜力和空间布局特点,明确实施城市有机更新的重点区域,根据需要确定城市更新空间单元,结合城乡生活圈构建,注重补短板、强弱项,优化功能布局和开发强度,传承历史文化,优化城镇内部格局、增强空间复合利用、扩大生态空间范围,提升城市品质和活力,避免大拆大建,保障公共利益。

3. 生态空间

针对生态本底优越,但限制要素多,出现生态功能退化、生物多样性减少、资源短缺且不合理利用等问题的区域,围绕国家和区域生态安全格局,消除或避免人为胁迫,提高生态系统自我修复能力,提升生态系统质量和稳定性,促进生态系统良性循环。针对生态环境破坏严重导致水土流失、石漠化、土地沙化、海岸侵蚀及沙源流失、滨海湿地丧失和自然岸线受损、矿山生态破坏、水土资源污染等问题的区域,坚持山水林田湖草生命共同体的理念,按照陆海统筹的原则,明确生态系统修复的目标、重点区域和重大工程,采取以自然恢复为主、与人工修复相结合的方式维护生态系统,构建重要生态屏障、廊道和网络,形成连续、完整、系统的生态保护格局和开敞空间网络体系。针对暴雨、干旱、大风等气象灾害以及洪涝、泥石流等地质灾害风险较大地区,坚持问题导向、科学修复的原则,追根溯源,系统梳理隐患与风险,对自然系统进行全方位生态问题诊断,针对生态问题及风险,充分考虑区域水资源、土壤、光热等资源禀赋,提高修复措施的针对性。

4.2 面向国土空间优化的整治修复规划路径

国土综合整治与生态修复是生态文明背景下建设美丽中国的重要抓手,是统一行使所有国土空间生态保护修复的重要要求,也是加快推动国土空间总体规划落地实施的重要手段(尹向东和刘涛,2020)。国土综合整治主要针对格局失序、效能低下和品质不高的空间进行调整和整治,生态修复主要针对结构不良、功能受损的生态系统进行修复,两者互为依存,相互促进,目标是优化国土空间开发格局和增加优质生态产品供给,满足人民群众对美好生态环境的新需求(成金华和尤喆,2019)。同传统的土地整治以及各类生态修复相关规划相比,国土综合整治与生态修复规划立足更广阔的宏观角度、更长远的时间跨度、更综合的系统维度,通过整体保护、系统修复、综合治理,突出空间布局的战略性、理论方法的科学性、任务目标的综合性,是一项新的、艰巨而复杂的战略任务(周远波,2021)。"山水林田湖草沙海冰是一个生命共同体"理念是新时代国土综合整治与生态修复的基本遵循,生命共同体理念要求充分考虑国土空间的系统性、生态系统各组分的关联性,改变以往只针对单一对象的局限,将自然和人类社会等多个生态系统耦合联系,实现对象与目标综合化、手段与方法多元化、整治与修复互动化,并涵盖生物多样性和生态学过程,从而规避以往国土整治、生态修复等工程中存在的相关部门各自为战的机制(王威和贾文涛,2019)。在国土空间规划的引导下,当前国土综合整治与生态修复规划主要围绕国土空间本底调查评价、整治修复分区、重点区域指引、整治修复分类以及重大工程布局等路径展开,充分发挥综合整治与生态修复的全域、全过程、高效传导,实现资源利用效率的全面提升。

4.2.1 国土空间本底调查

国土综合整治与生态修复调查评价主要采用第三次全国国土调查数据为现状底数和底图基础,结合土壤调查、森林资源二类调查、湿地资源调查、水资源调查、矿产资源调查、海洋资源调查等专项调查数据,形成生态本底"一张图"。在技术上,围绕国土整治与生态修复调查评价工作,以信息网络为载体,引入中高分辨率的卫星遥感和无人机等现代通信和物联网技术,配合地面外业长期跟踪监测,贯穿规划信息收集、分析评价决策、规划实施监测和评估全生命周期,强化数据融合,将规划所需关键要素的数量、质量、结构、分布及其变化信息进行整合和空间可视化,构建国土整治与生态修复综合调查监测技术平台,提升整治修复全过程的调查监测能力,以服务"整体保护、系统修复、综合治理"的总体要求(孔凡婕 等,2021)。同时,利用资源环境承载力评价和国土空间开发适宜性评价(以下简称"双评价")成果,明晰生态系统演替规律和内在机理,结合自然地理条件和人类活动影响,分析自然地理格局演变规律和土地利用方式的合理性,诊断突出生态问题、判识重大生态风险。在此基础上,加强国土整治与生态修复的评价技术研发,尤其是"双评价"方法以及生态系统服务协同权衡等效应评价方法,构建合理有效的评价指标和评价体系,定量评价指定区域及周边地区的生态环境现状,并运用科学的计算方法建立区域生态环境综合指数评价模型,找出区域生态系统和生态环境的构成,识别环境质量、生态系统服务功能和生态环境面临的问题,构建区域生态环境安全格局,明确重要生态屏障和重点生态功能区(王军 等,2020;郑甲苏,2021)。

针对国土空间全域及生态、农业、城镇三大空间,其调查评价聚焦点各有不同。生态空间重点调查评价陆域和海域生态系统面积减少、结构受损、功能退化、脆弱化等问题的分布、程度,分析水土流失、石漠化、土地沙化等问题的分布特征、变化程度、胁迫因素、成因机制及关联性,识别生态保护红线内、河流湖泊周边的矿山生态破坏等生态破坏问题的分布、程度、趋势及区域关联影响,识别生态问题分布聚集或生态问题关联性大的关键区域,诊断水源涵养、饮用水水源地保护等重要生态功能区的生态问题严重程度和障碍因子。农业空间重点调查农用地破碎化和退化、生态过渡带和景观连通性、生境丰富度下降问题,居民点、农用地周边矿山生态破坏、土地损毁问题,以及农村自然风貌破坏、过度放牧樵采和围垦养殖、人居生态恶化和生态基础设施不足等问题,围绕农业面源污染、农田破碎化、小微生态系统、耕地撂荒、乡村景观文化破坏等问题,兼顾农村人居生态环境评价,在农业景观尺度上,评估基本农田生态效益。城镇空间重点调查评价城镇建设、水电开发、基础设施建设、工矿布局等与生态破坏的空间关系,分析城镇空间开发建设对生态空间的胁迫,识别各主要城市在生态系统质量、城内外蓝绿网络连通性、人居生态品质等方面问题以及内涝、热岛效应等城市病,识别城镇周边、重要交通干线周边历史遗留、在产矿山生态破坏、水土污染、土地损毁等问题分布及程度。[1]

4.2.2 整治修复分区

国土综合整治与生态修复的总体布局既要着眼于自下而上的问题识别,也要着眼于自上而下的全局谋划,在统筹考虑国土全域及其生态系统的完整性、地理单元的连续性和经济社会发展的可持续性基础上,推进"山水林田湖草海冰"的整体保护、系统修复和综合治理(叶玉瑶 等,2021)。国土综合整治与生态修复工作强调统筹考虑自然生态要素与生态文明理念,延续传统土地综合整治落地性强的特点,以气温、降水、地形地貌等自然地理格局为根本,以重要流域、区域、海域等为基础单元,突出自然地理和生态系统的完整性、连通性,进行国土空间整治修复分区,并明确各分区整治修复主攻方向,谋求不同尺度国土综合整治与生态修复总体布局。在一级分区下可根据整治修复需求,以各级流域和地貌单元、生态系统分布为基础进行多级分区,分区划定应全覆盖、不交叉、不重叠。

---

[1] 中华人民共和国自然资源部. 省级国土空间规划编制指南(试行)[EB/OL].(2020-01-17)[2022-06-15]. http://gi.mnr.gov.cn/202001/P020200120642346540184.pdf.

国土综合整治与生态修复在不同层级规划之中整治修复分区布局与组织形式存在明显的差别,纵向要求规划之间高度契合,横向要求规划能够覆盖各级组织,最终形成立体化的综合整治与生态修复格局(梅江和李振宇,2021)。从纵向层面看,可分为国家、省、市和县国土综合整治与生态修复专项规划,是针对不同层级的政府职责和空间尺度,对整治修复进行层层递进的部署,各级规划既充分衔接又凸显差异。国家级国土综合整治与生态修复规划是全国性的综合治理与生态修复格局,对全国各地进行分区并确定整治修复重点,确定考核指标和考核机制。省级国土综合整治与生态修复规划站位宏观,强调前瞻性、指导性和约束性,要落实国家国土空间规划有关要求,衔接省级国土空间规划及相关专项规划,明确全省整治修复的目标,结合国家生态安全屏障、国家(区域)重大战略的生态支撑区和重要生态治理区,谋划省域整治修复的总体布局、分区分类、主攻方向、重大工程、政策措施等,为市、县级规划编制提供依据。市、县级规划落实省级规划要求,立足本地特点,要依托现有山水脉络,查清当地的资源与生态本底,细化和分解整治的布局、分区和重点,突出实施性(白世强,2021)。横向体系的架构则主要借助专章专节专题、专项规划、详细规划设计实现,针对不同的综合整治与生态修复要求完成各个主体的联动,推动目标的有序落实(梅江和李振宇,2021)。

4.2.3 重点区域指引

国土综合整治与生态修复重点区域是整治修复任务落地的空间指引。其以整治修复分区和国土空间规划"三区三线"为基础,针对调查评价中问题突出的区域,结合国家、区域生态安全格局和重大战略,统筹各相关部门整治修复任务区域,确定整治修复分区下的重点区域。重点区域按照三类空间分类划定,在边界模糊、所属空间不明确的区域,以问题为导向,按照主要生态问题分布和重大战略发展导向划定整治修复重点区域。生态空间重点区域涵盖了自然保护地、生态保护红线,以及对区域生态安全有重大影响的关键地区(重要山脉、河流、湖泊、河口,跨区域共用水域空间等),城镇和农业空间重点区域主要考虑国家重大战略部署区、区域发展战略支撑地区、集中连片特困地区等。

不同尺度下,国土综合整治与生态修复的核心目标不同,国土空间格局优化与生态安全格局构建重点也有差异。国家尺度国土综合整治与生态修复规划,既需要按照生态环境基底与社会经济发展需求整合特征差异,明晰国土空间整治修复重点区域、关键环节,如陕北黄土高原水土保持、京津冀水源涵养等,又需要重点关注全域空间耦合,强调流域上下游生态系统协同修复以及跨流域的国土空间协同优化,如长江流域、黄河流域的大保护、大治理等。相应地,国土生态安全格局构建重点强调国家重点生态功能区等关键生态源地的识别与保护,如"两屏三带"绿色骨架。其中,青藏高原生态屏障是中国长江、黄河等大江大河的发源地,该地区生物种类丰富多样,在调节气候、水源涵养等方面发挥着巨大作用;黄土高原—川滇生态屏障中的黄土高原、秦巴山地、川滇地区在中国控制水土流失、涵养水源、保护生物多样性等方面占有重要战略地位;东北森林带是中国物种资源基因库,森林资源得天独厚,关系着东北地区的生态安全;北方防沙带对于中国"三北地区"的防风固沙,减缓草地贫瘠化、盐渍化等具有重要作用;南方丘陵山地带的亚热带动植物资源丰富,洪水调蓄能力强,有利于维护中国东部的生态安全(罗明 等,2019)。省级尺度国土空间综合整治与生态修复,在要素层面强调人与"山水林田湖草沙海冰"生命共同体协同提升,空间层面涵盖国家重点区域,关注省域重要生态功能区,重点在于生态廊道网络化体系和国土空间格局优化结构的构建。市县级国土空间整治修复中,生态修复强调区域生态源地、连通廊道及战略节点的识别(彭建 等,2020),综合整治着力点向城市存量空间、农业生产、特色文化空间等拓展,从而确定重要节点和重点空间(郭瑞明,2021)。

4.2.4 整治修复分类

生态空间以关系区域生态安全的重点生态功能区、各类自然保护地等为重点,聚焦于生态系统受损的区域,充分考虑气候变化、水资源条件,围绕水源涵养、水土保持、生物多样性维护、防风固沙、海岸防护、洪水调蓄等生态系统服务功能,针对水土流失、石漠化、土地沙化、海岸侵蚀、沙源流失、滨海湿地丧失,自然岸线受损、矿山生态破坏、生物多样性降低甚至丧失等生态退化、破坏问题,按生态系统恢复力程度,科学确定保护修复措施,恢复生态功能,塑造生态景观。同时,统筹森林、河流、湖泊、湿地、荒漠等自然生态系统与农田、城镇等人工生态系统的协同性,整治农业、城镇空间,合理确定生态修复后的土地用途,突出整体效益提升

（白世强，2021）。生态空间相关的整治修复工作涉及国家湿地公园建设与评估、湿地生态系统风险与服务评估、湿地速生丰产林栽培、人工湿地污水处理、红树林生态植被恢复、海洋监测、海洋调查与健康评价、海滩养护与修复、珊瑚礁与海草床生态修复、海洋生态损害评估、生态岛礁与生态安全港建设、岩溶石漠生态系统定位观测与服务评估、石漠化植被恢复与治理、防护林（退化林、退化草地等）修复、森林抚育、盐碱地造林、生态公益林与人工草地建设等。

农业空间要突出耕地、牧草地等的生态功能，保护乡村自然山水格局，开展乡村全域土地综合整治，恢复退化土地生态功能，维护生物多样性，建设生态宜居的美丽乡村（白世强，2021）。通过开展农用地整治、建设用地整治、生态保护修复，探索闲置宅基地有偿退出，改善村容村貌和生态环境，保障公共设施建设，推进乡村道路、广场、荒地等公共空间治理，促进生产空间集约、生活空间宜居和生态空间秀美。农业空间相关的整治修复工作涉及高标准农田建设、耕地质量评定与验收、农业污染防治、盐碱地改良、土地复垦、坡耕地水土保持、土地整治等，以空间布局优化为目标，加强系统修复，综合治理，提升乡村治理能力（尹向东和刘涛，2020）。

城镇空间要注重保护和修复城区的生态系统，连通河湖水系，重塑健康自然的水域岸线，促进水利、市政工程生态化，打通城市内部的水系、绿地和城市之外的河湖、森林、耕地的空间连接，构建蓝绿交织、亲近自然的生态网络，提高城市韧性和通透力，提升城市人居生态品质（白世强，2021）。同时，加快历史遗留矿山生态修复，推进绿色矿山建设，加强城镇存量用地包括存量采矿用地的综合开发，对城镇存量和低效用地（主要是工业用地）进行综合开发，重点聚焦成片连片改造、棚户区改造、低效用地再开发等工作。城镇空间相关的整治修复工作涉及矿山整治、城乡环境绿化建设、城市防洪、城镇污水处理、生产建设项目土地复垦与水土保持、建设用地土壤污染管控、工业污染防治等（尹向东和刘涛，2020）。

4.2.5 重大工程布局

国土综合整治与生态修复重大工程布局在国土空间生态修复总体布局、生态修复分区的基础上，以重点区域为指引，在生态功能重要区域、生态环境敏感脆弱区域和人为干扰较为强烈的区域，综合考虑自然—社会系统的系统性、完整性，以江河湖流域、山体山脉等相对完整的自然地理单元为基础,结合行政区域划分,科学合理确定工程实施范围和规模。重大工程实施范围内可由一个或多个相对独立又有关联的子项目组成,工程实施范围应明确到所在的地(市)、县(市)、乡(镇)、村(组)。[1] 从空间尺度上看,国土综合整治与生态修复重大工程的技术流程一般划分为工程规划、工程设计、工程实施、管理维护四个阶段,形成分层嵌套的工程项目体系结构。工程规划阶段服务于区域(或流域)尺度,以格局和任务为牵引,形成基于生态安全屏障体系与三大空间整治修复任务的国土空间综合整治与修复重大工程,其主要工程内容为宏观问题识别诊断、总体整治修复目标制定以及整治修复单元和工程子项目布局确定;工程设计阶段主要服务于单元尺度,即对生态系统尺度下的各整治修复单元生态问题进行诊断,制定相应的具体指标体系和标准,形成基于具体整治修复单元的整治修复重点项目,并确定整治修复模式措施;工程实施阶段服务于场地尺度,明确每个重点项目需要采取的整治修复手段类型,推动子项目施工设计与实施(叶玉瑶 等,2021);管理维护、监测评估与适应性管理、监督检查贯穿于整治修复全过程。

按照国土综合整治与生态修复对象和所采取工程措施的差异,可将国土综合整治与生态修复工程划分为:第一,山水林田湖草生态修复工程。其修复对象具有区域性、丰富性、整体性和系统性,将湿地、草地、林地等统筹纳入重大工程,对集中连片、破碎化严重、功能退化的生态系统进行综合修复(吴次芳 等,2019)。第二,国土综合整治工程。重点针对农村地区生态环境质量差、生态基底破碎、生态廊道阻隔、土地资源利用低效化和无序化等问题,从农业生态系统整体性和区域自然环境差异性出发,通过开展农用地整理、建设用地整理和乡村生态保护修复,保护农田生态系统和生物多样性,打造规模适度集中连片的耕地、草地、湿地、林地等生态系统复合格局,提升生态功能,强化农地景观和绿隔功能,推动农业绿色发展和乡村生态环境整体改善。第三,矿山地质环境整治修复工程。重点针对矿产资源开发利用造成的地质环境破坏、土地压占和损毁、生物多样性丧失等问

---

[1] 中华人民共和国自然资源部,中华人民共和国财政部,中华人民共和国生态环境部. 山水林田湖草生态保护修复工程指南(试行)[EB/OL]. (2020-08-26)[2022-06-15]. https://www.cgs.gov.cn/tzgg/tzgg/202009/W020200921635208145062.pdf.

题,主要修复对象是矿山地质生态系统,如矿山环境土体重构工程、景观地貌重塑工程、塌陷地水环境修复工程等。第四,海岸线与海岛生态环境保护修复工程。重点针对河口、海湾、滨海湿地与红树林、珊瑚礁、海草床等典型海洋生态系统进行保护修复,综合开展岸线岸滩海岛修复。第五,湖泊和湿地生态环境保护修复工程。重点针对湖泊和天然湿地面积萎缩、水质下降、生物多样性减少、调蓄能力减弱等问题,强化源头控制、系统修复、综合治理,以增加湿地面积、增强湿地生态功能、维护湿地生物多样性为核心目标。

4.3 面向国土空间障碍的整治修复工程措施

立足于山水林田湖草海沙冰生命共同体理念,坚持以生态文明为核心的国土空间系统修复和以土地利用为核心的国土空间全域整治为抓手,新时期面向国土空间的整治修复工程措施以国土空间开发利用保护格局为依据,结合目标导向及问题导向,由单一要素、单一手段治理转向多要素与复合手段统筹,扩展到全域全类型全要素的国土空间。面对当前国土空间开发利用的障碍,遵循保护优先、自然恢复为主的原则,针对耕地碎片化、空间布局无序化、资源利用低效化、生态质量退化等问题,开展整体保护、系统修复、综合治理的国土综合整治和生态保护修复工程,以系统性、整体性的思维统筹农用地、建设用地及生态用地在区域间的有机协调,结合山水林田湖草系统修复、国土综合整治、矿山生态修复和海洋生态修复等,以补充耕地数量、提升耕地质量、优化土地利用格局、提高基础设施、提升生态环境等工程措施为途径,协调国土"生产、生活、生态"空间结构和布局,促进生产空间集约高效、生活空间宜居适度、生态空间山清水秀,实现国土空间开发效率和质量的全面提升。

4.3.1 补充耕地数量的工程措施

耕地作为最宝贵的农业资源和最重要的生产要素,其资源数量是国家粮食安全的保障。随着经济的发展和城镇化的快速推进,我国进入新常态发展阶段,土地供需矛盾加剧,人均耕地面积(0.097公顷)占世界平均水平(0.206公顷)的

47%,人均水资源占世界平均水平的四分之一。中国用世界9%的耕地和7%左右的淡水资源,养活了世界20%的人口,耕地保护压力不断增大(蔡运龙,2000)。耕地后备资源作为筑牢耕地数量安全的防线,是实施土地整治的重要基础,也是实现耕地占补平衡的重要保障,与严格保护耕地红线、有效利用国土资源、科学实施国土综合整治、积极推进生态文明建设、切实保障国家粮食安全等密切相关。我国耕地后备资源的区域分布不均衡,主要集中在中西部经济欠发达地区,同时耕地后备资源不断减少,集中连片的耕地后备资源问题尤其显著,分布呈零散破碎状态,受生态环境制约,其开发利用难度较大(封志明和李香莲,2000)。由于耕地资源分布和经济发展优势区域的空间重叠,优质的耕地资源区通常也是城市化和工业化快速发展的区域,大量优质耕地资源被过度耗费。此外,多年持续开发利用导致经济发展快的地区后备资源稀缺甚至枯竭(蒲杰,2017),尽管确定了占补平衡的政策,但是耕地占优补劣、占近补远的形势未得到根本改变,难以在省域内实现耕地占补平衡、占优补优(胡小平,2002)。

针对坚守耕地数量红线形势严峻、优质耕地损失难以补充、耕地后备资源减少等问题,要严守18亿亩耕地红线稳定耕地数量,严格控制耕地转为非耕地,依据区域资源环境承载状况、耕地后备资源条件、土地整治新增耕地潜力等,分类补充耕地,科学划定宜耕土地后备资源范围。实行占用耕地补偿制度,按照"以补定占、先补后占、占优补优、占水田补水田"的原则,全面落实耕地占补平衡和耕地保护责任,确保建设占用耕地及时保质保量补充到位。严格实行基本农田保护制度,建立永久基本农田储备区,守住永久基本农田控制线。充分挖掘资源潜力,推进土地开发、复垦、整理。因地制宜,统筹实施土地整治、耕地提质改造、高标准农田建设、城乡建设用地增减挂钩、历史遗留工矿废弃地复垦等,大力实施土地整治,落实补充耕地任务。加大补充耕地项目的工程投入,提高项目投资标准,严格遵守耕地开垦的工程建设标准和相关技术规范。加强新增耕地后期培肥改良,积极稳妥推进耕地轮作休耕,实现用地和养地结合,有效提高耕地产能;加强补充耕地的后期管护,防止补充耕地撂荒和"非农化""非粮化"。

4.3.2 提高耕地质量的工程措施

耕地是人类赖以生存与发展的物质基础,耕地质量及污染防治攸关农业可持续发展、农产品质量安全大局(刘荣志 等,2014)。开展耕地质量保护与提升行动,是促进粮食和农业可持续发展的迫切需要。人多地少的国情使我国农业生产一直坚持高投入、高产出模式,耕地长期高强度、超负荷利用,造成质量状况堪忧、基础地力下降,耕地土壤酸化、盐渍化、养分失衡、耕层变浅、重金属污染、白色污染等问题(封志明和李香莲,2000)。根据联合国粮食及农业组织(FAO)调查数据显示,我国耕地土壤优质含量平均值为1.86%,除了略高于中亚、西亚和非洲部分地区,低于世界土壤有机质含量的平均值,更低于美洲、欧洲。总体上耕地土壤肥力基础薄弱,土地退化严重,农业生产障碍因素突出。《2019年全国耕地质量等级情况公报》结果显示,2019年全国耕地质量平均等级为4.76,相较2014年提升了0.35个等级。同时,全国耕地退化面积较大,部分地区耕地污染较重,南方耕地重金属污染和土壤酸化、北方耕地土壤盐渍化、西北等地农膜残留问题突出。耕地土壤有机质含量较低,特别是东北黑土区土壤有机质含量下降较快,土壤养分失衡、生物群系减少、耕作层变浅等现象比较普遍。此外,部分占补平衡补充耕地质量等级低于被占耕地,存在以次充好、占优补劣的现象,影响了耕地持续生产能力。

土地整治是当前耕地保护与建设的重要手段,提高耕地质量等别,促进土地利用方式优化(谢德体,2007;郧文聚,2008),结合土地资源特征与经济发展水平,因地制宜开展土地整治,明确土地整治方向与目标(司振中 等,2010)。针对现有劣质、等级低的耕地,通过改善土壤、排灌等农业生产条件,加强耕地质量建设,减少农田污染,培育健康土壤,提升耕地地力,夯实农业可持续发展的基础。加强高标准农田建设,大力提升耕地质量,重点采取旱变水、坡改梯等形式,通过平整土地、改良土壤、配套高效节水设施、整修田间道路等措施,以高标准农田建设和耕地退化污染重点区域治理为重点,依靠科技进步,加大资金投入,推进工程、农艺、农机措施相结合,依托新型经营主体和社会化服务组织,构建耕地质量保护与提升长效机制,守住耕地数量和质量红线,奠定粮食和农业可持续发展的基础。加快划定永久基本农田,实现耕地的永久保护和永续利用,以保障粮食等重要农产品的有效供给。同时,加强高标准农田后期管护,按照"谁使用,谁管护"和"谁受益,谁负责"的原则,落实高标准农田基础设施管护责任。实施耕地质量保护与提升行动，全面推进建设占用耕地耕作层剥离再利用，提高补充耕地质量。将中低质量的耕地纳入高标准农田建设范围，实施提质改造，在确保补充耕地数量的同时，提高耕地质量，严格落实占补平衡、占优补优。强化退化耕地治理，分类分区解决好耕地酸化、盐碱化问题，减少化肥等生产资料的不合理投入，实现节本增效、提质增效，统筹推进耕地休养生息。加强耕地质量调查评价与监测，健全耕地质量和耕地产能评价制度，完善评价指标体系和评价方法，定期对耕地质量和耕地产能水平进行全面评价并发布评价结果。完善土地调查监测体系和耕地质量监测网络，开展耕地质量年度监测成果更新。

4.3.3 优化土地利用格局的工程措施

1. 优化农业生产空间布局

耕地细碎化问题是制约农业规模经营的主要因素之一，也是农业可持续发展所面临的一项难题。耕地细碎化是指在耕地生产经营过程中存在的地块面积狭小、空间分布破碎、形状杂乱、相互交错等耕地利用现象，其形成是受社会经济发展水平、生产生活条件、土地分配过程、自然环境特点、农业发展状况、制度文化传统等因素的综合影响。耕地细碎化制约农业生产效率提高，难以充分发挥农业生产的规模效应，无法适应农业机械化生产要求，造成农业生产效益不高。耕地细碎化在一定程度上增加了农业生产成本，降低了农业产出水平，对农业生产具有一定的负面影响。

针对耕地空间利用粗放、分布零乱分散的情况，通过将土地整治与权属调整、土地流转相结合，整合农户土地，进行规模化经营，实现小农户与现代农业发展的有机衔接。在保留原有耕地面积不变的情况下，将原有零星分布、条块分割、高低不平的耕地进行归并平整，集合成相对集中成片、田块大小面积相对均衡的耕地，促进耕地集中连片，增加有效耕地面积，提升耕地质量，改善生产条件和生态环境，优化用地结构和布局。开展高标准基本农田建设、优势农业种植区等整治工程，以实施土地平整，归并零散地块，建设农田水利设施、田间路网和生态防护林体系等为核心，推进耕地"三位一体"保护，夯实农业现代化基础，促进土地资源安全利用，提高国土资源综合承载能力。

2. 优化农业生活空间布局

农村居民点作为农村建设用地的载体，是农民、农村工作者生活和生产的基本保证。农村居民点自然村分布较零散，建房布局散乱，村内公共活动空间较少且不集中，公共配套设施不足。村内道路尚不成系统，内部道路狭窄，多数村庄内部主干道路况较差，同时村内公厕、饮用水等基础设施配备尚不到位。基础设施配套的服务难以全面覆盖，无法满足各自然村村民的生活需求。

针对乡村空间布局无序化、土地资源利用低效化等问题，实施农村建设用地整治，加强农村基础设施建设、提高社会公共服务水平，统筹区域发展与资源保护，提高土地节约集约水平。根据农业现代化发展的需要为农村产业融合发展提供空间，为改善居民生活环境、建设美丽乡村创造条件。大力开展建设用地整治，通过推进村庄建设用地、工矿废弃地、闲置低效及碎片化建设用地整治，优化建设用地结构、布局，保障农村一二三产业融合发展用地，推动建设用地减量化，提高建设用地利用效率和集约水平。有序开展城乡建设用地增减挂钩、工矿废弃地复垦利用，以"空心村"和"危旧房"整治改造为重点，推进农村闲置低效用地整理，完善农村道路等公共基础设施建设，改变农村脏、乱、差面貌，改善农村人居环境。加强农村环境基础设施建设，推进村庄生活污水和河道等水系综合治理；实施农村环境综合整治，加大农田污染防治力度，全面推进秸秆禁烧禁抛，种养业废弃物资源化综合利用、无害化处置；保持当地农村特色和风貌，展现"生态优、村庄美、产业特、农民富、集体强、乡风好"的美丽田园乡村样板。

3. 优化城镇空间布局

伴随我国城镇化进程的加快，部分地方由于片面追求地租收入的最大化，导致城市建设用地形成"摊大饼"的扩张模式。城镇空间分布结构和规模不合理，与资源环境承载能力不匹配。城镇空间利用效率低下，城市病凸显，城乡生产要素配置亟待优化。部分地区因缺乏相关产业支撑、公共服务配套不完善等因素，形成了低效利用或闲置的存量土地。

针对城市低效用地，合理确定城镇低效用地再开发范围，对旧居住、旧厂矿、旧商服等低效用地进行改造开发，通过市场、管制等途径实现用地功能提升，提高土地利用效率和效益，促进土地节约集约利用。科学开展棕地改造，通过土壤治理、植被恢复、污染源控制等方式,融合场地特征,构建生态廊道,吸收、清除土壤污染,丰富城市生态景观,建设城市生态屏障、生态源地、生态廊道,改善城市生态功能,修复城市污染土地、水体,保障生活空间质量。通过开展城镇低效用地再开发、旧城镇改造、城中村改造等进行城镇空间整治,优化城乡面貌,改造城乡生态环境,打造生态城市,实现城镇低效用地挖潜、城镇公共设施提升和城镇生活环境改善,推进新型工业化、信息化、城镇化、农业现代化同步发展。加快推进批而未供和闲置土地整治,推动建设用地开发利用提质增效。全力推进批而未供土地消化利用,推动闲置土地处置,提升土地资源配置效益、利用效益,促进土地节约集约和高效利用。

4.3.4 提高基础设施的工程措施

加强农田水利设施的建设管理,对提升农业综合生产能力、提高水资源利用率、稳定粮食生产等具有重要意义。但是,我国水利基础设施建设水平相对落后,管理机制不够完善等问题,在一定程度上制约了我国农业的快速发展。由于基础设施建设资金投入不够,基础设施质量偏低,工程建设规模、建设进度和项目管理难以达到工程高效优质建设和管理要求。由于农田水利工程具有跨区域的特点,农田水利基础建设滞后。同时,基础设施建设的质量及布局不够合理,在进行工程施工时,区域特点分析不够深入,对水利基础设施的特点考虑存在欠缺,导致多种设施相互交叉或农田难以覆盖等问题,难以充分发挥农田水利工程的效用。受资金及技术的影响,大多数的工程设施配套设施差、标准低,如出现渗漏等问题,严重影响使用,无法促进农业发展。

针对农业生产中基础设施配套不足等问题,结合农业产业发展方向,通过科学规划设计,加强农田水利基础设施建设,加快健全农业灌溉设施体系,补齐防汛抗洪设施短板,不断提高重要农产品有效供给能力,增强粮食生产能力和防灾减灾能力,夯实粮食安全、农业现代化基础。大力推进高标准农田建设,完善田间道路,改善农田防护工程建设和农田电网,健全高标准农田建后管护制度,优化永久基本农田结构布局,提高高标准农田集中连片程度,改善土地生产功能,适应农业产业规模化经营要求。服务现代农业,推进高效节水灌溉工程建设。根据现代农业发展的需求,着力夯实乡村振兴水利基础,大力发展高效节水灌溉,加快升级改造供水设施,增强供水稳定性,推广节水技术和措施,提高用水效率,提高水资源优化配置能力,加快推进灌区节水改造和现代化建设。加强高标准农田、农田水利、农业机械化等现代农业基础设施建设,提升农业科技创新水平并加快推广使用,开展绿色循环高效农业试点示范,建设特色农产品优势区,打造地理标志产品,积极支持种质资源和制种基地建设。

4.3.5 提升生态环境的工程措施

1. 山水林田湖草系统保护修复

资源环境约束趋紧,高密度、高强度社会经济活动导致生态空间和生态环境脆弱、系统退化,生态安全形势严峻。生态空间用地不足,生态格局破碎化,生态系统稳定性较差,生态压力持续加大,区域生态系统的生态健康和安全受到威胁。随着城镇经济活动加剧,人口数量增多,人均生态绿地面积下降,生态足迹超出生态承载力,主要生态用地面积占比较少,绿色空间缺失和破碎化趋势显著,生态服务功能下降,生态系统难以维持可持续发展。受长期人为干扰,植被受损严重,植被覆盖度下降,森林结构退化、破碎化趋势明显,森林生态系统稳定性降低。生态缓冲区面积减小,连片性降低,生态结构单一化趋势明显,生态景观由整体集中转为部分零散,生态服务功能水平降低。

针对生态损坏区开展生态重建,恢复基本生态,构建生态安全治理新格局。针对生态脆弱区开展生态修复,改善生态质量;生态重要区进行生态保护,严格控制人类活动,促进生态保育。通过开展山水林田湖草系统修复,以构建和优化生态安全格局为目标,以重要生态空间保护和受损空间修复为核心,围绕防护林体系建设、湿地资源保护修复、河湖水生态保护修复、水土流失治理、污染土壤修复等进行生态空间整治,筑牢生态安全屏障。实施重要生态系统保护和修复重大工程,优化生态安全屏障体系,构建生态廊道和生物多样性保护网络,提升生态系统质量和稳定性。完成生态保护红线、永久基本农田、城镇开发边界三条控制线划定工作。开展国土绿化行动推进荒漠化、石漠化、水土流失综合治理,强化湿地保护和恢复,加强地质灾害防治。完善天然林保护制度,扩大退耕还林还草。严格保护耕地,扩大轮作休耕试点,健全耕地草原森林河流湖泊休养生息制度,建立市场化、多元化生态补偿机制。

2. 农村人居环境综合整治

由于在城镇化进程中,具备涵养水源、景观维护、调节气候、防风固沙等生态功能的乡村生态空间受到挤压,呈现出生态功能衰退等特征,存在田间道路和防护林网密度较低、土地利用率改善不大、植被覆盖降低以及生物多样性减少等生态环境问题。同时,由于村庄缺少统一规划管控,垃圾分类落实不到位,再加上环卫设施管护不当,乡村生活垃圾乱堆乱放等"脏乱差"问题突出,生活环境污损化成为"乡村病"的主要表现。因此,建设美丽宜居乡村要以乡村人居环境综合提升为突破口,改善农村人居环境,提升乡村宜居水平,打造生态友好型的农村建设体系。

针对生态空间污损衰退化、生产生活污水和农业生态环境问题,按照山水林田湖草整体保护、系统修复、综合治理的要求,通过集中排污处理、集约清洁生产、绿色基础设施建设,结合农村人居环境整治,优化调整生态用地布局,保护和恢复乡村生态功能,维护生物多样性,塑造生态景观格局,提高防御自然灾害能力,增强农村地区土地生态系统稳定性,提升土地生态服务功能。在高标准农田建设及农田建设用地整治的基础上,树立"山水林田居"生态共同体理念,科学安排农用地整理、农村建设用地复垦、农村环境整治、公共空间治理。通过整治改善田、水、路、林、村各要素景观生态功能,有效提高土地综合生产力和碳汇能力。尊重自然、顺应自然,调整优化乡村生产、生活和生态空间布局。以农村土地综合整治为推动美丽乡村建设和乡村振兴战略的重要推手,促进农业集约化、规模性经营,建设用地集约利用,全面改善整治区域自然生态景观。综合采取工程、生物、农艺等措施,开展耕地面源污染综合治理、污染土壤修复、污染点源阻控修复等。强化农用地利用方式管控。开展安全利用类耕地农产品质量检测,制定实施受污染耕地安全利用方案,采取农艺调控、替代种植等措施,降低农产品超标风险。建立土地污染监测与防控体系,建立污染土地风险评估和环境现场评估制度,形成耕地质量监测网络和预警体系。

3. 城市生态保护修复

改革开放以来,我国城镇化和城市建设取得巨大成就,但同时也面临着资源约束趋紧、环境污染严重、生态系统遭受破坏的严峻形势(姚士谋 等,2014),基础设施短缺、公共服务不足、人均绿地面积较低、建成区绿化覆盖率较低、水资源承载力较低、水体污染较严重等问题突出。"城市病"普遍存在,城市生态环境问题严重制约城市可持续发展。《全国城市生态保护与建设规划(2015—2020年)》《国家新型城镇化规划(2014—2020年)》《生态文明体制改革总体方案》等国家中长期规划将"生态修复"融入顶层设计,城市生态修复成为国家生态文明战略的重要内容(顾晨洁 等,2017)。

针对受损的城市生态系统,系统性开展"山、水、绿、棕"生态修复,构建城市圈生态闭合系统,优化城市生态网络结构,恢复城市"蓝绿"格局;系统开展城市河流、湖泊等水体生态修复,从"源头减排、过程控制、系统治理"入手,提升水生态系统功能,打造滨水绿地景观。开展公共服务型绿地和碳汇型绿地修复,充分利用城区及周边山体、水系、绿地,通过"留山在城,引绿入城"的方式,构建连贯自然的绿地结构。依托城区主要水体及交通道路设置绿色生态廊道,构建城市绿化脉络。推进绿地系统完善,建设多层级、多类型城市绿地公园,提高城市绿地服务范围和服务功能,实现"以绿贯城、以绿绕城、以绿复城"。开展海绵城市建设、基础设施提质增效和水环境质量提升行动,补齐城镇污水处理设施短板,巩固黑臭水体治理成效。重视城市污染土壤治理,强化土壤分类管控和源头治理,健全土壤污染状况调查和风险评估体系,建立建设用地土壤污染风险管控和修复名录,加强暂不开发利用地块的风险管控,严格再开发利用地块准入管理。通过土壤治理、植被恢复、污染源控制等方式,实现棕地的再利用。严格工业废弃地污染风险管控和治理修复,积极推进低效能、高能耗工业企业腾退整治,退城入园。确保腾退土地符合规划用地土壤环境质量标准,积极推进腾退土地清理和综合整治工作。推进产业、能源结构调整,推动构建绿色供应链,减污降碳,促进"碳达峰"目标实现。

4. 废弃矿山生态环境修复治理

矿业生产是破坏大自然和消耗有限资源的生态地位最低的行业(宋书巧和周永章,2001)。矿山开采一方面提供了丰富的矿物原料,另一方面也造成了严重的环境污染,不仅破坏了开采矿区周围的环境,而且致使生态急剧恶化,对生态平衡发展构成了极大威胁。矿业废弃地是指采矿活动造成影响的未经改造的闲置或废弃的采矿或探矿区域(陈怀满,2005),包括露天采矿场、尾矿场、尾矿场和采矿场紧密相连的区域以及采矿造成的对其周边自然地理生态环境有影响的区域(姜福川和彭华东,2017)。废弃矿山的生态系统受人为干扰程度大,恢复过程缓慢。矿山开采造成的环境影响较大,次生灾害隐患多,开采过程中占用土地资源,破坏含水层地貌、地表植被资源和地表景观,加剧矿区水资源危机,影响动植物生境,破坏生物群落的生态平衡和生物多样性,同时矿区废弃地中的矿业废弃物包含酸性、碱性、毒性或重金属成分,通过径流和大气扩散造成水、大气、土壤及生物环境等的二次污染,对周围环境产生较大的影响。因此,开展矿山生态修复是实现矿山可持续发展和矿产资源有效利用的必然选择。

大力推进废弃矿山生态环境修复治理,提升矿区的景观和文化价值。对历史遗留矿山生态破坏与污染状况进行调查评价,实施矿区地质环境治理、地形地貌重塑、植被重建等生态修复和土壤、水体污染治理,按照"谁破坏谁修复""谁修复谁受益"原则盘活矿区自然资源,探索利用市场化方式推进矿山生态修复。按照"宜耕则耕、宜林则林、宜建则建"的原则,根据不同类别合理确定废弃矿山生态环境修复治理措施。推进矿产资源开采区的山体、水体、道路、植被、土壤等多要素整治,修复受损的生态系统,增强矿区生态系统的服务功能;开展废弃矿山、采煤塌陷区和地质灾害风险区的综合整治,保护和修缮原生特色景观和具有历史文化价值的建筑,通过场地平整、土壤改良、山体覆绿等工程措施,对已废弃的采坑、高陡边坡、尾砂库、洗泥区等进行生态修复,保证区域环境质量,解除场地地质灾害给周边人民带来的安全隐患;开展裸露山体边坡复绿工作,使矿山生态环境得到恢复和改善,最大限度地恢复自然景观,改善矿山地质环境和生态环境。统筹推进采煤沉陷区、历史遗留矿山综合治理,开展矿区污染治理和生态修复试点示范,落实绿色矿山标准和评价制度,按照绿色矿山要求,加快生产矿山改造升级。

5. 海洋和海岸带环境综合治理

我国是海洋大国,丰富的海洋自然资源和巨大的生态系统服务价值是国家经济社会发展的重要基础和保障。在经济迅速增长、人口快速增加、城市化速度不断加快而陆地资源日益枯竭的背景下,立足陆海统筹,科学开发海洋资源和保护海洋环境,是支撑我国经济社会可持续发展的必然选择,也是实现21世纪宏伟蓝图的必由之路。然而,随着近年来沿海区域经济和海洋经济的快速发展,近海环境面临着巨大的压力和影响,我国海洋生态环境持续恶化。[1] 海洋空间开发利用不均衡,近岸海域生态系统受损严重,陆海统筹及海洋生态文明实现有待加强。同时,滨海湿地生态环境压力大,海岸线侵蚀严重。受滩涂围垦、城镇扩张影响,滨海、河口湿地生态多样性降低,部分沿海滩涂湿地丧失了恢复能力;近岸海域无机氮和活性磷酸盐超标,导致水体富营养化、水体生物多样性降低。亟须采取综合整治措施,以解决海洋开发进程中累积的和正在形成的生态环境问题,重塑可持续发展格局。

提高海洋资源开发与修复能力。有序开展围填海历史遗留问题生态修复,开展湿地退养还湿、地形塑造、水系连通、植被培育,促进空间破碎、功能退化的滩涂湿地生态系统自然恢复。开展侵蚀岸线退化机理研究,及时采取措施,维护海岸生态安全。开展人工岸线海堤生态化建设,在确保防灾减灾功能的基础上,提高海岸线的生态功能,加大沿海防护林等绿化工程实施力度。严格保护具有重要生态功能的自然岸线与海岛,制定开发建设活动管制规则;对已受损的海岸带海岛开展生态修复,建设海岸带生态防护屏障。通过开展海岸资源环境综合整治和修复等进行海洋空间整治,加快海洋开发保护及支持能力建设,逐步恢复海洋生态系统的结构和功能,改善海岸景观系统,提升海岸和近岸海域生态服务价值。

4.4 整治修复实施的载体与形式

4.4.1 整治修复规划载体

1. 生态修复专项规划

国土空间生态修复规划是国土空间"五级三类"规划体系中的专项规划,定位于对国土空间生态修复活动的统筹谋划和总体设计,是一定时期开展生态保护修

---

[1] 国家海洋局.6月5日世界环境日——中国海洋环境深度报告[EB/OL].(2016-06-03) [2022-06-15]. https://www.mnr.gov.cn/dt/ywbb/201810/t20181030_2257317.html.

复活动的指导性、纲领性文件。2020年6月，国家发展改革委和自然资源部联合印发了《全国重要生态系统保护和修复重大工程总体规划（2021—2035年）》，从国家层面对今后一段时期重要生态系统保护和修复工作进行了系统谋划。2020年8月，自然资源部办公厅、财政部办公厅、生态环境部办公厅联合印发《山水林田湖草生态保护修复工程指南（试行）》，强调遵循自然生态系统演替规律和内在机理，对受损、退化、服务功能下降的生态系统进行整体保护、系统修复、综合治理。2020年9月，自然资源部办公厅发布《关于开展省级国土空间生态修复规划编制工作的通知》，要求各省、自治区、直辖市自然资源主管部门等认真组织编制省级国土空间生态修复规划，系统实施国土空间生态修复成为新时期推进生态文明和美丽中国建设的重大举措，是推进国家治理体系和治理能力现代化的重要议题。国土空间生态修复规划立足自然地理格局，对生态功能退化、生态系统受损、空间格局失衡、资源利用低效的生态、农业、城镇国土空间，统筹和科学开展山水林田湖草一体化保护修复活动，维护国土生态安全、强化农田生态功能、提升城市生态品质，服务生态文明建设和高质量发展，是满足人民群众对良好生态环境殷切期盼的重要途径，也是国土空间规划的重要抓手，已上升到国家战略高度。

（1）规划目标

① 要素统筹，区域协调

国土空间生态修复规划统筹"山水林田湖草沙海冰"各类自然资源要素全要素体系的管控与指引，拓展传统生态修复类规划的范畴和治理效能，进一步推动国土空间全要素可持续发展。按照生态系统的整体性、系统性及其内在规律，国土空间生态修复规划应突出区域协调，尤其是跨行政区的山上山下、地上地下、陆地海洋及流域上下游，增强生态系统循环能力，有效维护人与自然的生态平衡（孔凡婕 等，2021）。

② 安全底线，品质高线

国土空间生态修复规划需严守生态保护红线、永久基本农田、城镇开发边界三条控制线，按照规划明确的用途分区分类开展生态保护修复，使生态安全的重要生态功能区域和生态系统退化问题突出区域的生态环境质量实现根本好转，成为守住自然生态安全边界的重要支撑。随着社会发展从"生存性需求"向"发展性需求"的升级,人们对国土空间生态有了更多的需求和更高的期望,提供更多优质生态产品成为国土空间生态修复规划的时代责任,因此,应因地制宜地对生态、农业、城镇进行修复,强化农田生态功能,提升城市生态品质,将城乡空间融入大自然,提高人民生态幸福感。

③ 规避权衡,强化协同

国土空间是生态系统提供供给、调节、文化以及支持等功能的空间载体,国土空间生态修复的目标不仅仅是生态系统服务供给或者潜在供给的增长,而是充分认识生态系统服务之间存在着潜在的权衡和协同关系,通过改善生态系统的结构及人地关系,规避权衡、强化协同,在自然生态恢复的基础上,基于生态、工程、经济等多维度综合的主动人为干预,维持生态系统的健康与稳定,强调可持续的福祉提升(彭建 等,2020)。

(2) 规划任务

① 摸清生态本底,识别生态问题

充分利用第三次全国国土调查和森林、湿地、海洋、矿产、水、土壤等自然资源专项调查成果,全面掌握基础地理条件,充分摸清自然资源禀赋。充分利用资源环境承载能力和国土空间开发适宜性评价以及其他专项生态评价成果,分析国土空间利用现状,根据生态系统演替规律和内在机理,结合人类活动影响,进行生态系统功能重要性、敏感性和恢复力评价,系统诊断生态问题,识别生态安全格局,预判重大生态风险。[1]

② 明确规划理念,凸显生态属性

国土空间生态修复规划以各类生态系统的保护修复为主要内容,遵循生态系统演替规律和内在机制,充分考虑自然地理和生态系统的完整性、连通性,坚持"绿水青山就是金山银山"发展理念,统筹经济发展和生态环境保护的关系,通过

---

[1] 江苏省自然资源厅. 县级国土空间生态保护和修复规划编制指南(试行)[EB/OL]. (2021-05-25)[2022-06-15]. http://zrzy.jiangsu.gov.cn/gtxxgk/nrgl/GJAttach/%E5%8E%BF%E7%BA%A7%E5%9B%BD%E5%9C%9F%E7%A9%BA%E9%97%B4%E7%94%9F%E6%80%81%E4%BF%9D%E6%8A%A4%E5%92%8C%E4%BF%AE%E5%A4%8D%E8%A7%84%E5%88%92%E7%BC%96%E5%88%B6%E6%8C%87%E5%8D%9720210523.pdf.

生态修复恢复绿水青山,促进经济生态化和生态经济化,通过国土空间规划和用途管制圈定建设用地规模,最大程度减少各项建设对自然生态的占用和干扰,修复全域国土空间退化、受损或遭到彻底破坏的生态系统结构、过程、功能及服务,重建和谐健康的人地关系(叶玉瑶等,2021)。

③ 统筹三类空间,谋划总体布局

系统分析自然地理与生态安全格局,结合"三线"划定方案和基础评价结果,综合划定保护修复分区,提出分区保护修复方向,推进解决生态、农业、城镇空间突出生态问题,助力国土空间格局优化。其中,生态空间聚焦生态系统受损区域,筑牢生态安全屏障;农业空间开展乡村全域综合整治,恢复退化土地生态功能;城镇空间注重提高城市韧性和通透力,提升城市人居生态环境品质。生态、农业、城镇三类空间交织衔接的区域,应体现综合治理,突出整体效益(白中科 等,2019)。

④ 确定工程项目,探索保障机制

在保护修复总体目标、分区的基础上,根据生态问题的紧迫性、严重性和生态系统功能重要性、敏感性和恢复力,识别保护修复重点区域,确定重点工程项目,合理安排建设时序。充分发挥各级自然资源部门的牵头作用,强化发展改革、财政、生态环境、农业农村、水利、林业等部门的协作配合,从组织领导、监督考核、政策制度、监测监管等方面制定具有可操作性和创新性的保障措施,促进形成多部门协同联动的管理格局,构建多渠道、多层次的投融资机制,协调平衡各方利益,保障规划,确定目标任务、工程项目的有序推进和落地实施(白世强,2021)。

2. 全域土地综合整治规划

2019年3月,中共中央办公厅、国务院办公厅转发了《中央农办、农业农村部、国家发展改革委关于深入学习浙江"千村示范、万村整治"工程经验扎实推进农村人居环境整治工作的报告》,并要求各地区各部门结合实际贯彻落实。2019年年底,自然资源部印发《自然资源部关于开展全域土地综合整治试点工作的通知》(自然资发〔2019〕194号),明确要求贯彻落实党的十九大精神和党中央、国务院关于实施乡村振兴战略的部署要求,按照《乡村振兴战略规划(2018—2022年)》相关部署要求,在全国范围内部署开展全域土地综合整治试点工作,并积极推进全域土地综合整治规划的编制工作。2020年1月,中央"一号文件"进一步指出,要开展全域土地综合整治试点,优化乡村生产、生活、生态空间布局。2020年6月,自然资源部国土空间生态修复司印发《关于全域土地综合整治试点实施要点(试行)的函》(生态修复司〔2020〕37号),对试点乡镇选择、整治区域划定、整治任务确定、试点负面清单等方面进行了详细说明。2021年1月,《自然资源部办公厅关于印发全域土地综合整治试点名单的通知》(自然资办函〔2020〕2421号)正式印发,标志着全国446个整治试点建设的全面开展,随后浙江、江苏、四川、湖北等省市结合地方实际情况开展了对试点的有益探索。全域土地综合整治规划主要是以乡镇为基本实施单元(整治区域可以覆盖乡镇全部或部分村庄),整体推进农用地整理、建设用地整理和乡村生态保护修复,优化生产、生活、生态空间格局,促进耕地保护和土地集约节约利用,改善乡村人居环境,助推乡村全面振兴。

(1)规划目标

① 促进耕地资源保护

耕地是保障国家粮食安全的资源基础。全国耕地后备资源调查评价结果(2016年)显示,我国耕地后备资源总面积约8000万亩,其中集中连片的耕地后备资源仅2800多万亩,中低等耕地比例达70%,耕地数量质量现状与农业现代化的要求存在较大差距。全域土地综合整治规划通过农用地整治改善耕作条件,提高耕地质量,增加耕地面积;与现代农业有机结合,提高农业综合生产能力;维护生态环境,推动耕地资源保护和可持续利用(龙花楼 等,2018),切实落实藏粮于地战略。

② 提高土地利用效率

随着我国城镇化水平的不断提高,传统粗放的土地资源利用方式不可持续,土地供需矛盾进一步凸显,需提供充足的建设用地保障,还应确保国家粮食安全,筑牢生态安全屏障。为适应新型城镇化和经济社会发展新特点,亟须通过全域土地综合整治规划加大盘活存量建设用地,节约集约用地,以较少的土地资源消耗支撑可持续发展。

③ 改善乡村生活生态环境

当前我国乡村居民点布局"散、乱、空"现象比较普遍,乡村地区教育、医疗、卫生等公共服务设施和基础设施较为薄弱。大力推进全域土地综合整治规划,着力改善农业生产条件和乡村人居环境,推进乡村发展与建设。全域土地综合整治规划以生态文明建设为理念,营造良好的水土资源环境和自然生境,重塑乡村景观,改善自然生态环境,提升乡村空间生态服务功能(乔陆印和刘彦随,2016)。

④ 重塑乡村产业形态

当前乡村产业存在产业资源分散、产业链条分离、产业要素匮乏等问题,无法实现高水平、高质量发展。全域土地综合整治规划向"山水林田湖草"综合治理转型,有利于改善乡村生产条件,破解土地细碎化问题。资本与技术的进入将拓展乡村产业发展空间,丰富产业形态,并且全域土地综合整治活动具有综合性特征,易于通过杠杆效应带动相关产业发展与就业提升(陈坤秋和龙花楼,2020)。

⑤ 联结城乡地域系统

全域土地综合整治规划应以土地要素为纽带,加快城乡要素流动,实现城乡功能互补。其中,土地要素的城乡空间置换为直接渠道,农民与农产品进城、资本与技术下乡等为间接渠道。

⑥ 保护乡村历史文化

目前,乡村传统技艺、民俗文化、非物质文化遗产等得不到深入开发和利用。全域土地综合整治规划通过景观文化型农用地整治,提高农田景观文化功能及观光休闲功能,提高农田的观赏价值,针对传统特色村落、历史文化名村及景观特色村庄实现了区域文脉传承。

(2) 规划任务

① 开展农用地综合整治

第一,坚守耕地保护红线,全面划定永久基本农田,大规模开展农用地整理,加快推进高标准农田建设,加强耕地数量质量保护,改善农田生态环境,夯实农业现代化基础,落实藏粮于地战略,其中整治区域内新增耕地面积原则上不得少于原有耕地面积的5%,永久基本农田增加面积原则上不少于调整永久基本农田面积的5%。

第二,适应发展现代农业和适度规模经营的需要,以耕地保护为重点,统筹推进高标准农田建设、低效林草地和园地整治、宜耕后备资源开发、耕地提质改造、农田基础设施建设、污染土壤修复等,增加耕地数量,优化耕地布局,提升耕地质量,改善农田生态。

第三,科学合理补充耕地,加大农用地整理力度,增加有效耕地面积,确保耕地面积基本稳定;加强耕地质量建设,全面实施耕作层剥离再利用,着力改善耕作条件,增加耕地土壤有机质含量,提高补充耕地质量,提升耕地生产能力。积极推进低效、损毁和废弃建设用地整理还耕,恢复耕地生产功能。

第四,积极开展特色农业土地整理,保护并建设重要农业文化遗产,挖掘区域特色资源利用潜力,提高农用地质量,推动特色农业资源的开发与保护,促进名特优农产品生产,增加农民收入。

第五,加强耕地全方位管护,依托国土资源综合监管平台,并结合相关部门管理信息系统,将土地整治项目和高标准农田建设信息及时、全面、准确上图入库,实现相关部门信息共享,实行耕地实时动态监测(杨伟 等,2013)。

第六,加强退化土地修复,开展农田防护与生态环境建设,加强小流域综合治理,实施堤岸和坡面防护等水土保持工程,增强农田抵抗自然灾害的能力。

② 推进闲置低效建设用地整治利用

第一,统筹乡村土地利用,以新乡村建设和城乡发展一体化为目标,以经济社会发展规划和土地利用总体规划为依据,按照生产发展、生活宽裕、乡风文明、村容整洁、管理民主的要求,探索编制乡村土地利用规划,并做好与村镇建设规划等相关规划协调衔接的工作。

第二,统筹农民住宅建设、产业发展、公共服务、基础设施等各类乡村建设用地需要,充分利用城乡建设用地增减挂钩等相关政策,有序开展乡村宅基地、工矿废弃地、城镇低效用地以及其他闲置低效建设用地整治,合理安排新建区块,优化用地结构布局,提高节约集约用地水平,拓展建设发展空间,为乡村新产业新业态发展和城乡统筹发展提供土地要素保障。

第三,在建设用地整治过程中,应注重加强乡村特色景观保护,开展乡村土地整治,注重保留当地传统农耕文化和民俗文化的特色,依托当地山水脉络、气象条件,整治利用土地,减少对自然的干扰和破坏,促进自然环境与人文环境相和谐,对具有历史、艺术、科学价值的传统村落进行建设性保护(林坚 等,2019)。

③ 实施乡村环境整治和生态保护修复

第一,按照"山水林田湖草"系统治理的要求,全面开展乡村治危拆违、厕所革命、污水治理、路域环境整治、垃圾无害化处理等,改善乡村人居环境,优化生态空间布局,不突破生态保护红线,保护乡村生态格局与自然景观。

第二,加强农田生态防护和建设,建立生态保护补偿机制,全面加强农田生态设施建设,增强农田生态服务功能,针对水土流失、土地沙化、土地盐碱化、土壤污染和土地生态衰退严重的区域,实施土地生态环境综合整治,有序实施退耕还林还草、退田还湖还湿,修复还原自然生态,提高退化土地生态系统的修复能力,遏制生态环境恶化趋势。

第三,积极推进土地复垦和土地生态整治,坚持绿色发展理念,构建生态安全屏障,加大损毁土地复垦力度,保障土地可持续利用,改善土地生态环境,加强水环境治理和湿地保护修复,推进水土流失综合治理,增强水土保持能力,加强乡村原生植被保护,开展野生动物栖息地恢复,促进生物多样性保护,加强露天矿山综合整治和历史遗留损毁土地复垦,推进矿山生态修复。

4.4.2 整治修复项目载体

1. 农用地整治项目

(1) 垦造耕地项目

垦造耕地项目是依据土地利用总体规划,在不改变生态环境的前提下,挖掘低丘缓坡开垦造地的潜力,对坡度 25 度以下的荒山、荒坡、荒草地、火烧迹地、废弃园地、灾毁耕地等地块,通过砌、挡、土培、排水渠等建设进行肥力培育和种植,以增加耕地储备资源的活动(王秀娟 等,2017),包括土地开发项目、土地复垦项目以及其他可以产生补充耕地指标的土地整治项目。

项目选址需符合国土空间规划、土地利用总体规划、土地整治规划等相关规划要求,项目工程包括土地平整、土壤改良、灌溉与排水、田间道路、农田防护与生态环境保护、农田输配电配套及田间监测等,具体要求为:第一,项目范围内的建筑物必须全部拆除,碎石必须清除完毕;第二,同一地块内应保持基本平整,四周应设置一定高度土埂,与农田相邻的地块,路、沟、渠应配套,土壤有效耕作层适合农作物耕作要求;第三,坡度大于 15 度的,必须设置成水平梯田,不同水平梯地(田)间高差较大时必须设置石砌田坎;第四,根据田块面积大小分别设置田埂、生产道、田间道,道路宽度合理,道路布局畅通,斜坡路及较高道路外侧石砌,路面夯实;第五,灌排水设施合理,酌情布置排水沟,无水源保证的地方必须按需建造灌溉蓄水池。

以下区域内禁止选址实施垦造耕地项目:第一,国土调查坡度25度以上的陡坡地,因工程建设、采矿等原因已经改变地形地貌的除外;第二,生态保护红线范围内、高山远山顶部山脊线区域等生态保护敏感区、重点区域;第三,国土空间规划划定的城镇开发边界范围内;第四,国土调查认定的林地,另有规定的除外;第五,法律法规、规章禁止的其他区域。

项目实施后有效土层厚度、耕作层厚度、场地平整度、田面坡度、田坎高度、土壤有机质含量、砾石含量、排水设施、植被恢复效果应符合《土地复垦质量控制标准》(TD/T 1036—2013)。通过垦造耕地项目,严格落实"占多少、垦多少"的耕地占补平衡制度,既可以保障合理用地需求、缓解用地紧张矛盾,减少农村建设用地,增加城镇新增建设用地空间,又可以新增有效耕地,改善农业生产条件,提升耕地保护水平,实现耕地资源全面保护(李樑 等,2012)。

(2) 耕地提质改造项目

耕地提质改造项目是对于当前等级低且恶劣的耕地,将其排灌以及土壤等农业生产条件进行改善,从而使耕地质量得到提升,或是将水利农田的设施进行改造,把旱地改造为水田的活动,包括旱地提质改造项目、旱改水提质改造项目等。旱地改水田提质改造项目在选择土壤、水源、地形坡度条件好的地块的基础上,通过土壤改良、土地平整、灌排设施修筑等农田水利设施建设,结合生物措施将其改造为水田,满足种植水稻、莲藕等水生农作物要求(韦羡侠 等,2020)。项目选址需符合国土空间规划、土地利用总体规划、土地整治规划等相关规划要求,实施提质改造的耕地必须是第二次全国土地调查以来最新年度变更调查成果确认的旱地、水浇地以及历史形成的已纳入耕地保护范围的园地、林地等,项目区周边水源、土壤通过客土回填、土壤改良等措施的土壤能满足改造水田的要求。

项目重点建设区域为:第一,永久基本农田保护区、永久基本农田储备区;第二,与周围已有水田相对集中连片,达到一定建设规模的区域;第三,平原、沿海滩涂、水源充足的旱地,经过工程和生物措施,能满足水稻等水生农作物正常生长;第四,部分水源充足的低坡、低丘或山地,通过抽水(一级扬程提水),能满足灌溉条件的补充耕地,经地力培育、增加土壤养分,提高保水保肥能力,水旱轮作逐步改为水田;第五,其他满足水稻等水生农作物种植或水旱轮作条件的区域。

项目禁止建设区域为:第一,地形坡度大于 25 度的区域;第二,灌溉水源无法保障的区域;第三,土壤改善后仍不适合种植水生农作物的区域或水旱轮作条件的区域;第四,水土流失易发区等生态脆弱区域;第五,因挖损、塌陷、压占等造成土地损毁并难以复垦为耕地的区域;第六,污染严重难以恢复的区域;第七,易受自然灾害损毁的区域;第八,在土地利用总体规划确定的允许建设区及有条件建设区范围内;第九,饮用水水源一级保护区和农村饮用水水源保护范围;第十,其他法律法规规定不得实施的区域。

项目工程包括土地平整、土壤改良、灌溉与排水、田间道路、农田防护与生态环境保护、农田输配电配套及田间监测等,项目实施后应达到:第一,建成后的耕地平均质量等别不得低于建成前的标准;第二,建成后的耕地耕作层有机质含量和耕作层厚度不得低于建成前的标准;第三,建成后项目区田间基础设施占地率(灌溉与排水、田间道路等工程设施占地面积与建设区总面积的比例)有所降低;第四,改造水田项目区的基础设施建设完成后,建设工程正常发挥效益的使用年限应不低于 15 年。

通过耕地提质改造项目,可以确保耕地总量占补平衡的需要,切实保护耕地资源,增加有效耕地数量和质量,在一定程度上提升农田水利建设水平及综合生产力,降低农业生产成本,打造现代化农业产业,从而推动农民增收、农业增效及农村发展。

(3)高标准农田建设项目

高标准农田建设项目是为减轻或消除主要限制性因素,全面提升农田综合生产能力而开展的田块整治、灌溉与排水、田间道路、农田防护与生态环境保护、农田输配电等农田基础设施建设和土壤改良、障碍土层消除、土壤培肥等农田地力提升的活动。通过土地整治建设最终形成的田块平整、集中连片、设施完善、节水高效、农电配套、土壤肥沃、生态友好、抗灾能力强,与现代农业生产和经营方式相适应的旱涝保收、高稳高产的耕地。[1]

---

[1] 国家市场监督管理总局,国家标准化管理委员会. 高标准农田建设 通则:GB/T 30600—2022[S].

项目工程包括田块整治、土壤改良、灌溉与排水、田间道路、农田防护与生态环境保护、农田输配电配套、科技服务、管护利用等,具体要求为:第一,根据不同区域地形地貌、作物种类、机械作业和灌溉排水效率等因素,合理划分和适度归并田块,确定田块的适宜耕作长度与宽度。通过客土填充、剥离回填表土层等措施平整土地,合理调整农田地表坡降,改善农田耕作层,提高灌溉排水适宜性。第二,通过工程、生物、化学等方法,治理过沙或过黏土壤、盐碱土壤和酸化土壤,提高耕地质量水平。根据不同区域生产条件,推广合理轮作、间作或休耕模式,减轻连作障碍,改善土壤生态环境。第三,按照旱、涝、渍和盐碱综合治理的要求,科学规划建设田间灌排工程,加强田间灌排工程与灌区骨干工程的衔接配套,形成从水源到田间完整的灌排体系。第四,根据因害设防、因地制宜的原则,对农田防护与生态环境保护工程进行合理布局,与田块、沟渠、道路等工程相结合,与村庄环境相协调,完善农田防护与生态环境保护体系。第五,对适宜电力灌排和信息化的农田,铺设高压和低压输电线路,配套建设变配电设施,为泵站、机井以及信息化工程等提供电力保障。第六,建立高标准农田耕地质量长期定位监测点,跟踪监测耕地质量变化情况,推广免耕少耕、黑土地保护等技术措施,保护和持续提升耕地质量。第七,全面开展高标准农田建设项目信息统一上图入库,实现有据可查、全程监控、精准管理、资源共享。

对建成的高标准农田,要划为永久基本农田,实行特殊保护,确保高标准农田数量不减少、质量不降低。[1] 通过高标准农田建设项目,完善农田基础设施,改善农业生产条件,增强农田防灾抗灾减灾能力,提升粮食综合生产能力,有效促进农业规模化、标准化、专业化经营,提高水土资源利用效率和土地产出率,改善农田生态环境,促进山水林田湖草整体保护和农村环境连片整治。

(4) 永久基本农田调整项目

永久基本农田调整项目是因重大项目占用、生态建设调整及全域土地综合整治建设占用时,确实难以避让永久基本农田的,按有关要求调整补划永久基本农

---

[1] 中华人民共和国农业农村部. 全国高标准农田建设规划(2021—2030年)[EB/OL]. (2021-09-06)[2022-06-15]. http://www.ntjss.moa.gov.cn/zcfb/202109/P020210915673910083593.pdf.

田的活动。永久基本农田调出具体要求为：第一，不符合《基本农田划定技术规程》要求的建设用地、林地、草地、园地、湿地、水域及水利设施用地；第二，河道两岸堤防之间范围内不适宜稳定利用的耕地；第三，受自然灾害严重损毁且无法复垦的耕地；第四，因采矿造成耕作层损毁、地面塌陷无法耕种且无法复垦的耕地，依据《中华人民共和国土壤污染防治法》列入严格管控类且无法恢复治理的耕地；第五，公路铁路沿线、主干渠道、城市规划区周围建设绿色通道或绿化隔离的林带和公园绿化占用永久基本农田的用地；第六，永久基本农田划定前已批准建设项目占用的土地或已办理设施农用地备案手续的土地；第七，法律法规确定的其他禁止或不适宜划入永久基本农田保护的土地。

永久基本农田补划具体要求为：第一，已建成的高标准农田，经土地综合整治新增加的耕地，正在实施整治的中低产田；第二，与已划定的永久基本农田集中连片，质量高于本地区平均水平且坡度小于25度的耕地；第三，城镇周边和交通沿线，依据《中华人民共和国土壤污染防治法》列入优先保护类、安全利用类的耕地；第四，已经划入"两区"的优质耕地；第五，集中连片、规模较大，有良好的水利与水土保持设施的耕地等。

项目实施后应达到：第一，调整后的永久基本农田总面积不得低于新一轮土地利用总体规划修编中上级规划下达的基本农田保护面积，调整后的永久基本农田增加面积原则上不少于原有永久基本农田面积的5%；第二，调整后的永久基本农田平均质量应不低于调整前的平均质量；第三，上一轮土地利用总体规划中划定的永久基本农田地块基本稳定，不得随意调整；第四，永久基本农田数量有增加、质量有提升、生态有改善、布局更加集中连片、总体保持稳定；第五，位于生态保护红线范围内的耕地、依据《中华人民共和国土壤污染防治法》列入严格管控类的耕地、因自然灾害和生产建设活动严重损毁且无法复垦的耕地、纳入生态退耕还林还草范围的耕地、坡度25度以上的坡耕地、可调整地类，不得划为永久基本农田。

通过永久基本农田调整，可以保障国家粮食安全，提高粮食综合生产能力，促进城市节约集约用地，优化城乡生产、生活、生态空间格局，推动农业适度规模经营，促进农业转型发展，推动实施退耕还林还草以及耕地休养生息和合理利用，为农业"转方式调结构"提供更大空间,为传承农耕文化提供物质基础。

2. 建设用地整治项目

(1) 城乡建设用地增减挂钩项目

城乡建设用地增减挂钩项目是指依据土地利用总体规划,将若干拟整理复垦为耕地的农村建设用地地块(即拆旧地块)和拟用于城镇建设的地块(即建新地块)等共同组成建新拆旧项目区(以下简称项目区),通过建新拆旧和土地整理复垦等措施,在保证项目区内各类土地面积平衡的基础上,最终实现增加耕地有效面积、提高耕地质量、节约集约利用建设用地、城乡用地布局更合理的目标。

《城乡建设用地增减挂钩试点管理办法》(国土资发〔2008〕138号)要求,挂钩试点应当具备以下条件:建设用地供需矛盾突出,农村建设用地整理复垦潜力较大;当地政府重视,群众积极性较高;经济发展较快,具备较强的经济实力,能确保建新安置和拆旧整理所需资金;土地管理严格规范,各项基础业务扎实,具有较强制度创新和探索能力。增减挂钩项目的实施主要有以下要求:第一,项目区应在市点县/市辖区范围内,优先考虑城乡结合部;第二,项目区内建新和拆旧地块要相对接近,便于实施和管理,并避让基本农田;第三,项目区内建新总面积应小于拆旧地块总面积,拆旧块块整理复垦的耕地的数量、质量应比新占用耕地数量有增加、质量有提升;第四,项目区内拆旧地块整理的耕地面积,大于新建占用的耕地的,可用于建设占用耕地的占补平衡。

通过城乡建设用地增减挂钩项目,引导资源、技术和项目向农村流动,改善农村生产和生活条件,优化用地结构和节约集约用地,统筹城乡建设用地整治和合理调整使用,促进耕地保护和节约集约用地,推动农业现代化和城乡统筹发展。

(2) 城乡低效用地再开发项目

城镇低效用地再开发项目是对建设用地中布局散乱、利用粗放、用途不合理、建筑危旧且权属清晰、不存在争议的城镇存量建设用地进行再开发再利用,以提高土地利用效率、促进节约集约用地的活动。

项目开发范围为:第一,旧城镇。在城镇建设拓展过程中,逐步形成的布局散乱、用途不合理、基础设施陈旧、房屋质量存在安全隐患的城镇建设用地。第二,旧厂矿。不符合规划用途、需要实施"退二进三"的厂矿用地,不符合安全生产和环保要求的厂矿用地,属于国家和省规定的禁止类、淘汰类厂矿用地,利用强度、投入产出水平明显低于建设用地控制标准的厂矿用地,产业落后、企业经管困难需要退出的厂矿用地,以及已闭坑的采矿用地。第三,旧村庄。布局散乱、配套设施落后、不符合规划和消防要求、房屋质量存在安全隐患、规划确定改造的老城区、城中村、棚户区用地。第四,其他低效用地。其他经认定符合低效用地条件的建设用地,如空闲场地、废弃道路等。

项目具体要求为:第一,鼓励原国有土地使用权人进行改造开发。除有关法律法规以及国有土地划拨决定书、国有土地使用权出让合同明确规定或者约定应当由政府收回土地使用权的土地外,在符合规划的前提下,原国有土地使用权人可通过自主、联营、入股、转让等多种方式,对其使用的国有建设用地进行改造开发。原国有土地使用权人有开发意愿但没有开发能力的,可由政府依法收回土地使用权进行招拍挂,并给予原国有土地使用权人合理补偿;涉及国有土地上房屋征收的,应当严格按照《国有土地上房屋征收与补偿条例》规定的条件、程序、补偿标准等执行。第二,积极引导城中村集体建设用地改造开发。城中村集体建设用地可依法征收后进行改造开发,各地要根据实际制定相关优惠政策,鼓励农村集体经济组织和原集体建设用地使用权人积极参与。第三,鼓励产业转型升级优化用地结构。各地要制定鼓励引导工业企业"退二进三"的政策措施,调动其参与改造开发的积极性,促进产业转型升级,提高土地利用效率。第四,鼓励集中成片开发。鼓励市场主体收购相邻多宗低效利用地块,申请集中改造开发;市县国土资源部门可根据申请,依法依规将分散的土地合并登记。城镇低效用地再开发涉及边角地、夹心地、插花地等难以独立开发的零星土地,可一并进行改造开发,但单宗零星用地面积原则上不超过3亩,且累计面积不超过改造开发项目总面积的10%。第五,加强公共设施和民生项目建设。在改造开发中要优先安排一定比例用地,用于基础设施、市政设施、公益事业等公共设施建设,促进文化遗产和历史文化建筑保护。

通过城乡低效用地再开发项目,可以提高土地集约利用水平,增强城镇建设用地有效供给;优化城镇用地结构,加快产业转型升级,促进投资消费;改善城镇基础设施和公共服务设施,提高城镇化质量,提升经济社会可持续发展能力。

(3) 村庄人居环境整治项目

村庄人居环境整治项目是改善农村人居环境状况、解决脏乱差问题、实现农村基础设施完善、生活垃圾处置体系全覆盖、农村户用厕所无害化改造、农村生活污水治理率明显提高、村容村貌显著提升的活动。具体要求为：第一，村庄道路整治应遵循安全、适用、环保、耐久和经济的原则，村庄道路系统宜在保留原有路网形态和结构的基础上，结合村庄规模、地形地貌、村庄形态、河流走向、对外交通布局等条件因地制宜地确定，必要时应打通断头路，形成通达性良好的村内路网格局，并满足村庄内消防救灾的通行要求。第二，村庄给水设施整治应编制整治规划或实施方案，根据当地的实际情况，结合村庄近远期规划，并充分利用现有条件，改造完善现有设施，满足近期村民的生活、生产需求，保障饮水安全，预留远期规划发展的需要，并有效地节约水资源，整治应包括水源、给水方式、给水处理工艺、现有设备设施和输配水管道等。第三，村庄排水设施整治应以县城、乡镇和村庄发展规划为指导，对地处城市近郊区、环境敏感区等区域的村庄，应优先纳入整治范围，其余村庄梯次推进，整治包括确定排放标准、整治排水收集系统、雨水控制与利用和生活污水处理设施。第四，村庄垃圾应及时收集、清运，保持村庄整洁，生活垃圾宜尽可能就地分类回收利用，减少外运处理垃圾量，严禁露天焚烧垃圾，不得采用没有烟气处理的简易焚烧设施，严禁向河、湖、池塘等水域倾倒垃圾，不得利用雨沟、坑、塘、田等土地堆放垃圾。第五，村庄公共环境整治应充分遵循所处自然环境肌理，以山形地势、水系田园为依托，保护和延续村庄传统营建形制，保护传承当地营建技艺、材质、色彩等文化元素符号，结合地域、气候、民族、风俗特征，突出乡土特色和地域特点，充分考虑老年人、残疾人和少年儿童活动的特殊要求，积极推动村庄无障碍设施改造建设。第六，村庄绿化优先考虑绿化的生态效益，并兼顾经济效益，发挥绿化的经济和美化作用，与当地的地形地貌、历史文化相协调，保护和发展村庄的乡土树种和特色树种，充分展现地域乡土特色，包括坑塘河道绿化、村庄道路绿化、公共活动场所绿化、宅旁庭院绿化等内容。第七，村庄建筑应符合安全、适用、耐久、环保的原则，并应注重与本地传统文化和自然生态环境的相互协调；对于经济条件较好的村庄，宜倡导建设绿色建筑，村庄建筑的新建、改建和扩建不得超出规划确定的用地范围和用地面积,严禁占用基本农田,村庄居住建筑应符合日照、通风、采光、隔声、保温、隔热的基本要求。[1]

村庄人居环境整治项目可以改变乡村发展面貌、实现生态宜居,推动农村新产业新业态发展、实现产业兴旺,弘扬乡村优良传统习俗和淳朴民风、实现乡风文明,促进乡村社会和谐稳定、实现治理有效,改善农民生产生活条件、实现共同富裕(缪瑞林,2018)。

(4) 村庄历史文化保护项目

村庄历史文化保护项目是保护历史文化名村、传统村落以及村域内有各级文物保护单位、文化遗产遗址、富有地方乡土特色和民族文化特色资源的村庄的整体风貌、历史格局和空间尺度的活动。具体要求为:第一,已经认定应予以保护的村庄应在综合评价的基础上,划定保护范围,将村庄中传统建筑分布较为集中、传统空间格局与风貌完整的片区及其依存环境,非成片但价值特色明显的传统建筑及其依存环境,划定为核心保护范围;将与核心保护范围联系紧密的建成区、农耕生产环境、自然景观环境等划定为建设控制地带;宜将核心保护范围和建设控制地带所依托的具有一定特色的自然与人文景观环境划定为环境协调区。第二,村庄历史文化保护应按照不同保护范围要求对历史文化遗产进行保护控制,并保护体现村庄价值特色的农业生产环境与自然景观环境。第三,村庄新旧建设区的市政基础设施应遵循因地制宜、集约适用的原则,统筹考虑;村庄保护范围内市政基础管线的整治建设宜采用新技术、新方法,减小对村庄传统风貌的影响。第四,传统民居建筑修缮应在维护其原有主体结构外部风貌不变的前提下,进行维护加固,并在空间尺度、形态、风格等方面与原建筑相协调;新增加的通风等设施应在外部采用传统材料进行装饰或遮蔽。第五,严格控制户外招牌和广告的设置,各类环境小品、环卫设施宜采用乡土材料。第六,村庄历史文化保护应为非物质文化遗产提供传承和展示空间,国家级、省级非物质文化遗产可视其传承展示规模,适度改造利用传统建筑作为传承展示空间。第七,传统建筑的活化利用应充分尊

---

[1] 中华人民共和国住房和城乡建设部.村庄整治技术标准:GB/T 50445—2019[S].北京:中国建筑工业出版社.

重建筑物固有的文化内涵和空间特色,并与环境相协调。[1]

通过村庄历史文化保护项目,可以保护村庄历史遗存,充分挖掘乡村自然和文化资源,保持乡村特有的乡土文化,注重传统农耕文化传承和历史文脉,保持村落景观历史演变的连续性和完整性。

3. 生态保护修复项目

(1) 水土保持综合治理项目

水土保持综合治理项目是通过水土保持综合治理措施拦蓄地表径流,增加土壤降雨入渗,维护和提高土地生产力,建立良性生态环境,减少或防止土壤侵蚀,合理开发、利用水土资源的活动。具体要求为:第一,坡耕地治理中,梯田(梯地)包括修梯田地段选定、类型确定、道路规划、地块布设、田埂利用等内容,保土耕作应包括改变微地形的保土耕作(沟垄种植、抗旱丰产沟等)、增加地面被覆的保土耕作(草田轮作、间作套种等)、提高土壤入渗与抗蚀能力的保土耕作(深耕、深松等),各地应根据不同条件因地制宜地配置。第二,荒地治理中,水土保持造林应主要在水土流失的土地上实施,应做到适地适树,既能保持水土,防止侵蚀,改善生态环境,又能解决群众的燃料、饲料、肥料需求,增加经济收入;种草应主要在水土流失的土地上实施,同时结合畜牧业的发展,选种抗逆性强的优良饲草。封禁治理应包括封山育林与封坡育草两方面,对原有残存疏林应采取封山育林措施,对需要改良的天然牧场可采取封坡育草措施。第三,沟壑治理应以"坡沟兼治"为规划原则,在搞好集水区水土保持规划基础上,进行从沟头到沟口、从支沟到干沟的全面治理。沟头防护工程应根据沟头附近地形和来水情况,因地制宜地布设蓄水型或排水型沟头防护工程,防止水流下沟,制止沟头前进。谷坊工程应根据沟底地质和附近的建筑材料情况,因地制宜地布设土谷坊、石谷坊、柳谷坊;合理安排谷坊高度与间距,减缓沟底比降,制止沟底下切。淤地坝与小水库(塘坝)工程首先应进行坝系规划,在干沟和支沟中全面、合理地安排淤地坝、小水库和治沟骨干工程,并确定各项工程的实施顺序。根据淤地坝、小水库、治沟骨干工程三者的

---

[1] 中华人民共和国住房和城乡建设部. 村庄整治技术标准:GB/T 50445—2019[S]. 北京:中国建筑工业出版社.

不同要求,正确选定每项工程的坝址,确定工程规模。第四,风沙区治理中,北部(东北、西北、华北)风沙区治理应因地制宜地布设沙障、防风固沙林带、农田防护林网、成片造林种草和引水拉沙造田等措施;中部(黄河故道为主)风沙治理,应采取密植杨柳堵住风源、淤土压沙、育草固沙等措施,固定沙丘,改造沙地,发展林果商品生产;东南沿海风沙区治理,应营造大型防风固沙林带和选种适应高温树种。第五,小型蓄排引水工程中坡面小型蓄排工程包括截水沟、蓄水池、排水沟三项措施。截、蓄、排应合理配置,暴雨时应保护坡面农田和林草不受冲刷,并可蓄水利用;"四旁"小型蓄水工程包括水窖、涝池(蓄水池)、塘坝等,主要布设在村旁、路旁、宅旁、渠旁,拦蓄暴雨径流,供人畜饮用,同时可减轻土壤侵蚀;引洪漫地工程有引坡洪、村洪、路洪、沟洪、河洪等五种。[1]

通过水土保持综合治理项目,可以有效控制水土流失,保持土壤养分和水分,改善村庄人居环境,改善农业生产条件及生态环境,增强农业生产能力,促进农民增收和农村经济发展。

(2) 矿山恢复治理项目

矿山恢复治理项目是对各种因采矿造成生态破坏和环境污染的区域因地制宜地采取治理措施,使其修复到期望状态的活动或过程。具体措施为:第一,地貌重塑。针对矿区的地形地貌特点,结合采矿设计、开采工艺及土地损毁方式,通过采取有序排弃、土地整形等措施,重新塑造一个与周边景观相互协调的新地貌,最大限度消除和缓解对植被恢复、土地生产力提高有影响的因素。地貌重塑是矿区修复土地质量的基础。第二,土壤重构。以矿区破坏土地的土壤恢复或重建为目的,采取适当的重构技术工艺,应用工程措施及物理、化学、生物、生态措施,重新构造一个适宜的土壤剖面,在较短的时间内恢复和提高重构土壤的生产力,并改善重构土壤的环境质量。第三,植被恢复。在地貌重塑和土壤重构的基础上,针对矿山不同土地损毁类型和程度,综合气候、海拔、坡度、坡向、地表物质组成和有效土层厚度等,针对不同损毁土地类型,进行先锋植物与适生植物选择及其他植

---

[1] 中华人民共和国水利部. 水土保持综合治理规划 通则:GB/T 15772—2008[S]. 北京:中国建筑工业出版社.

被配置、栽植及管护,使修复的植物群落持续稳定(胡振琪和赵艳玲,2021)。

主要修复模式为:第一,农业用地模式。主要在平原区,对于位置偏僻的煤炭和建材型非金属废弃矿山,满足矿区开采前主体为农业土地利用类型,开采后水土污染较轻、土壤质量下降较小、土壤肥力无明显损失且水资源较为丰富等条件,可采取土地平整措施,"挖深垫浅""划方整平",将其整理成为农业用地,耕种当地优势农作物,恢复土地的生产能力。第二,建设用地模式。位于城镇或城乡结合部附近的废弃矿山,满足露天开采、地面较平整、地表坡度较平缓或者井工开采、采空区已回填、轻微塌陷区已达稳沉状态等条件,可采取相应工程措施,进行地基稳定处理,消除崩滑流等地质灾害隐患后用作建设用地。可将矿山环境治理与土地开发利用相结合,将其建设成商业住房、工业开发区等,缓解城市用地紧张问题,促进城市转型发展。第三,生态景观模式。在城镇附近、自然生态景观良好或拥有悠久矿业开发历史和丰富矿业文化底蕴的矿业园区,可以通过创建生态景观公园、矿山主题公园等方式,以特色休闲旅游为主导,将自然景观资源与矿山文化资源相结合,提升城市生态品质,打造城市旅游品牌。第四,自然封育模式。对位于人迹罕至的偏僻地域或生态脆弱敏感区的废弃矿山,不宜大面积开展人工整治修复工程或将矿区平整复垦为农业用地、建设用地,应以自然修复为主,主要采取封育手段,限制人类活动对矿区生态环境影响,自然恢复矿区原有生态系统结构与功能(张进德和郗富瑞,2020)。

通过矿山恢复治理项目,可以降低地质灾害发生的概率,调整土地利用结构,缓解人地矛盾,改善生态环境,增加农作物种植面积,发展可持续的产业,促进产业转型与升级,带动经济发展,提高居民生活质量。

(3)湿地保护治理项目

湿地保护治理项目是在对现有的湿地资源进行保护的条件下,以生态学理论为指导,通过采取生态工程措施对受损的生境进行恢复和重建,激活湿地生态系统的自我修复能力,提高生境的稳定性,使其结构和功能恢复到生态平衡状态的活动(江丹丹 等,2021)。建设内容包括:第一,湿地保护工程。对目前湿地生态环境保持较好、人为干扰不是很严重的湿地,主要以保护为主,以避免生态进一步恶化,主要有自然保护区建设、保护小区、生态移民等措施。湿地保护区主要建设内容包括保护管理工程、宣教工程、科研监测工程、基础设施工程等。野生稻基因保护小区主要建设内容包括征地、杂物清除、隔离带建立、道路建设、标本室和科普宣传教育室设立,设永久性界碑、永久性标牌、铁丝网围栏、宣传牌,购置相关仪器设备,等等。第二,湿地恢复工程。对一些生态恶化、湿地面积和生态功能严重丧失的重要湿地,或目前正在受到破坏急需采取抢救性保护措施的湿地,针对具体情况有选择性地开展湿地恢复项目,主要有湿地生态补水、湿地污染控制、湿地生态恢复和综合整治等措施。生态补水工程建设内容包括引水河道综合疏浚和整治、闸站修建和改造、引水渠修建、堤坝修筑和维护等;湿地污染控制工程主要建设内容包括富营养化的生物治理工程、油田开发区湿地保护示范工程;湿地生态恢复和综合整治主要建设内容包括退耕(养)还泽(滩)工程、湿地植被恢复工程、栖息地恢复工程、红树林恢复工程。第三,可持续利用示范工程。在规划中实施可持续利用的示范项目,以建立不同类型湿地开发和合理利用的成功模式,为我国湿地资源的保护和可持续利用奠定基础,主要有农牧渔业可持续利用示范工程、湿地公园示范工程等措施。农牧渔业可持续利用示范工程主要建设内容包括建立国家级农(牧渔)业综合利用示范区、农(牧渔)业湿地管护区等;湿地公园示范工程建设内容包括湿地植被恢复、鸟类栖息地恢复、娱乐和基础设施设备等。第四,能力建设工程。通过加强与湿地资源调查监测、科技研究和宣传教育等有关机构的能力建设,完善我国湿地资源调查监测和宣教培训体系,主要内容包括增强现有机构的设施设备,加强人员培训等。[1]

通过湿地保护治理项目,维护生态平衡,改善生态状况,促进人与自然和谐,实现经济社会可持续发展。

(4) 污染与退化土壤治理项目

污染与退化土壤治理项目是采用物理、化学、生物等方法对污染或退化土壤进行生态修复,从而使其恢复健康并达到良性发展的活动。土壤污染治理技术包括:第一,物理修复技术。主要在无机污染物导致的土壤污染治理中应用,根据污

---

[1] 国家林业局(国家林业和草原局)2002年制订《全国湿地保护工程规划(2002—2030年)》,于国办发[2004]50号文件提到,国务院已原则同意《全国湿地保护工程规划(2002—2030)》作为今后湿地保护的指导意见。

染物的物理特征采用合适的方法,在小范围的污染土壤中分离出重金属,实现土壤的恢复,经常采用的物理修复技术如蒸汽浸提修复技术、稳定(固化)修复技术、热处理修复技术、电动力学修复技术等。第二,化学修复技术。根据污染物的化学特征,在土壤中添加能溶解或迁移污染物的化学溶剂,抽取出污染物或改变污染物化学性质,最终实现土壤污染治理的目的。化学淋洗技术是经常采用的一种化学修复技术,经常出现在重金属、发射性元素、有机物等污染物的治理中。其他技术还包括原位化学氧化修复技术、原位覆盖技术、溶剂浸提修复技术等。第三,生物修复技术,一般通过动植物、微生物等生命代谢活动,减少土壤中的有害物质,改善或消除土壤污染,实现将污染的土壤部分或完全恢复如初。第四,联合修复技术。指为了提高土壤污染治理效率和质量,采用两种以上的土壤污染修复技术。常见的联合修复技术包括生物联合修复、物化—生物联合修复、物理—化学联合修复等,如化学淋洗—植物提取联合修复技术便属于物化—生物联合修复中的一种。在土壤污染治理中,联合修复技术的应用也不断增多(刘敏,2021)。

退化土地治理措施包括:第一,荒漠化的治理。工程措施主要是在干旱地区沙漠化土地上设置工程沙障,以固定流动沙丘;生物措施主要包括封沙育草育灌、种草种灌、飞播、建造防护林带(网)、建造人工草场等;农牧生产措施包括控制载畜量,控制农垦面积,合理配置作物、牧草,扩大农牧比重,合理开发地下水等。第二,盐碱化的治理。水利改良措施是通过一定的农田水利工程,排除地表积水和降低地下水位,或引淡排盐排碱,或通过原有盐碱地土地的改造,达到治理盐碱的目的;农业与生物改良措施是在水利改良措施基础上,通过一定的农业和生物措施,改善土壤理化性状,提高土壤保水透水性能,加速土壤淋盐和防止返盐的作用;化学改良措施是对一些重碱地,除采用工程、农业和生物措施外,配合使用化学改良物质,如石膏、磷石膏、亚硫酸钙、风化煤、糖醛渣等。

通过污染与退化土壤治理项目,可以改善土壤环境质量,保障土壤环境安全,增强土壤肥力水平,提高农业生产力,实现农产品质量安全,建设良好人居环境。

参考文献

[1] 白世强,2021.国土空间生态修复规划编制的思路和方法[J].资源导刊(03):20-21.

[2] 白中科,周伟,王金满,等,2019.试论国土空间整体保护、系统修复与综合治理[J].浙江国土资源(02):25.

[3] 蔡运龙,2000.中国经济高速发展中的耕地问题[J].资源科学(03):24-28.

[4] 陈怀满,2005.环境土壤学[M].北京:科学出版社.

[5] 陈坤秋,龙花楼,2020.土地整治与乡村发展转型:互馈机理与区域调控[J].中国土地科学,34(06):1-9.

[6] 成金华,尤喆,2019."山水林田湖草是生命共同体"原则的科学内涵与实践路径[J].中国人口·资源与环境,29(2):1-6.

[7] 封志明,李香莲,2000.耕地与粮食安全战略:藏粮于土,提高中国土地资源的综合生产能力[J].地理学与国土研究(03):1-5.

[8] 顾晨洁,王忠杰,李海涛,等,2017.城市生态修复研究进展[J].城乡规划(03):46-52.

[9] 郭瑞明,2021.关于全域土地综合整治中生态建设与规划的若干思考[J].上海房地(07):30-34.

[10] 国家林业局,2002.全国湿地保护工程规划(2002—2030年).

[11] 国土资源部,农业农村部,等,2014.高标准农田建设通则:GB/T30600—2014[S].北京:中国标准出版社.

[12] 胡小平,2002.发达国家的能源战略及对我国的启示[J].国土资源(12):48-49.

[13] 胡振琪,赵艳玲,2021.矿山生态修复面临的主要问题及解决策略[J].中国煤炭,47(09):2-7.

[14] 贾文涛,2018.从土地整治向国土综合整治的转型发展[J].中国土地(5):

16-18.

[15] 江丹丹,山来才,王辉,2021.湿地退化原因分析及修复方法概述[J].山东水利(09):86-88.

[16] 姜福川,彭华东,2017.矿业废弃地生态恢复与重建[J].四川水泥(09):111.

[17] 孔凡婕,梁宜,梁梦茵,2021.关于省级国土空间生态修复规划的相关思考[J].国土资源情报:1-5.

[18] 李樑,朱君艳,黄百灿,2012.绍兴市垦造耕地工作初探[J].浙江国土资源(02):28-30.

[19] 林坚,叶子君,杨红,2019.存量规划时代城镇低效用地再开发的思考[J].中国土地科学,33(09):1-8.

[20] 刘敏,2021.土壤污染治理研究进展[J].资源节约与环保(04):42-43.

[21] 刘荣志,黄圣男,李厥桐,2014.中国耕地质量保护及污染防治问题探讨[J].中国农学通报,30(29):161-167.

[22] 龙花楼,张英男,屠爽爽,2018.论土地整治与乡村振兴[J].地理学报,73(10):1837-1849.

[23] 罗明,于恩逸,周妍,等,2019.林田湖草生态保护修复试点工程布局及技术策略[J].生态学报,39(23):8692-8701.

[24] 梅江,李振宇,2021.生态中国视域下国土空间规划的综合整治与生态修复体系建设[J].农村经济与科技,32(15):18-20.

[25] 缪瑞林,2018.改善农村人居环境,建设生态宜居的美丽乡村[J].江苏农村经济(09):4-9.

[26] 彭建,李冰,董建权,等,2020.论国土空间生态修复基本逻辑[J].中国土地科学,34(5):18-26.

[27] 蒲杰,2017.耕地占补平衡指标跨省交易的几个理论问题[J].理论与改革(01):8-18.

[28] 乔陆印,刘彦随,2016.新时期中国农村土地综合整治逻辑体系框架[J].人文地理,31(03):67-73+160.

[29] 司振中,李貌,邱维理,等,2010.中国耕地资源的区域差异与保护问题[J].自然资源学报,25(05):713-721.

[30] 宋书巧,周永章,2001.矿业废弃地及其生态恢复与重建[J].矿产保护与利用(05):43-49.

[31] 王军,应凌霄,钟莉娜,2020.新时代国土整治与生态修复转型思考[J].自然资源学报,35(01):26-36.

[32] 王威,胡业翠,2020.改革开放以来我国国土整治历程回顾与新构想[J].自然资源学报,35(1):53-67.

[33] 王威,贾文涛,2019.生态文明理念下的国土综合整治与生态保护修复[J].中国土地(5):29-31.

[34] 王秀娟,娄平平,刘强,2017.缙云县低丘缓坡垦造耕地水土保持管理模式探索与实践[J].浙江水利科技,45(02):44-45.

[35] 韦羑侠,刘涛,陈周林,等,2020.基于"三位一体"保护的耕地后备资源与提质改造资源调查评价研究——以广西农垦资源调查为例[J].国土与自然资源研究(04):24-28.

[36] 吴次芳,肖武,曹宇,等,2019.国土空间生态修复[M].北京:地质出版社.

[37] 夏方舟,杨雨濛,严金明,2018.中国国土综合整治近40年内涵研究综述:阶段演进与发展变化[J].中国土地科学,32(5):78-85.

[38] 谢德体,2007.国外土地整理实践及启示[J].国土资源:(9):30-33.

[39] 杨伟,谢德体,廖和平,等,2013.基于高标准基本农田建设模式的农用地整治潜力分析[J].农业工程学报,29(07):219-229+298.

[40] 姚士谋,张平宇,余成,等,2014.中国新型城镇化理论与实践问题[J].地理科学,34(06):641-647.

[41] 叶玉瑶,张虹鸥,任庆昌,等,2021.省级国土空间生态修复规划编制的思路与方法——以广东省为例[J].热带地理,41(4):11.

[42] 尹向东,刘涛,2020.空间规划语境下国土整治与生态修复的思考[J].中国土地(07):31-33.

[43] 郧文聚,2008.防治并重——灾后重建中的土地整理问题[J].中国土地

(08):44-45.

[44] 张进德,郗富瑞,2020.我国废弃矿山生态修复研究[J].生态学报,40(21):7921-7930.

[45] 郑甲苏,2021.国土空间生态修复规划编制方法探析[J].居业(04):40-41.

[46] 中华人民共和国农业农村部.高标准农田建设技术规范:NY/T 2949—2016[S].[S.l.]:[s.n.].

[47] 中华人民共和国农业农村部.全国高标准农田建设规划(2021—2030年)[EB/OL].(2021-09-06)[2022-06-15].http://www.ntjss.moa.gov.cn/zcfb/202109/P020210915673910083593.pdf.

[48] 中华人民共和国水利部.水土保持综合治理规划通则:GB/T 15772—2008[S].北京:中国建筑工业出版社.

[49] 中华人民共和国住房和城乡建设部.村庄整治技术标准:GB/T 50445—2019[S].北京:中国建筑工业出版社.

[50] 周远波.科学务实构建生态修复新格局[N].中国自然资源报,2021-01-15.

方法篇

第五章　国土整治修复的资源学方法

　　针对资源约束趋紧、生态系统退化、环境污染严重等重大问题,我国在不断探索破解问题的途径,力图构建美丽中国的空间范式。在新时期国土空间规划中,资源环境承载能力和国土空间开发适宜性评价("双评价")作为刻画本底资源禀赋特点、推动高质量发展、落实生态文明建设的实施路径逐步清晰。在统筹山水林田湖草系统治理、自然资源统一管理的国家战略背景下,国土综合整治与生态修复已从以往的单一目标向具有显著区域性、空间性、系统性、功能性、综合性等提升区域生态系统整体稳定性与安全性的目标转变。当前我国生态文明建设正处于保护修复生态环境的关键期,进入提供更多优质生态产品的攻坚期和解决突出生态环境问题的窗口期,亟须国土整治与生态修复的深度参与和支撑。国土空间是生态文明建设和生态系统恢复的物质基础、能量源泉和构成要素,必须合理开发利用与保护修复。"双评价"作为构建国土空间的基本格局、实施功能分区的科学基础,对于国土空间要素能否合理布局起到至关重要的作用。基于此,本章运用资源学的评价方法,以"双评价"为基础,阐述有关资源环境承载力、国土空间开发适宜性以及生态系统安全风险等方面的评价方法和技术流程,为系统开展国土综合整治和生态修复等研究提供可借鉴思路与范式。

5.1 资源环境承载力评价

资源环境承载力评价，即对自然资源禀赋和自然生态环境本底的综合评价，用于确定国土空间在农业生产、生态保护、城镇开发建设等不同功能指向下的承载能力等级(岳文泽和王田雨，2019)。作为新时代生态文明建设的一项重要基础性工作，资源环境承载力评价是摸清资源利用上限与环境质量底线、揭示影响区域资源环境承载力短板及其影响因素的重要举措，也是分析国土空间本底条件的手段和优化国土空间格局的基本依据(曹根榕 等，2021)。从研究范式来看，资源环境承载力评价可分为总量评价、状态评价、空间评价三种类型。其中，总量评价型研究范式的评价目的是探索一定时期和特定区域资源环境承受人口和社会经济增长的规模上限(靳相木和李陈，2018)。这类研究范式主要关注土地资源、水资源、大气环境等单要素的承载力评价，对资源环境的综合性和系统性研究不足。状态评价型研究范式的评价目的是评价区域综合发展的能力，但这种范式存在评价结论与国土空间规划中具体的空间布局等内容衔接不足等缺点。空间评价型研究范式的评价目的是研究一定限制条件下的区域开发建设能力，常以公里格网、宗地等较小地域作为评价单元。

目前，资源环境承载力相关的研究方法由单一向复合、静态向动态、描述统计到定量建模方向转变。评价方法多采用规模评价法、常规趋势法、综合指标评价法、供需平衡法、系统动力学方法、多目标情景分析法、状态分析法、生态足迹法、能值分析法以及 PSR、DPSIR 模型等。每种方法虽各有侧重，但本质上是结合不同的数学方法和表达方式进行的改进。在评价过程中，需要根据承载力影响因子的复杂属性，从经济发展、社会人口、资源环境等系统中选取关键影响因素，并在此基础上构建相应的评价指标体系。

我国资源环境承载力评价最早为单因素评价，主要侧重于土地资源、水资源、生态环境等单一维度承载力，后期因区域环境的复杂性逐渐转变为综合指标评价。在逐步推进自然资源统一管理的国家战略背景下，国土综合整治与生态修复工作延续了传统土地综合整治落地性强的特点，将山水林田湖草视为生命共同体，强调统筹考虑各自然生态要素整体保护、系统修复、综合治理。因此，作为推动国土综合整治与生态修复的基础性工作，资源环境承载力评价是落实生态文明理念的重要依据，也是优化国土空间格局、建设美丽中国、促进经济社会可持续发展的基础支撑和重要需求所在。

5.1.1 土地承载力评价

1. 土地承载力概念

土地承载力(Land Carrying Capacity)的思想渊源，最早可追溯到韩非的"民众财寡"和柏拉图、亚里士多德的"适度人口"。土地承载力的明确定义是由美国学者威廉·福格特(Vogt，1949)提出，表述为"土地为复杂的文明生活服务的能力"，即土地向人们提供粮食、衣着、住所的能力与环境阻力对生物潜力限制的程度。目前，对土地承载力概念有两种理解：一种认为土地是综合性资源，包括地球特定地域表面及其以上和以下的大气、土壤与基础地质、水文、植物以及地域范围内过去和现在人类活动对土地利用所施加的重要影响，其实质是资源承载力(陈百明，1988)，反映一个国家或地区资源的数量和质量对该空间内人口基本生存和发展的支撑力，是可持续发展的重要体现(景跃军 等，2006)；另一种认为土地承载力指区域土地所能持续供养的人口数量，其大小主要取决于一定生产条件下的土地生产能力和一定生活水平下的人均消费标准(封志明，1994)。《中国土地资源生产能力及人口承载量研究》将土地承载力阐述为"以预期的经济、技术和社会发展水平及以此相适应的物质生活水准为依据，一个国家或地区利于自身的土地资源所能持续供养的人口数量"。联合国教科文组织将其表述为"一个国家或地区在可预见的时期内，利用当地的能源和其他自然资源以及智力、技术等，在保证与其社会文化准则相符的物质生活水平下所能持续供养的人口数量"。二者内涵基本一致，但相较之下，后者将所有相关部分视为内部要素，同时突出了经济、技术等因子，更具综合性。

土地承载力作为土地资源评价的重要指标，是近年来资源、人口、生态等诸多领域研究的热点问题。土地承载力主要包括土地人口承载力、土地资源承载力、土地综合承载力。其中，土地人口承载力是指在一定生产力水平及与此相适应的物质生活水准下,以土地利用不引起土地退化为前提,土地的生产能力所能养活的人口数量(申元村,1990)。因此,有研究把土地的食物生产能力所能供养的一定生活水平的人口数量表征为土地人口承载力(郑振源,1996)。土地资源承载力概念源自自然资源和环境能够承载的人口数量及经济发展所需的物资资料(陈百明,1988),着重探讨区域人口、食物和土地资源之间的关系。土地综合承载力则是综合了土地人口承载力和土地资源承载力的概念,反映一定时期由资源条件、社会、经济、生态环境等系统共同支撑,所表现出的对人类各种活动的承载能力(韩书成和濮励杰,2009)。上述概念均是以土地承载力为基本出发点,强调研究土地系统的安全水平。

2. 土地承载力研究历程

20世纪中叶以来,人口、粮食、资源、环境等全球性问题日益严峻,在人口急剧增长和需求迅速扩张的双重压力下,以协调人地关系为中心的承载力研究兴起。1948年,美国著名人口学家、人类生态学家威廉·福格特在《生存之路》中提出土地承载力的计算方法,即土地能够供养的人口数量受土地所提供的食物产量和环境对土地生产能力所施加限制的影响。1965年,英国学者威廉·阿伦提出以粮食为标志的土地承载力计算公式,目的是计算出某个地区的集约化农业生产所提供的粮食能够养活多少人口,给出承载人口的上限。1973年,澳大利亚学者Millington等采用多目标决策分析法,从各种资源对人口的限制角度出发,讨论了国家土地承载力(Millington and Gifford,1973)。70年代末,联合国粮食及农业组织(FAO)在土地资源人口承载力研究中,提供了确定土地生产潜力的新途径,即农业生态区域法。80年代初,英国科学家运用系统科学方法,综合考虑人口、资源、环境与发展之间的关系,建立了系统动力学模型。1995年,美国人口学家科恩出版了专著《地球能养活多少人》,书中对地球人口承载力的研究进行了总结,成为迄今为止有关地球土地资源人口承载力的最系统、全面、深入的一项总结性研究。同年诺贝尔经济学获得者Arrow发表了《经济增长、承载力和环境》一文,在学界和政界均引起了极大的反响(Arrow et al.,1995)。

我国土地承载力研究兴起于20世纪80年代。1986年9月,受全国农业区划委员会委托,由中国科学院自然资源综合考察委员会主持、国内13家高校和科研机构参加的"中国土地资源生产能力及人口承载量研究"项目,针对我国土地资源可以供养多少人口以及提高土地资源承载力的可能性与途径等问题作出科学回答。该研究以土地资源—粮食生产—人口承载的分析为主线,预测了全国及各省、市、区未来两个时间节点内(2000年和2025年)可承载的人口规模。到80年代后期,土地资源承载力研究在中国全面展开。

3. 土地承载力计算方法

土地承载力的计算可分为两部分,即根据"一定的生产条件"计算土地生产潜力和依据"一定的生活水平"计算土地资源承载人口的数量。通常认为土地承载力的核心就是土地生产潜力(郭秀锐 等,2000)。因此,土地生产潜力的测算可分为三类:一是根据环境因子潜力结构计算土地生产潜力;二是根据植被潜力结构计算土地生产潜力;三是利用系统动力学方法,把区域承载力看作整体系统,对人口容量进行动态的定量计算。

(1) 根据环境因子潜力结构计算土地生产潜力

① 环境因子逐段订正模型

在模型中,土地生产潜力可通过光能生产潜力、光温生产潜力、气候生产潜力、土地生产潜力几个阶段逐步订正计算。其中,光能生产潜力指作物在温度、水分和养分等条件均保持最适宜状态时,由太阳辐射资源所决定的产量;光温生产潜力是指作物在水肥保持最适宜状态时,由光、温度两个因子共同决定的产量;气候生产潜力是指在养分保持最适宜状态下,由光、温度和水分三个因子共同决定的产量;土地生产潜力是指由光、温度、水分和土壤因子共同决定的产量。因此,通过对气候生产力进行土壤肥力订正可测算出土地生产潜力。

② 气候因子综合模式

主要包括迈阿密模型、筑后数学模型、瓦赫宁根法和农业生态区域法等,在实际应用中各有优缺点。迈阿密数学模型只考虑单因子,未能综合考虑环境气候因子的影响;筑后数学模型建立在生理、生态学研究基础上,考虑了主要环境气候因子的综合影响,地区植物气候生产力的计算结果较符合实际;瓦赫宁根法虽机理性较强,但对作物生长与环境的关系定量化不够,主要表现在未真实反映出温度条件对作物干物质生长率的影响,仅使用作物种类校正系数来确定标准作物的干物质总产量和作物干物质总产量之间的关系,适用的作物比较少,不利于推广;农业生态区域法除具有一般综合模式的优点外,还较全面考虑了影响作物生长发育气候因素,所用的气候指标都是常规气象观测的数据,且参数可根据作物的特点进行调整,易于实现大面积的作物生产力计算过程。

(2) 根据植被潜力结构计算土地生产潜力

此类方法多是通过遥感手段获得植物的生长信息,并由此推断植被生产力,故也称为遥感估产方法。研究表明,植物指数与叶面积指数、叶重、叶群数量、生物量、叶绿素含量及植物对光辐射的截留能力均有较好的相关关系。因此,植物指数成为遥感估算生物量的指标,只要能提供区分生物量与生产量之间的参数,便可进行作物估产。利用遥感手段估算土地生产力的优点是可快速而准确地获取所需资料,对某区域的土地生产力进行动态估算。但是,使用遥感手段估算的只是作物的生物生产量,并不代表作物的经济产量,因此采用单纯的遥感模型估算的作物产量误差较大,而把遥感信息与其他非遥感信息结合起来建立的综合估产模型能够提高估产的准确度。

(3) 系统动力学方法

20世纪80年代,英国科学家Sleeser等提出了承载能力估算的综合资源计量技术,即ECCO模型。该模型基于联合国教科文组织提出的人口承载力定义,综合考虑区域人口、资源、环境和社会经济发展间众多因子的相互关系,分析系统结构,明确系统因素间的关联作用,并制作因果反馈图和系统流图以建立起系统动力学模型。通过模拟不同发展战略得出人口增长、区域资源承载力和经济发展间的动态变化趋势及其发展目标,供决策者比较选用(Sleeser, 1990)。此方法能将社会经济、资源与环境等在内的大量复杂因子作为一个整体,对某区域的人口容量进行动态的定量计算。应用系统动力学方法分析某个区域的土地承载力时,大致可分为三部分:第一,土地承载力系统分析。土地承载力系统一般分为土地资源子系统、水资源子系统、环境子系统、人口子系统、种植业子系统、渔业子系统、畜牧业子系统、消费水平子系统等。第二,系统动力学模型建立。分析模型建立的目的和边界、模型的结构,建立主要方程及参数选择。第三,模型运行及仿真结果。对系统的历史状况进行模拟,检验模型与实际状况的吻合程度,以便对模型加以改进。确定模型的适用性后,可对未来不同方案下的土地生产潜力和不同生活水平下的人口承载力进行仿真预测,得出最终结论。

5.1.2 水资源承载力评价

1. 水资源承载力概念

水资源承载力一词在研究缺水地区的工业、农业和城市及整个经济发展水资源供需平衡时被广泛采用,是一个国家或地区持续发展过程中各种自然资源承载力中的重要部分。我国学者对水资源承载力的定义有多种表述,惠泱河等(2001)认为,水资源承载力可理解为某一区域的水资源条件在自然—人工二元模式影响下,以可预见的技术、经济、社会发展水平及水资源的动态变化为依据,以可持续发展为原则,以维护生态良性循环发展为条件,经过合理优化配置,对该地区社会经济发展所能提供的最大支撑能力。该定义考虑到人类活动对水资源系统的干预和水文循环过程的影响作用,并强调了动态发展的观念。夏军和朱一中(2002)将水资源承载力定义为"在一定的水资源开发利用阶段,满足生态需水的可利用水量能够维系该地区人口、资源与环境有限发展目标的最大的社会—经济规模",实质是一个度量区域社会经济发展受水资源制约的阈值。考虑到研究的现实意义,对水资源承载力的理解与界定要遵循以下事实:首先,将其置于可持续发展战略构架下进行讨论;其次,从水资源系统—自然生态系统—社会经济系统耦合机理上,综合考虑水资源对地区人口、资源、环境和经济协调发展的支撑能力;再次,水资源既是可再生、流动的、不可浓缩的资源,又是可耗竭、可污染、利害并存和不确定性的资源;最后,还需考虑多重社会因素,如经济状况、国家方针政策的影响和制约。因此,水资源承载力是一个动态变化的概念。综合而言,水资源承载力是指在某一区域特定历史阶段,在特定技术和社会经济发展水平条件下,以维护生态良性循环和可持续发展为前提,水资源系统可支撑的社会经济活动规模和维持一定生活水平的人口数量。

2. 水资源承载力评价

水资源不仅是重要的环境要素,而且是人类赖以生存的资源。由于过度开采和不合理地使用水资源,很多地区已出现严重的水资源危机。1977年,在阿根廷召开的世界水会议的第一决议指出,没有水资源的综合评价就谈不上水资源的合理规划和管理。1988年,世界环境与发展委员会(WCED)提出的一份报告指出:"水资源正在取代石油而成为在全世界引起危机的主要问题。"2011年,FAO发表《世界粮食和农业领域土地及水资源状况》《土地及水资源状况》报告,认为土地和水资源普遍退化和问题不断加重将全球许多主要粮食生产系统置于危险之中。2013年,联合国发布《世界水资源开发报告》,指出水资源需求的空前增长正威胁着各项主要发展目标,粮食需求的日益增长、急速的城市化以及气候变化的影响,使全球供水压力显著增加。因此,有必要研究水资源问题,对水资源进行科学规划和管理,以达到水资源、环境和经济社会的协调与可持续发展。水资源承载力评价是水资源科学规划和管理的基础,为水资源规划和管理提供了基础数据和决策依据。作为可持续发展研究和水资源安全战略研究的重点,水资源承载力评价已成为当前水资源科学中的热点问题。

水资源承载力评价是涉及社会、经济、环境、生态、资源在内的纷繁复杂的大系统。在这个大系统内既有自然因素影响,又有社会、经济、文化等因素的影响。水资源承载力指标体系不仅是水资源承载力大小的评判依据,也是水资源承载力大小的决策工具(惠泱河 等,2001)。因此,评价指标的选择要遵循如下原则:第一,以区域为评价主体进行综合评价;第二,人口和经济是反映水资源承载力大小的最直接指标;第三,除列出必要的水文资料外,着重加入能反映水资源可利用程度的指标和供需情况及满足程度指标;第四,要有决策变量指标;第五,评价指标体系应是动态的,指标随社会经济发展而变化。

由于水资源承载力涉及面较广,不同方案的实施结果侧重面不同,如偏重经济、偏重社会效益、偏重环境等,其评价不能只从一个方面进行,需要考虑诸多因素。因此,建立评价指标体系时应注意以下三点:第一,影响水资源承载力的因素多样,要从众多要素中选取能反映问题本质的因素并除去重复性因素的作用,目前多应用主成分分析法、均方差法避免要素选取重复和遗漏。第二,指示区域水资源承载力大小的指标有两类,一是水资源承载力绝对指标,即从定义出发直接根据可供给水量和水环境容量计算可支撑的人口和社会经济发展规模;二是水资源承载力相对指标,即用水资源承载力指数来衡量水资源承载力的高低,确定水资源承载力是否在合理阈值范围内,进行区域间或时间段上的比较。第三,根据水资源承载主体和客体的关系、水资源—生态系统—社会经济系统的耦合关系以及区际交流影响,拟订水资源承载力评价指标体系。

3. 水资源承载力评价方法

水资源承载力分析关系到地区环境、人口和经济发展规模和可持续发展的前景,涉及面广、内容复杂(段春青 等,2010)。运用评价指标体系进行水资源承载力评价时,评价方法尤为重要。目前有以下几类主要评价模型。

(1) 水资源供需平衡法与多目标分析模型

该方法以维护生态平衡和生态环境质量及可持续发展为前提,将水资源在生态系统和社会经济系统之间进行平衡分析和配置。在限定社会经济系统可供给水量的条件下,通过多目标分析模型确定社会发展模式、供水组成及供水分配状况。在上述水资源供需平衡及水资源合理配置的基础上,计算水资源承载力的大小,包括人口发展规模和社会经济发展规模。

(2) 多指标综合评价法与综合评判模型

该方法以水资源系统支持力和水资源系统压力,共同反映水资源承载状况。水资源系统支持力代表了承载媒介的客观承载能力大小,值越大表示水资源现实承载力越高;水资源系统压力代表了被承载对象承受压力的大小,值越大表示系统所受压力越大,水资源承载力越低。通过二者相比得到水资源承载力指数。

(3) 系统分析方法——动态模拟递推算法

该方法主要是通过水的动态供需平衡计算来显示水资源承载力的状况和支持人口与经济发展的最终规模,实质是模拟法。通过结合动态模拟和数学经济分析,利用计算机模拟程序,仿造地区水资源供需真实系统运动行为并模拟预测。根据逐年运行的实际结果,有目的地改变模拟参数或结构,使其与真实系统尽可能一致。

(4) 系统动力学方法与系统动力学仿真模型

系统动力学(System Dynamics,SD)模型是一种定性与定量相结合,系统、分析、综合与推理集成的方法,并有 Dynamo、Vensim 等专业软件。通过模型的仿真和政策模拟,可以较好地把握系统的各种反馈关系,适合进行具有高阶次、非线性、多变量、多反馈、机理复杂和时变特征的承载力研究(何春阳 等,2005)。

用 SD 模型计算的水资源承载力并非简单地给出区域所能养活人口的上限，而是通过各种决策在模型上模拟，清晰地反映人口、资源、环境和发展之间的关系，可操作性较强。

5.1.3 环境承载力评价

1. 环境承载力的概念

环境承载力一词可追溯至承载力的分类，其含义包括对环境污染和资源开发的承载能力。我国学者最初将环境承载力定义为"在某一时期，某种状态或条件下，某地区的环境系统所能承受人类社会经济活动的阈值"。研究对象侧重于与人类社会密切相关的水、大气、生物、土壤和岩石等环境要素的结构与功能，包括单要素的资源与环境功能及各种要素综合呈现的生态服务功能（郭秀锐 等，2000）。目前，环境承载力研究已涵盖环境系统为人类活动提供的各种支持能力，包括资源供给、环境净化以及生态的调节、支持和娱乐等。环境承载力是环境系统的组成与结构的外在功能表现，能够体现环境与人类社会经济活动之间的联系。因此，环境承载力具有资源、环境、生态和社会的多维内涵。在资源维度上，环境承载力指环境系统对人类需求的资源供给能力；在环境维度上，指迁移、转化污染物的稀释自净能力；在生态维度上，指环境系统为人类提供调节、支持和文化等生态服务的能力；在社会维度上，指人类活动通过改变资源供给、环境纳污和生态服务，从而改变环境承载力大小的能力。

2. 环境承载力的构成

环境承载力主要由资源供给能力、环境纳污能力和生态服务能力构成（刘仁志 等，2009）。环境承载力取决于环境系统自然禀赋，同时受人类活动影响，包括来自自然和社会的支持能力。社会支持能力指在一定时空范围内，人类社会所能提供的改善环境系统结构与功能、提高资源供给、环境纳污和生态服务等能力的支持极限。其通过作用其他内生变量来改变环境承载力，是环境承载力的外生变量，也是最活跃、最易调控的变量。社会支持能力通过对资源供给能力、环境纳污能力和生态服务能力的作用，加速自然演变进程，改变环境承载力的大小。

第一，环境纳污能力。指在维持环境系统不发生不利变化的前提下，一定时空范围的大气环境、水环境和土壤环境等为人类活动提供的消纳污染物的能力极限。包括对污染物的扩散、迁移和转化,通常可用环境容量表达能力强度。

第二,生态服务能力。指一定时空范围的生态系统所能提供的生态调节、生态支持和生态文化等服务的极限,但不包括环境净化和资源供给服务。其大小取决于生态系统的类型、面积和特征等,可通过计算多种生物群落服务价值、土地利用类型生态服务价值、生态绿当量以及绿量或绿化三维量等得到。

3. 环境承载力评价

环境承载力评价是在一定的环境质量要求下,在不超出生态环境系统弹性限度条件下,对环境可支撑的人口、经济规模和容纳污染物的能力进行定性和定量分析,通过评价确定各区域的承载能力和承载水平(封志明和李鹏,2018)。环境承载力评价是研究区域社会经济和资源环境的协调程度、评估区域规划对环境造成影响的主要途径之一。在环境承载力评价中,需要确定水资源可利用量、适宜建设土地资源量、水环境容量、大气环境容量等量化的指标。

(1) 水资源可利用量计算

水资源可利用量是指在维持环境系统不发生不利变化的前提下,一定时空范围内可开发利用的最大水资源量,主要由地表水可利用量、地下水可利用量、水资源净调入量和污水回用量等组成。计算表达式为:

$$W_{AR} = W_{AS} + W_{AG} + W_T + W_{WR} - W_{RC}$$

式中,W_{AR}为水资源可利用量;W_{AS}为地表水可利用量;W_{AG}为地下水可利用量;W_T为水资源调配量;W_{WR}为污水回用量;W_{RC}为地表水与地下水的重复计算量。

(2) 适宜建设土地资源量计算

适宜建设土地资源量是指自然和社会经济条件适宜建设用途且开发后不会对生态环境产生不利影响的土地资源量。适宜建设土地资源量计算主要通过建设用地生态适宜性评价得到,即选择影响土地适宜性的主要因子,采用多因子加权评分法计算适宜建设土地资源量。最后评定禁止建设、限制建设、较适宜建设和适宜建设四个等级,统计其面积。通常,适宜和较适宜面积之和为适宜建设土地资源量。

(3) 大气环境容量计算

大气环境容量是在给定区域内,达到环境空气保护目标而允许排放的大气污染物总量。其计算方法包括A-P值法、模拟法和线性规划法等。目前国内常用A-P值法结合多源模型确定大气环境容量,即用A-P值法确定城市控制区的大气环境容量,用多源模型确定城区控制区的实际大气环境容量。多源模拟法是采用多源空气质量模型模拟多个污染源对控制点的浓度贡献,通过增加或削减各污染源的排放量,使控制点符合相应的大气质量目标值,再加上满足控制浓度的所有污染源的排放量,即可得到实际环境容量。当前普遍使用的多源模型软件主要有ADMS-Urban模型、ISCST3模型及二代AERMOD模型。

(4) 水环境容量计算

水环境容量是指一定水体在规定环境目标下所能容纳污染物的量,其容量大小与污染物特性、水质目标、水体特征、污染物排放方式及排放时空分布有关。水环境容量计算一般采用一维水质模型,但对有重要保护意义的水环境功能区或断面水质横向变化显著的区域,可采用二维水质模型计算。根据各地区不同的污染状况、经济条件和环保要求,在计算河段水环境容量中可选取段首、段中和段末等不同位置的控制断面。

(5) 生态系统服务量计算

对生态服务功能的评估测度多采用生态足迹分析、价值量评估、能值流分析、景观格局分析和当量测度等。这些量化方法主要用于分析和比较全球、国家或区域生态服务功能的大小及其时空变化,但多数难以落实到具体的生态服务供给与需求控制。由于较难给出合理的生态服务需求量,目前只能从对森林、绿地等生态系统的某种功能需求提出目标。

(6) 综合计算方法

在环境承载力的综合计算方法中,比较有借鉴意义的是向量模法。由于环境承载力内部及相互作用关系并不完全清楚,无法用函数方程式准确表达其绝对大小。向量模法可以通过指标体系表达其相对大小,反映指标之间的非线性关系。另外,向量模法考虑了承载力内部的作用关系,能用于比较多个区域环境承载力的相对大小,适用于功能布局规划等实践。

5.1.4 生态承载力评价

1. 生态承载力的含义

生态承载力,即生态环境的承载能力。水、土、大气、森林、草地、海洋、生物等自然生态系统是人类赖以生存、发展的物质基础,为人类提供了从事各种活动所必需的最基本的物质资源。当人类生存和发展所需的生态环境处于不受或少受破坏与威胁的状态,即人类的各种生产生活活动对周围生态环境造成的影响未超过生态系统本身的调节能力,其所处的自然生态环境状况能够维持社会经济的生存与可持续发展的需求,这种状态就处于生态承载力的范围之内;反之,则超出生态承载力的范围。

2. 生态承载力评价方法

生态承载力是自然体系调节能力的客观反映。本节主要介绍几种直观、较易操作的生态承载力定量评价及模式,用于确定自然系统最优生态承载力。

(1) 生态足迹法

生态足迹分析法是 20 世纪 90 年代由加拿大生态经济学者 William 和 Wackernagel 提出的一种度量可持续发展程度的生物物理方法,是基于土地面积的量化指标(William,1996)。其定义为任何已知人口的生态足迹是生产当量人口所消费的所有资源和吸纳人口所产生的所有废弃物所需要的生物生产土地的总面积和水资源量。生态足迹分析法从需求面计算生态足迹的大小,从供给面计算生态承载力的大小,经对二者的比较,评价研究对象的可持续发展状况(杨开忠 等,2000)。生态足迹法从一个新的角度考虑人类及其发展与生态环境的关系,通过跟踪区域能源与资源消费,将其转化为这种物质流所必需的各种生物生产土地的面积,即人类的生物生产面积需求。

(2) 自然植被净第一性生产力测算法

植被净第一性生产力是植物自身生物学特性与外界环境因子相互作用的结果,也是评价生态系统结构与功能特征和生物圈人口承载力的重要指标,反映了某一自然体系的恢复能力。地区性乃至世界性生物生产力及其空间分布的知识,能使人类得以从宏观区域上对潜在粮食资源的地理分布、人为提高区域性生产力水平的限度、不同国家和地区可能和现实的生产力水平等区域生态系统的最大容纳量做出估计(王宗明和梁银丽,2002)。虽然生态承载力受众多因素和不同时空条件制约,但特定生态区域内第一性生产者的生产能力是在一个中心位置上下波动的,且中心位置可以被测定。与背景数据进行比较,偏离中心位置的某一数值可视为生态承载力的阈值,这种偏离一般会由于内外干扰使某一自然体系变化为另一等级自然体系。因此,可通过对自然植被净第一性生产力的估测确定该区域生态承载力的指示值,并实测判定现状生态环境质量偏离本底数据的程度,作为自然体系生态承载力的指示值,据此确定区域的开发类型和强度。

(3) 供需平衡法

区域生态承载力体现了一定时期、一定区域的生态环境系统,对区域社会经济发展和人类各种需求在量与质方面的满足程度。因此,衡量区域生态环境承载力可从该地区现有的各种资源量与当前发展模式下社会经济对各种资源的需求量之间的差量关系,以及该地区现有的生态环境质量与当前人们所需求的生态环境质量之间的差量关系入手。若差值大于零,表明研究区域的生态承载力在可承载范围内;差值等于零,表明研究区域的生态承载力处于临界状态;差值小于零,表明研究区域的生态承载力超载。该方法需要建立一套指标体系,包括社会经济系统类和生态环境系统类指标,以能够简单、可行地对区域生态承载力进行有效的分析和预测。但是,该方法只能根据人口变化曲线求出未来年的人口数,再分别计算其需求量,判断该值是否在研究区域的承载力范围之内,而不能计算出未来年的确切承载力值。此外,该方法尚不能表现出研究区域内的社会经济发展状况以及人类的生活水平。

5.2 国土空间开发适宜性评价

国土空间开发适宜性研究最早可追溯到《周礼·地官司徒第二》中关于"土宜之法"的思想。现代科学意义上的国土空间开发适宜性研究最早出现在景观和农业研究领域。国土空间开发适宜性评价实际上是土地利用适宜性的进一步延伸,尤其在近30~40年逐渐得到我国科学家和政策制定者的重视,表现在20世纪80年代大规模的国土开发与整治中进行的区域性或单项性适宜性评价。评价重点逐渐由早先的农业用地评价转向非农业用地评价。90年代以来,随着海量数据处理技术、地理信息系统方法和数学模型的应用,非农业用地适宜性评价更加科学和实用。

目前,国土空间开发适宜性的概念虽尚未达成共识,但主流核心定义体现在对特定地域范围内国土空间承载农业生产和城镇建设的适宜度,强调对生态环境条件、资源潜力、社会经济等因素进行综合考虑,评估某一区域内土地对国土空间开发用途(农业生产、城镇建设、生态保护等)的适宜程度。因此,国土空间开发适宜性评价是在资源环境承载能力评价的基础上,评价工业化和城镇化发展的开发指向、区域对城镇化和工业化发展的支撑能力以及综合考虑资源环境承载力的发展基础与潜力。

伴随国土整治修复和生态文明建设的热潮,我国已逐步研究形成了一套完整的国土空间开发适宜性评价理论体系。在评价方法方面,主要包括多要素叠置综合分析法、空间相互作用及趋势模拟分析法、基于生态位空间供需耦合分析法、参与式综合评价法等。随着研究和实践的深入,不同学者对适宜性评价方法也在不断改进,大多通过扩展评价维度、优化评估框架以及提升计算方法科学性来实现。

5.2.1 城镇建设用地适宜性评价

城镇建设用地适宜性评价是土地利用规划和资源管理的一项基础性工作,指在一定技术条件下一定范围内的土地资源作为建设用地被利用的适宜程度,强调土地单元的属性特征对其是否适宜转化为建设用地的影响。改革开放以来,随着城市化和工业化进程的快速推进,我国城镇建设用地迅速扩张。现阶段城镇建设用地仍以外延扩张为主,过多追求经济效益而忽略土地转换为城镇建设用地的适宜性,导致大量优质农田和生态用地被侵占,区域可持续发展面临严峻挑战。城镇建设用地适宜性评价通过测算潜在土地利用空间作为城镇建设用地的适宜程度,为城镇建设用地的开发提供依据,有利于优化土地利用结构,协调经济发展与资源环境保护的关系,实现区域可持续发展。

目前城镇建设用地适宜性评价多采用土地适宜性评价模型(LSEM)。LSEM主要分为构建评价指标体系和确定因子权重两部分。

(1) 评价指标体系构建

合理选取和确定参评因子是城镇建设用地适宜性评价的关键性环节。以往的建设用地适宜性评价过程中多基于"自然—经济—社会"框架,选择相应指标,如地貌、土壤、植被、气候、土地利用现状等。在城镇建设用地适宜性评价中，需要因地制宜地构建特殊因子指标和一般因子指标相结合的指标体系，并对特殊因子采用极限条件法直接判定评价单元适宜与否，进而保证评价结果的准确性。

（2）因子权重确定

城镇建设用地适宜性评价因子权重确定主要采用两种方法：第一，主观赋权法，如特尔菲法（专家打分法，Delphi法）、层次分析法（AHP）等，其决策者一般是专家，权重的确定在很大程度上取决于专家的知识、经验及其偏好状况，但人为确定权重可能会夸大或降低某类指标的作用；第二，客观赋权法，如主成分分析法、熵值法和结构方程模型法等，主要通过分析指标间的相互关系或各指标值变异程度来确定权重，虽避免了人为因素带来的偏差，但较易忽略决策者主观信息中的重要部分。

（3）综合等级确定

在评价方法上采用极限条件法与适宜性指数法有机结合的技术方法，分析和评定每个评价单元图斑可用于城镇建设的适宜性，并赋予相应的适宜等级——高度适宜、中度适宜、低度适宜和不适宜。

虽然根据研究区、研究视角差异，构建不同的指标体系而有所侧重，但总体来讲应注意两方面问题：第一，要选择重点和主导因子，根据不同区域农业生产和城镇建设的实际情况判断各类影响因子的重要程度，突出主导因子并弱化影响较小的因子；第二，在评价指标确定时，可采用回归法、主成分分析法等以分析各类影响指标，对指标因子进行合理筛选，提高指标体系的科学合理程度。

5.2.2 农业生产适宜性评价

农业生产适宜性评价是国土空间开发适宜性评价的重要内容之一，对保障国家粮食安全和生态安全具有重要意义。其核心工作内容是根据农业生产功能指向下的资源环境承载力等级，结合农业技术经济条件，划分农业生产的国土空间适宜性等级，从而为遴选农业空间以及永久基本农田的备选区提供依据，也为优化调整农业生产空间布局提供科学指引。目前多数研究是参照FAO的《土地评价纲要》，主要从国土空间的自然属性与社会经济属性两个维度出发，结合案例区特征构建差异化的指标体系，并在GIS技术支持下应用综合指数法、模糊优选模型、因子加权分析法、土地评价与立地评估、投影寻踪回归技术、BP神经网络模型、遗传算法等方法,对农业生产空间开展集成评价。研究应用农业生产适宜性分级的评价结果,有效提升了农业生产空间与优质耕地划定的科学性和适用性。本节通过建立基于资源环境承载力的农业生产空间评价指标体系,介绍农业生产空间评价的方法体系。

1. 评价指标体系

农业生产适宜性主要从空间形态类、区位条件类、生产条件类三方面选取具体评价指标。农业生产功能指向的评价要素可采用耕种条件、供水条件、环境条件、气象灾害等指标分项评价。农业生产空间评价指标体系设计除遵循全面性、层次性、可比性等一般性原则之外,还需遵循以下原则。

第一,充分考虑资源环境对农业生产的客观约束,把区域粮食安全、环境安全、生态安全等战略目标放在优先位置。

第二,根据农业生产功能指向及其承载对象(各类农业生产活动)遴选特征指标,针对性地确定指标算法和分级阈值。

第三,将农业生产的经济效益与社会效益、生态效益相结合,遵循自然资源供给上限、粮食安全与生态环境安全的基本底线。

第四,将定量评价与定性判定相结合,因地制宜地考虑农业宏观管理和微观管控需求,确保评价数据可获取、评价指标可操作、评价结果可校验。

2. 评价技术流程

参照评价指标体系,农业生产空间评价主要步骤为:首先,结合不同层级空间规划评价精度需求,从土地资源类、水资源类、环境类等开展资源环境承载力的单项评价。其次,根据承载力单项评价结果,集成评价农业生产功能指向的农业承载等级,反映国土空间自然本底条件对农业生产的综合支撑能力。最后,根据农业承载等级结果,识别适宜农业生产的备选区,结合空间形态类、区位条件类、生产条件类指标评价,采用农业生产适宜性评价模型从备选区中进一步识别并划分农业生产适宜区、一般适宜区和不适宜区。

(1) 资源环境承载力集成方法

农业生产功能指向的资源环境承载力集成方法如下:第一,基于耕种条件(L_s)和供水条件(W_s),构建水土资源空间匹配判别矩阵$[f(L_s,W_s)]$;第二,根据环境条件,确定用于承载力集成的环境本底系数 β_{env},当环境条件为最低值时, $\beta_{env}=0$;否则,$\beta_{env}=1$;第三,进一步纳入气象灾害危险性(R_{dis})指标,对初步评价结果进行修正,按照一般修正准则对 R_{dis} 为极高等级的,将承载力等级作降级处理。资源环境承载力(RECC)按取值由低至高分为Ⅰ~Ⅴ级共五个等级,公式如下:

$$\begin{cases} RECC = f(L_s, W_s), & \beta_{env}=1 \\ RECC \in \text{Ⅰ}, & \beta_{env}=0 \end{cases}$$

(2) 农业生产适宜性评价模型

根据研究区特征确定农业生产空间评价指标权重及分级标准,采用专家打分法比较指标间的重要程度,结合 AHP 法构造评价矩阵确定因子权重。其中,目标层为农业生产适宜性,准则层为资源环境承载力、田块空间形态、交通区位条件及生产经营条件,指标层对应各参评要素。基于 GIS 空间叠加分析功能,生成单因子量化分级图并进行多因素栅格叠加运算,得到农业生产适宜性分区评价。公式如下:

$$\begin{cases} S_{arg}=0, & RECC=\text{Ⅰ} \\ S_{arg}=\sum_{i=1}^{n}(w_i \times X_i), & RECC \in (\text{Ⅱ} \sim \text{Ⅴ}) \end{cases}$$

式中,S_{arg} 为栅格单元的农业生产适宜性指数;X_i 为第 i 个参评指标值;w_i 为第 i 个参评指标对应的指标权重值;n 为参评要素数。为减少运算数据量,可将承载力低等级(Ⅰ级)空间单元设置为不适宜区。

5.2.3 生态保护重要性评价

生态保护重要性是表征区域生态系统结构和功能重要性程度的综合指标,也是资源环境承载能力综合评估的重要内容。开展生态保护重要性评价,能够从不同侧面反映生态系统的稳定性、健康状态等,有助于明确重点进行生态保护的区域和方向。生态保护重要性评价通常包括生态系统功能和生态敏感性两个方面。其中,生态系统功能方面包括生物多样性维护重要性、水源涵养重要性、水土保持重要性、防风固沙重要性四个方面;生态敏感性则包括水土流失敏感性、石漠化敏感性和土地沙化敏感性三个方面。针对生态系统功能评价和生态敏感性评价,我国出台了《全国生态状况调查评估技术规范——生态系统服务功能评估》(HJ

1173—2021)和《生态功能分区技术规范》(征求意见稿),对其技术流程、指标体系和技术方法等要求进行了规定。然而,目前学界对生态保护重要性评价仍存在不同理解。本节主要介绍学界有关生态系统功能和生态敏感性评价方面的主流方法,为从不同视角开展生态保护重要性评价研究提供借鉴思路。

1. 生态系统功能重要性评价

生态系统功能即生态系统服务功能,指通过生态系统结构、过程和功能直接或间接得到的生命支持产品和服务(谢高地 等,2003)。生态系统服务功能来源于生态系统中物质循环、能量流动和信息流动等基本生态过程,对人类福祉产生重要影响,包括为人类发展提供食物和淡水等基础服务产品、愉悦人类精神文化的高级层面的服务功能以及维持地球系统正常运转的服务支撑,是人类赖以生存和发展的资源与环境基础(傅伯杰 等,2009)。国土综合整治作为大规模改变土地利用(覆被)和陆地生态系统的有目的、有组织的人类活动,在其整治活动开展的全生命周期内,对生态系统的结构、功能和服务均产生重要影响。因此,生态系统功能重要性评价是国土综合整治开展的基础,也是整治项目效益评价的重要一环。

(1) 水源涵养功能评价

水是承载生态系统中能量流动与物质循环的重要载体,水源涵养功能在生态系统中处于中心地位,对其他生态系统服务功能具有重要影响(刘世荣 等,2003)。水源涵养通过供给生产生活用水直接影响人类福祉,而生态系统涵养水源的过程也会影响其他生态系统服务功能的形成,有关水源涵养功能的研究得到了广泛重视。早期有关水源涵养功能的概念来自有关森林对地表径流蓄水功能的研究,并将水源涵养功能表征为森林对河流径流量的影响。而后,越来越多的森林水文研究如冠层截留、枯落物持水和土壤蓄水量等,推动水源涵养功能内涵拓展为森林生态系统拦蓄降水、涵养土壤水分和补充地下水、调节河川量功能(邓坤枚 等,2002)。随着生态系统服务功能理论与实践的发展(Daily,1997),研究发现,不仅森林能提供水源涵养功能,草原、湿地、农田,甚至城市等,多种生态系统均能发挥水源涵养功能。当前具有共识的水源涵养功能概念可定义为:生态系统通过其结构和过程拦截滞蓄降水,增强土壤下渗,涵养土壤水分和补充地下水,调节河川流量,增加可利用水资源的功能。其中包括生态系统的类型和空间范围、核算的时间、水源涵养的形成过程及定量评估方法(吕一河 等,2015)。

水源涵养功能的研究方法主要为试验法和模型法。自1864年开始,德国学者Ebmayer在巴伐利亚地区观测林区地表的蒸发和森林对降水的截留量,第一次探究了蒸发对水源涵养的影响(王礼先和于志民,1999)。1900年,瑞士山区开展的集水区对比试验探究了植被对集水区径流量的影响,揭开水源涵养试验研究的序幕(王云飞 等,2021)。各国学者通过开展小流域的对比试验,分析不同林地水源涵养功能的差异,推动水源涵养研究的发展。正是这些小流域试验方法积累了大量实测数据,在推动水文模型构建中发挥了重要的作用。20世纪70年代,Rutter 等(1971)和Gash(1979)基于大量的监测数据构建林冠截留模型,创立了水源涵养模型方法的开端。随后,国内外学者发展出许多水源涵养的综合评价模型,如SWAT模型、InVEST模型、元胞自动机模型、SEBS和SCS模型、Terrain Lab模型等。基于大量模型的发展,水源涵养功能评价空间尺度从森林场地扩展到区域甚至全球,时间尺度上可从年、月、日等不同时间序列开展。

① SWAT模型

SWAT(Soil and Water Assessment Tool)模型是1994年由美国农业部(USDA)的农业研究中心在SWRRB模型(Arnold et al.,1995)基础上开发的一个长时段流域分布式水文模型。该模型适用于具有不同土壤类型、土地利用方式和管理条件的复杂大流域,且能在资料缺乏的地区建模,已在世界各地广泛应用(Neitsch et al.,2001)。SWAT模型主要用于预测人类活动对水、沙、农业、化学物质的长期影响,可以模拟流域内多种不同的水循环物理过程。为了提高模拟精度,通常会把流域细分成若干个水文响应单元(Hydrological Response Unit,HRU)(王中根 等,2003)。其中基于SWAT模型的水源涵养功能评价方法是从水量平衡角度出发,即降水量与蒸散量以及其他消耗之差为水源涵养量。具体公式如下:

$$SW_t = SW_0 + \sum_{i=1}^{i}(R_{day} - Q_{sruf} - E_a - W_{seep} - Q_{lat} - Q_{gw})$$

式中,SW_t 表示土壤最终含水量(mm);SW_0 表示土壤初始含水量(mm);R_{day} 表

示第 i 天的降水量(mm);Q_{sruf} 表示第 i 天的地表径流量(mm);E_a 表示第 i 天的蒸发量(mm);W_{seep} 表示第 i 天的下渗量(mm);Q_{lat} 表示第 i 天的壤中流量(mm);Q_{gw} 表示第 i 天的基流量(mm)。

② InVEST 模型产水模块

InVEST(Integrate Valuation of Ecosystem Services and Tradeoffs Tool)模型,全称为生态系统服务与权衡综合评价模型,由斯坦福大学、世界自然基金会和大自然保护协会联合开发,是量化和价值化生态系统服务的综合模型(Sharp et al.,2015)。其中,水源涵养模块是基于 Budyko 水热耦合平衡假设和年平均降水量数据,将实际蒸发和降水间的比率与潜在蒸发和降水间比率建立联系,计算出降水经过地表到达集水区的径流量,包括地表和地下径流。首先确定每个栅格的年产水量,公式如下:

$$Y_x = \left(1 - \frac{AET_x}{P_x}\right) \times P_x$$

式中,Y_x 为栅格单元 x 的水源涵养量(mm);AET_x、P_x 分别为栅格单元 x 的年实际蒸散量(mm)和降水量(mm)。

水量平衡公式中,土地利用/覆被类型的植被蒸散发 $\dfrac{AET_x}{P_x}$ 计算,采用 Fu(1981)和 Zhang(2004)等提出的 Budyko 水热耦合平衡假设公式:

$$\frac{AET_x}{P_x} = 1 + \frac{PET_x}{P_x} - \left[1 + \left(\frac{PET_x}{P_x}\right)^{\omega}\right]^{1/\omega}$$

式中,PET_x 表示栅格单元 x 的潜在蒸散发量(mm);ω_x 表示栅格单元 x 的 ω 值,通常用 $\dfrac{AWC \times N}{P}$ 线性函数表示,式中 N 表示每年的降水事件数,AWC 表示植物可利用含水量。

基于全球数据的 ω_x 公式的进一步研究,InVEST 模型中采用 Donohue 等(2012)提出的公式表达,具体为:

$$\omega_x = \frac{AWC_x \times Z}{P_x} + 1.25$$

式中,AWC_x 表示土壤有效含水量(mm),由土壤质地和土壤有效深度决定,用于确定土壤为植物生长储存和提供的总水量；Z 为 Zhang 系数，是经验常数，又称"季节常数"，能够代表区域降水分布及其他水文地质特征；1.25 为 ω_x 基数，表示裸地(根系深度为 0)年蓄水量和年降水量的比值。

潜在蒸散发量 PET_x 定义为：

$$PET_x = K_{C(x)} \times ET_{O(x)}$$

式中，$ET_{O(x)}$ 表示栅格单元 x 的参考作物蒸散；$K_{C(x)}$ 表示栅格单元 x 中特定土地利用(覆被)类型的植被蒸散系数。$ET_{O(x)}$ 通过参考作物蒸散量反映当地气候条件，例如苜蓿的蒸散量反映其草地生境气候。

(2) 固碳释氧功能评价

全球气候变化问题不仅严重影响全球生态系统的结构、功能和过程，还冲击着世界各国的社会、经济、文化和政治，已成为政府、社会公众及科学界共同关心的重大问题(闫海明 等，2012)。事实上，生态系统可通过将碳储存在树木、其他的生物质、土壤中，增减大气中的温室气体来调节地球的气候条件，其中以森林、草地和沼泽为代表的陆地生态系统储存的碳远远超过大气。因此，陆地生态系统的固碳释氧功能对于缓解全球气候变化具有重要作用。

陆地生态系统的固碳释氧功能是指自然植被将大气中的二氧化碳捕获并封存的过程，能有效减缓全球气候变暖趋势(孟士婷 等，2018)。根据植被光合作用可知，生态系统每生产 1 g 干物质就能够吸收 1.63 g 二氧化碳，陆地自然植被具有强大的固碳功能(黄麟 等，2016)。与人工固碳相比，陆地生态系统的固碳功能免去分离、捕获和压缩二氧化碳气体的步骤，更具经济性，尤其是森林生态系统、草原生态系统和湿地生态系统在发挥固碳释氧功能方面具有重要作用。因此，多数学者从碳汇及碳库评估两个方面对陆地生态系统展开固碳释氧功能的评价。碳汇，又称大气 CO_2 的汇，是指生态系统固定的碳量大于该生态系统排放的碳量(方精云 等，2007)。碳汇是反映生态系统固碳能力的重要指标，多年来学者们在不同地区采取不同的方法对本国生态系统的碳汇进行了较为全面的估算。碳库又称碳储量，即碳的储存库，通常包括地上生物量、地下生物量、枯落物、枯死木和土壤有机质碳库。准确评估生态系统碳储量及其动态变化，有助于预测全球气候变化与生态系统之间的反馈关系(方精云 等，2010)。

基于固碳释氧功能的定义,学者们提出了许多有关评价固碳释氧功能的常用方法,如利用土地利用(覆被)类型图估算碳储量;基于木材蓄积量估算森林生态系统碳储量;基于专家打分法估算不同土地利用的固碳功能等。总体可将其概括为半定量评估方法、总量统计法和空间制图法三类(孟士婷 等,2018)。随着空间计算模型以及定位站碳通量测量技术的提高,目前最常用的大尺度固碳释氧功能评价方法主要是基于净初级生产力和基于 InVEST 模型的固碳功能评价。

① 基于净初级生产力的固碳功能评价

相关文献已证明植被净初级生产力(Net Primary Productivity,NPP)与陆地生态系统具有高度相关性,尽管 NPP 不能完全表示陆地生态系统的碳库,但是可用于度量固碳能力的大小,因而被广泛使用。CASA(Carnegie-Ames-Stanford Approach)模型因其计算精度较高、数据和参数容易获取等优势,已被广泛用于不同尺度的 NPP 计算(Potter et al.,1993)。其主要估算公式如下:

$$NPP_{(x,t)} = APRA_{(x,t)} \times \varepsilon(x,t)$$

式中,$APRA_{(x,t)}$ 表示像元 x 在 t 月吸收的光合有效辐射[MJ/(m²·月)],取决于太阳辐射总量和植物本身特征;$\varepsilon(x,t)$ 表示像元 x 在 t 月的实际光能利用率(gC/MJ),受理想条件下最大光能利用率和植物生长环境的影响。

$$APRA_{(x,t)} = SOL_{(x,t)} \times FPRA_{(x,t)} \times 0.5$$

式中,$SOL_{(x,t)}$ 表示像元 x 在 t 月吸收的太阳辐射总量[MJ/(m²·月)];$FPRA_{(x,t)}$ 表示植物对光合有效辐射的吸收比例,在一定范围内,$FPRA$ 与 $NDVI$ 之间存在线性关系;0.5 表示光合有效辐射占太阳辐射总量的比例。

$$FPRA_{(x,t)} = \frac{NDVI_{(x,t)} - NDVI_{i,\min}}{NDVI_{i,\max} - NDVI_{i,\min}}$$

式中,$NDVI_{i,\max}$ 和 $NDVI_{i,\min}$ 分别表示第 i 种植被类型的 $NDVI$ 最大值和最小值。

$$\varepsilon(x,t) = T_{\varepsilon 1} + T_{\varepsilon 2} \times W_\varepsilon \times \varepsilon_x$$

式中,$T_{\varepsilon 1}$ 和 $T_{\varepsilon 2}$ 是温度胁迫因子,分别反映高温和低温对光能利用率的影响;W_ε 是水分胁迫因子,反映土壤水分条件对光能利用率的影响;ε_x 表示植物的最大光能利用率(gC/MJ)。

② InVEST模型碳固持模块

该模型的碳固持模块（Carbon Storage and Sequestration）将环境中已有的碳储存划分为四种基本的碳库：地上生物量、地下生物量、土壤和死亡的有机物质(Sharp et al., 2015)。地上生物量包括土壤以上所有存活的植物材料（如树皮、树干、树枝和树叶），但不考虑地上碳库中极不稳定的碳[如草地和短周期（一年生）的农作物]，主要是由于这类碳相对稀少或更新太快。地下生物量包括这些植物活的根系统。土壤库通常被限制为矿质土壤的有机碳，但也包括有机土壤。死亡的有机物质包括凋落物、倒立或站立着的已死亡的树木。因此，根据土地利用（覆被）的分类情况，分别对不同地类地上碳库、地下碳库、土壤碳库和死亡有机碳库的平均碳密度进行统计，然后利用各个地类的面积乘以其碳密度并求和，可得出区域总碳储量。其计算公式如下：

$$C_{total} = C_{above} + C_{below} + C_{soil} + C_{dead}$$

式中，C_{total}表示生态系统总碳储量（Mg/hm²）；C_{above}表示储存在地上生物量中的碳量（Mg/hm²）；C_{below}表示储存在地下生物量中的碳量（Mg/hm²）；C_{soil}表示储存在土壤中的碳量（Mg/hm²）；C_{dead}表示储存在死亡有机物中的碳量（Mg/hm²）。

（3）水质净化功能评价

水质净化功能是指把流经该生态系统的水中悬浮物、营养物、有毒物固定和沉积在生态系统中（郗敏 等，2006）。随着社会经济快速发展，城镇化和工业化进程加快，剧烈的人类活动一方面向水体排放大量农业污水、生活污水、工业废水废渣等营养盐，导致生态系统承受巨大的水质净化压力（韩会庆 等，2016）；另一方面，侵占湿地、湖泊以及河流等生态系统，导致其景观结构不断发生变化，严重削弱该类生态系统原有的功能，造成物质平衡失调、水质下降等一系列环境问题（李红艳，2012）。因此，进行生态系统水质净化功能评价具有重要现实意义。

水质净化功能评价方法从水质评价中演变而来，多采用综合指数法、内梅罗指数法、灰色评价法等评价水质状况（安乐生 等，2010），但是无法直接评估生态系统的水质净化功能。部分研究通过实地测定湖泊、湿地等生态系统对污染物的截流能力来评价水质净化作用，但受限于场地尺度，且操作较复杂。随着生态系统服务价值评估的兴起，全球和流域尺度水质净化价值评估也开展了大量的研究,尤其是基于污染物去除成本的替代法较为常用。此外,生态系统服务评估模型的出现也为水质净化的评估提供了合适的工具。本节就两类水质净化功能评估工具展开讨论。

① 替代花费法计算水质净化功能

采用工业去除总氮(TN)和总磷(TP)的成本,来衡量水质净化功能的价值,具体公式如下:

$$V = V_N + V_P = \Delta Q_N \times \alpha_N + \Delta Q_P \times \alpha_P$$

式中,V 表示水质净化功能的价值;V_N 表示净化总氮的成本(万元);V_P 表示净化总磷的成本(万元);ΔQ_N、ΔQ_P 分别表示被净化的总氮和总磷的重量(t);α_N、α_P 表示单位污染物的净化成本(万元/t)。

② InVEST 模型水质净化模块

该模型中有水质净化模块(Nutrient Retention:Water Purification),该模块是利用氮(N)和磷(P)含量表征水质状况,通过植物和土壤的储存、转换等方式降低和去除 N、P 含量,实现水质净化功能(Sharp et al.,2015)。N、P 保持量越大或输出量越小,表示水质净化功能越好,相反则水质净化功能越差。具体而言,该模块基于土地利用数据,评估生态系统在一年内提供的营养物质的持留能力,计算公式如下:

$$W_i = 1/A_i$$

$$A_i = H_i \times P_i$$

$$H_i = N_i / N_j$$

$$N_i = \log(\sum_u Y_u)$$

式中,W_i 表示水质净化值;A_i 表示污染负荷值;P_i 表示输出系数;H_i 表示水文敏感分值;N_i 表示径流系数;N_j 表示平均径流系数;$\sum_u Y_u$ 表示产水量。

(4)土壤保持功能评价

土壤保持是指生态系统通过其结构和过程保护土壤,降低土壤流失,防止泥沙淤积的功能(刘月 等,2019)。受人类活动和全球气候变化的影响,土壤保持功能受到一定程度的损害,水土流失加剧、土地生产力下降影响农业生产和粮食安全(郑粉莉 等,2008),进而对生态、社会和经济产生较大的负面影响。因此,如何维护以及提高土壤保持功能成为全球关注的环境问题之一,也是国土综合整治和生态修复的重要任务。

土壤保持功能能力大小主要由空间上的侵蚀产沙、运移沉积过程决定。研究发现,以降雨为主要侵蚀力的水蚀是当前全球范围最主要的土壤侵蚀形式,泥沙从陆地产生并运移至海洋是一个复杂的动态过程。在此过程中,生态系统保持的土壤总量不仅包括在地块尺度上,还应包括泥沙运动过程中通过植被覆盖和管理措施经植被拦截所减少的土壤侵蚀量,以及由于平原、湖泊、河道、水库大坝等地形和人类活动引起的泥沙沉积量。自然界中侵蚀产沙—运移沉积—泥沙输出过程中的各个分量,即土壤侵蚀量、土壤保持量、输沙量或产沙量均可作为衡量土壤保持服务能力的指标。由于土壤保持功能包括控制侵蚀、减少泥沙输出等内容,故可直接采用一个地区土壤侵蚀量和输沙量在时间上的变化来表征土壤保持能力,由此所得结果并非土壤保持功能的具体数值,而是表征该地区特定时间内土壤保持功能的强弱程度(刘月 等,2019)。

当前较为常用的土壤保持功能评价方法是 InVEST 模型中的泥沙输移比模块(Sediment Delivery Ratio),该模型根据泥沙输移比计算流域产沙量,其中泥沙输移比指流域出口断面输沙量与断面之上侵蚀量之比(Sharp et al.,2015)。具体计算公式如下:

$$A_p = R \times K \times LS$$

$$A_r = R \times K \times LS \times C \times P$$

$$SEDR = SE \sum_{y=1}^{x-1} USLE \prod_{z=y+1}^{x-1} (1 - SE)$$

$$A_c = A_p - A_r + SEDR$$

式中,A_c 表示土壤保持量(t/hm²·a);A_p 为潜在土壤侵蚀量(t/hm²·a);A_r 为实际土壤侵蚀量(t/hm²·a);$SEDR$ 为泥沙持流量;R 为降雨侵蚀性因子[MJ·mm/(hm²·h)];K 表示土壤可侵蚀性因子[t·hm²·h/(MJ·hm²·mm)];LS 表示坡度坡长因子;C 表示植被覆盖因子;P 表示水土流失保护措施因子。

降雨侵蚀力 R 值是衡量特定降雨侵蚀力的手段,当前较常用的方法是利用

日降雨量资料对降雨侵蚀力进行计算(章文波 等,2002),具体公式如下:

$$R_i = \alpha \sum_{j=1}^{k} (P_j)^\beta$$

式中,R_i 表示第 i 个半月时段的侵蚀力值[MJ·mm/(hm²·h)];k 表示该半月时段内的降雨天数;P_j 表示半月时段内的第 j 天日降雨量(mm),要求日降雨量 $\geqslant$ 12 mm,否则以 0 计算。α 和 β 是模型参数,根据以下公式计算:

$$\beta = 0.8363 + \frac{18.144}{P_{d12}} + \frac{24.445}{P_{y12}}$$

$$\alpha = 21.586 \beta^{-7.1891}$$

式中,P_{d12} 表示日降雨量$\geqslant$12 mm 的日平均雨量;P_{y12} 表示日降雨量$\geqslant$12 mm 的年平均雨量。经过上述三个公式计算逐年每半个月的降雨侵蚀力,经累加可以得到年降雨侵蚀力。

土壤可侵蚀性因子 K 值用于衡量土壤颗粒被水力分离和搬运的难易程度,是反映土壤对侵蚀敏感程度的指标,通常用标准小区上单位降雨侵蚀力所引起的土壤流失量来表示,土壤性质中的土壤质地、有机质含量、土体结构、渗透性等决定了土壤可蚀性的大小(饶恩明 等,2013)。当前较为常用的 K 值估算方法是采用 EPIC 模型中的 K 值,具体公式如下:

$$K = \left\{0.2 + 0.3\exp\left[-0.0256 \times Sa\left(1 - \frac{Si}{100}\right)\right]\right\} \times \left(\frac{Si}{Si+Cl}\right)^{0.3}$$

$$\times \left[1 - \frac{0.25C}{C + \exp(3.72 - 2.95C)}\right] \times \left[1 - \frac{0.75Sn}{Sn + \exp(-5.51 + 22.9Sn)}\right]$$

式中,$Sn = 1 - Sa/100$;Sa、Si、Cl 和 C 分别表示土壤中砂粒、粉粒、黏粒和有机碳含量(%)。

坡度坡长因子 LS 是反映相同条件下,每单位面积坡面土壤流失量与标准小区(坡长 22.13 m,坡度 9%)流失量的比值,反映坡长和坡度对土壤侵蚀的影响(Wischemer and Smith,1978)。具体公式如下:

$$LS = 0.08 \lambda^{0.35} \times PS^{0.6}$$

式中,λ 为坡长(m);PS 表示坡度百分比(%)。

植被覆盖因子 C 和水土流失保护措施因子 P 根据不同地区植被覆盖程度以

及管理水平而定,取值[0,1]。

(5) 生物多样性保护功能评价

生物多样性是地球最显著的特征之一,包括遗传多样性、物种多样性、生态系统多样性和景观多样性。生物多样性保护功能指生态系统在维持基因、物种、生态系统多样性方面发挥的作用,与珍稀濒危和特有动植物的分布丰富程度密切相关,在生态系统中扮演重要角色,决定着生态系统的面貌。人口爆炸式增长与城镇土地扩张导致自然生境破碎严重、环境污染与恶化、外来物种入侵等多方面的威胁,地球上大多数土地的生物多样性呈现下降趋势。因此,生物多样性保护成为全球关注的焦点之一,土地的生物多样性保护功能评价是生物多样性保护与管理的基础。

生物多样性保护功能评价方法是当前生物多样性保护研究的前沿,主要集中于生物多样性评价指标的构建。不少组织、机构和国家如《生物多样性公约》第七次缔约方大会、欧盟、美国国家理事会等先后开展生物多样性评价的指标体系研究,并确立了一系列针对不同研究尺度的评价框架和评价指标体系。我国也基于本地区生物多样性保护的特征,提出了相应生物多样性保护评价方法和规则。

① 区域生物多样性评价方法

采用我国《区域生物多样性评价标准》(HJ623—2011),通过实地调查得到野生动物丰富度 N_V,即被评价区域内野生哺乳动物、鸟类、爬行类、两栖类、淡水鱼类、蝶类的种数;野生维管束植物丰富度 N_P,即被评价区域内野生维管束植物的种数;生态系统类型多样性 D_E,即被评价区域内自然或半自然生态系统的类型数。其中,

$$E_I = N_I/(N_V + N_P)$$

式中,E_I 表示外来物种入侵度;N_I 表示被评价区域外来入侵物种数;N_V 表示被评价区域内野生动物的种数;N_P 表示被评价区域内野生维管束植物的种数。

$$E_D = \frac{\frac{N_{EV}}{N_{V\max}} + \frac{N_{EP}}{N_{P\max}}}{2}$$

式中,E_D 表示物种特有性;N_{EV} 表示被评价区域内中国特有的野生动物种数;

N_{EP} 表示被评价区域内中国特有的野生维管束植物种数；N_{Vmax} 表示同类型行政区野生动物种数最大参考值；N_{Pmax} 表示同类型行政区野生锥管束植物种数最大参考值。

$$R_T = \frac{\dfrac{N_{TV}}{N_{Vmax}} + \dfrac{N_{TP}}{N_{Pmax}}}{2}$$

式中，R_T 表示受威胁物种的丰富度；N_{TV} 表示被评价区域内受威胁的野生动物数；N_{TP} 表示被评价区域内受威胁的野生维管束植物种数。

$$BI = N'_V \times 0.2 + N'_P \times 0.2 + D'_E \times 0.2 + E'_D \times 0.2 + R'_T \times 0.1 + (100 - E'_I) \times 0.1$$

式中，BI 表示生物多样性指数；N'_V 表示归一化后的野生动物丰富度；N'_P 表示归一化后的野生维管束植物种数；D'_E 表示归一化后的生态类型多样性；E'_D 表示归一化后的物种特有性；R'_T 表示归一化后的受威胁物种的丰富度；E'_I 表示归一化后的外来物种入侵度。

② 物种保护价值法

该方法源自《生态保护红线监管技术规范生态功能评价(试行)》(HJ 1142—2020)。由于生物多样性是生物及其环境形成的生态复合体以及与此相关的各种生态过程的综合，生物多样性维护功能与珍稀濒危和特有动植物的分布丰富程度密切相关。因此，首先可选取国家一、二级保护物种和其他具有重要保护价值的关键物种(含旗舰物种)作为生物多样性维护功能的评估指标，并应用物种分布模型(Species Distribution Models，SDMs)量化物种对环境的依赖关系，从而预测任何一点关键物种分布的概率或生境适宜度；利用空间插值法生成等值线，取值范围为0~1之间，获取生物多样性维护功能指数(S_{bio})。其次，通过确定珍稀濒危和特有物种等反映该区域生物多样性状况的旗舰物种分布数量及其保护价值。最后，基于空间分析将总的物种保育价值进行空间化处理，获取每个栅格单元的物种保育价值。计算公式如下：

$$P = \sum_{i=1}^{n}(P_i \times A_i)$$

$$V_b = \frac{S_{bio}}{\sum S_{bio}} \times P$$

式中，V_b 表示生物多样性维护功能价值；P 表示区域物种保育总价值；P_i 表示 i 类物种的保护价格；A_i 示 i 类物种的数量；n 表示区域内物种种类。

2. 生态环境敏感性评价

生态环境敏感性是指生态系统对各种环境变异和人类活动反应的敏感程度，用于反映产生生态失衡与生态环境问题的可能性大小（潘竟虎和董晓峰，2006）。在无外力干扰或者干扰较低的情况下，生态系统中的各个部分及过程会保持动态稳定，当干扰超过一定的限度时，生态系统中的某些组分或过程便会占据主导优势，导致严重的生态环境问题。生态敏感性评价实质上是对现状自然环境背景下潜在的生态环境问题进行明确的辨识，并将其落实到具体空间区域的一种评价方法（徐广才 等，2007），通过深入分析和评价区域生态敏感性，可为预防和治理生态环境问题的区域政策提供科学依据（颜磊 等，2009）。因此，生态环境敏感性评价可以为国土综合整治与生态修复的实施指明方向与落实区域。当前常见的生态系统敏感性评价的对象包括水土流失敏感性评价、水环境敏感性评价、生境退化敏感性评价和综合生态敏感性评价等。虽研究对象各异，但常用生态环境敏感性评价方法均以叠加法为主，其评价思路大致相同：对区域生态环境问题进行调查分析，根据实际情况选取生态敏感性因子，建立评价因子分级赋值体系，制作生态敏感性因子专题数据库，然后确定评价因子权重，加权求和计算每个评价单元的生态敏感性综合指数，根据分级标准进行生态敏感性评价。其中，评价单元一般采用像素、均质单元、网格评价单元、行政单元等；确权方法以主观确权为主，如层次分析法、德尔菲法等；叠加方法常采用评价因子直接叠加、评价单元几何中心与各评价因子叠加等。

(1) 水土流失敏感性评价

水土流失是指由各种外营力（如水力、风力、冻融力）与人为因素引起的水土资源和土地生产力的破坏和损失。与之相关的概念土壤侵蚀是指地表土壤和母质在外营力的作用下，受各种自然和人为因素的影响，土地资源遭受剥蚀、搬运和堆积的过程。水土流失和土壤侵蚀虽然在概念上表述有所不同，但二者所研究的对象和目的一致，即自然和人为要素作用下的土地功能退化。长期以来，水土流失破坏土地资源和生态环境，造成江河湖泊泥沙淤积，加剧洪水危害，直接威胁人类生存，是世界主要的灾害之一,因此有学者将其称为"环境破坏第一杀手"(徐涵秋,2013)。中国是世界上水土流失最严重的国家之一,水土流失面积广且数量大(郑粉莉,2008)。据第二次全国土壤侵蚀遥感调查,我国水蚀和风蚀面积356.9万 km²,占国土面积的37.6%(李智广 等,2008)。因此,为应对水土流失的严峻状况,如何将国土综合整治与生态修复落实到真正需要保护、维持水土资源地区意义重大。

水土流失敏感性是指区域生态系统水土流失生态过程发生的潜在可能性及其程度(刘康,2003)。利用水土流失敏感性评价精确判定可能发生水土流失的潜在区域以及厘清发生水土流失的潜在程度,作为一种行之有效的方法已被广泛认可,对于保护生态环境、增强土地利用功能、提高人类福祉具有重要作用。水土流失敏感性评价的重点、难点在于土壤侵蚀模型构建以及相关水土流失敏感性指标的确定,且评价指标体系的构建需要充分理解水土流失的原理并提出科学合理的土壤侵蚀模型。当前土壤侵蚀模型可归纳为经验模型、物理成因模型、分布式土壤侵蚀模型以及区域土壤侵蚀模型等四类(路中 等,2019)。较为常用或具有代表性的模型有:美国农业部 Wischmeier 和 Smith(1978)等提出的通用土壤侵蚀方程(USLE)和后期改进的修正通用土壤流失方程(RUSLE),该模型是典型的经验模型,被学术界广泛应用;1985年美国农业部开展水蚀预报模型(WEPP)研究工作,并于1995年发布第一个官方版本 WEPP95(Planagan et al.,1995),该模型物理过程参数多,能较好地描述侵蚀过程;另外欧洲科学家也结合本国实际情况开发了诸如荷兰土壤侵蚀模型(LISEM)和欧洲土壤侵蚀模型(EROSEM)等一系列定量评价模型(De Roo,1996;Morgan et al.,1998)。虽然土壤侵蚀模型发展较快,但对于水土流失敏感性评价的指标体系构建而言,指标的科学简明、可比性、可操作性同样重要,因此多数学者在修正通用土壤流失方程的基础上,结合研究区自然地理格局概况构建评价体系。

根据 RUSLE 模型原理,以降雨侵蚀力、坡度坡长、土壤可侵蚀性、水土保持措施、作物覆盖与管理因子等五个因子为水土流失敏感性评价的基础,结合地区自然状况的差异以及对区域其他可能引发水土流失的因素,一般会增设以下评价指标:土地利用(覆被)、沟壑密度、土层厚度、地形起伏度和地质灾害频率等。在确定评价指标体系后,根据每个单因子的数值进行敏感性分级并分配权重,最后将每个单因子叠加形成综合水土流失敏感性分级。其中，无论是单因子还是综合因子评价分级，均可借助自然断点法或专家打分法划分为不敏感、轻度敏感、敏感、高度敏感和极敏感等若干个级别。

(2) 水环境敏感性评价

水是人类生存与发展最根本的自然条件，是区域经济社会发展不可或缺的重要资源。随着城市化和工业化发展、农业集约化利用程度以及人口迅速增长，水资源消耗量、生产生活废水排放量均持续增加，导致地表水与地下水环境综合表征不断恶化，对水资源生态系统的健康与安全造成严重影响(孙伟 等，2010)。我国水资源总量约为 3×10^{12} m³，占全球水资源的6%左右，居世界前列。但人均水资源仅为 2000 m³，为世界平均值的28%左右，是全世界人均水资源最短缺的国家之一(尹上岗 等，2017)。另外，我国在经济社会发展过程中的资源粗放利用以及污染随意排放等问题也导致水生态环境破坏，水资源短缺和水生态环境恶化成为制约我国水资源利用的两大问题(钱文婧和贺灿飞，2011)。因此，水环境敏感性评价成为重要的研究课题。

水环境敏感性是指水环境对社会生产劳动、自然环境变异等活动干扰的敏感程度，用于综合反映发生水环境污染的可能性、危害性的大小。在生态平衡状态下，水环境中各类自然活动过程稳定保持着一种相对动态平衡关系，当受到外界干扰时，这种动态平衡遭到破坏，极容易发生水环境问题。水环境敏感性评价的核心是针对区域水环境现状进行评价，并落实到区域内识别最可能打破水环境生态动态平衡的外界干扰因素，从而帮助环保管理者和决策者科学合理地制定水环境治理规划方案(李想 等，2019)。

当前，水环境敏感性评价通常遵循生态系统敏感性的一般方法与流程，其重点在于水环境敏感性指标构建。目前尚无较为统一的水环境敏感性评价指标体系构建方法，多数学者基于对水环境敏感性定义和内涵的理解以及对研究对象和区域的认识构建相应的指标体系。通过查阅文献可将水环境敏感性评价指标体系构建范式分为两大类。

① 基于污染风险的评价体系

工业企业的污水排放和农业化肥的使用可能会导致流域湖泊等水体出现严

重污染,此类污染具有较强的破坏性,甚至会发展为大规模的面源污染,对当地居民的用水安全产生重大影响。因此,从水环境污染风险出发构建评价体系,有助于为水污染风险防控与管理提供指导。指标构建一般分为工业和农业两方面,其中,工业污染指标一般选取不同规模及类型企业的污水排放量、工业企业与临近河流湖泊等水系的距离、河流的水质状况、流域的生物多样性等指标;而农业污染则一般选取种植业化肥施用量、畜禽养殖业的主要肉类动物出栏数、水产养殖业的养殖面积和产量、农村生活污水排放量。

② 基于水环境敏感性属性的评价体系

该研究范式遵循水环境敏感性的内涵,认为水环境敏感性具有自然属性、社会属性、整体性、有限性和系统性等五个方面的属性(孙才志 等,2011),在评价指标体系构建时需要遵循其中的原则和要求。基于水环境敏感性属性的评价指标体系主要考虑以下方面并从中选择相应指标:第一,水环境结构特征。水环境结构对于抵御污染与水质净化具有重要作用,多数选取水体通达性、集中式水源地、清水通道、含水层厚度、含水层保护层等地表径流与地下水的结构特征。第二,区域自然条件。主要是土地利用类型、地形地貌特征、降雨量等。第三,水环境压力。主要包括污水排放量、地下水开采量、人口密度、人均生产总值等。第四,环境保护状况。主要指标有水质保护目标、工业废水排放达标率、生活污水处理率等。第五,生态环境状况。主要包括植被覆盖率、生物丰富度等。

(3) 生境退化敏感性评价

生境是指生物生长、繁衍的场所,由生物和非生物环境组成。生境作为影响生物栖息的空间,影响着生物的生长发育,决定生物种内、种间竞争强度和食物链特征,控制生物的繁衍。近几个世纪以来,人类活动导致生境退化,主要表现为生境破碎以及物种灭绝、生物多样性下降。据统计,生境破坏导致每年大约有1.75万种生物从地球上消失,在未来30年将有25%的物种处于灭绝危险之中,其中以鸟类和哺乳类动物最为严重。加强生境质量研究对于生物多样性保护、生态安全格局构建、生态系统服务功能具有重要意义(黄木易 等,2020)。生境退化敏感性是指动植物栖息地等重要生境在自然和人为因素干扰下的敏感程度,用于反映生境所面临的威胁程度以及确定落实整治修复的紧迫性。

现有的生境退化敏感性评价方法多以国家保护的动、植物为指标分析各种生境中的物种丰富度及其重要性,即根据评价地国家级保护对象的分布情况进行生境退化敏感性评价(吴鹏飞和朱波,2008)。由于近年来生态系统综合模型的发展,通过计算生境质量指数评价生境退化敏感性也较为常用。因此,本节重点围绕这两类方法展开讨论。

① 根据生态系统类型和优势植被的敏感性评价

不同地区的生态系统具有显著异质性,可根据研究区不同生态系统分布特点以及在生态保护中的重要性进行敏感性分级。通常,最敏感的生境一般是研究区内脆弱的生态系统、拥有最多优势物种的植被类型、地区主导的地带性植被类型,而不敏感的生境一般是果园、大田作物和经济林等。根据不同生态系统的敏感性分级,可基于GIS绘制研究区生境退化敏感性分区图。

② 基于 InVEST 模型方法敏感性评价

InVEST 模型的生境质量评价模块(Habitat Quality)是当前较为常用的评价方法,该模型假定生境质量是一个连续变量,充分考虑土地利用格局对生物栖息地的各种威胁程度,其中威胁源的影响程度、影响距离和斑块对威胁源的敏感性是主要考虑因素。需要注意的是,由于模型测算以土地利用类型为基础,故威胁源一般为农田与建设用地。基于该模块可测算每个栅格的生境质量指数并进行敏感性分级,生境质量指数越高,敏感性越大(Sharp et al.,2015)。

生境质量指数评价具体公式如下:

$$Q_{xj} = H_j \times \{D_{xj}^z / [D_{xj}^z + K^z]\}$$

$$D_{xj} = \sum_{r=1}^{R} \sum_{y=1}^{Y_r} (w_r / \sum_{r=1}^{R} w_r) r_y i_{rxy} \beta_x S_{jr}$$

$$i_{rxy} = 1 - \frac{d_{xy}}{d_{r\max}} \text{(线性衰退)}$$

$$i_{rxy} = \exp\left(-\left(\frac{2.99}{d_{r\max}}\right) d_{xy}\right) \text{(指数衰退)}$$

式中,Q_{xj} 是第 j 类土地利用类型中栅格 x 的生境质量;H_j 表示土地利用类型图 j 的生境属性;D_{xj} 表示生境退化程度;K 是半饱和常数,一般设置为生境退化程度最大值的二分之一;z 值为默认参数,为2.5;R 表示胁迫因子个数;w_r 是胁迫

因子 r 的权重;Y_r 为胁迫因子层在土地利用类型图中的栅格个数;r_y 表示土地利用类型图中每个栅格上胁迫因子的个数;i_{rxy} 为威胁源 r_y 对栅格 x 的胁迫程度;β_x 表示栅格 x 的可达性;S_{jr} 为 j 类土地利用类型对威胁因子的敏感性;d_{xy} 为栅格 x 与栅格 y 之间的距离;$d_{r\max}$ 是威胁因子 r 的最大影响距离。

5.3 生态系统安全风险评价

长期以来,受全球变化与人类活动的影响,全球生态系统安全遭到巨大威胁,生态环境问题频发,环境污染日益加剧、自然生态系统面积不断缩减、生物多样性急剧减少、生态系统生产力显著下降、生态系统稳定遭到严重影响。为抑制区域生态环境恶化,改善人类生存环境,推动环境管理目标和环境观念的转变,一方面,学者从生态系统可能遭受的风险出发,自 20 世纪 80 年代起逐渐加强了生态风险评价相关研究(张思锋和刘晗梦,2010);另一方面,自瑞典学者 Holling (1973)将恢复力引入生态系统稳定性研究,并将其定义为系统吸收干扰并继续维持其功能、结构、反馈等不发生质变的能力以后,学界便开始以恢复力理论为指导,探索生态系统自身抵抗风险与危机能力的定量评价方法。两类生态系统安全风险评价方法以定量分析的手段,分别从预测各种风险源对生态系统产生风险的或然性的路径与评估生态系统承受风险源的韧性路径,为国土综合整治与生态修复实施、管理与决策提供科学的定量依据。

5.3.1 生态风险评价

生态风险是生态系统及其组分所承受的风险,指一个种群、生态系统或整个景观的正常功能受外界胁迫,从而在目前和未来减少该系统内部某些要素或其本身的健康、生产力、遗传结构、经济价值和美学价值的可能性(卢宏玮 等,2003)。而生态风险评价即评价发生上述不利生态影响可能性的过程。历经 40 年发展,生态风险评价呈现出三种发展特征:第一,从单一化学污染源发展到多种污染源、自然灾害等对生态环境造成的风险;第二,从单一风险受体,如人体健康,扩展到种群、群落、生态系统等;第三,从单一研究扩展到综合研究,考虑污染事件、自然灾害、人类活动等风险源对区域或景观的综合生态风险(陈辉 等，2006)。

1. 环境化学生态风险评价

环境化学生态风险评价是化学污染物对环境和人类健康影响的毒理研究，用于分析各种化学风险源对生态系统产生风险的或然性及评估该风险可接受程度(孙洪波 等，2009)。其中风险源多以不同化学污染物如重金属、多环芳烃、化肥农药等为主，风险受体则包括水体、湿地、土壤等自然生态系统。环境化学生态风险评价起步较早，已成为较为成熟的研究领域，其主要评价方法有熵值法、地质累计指数法和潜在生态风险指数法三种。

(1) 熵值法

针对一个或多个特定化学污染物运用熵值法开展生态风险评价时，需要依据相关文献及经验数据，设定受体的化学污染物浓度标准，通过测定受体中实际的污染物浓度并与浓度标准进行比较而获得熵值，得出"有无风险"的结论。为增强风险管理的精细化程度，现有研究体系已将污染物在受体中浓度的"有无风险"改进为"多个风险等级"(路永正 等，2008)。

(2) 地质累计指数法

德国海德堡大学 Muller(1969)等在研究河底沉积物时，提出了一种计算沉积物中重金属元素污染程度的方法，适用于自然条件下或者人为活动影响下重金属在环境中的分布评价。地质累计指数法通过测量环境样本浓度和背景浓度计算地质累计指数值 I_{geo}，以评价某种特定化学物造成的环境风险程度。计算公式如下：

$$I_{geo} = \log_2 \left[\frac{C_n}{k \times BE_n} \right]$$

式中，I_{geo} 为地质累计指数；C_n 为样品中元素 n 的浓度；BE_n 为环境背景浓度；k 为修正系数，通常表征沉积特征、岩石地质以及其他影响。

(3) 潜在生态风险指数法

潜在生态风险指数法是瑞典学者 Hakanson(1980)研究水污染控制时建立的一种计算水体中重金属等主要污染物的沉积学方法。通过计算潜在生态风险因子 E_r^i 与潜在生态风险指数 RI，对水体沉积物中的重金属污染程度进行评价。计算公式如下：

$$C_f^i = \frac{C_D^i}{C_R^i}$$

$$C_d = \sum_{i=1}^m C_f^i$$

$$E_r^i = T_r^i \times C_f^i$$

$$RI = \sum_{i=1}^m E_r^i$$

式中，C_f^i 为金属 i 的污染系数；C_D^i 为金属 i 的实测浓度值；C_R^i 为现代工业化以前沉积物中第 i 种重金属的最高背景值；C_d 为多金属污染度；T_r^i 为金属 i 的生物毒性系数；E_r^i 为金属 i 的潜在生态风险因子；RI 为多金属潜在生态风险指数。

2. 自然灾害风险生态评价

自然灾害是生态系统能量流动与物质循环过程的异常变化对社会系统造成的危害，多发生于环境条件突发性变化以及生态过程输入输出不均匀或者生态系统内各部分平衡失调的情况下。自然灾害往往会造成人类经济财产损失、社会结构破坏，甚至导致生态系统功能的衰退。随着对自然灾害深入研究，人们发现自然灾害由自然和人为或其共同作用形成。当前，人为灾害日益增多，危害日益加剧。中国是世界上受自然灾害最严重的国家之一，20 世纪 90 年代以来，自然灾害造成的经济损失呈上升趋势，已成为影响经济发展和社会安定的重要因素（郝璐 等，2002），因此，发展基于自然灾害风险的生态评价成为迫切的需求。

我国自然灾害风险评价始于 20 世纪 50 年代，并以地震、洪涝、干旱为主要灾种，学界也对自然灾害风险评价开展了许多有益的探索。自然灾害生态风险评价以干旱、洪涝、台风、风暴潮、暴雪、低温冷冻等各类自然灾害为风险源，以生态系统为风险受体，根据受体脆弱程度评价区域受灾程度及可能的损失（许学工 等，2011）。总体而言，现有研究主要以自然灾害损失为切入点，从自然灾害时空规律、灾害预警、防御对策、危险程度、承载体脆弱程度等角度构建风险评价的指标体系。

一般认为，自然灾害风险是危险性、暴露性和脆弱性综合作用的结果（周寅康，1995），自然灾害风险指数计算具体如下：

$$R = H \times V \times E \times R$$

式中，R 表示自然灾害风险指数；H 表示自然灾害的危险度；V 表示承载体的脆弱程度；E 表示暴露程度；R 表示防灾减灾能力。

自然灾害危险度表示人、财产、系统或功能遭受损坏威胁的频率和严重程度，区域可能会遇到如气象灾害、地质灾害、趋势性灾害等的共同威胁，因此自然灾害危险度以加权综合指数法计算：

$$H = \sum_{i=1}^{n} w_i \times h_i$$

式中，w_i 表示第 i 种自然灾害的权重；h_i 表示特定自然灾害的危险度。

承载体的脆弱程度指在给定危险地区存在的所有由于潜在的危险因素而造成对财产的伤害或损失程度，其主要受经济发展、生态环境状况的影响，其计算公式如下：

$$V = \sum_{i=1}^{n} w_i \times v_i$$

式中，w_i 表示第 i 种自然灾害的权重；v_i 表示特定因素的脆弱程度。

暴露程度指可能受到危险因素威胁的所有人和财产，如人员、牲畜、房屋和农作物等，主要从人口数量及密度、工业生产总值、农业生产面积等方面描述，具体公式如下：

$$E = \sum_{i=1}^{n} w_i \times e_i$$

式中，w_i 表示第 i 种自然灾害的权重；e_i 表示特定因素的暴露程度。

防灾减灾能力指政府及个人为防止和减小风险而采取一系列措施的能力，通常从医疗、消防、公安等资源以及生态环境治理投入等方面考虑，具体公式如下：

$$R = \sum_{i=1}^{n} w_i \times r_i$$

式中，w_i 表示第 i 种自然灾害的权重；r_i 表示特定防灾减灾能力指数。

3. 区域与景观生态风险评价

随着生态风险评价研究的快速发展，评价尺度从生态系统向景观、区域不断扩大，评价对象从单一类型生态系统到多种生态系统的空间镶嵌，迫切要求更新生态风险评价的方法论。因此，伴随地理学者和景观生态学者的研究，生态风险评价逐渐向区域和景观等大尺度方向拓展。其中区域生态风险评价涉及的生态因子众多,且因子间存在相互作用和叠加效应,评价过程较为复杂。随着景观生态学和区域生态风险评价的发展,区域生态风险评价开始重视引入尺度效应、空间异质性和等级理论等景观生态学核心理论,由此催生出更加强调景观格局对于生态过程或功能的影响的景观生态风险评价(陈春丽,2010)。景观生态风险评价是指从景观要素镶嵌、景观格局演变和景观生态过程入手,通过分析其对内在风险源和外部干扰的响应,针对一个特定区域进行的景观组分、结构、功能和过程受人类活动或自然灾害影响的判定或预测方法(彭建 等,2015)。

(1) 区域生态风险评价方法

相较于传统生态风险评价,区域生态风险评价引入了多种生态因子、多种受体和更大尺度范围,评价方法总体上延续了"风险源识别—受体分析—暴露与危害评价"的固有模式。当前较为常用的方法主要包括 PETAR 方法和相对风险模型方法(周婷和蒙吉军,2009)。

① PETAR(Procedure for Ecological Tiered Assessment of Risks)方法

该方法是在缺乏大量野外观察数据的情况下进行风险评价的有效方法,适合复合生态系统的生态风险评价(Moraes and Molander,2004)。该方法将风险评价分为三个部分进行(又称"三级风险评价"):第一,初级评价,通过定性分析来描述受体受风险源影响的程度和概率分布差异情况,对于受体受影响区域内没有差异的风险源,进行初级评价即可;第二,半定量评价,针对受体受影响区域内有差异的风险源,通过对整个区域内的可能风险源、风险压力因子及可能受到影响的区域进行计算;第三,风险损失评价,通过局地定量评价在更小范围内建立风险源、风险因子和生态、社会、经济之间的数学关系,评估同区域内针对不同风险源的风险损失大小。

② 相对风险模型(Relative Risk Model,RRM)

该模型源于评价原油运输船压舱水处理站对港口范围内生境的生态风险(Landis,2005),随即被广泛应用于区域生态风险评价中。具体评价流程包括确定区域生态风险管理的目标;对与区域生态风险管理相关的潜在风险源和生境进行制图;根据管理目标、风险源和生境对区域进行进一步划分;建立连接风险源、受体以及评价终点的概念模型;根据评价终点,确定相对风险计算的等级系统;计算相对风险值,对风险等级进行不确定性和敏感性评价;为未来样地和实验室的调查建立可检验的风险假设,目的是减少风险评价的不确定性和确定风险的等级;检验风险假设,对相对风险和不确定性进行表达,以便与区域风险管理目标相对应。

(2) 景观生态风险评价的方法

景观生态风险评价总体上延续区域生态风险评价的方法,主要进步在于引入了景观生态学中景观镶嵌格局的相关理论方法。当前景观生态风险评价方法可分为基于风险源汇和基于景观格局的评价两种。

① 基于风险源汇的景观生态风险评价

该评价方法优势是在暴露分析过程中引入了景观格局因子,主要包括景观破碎度、景观分离度、景观优势度等景观格局指数,用景观镶嵌格局的生态学效应来预测风险源在一定景观格局下的空间传递和作用效果,在设定的评价目标单元中计算生态风险。这种方法多用于研究区内具有明确的区域生态安全风险胁迫因子的评价目标。

② 景观格局生态风险评价

该方法在一定程度上摆脱了传统生态系统评价的"风险源识别—受体分析—暴露与危害评价"固有模式,直接从空间格局出发评价区域尺度上的景观生态风险。风险受体不再是区域生态系统中的单一要素,而是组成异质性景观的生态系统本身;风险源也不再是环境污染物、自然灾害或人为干扰,而是评价景观镶嵌体相对于最优格局的偏离程度的生态风险效应。

5.3.2 生态系统恢复力评价

在多变的环境状况下,生态系统恢复力(简称恢复力)对维持理想的生态系统状态极为重要,是保证必要的生态系统服务所必需的能力,保持和提高生态系统恢复力是区域可持续发展的基础(闫海明 等,2012)。生态系统恢复力评价是应用恢复力理论对不同类型生态系统的可持续发展能力的评估,当前关于生态系统恢复力评价的实证研究主要集中于城市、森林、草地、湿地等生态系统,故本节将生态系统恢复力评价按人工生态系统和自然生态系统分别进行分析。

1. 人工生态系统恢复力评价

人工生态系统是典型的自然和社会复合生态系统,其复杂程度和多样化程度显著高于自然生态系统,可分为城市生态系统和乡村生态系统等。人工生态系统恢复力评价主要从三个方面考虑,一是该生态系统抵御突发灾害破坏的能力;二是该生态系统在外来侵扰下维持其自身功能正常运转的能力;三是该生态系统保持其在未受灾害影响状态下自有平衡状态的能力。通过评价城市和乡村等人工生态系统应对干扰的具体状况,有助于优化城市或乡村的防灾工程及措施与国土空间布局,进而提高对不合理利用国土空间的治理水平。此外,增强对气候变化、能源危机等一系列扰动的适应能力,构建具有韧性的人类生活社区。

目前,人工生态系统恢复力评价研究尚无统一范式,部分学者遵循城市生态健康评价的框架,从活力、组织力、恢复力、生态系统状况等角度构建评价指标(陈克龙 等,2010),综合运用综合指数法、模糊优选模型、因子加权分析法、模糊数学方法等方法展开集成评价。然而,城市生态健康评价框架无法有效测度人工生态系统应对干扰的综合能力,对人工生态系统的复合性特征也缺乏考虑。有必要基于人工生态系统的社会—生态复合特征,构建社会—生态系统恢复力测度指标体系与评价技术流程。

(1) 人工生态系统恢复评价指标确立

作为一个复杂的耦合社会与自然的复合生态系统,人工生态系统是联系人与自然的复杂适应系统,受内外多种因素干扰和驱动(Cumming et al.,2005),具有不可预期、自组织、非线性、多稳态、阈值效应、历史依赖和多种可能结果等特征(Esteban et al.,2011)。因此,人工生态系统恢复力评价在遵循科学性、可比性等通用原则外,还需遵循以下规则:第一,充分展现社会、经济、生态不同子系统的恢复能力;第二,根据不同的人工生态系统遴选能够充分反映该系统应对干扰的脆弱程度的指标;第三,指标选取要考虑生态系统的稳定性原则。在充分考虑上述原则基础上,通常针对社会、经济和生态三个子系统从脆弱性和应对能力两个维度构建评价指标。其中,社会子系统从人口及劳动力数量、社会就业及教育情况以及社会福利支出等方面选择指标;经济子系统则从经济增长情况、产业发展状况、财政及居民收入以及社会投资等方面选择指标;生态子系统一般从地形地貌、气候、土壤、水文以及"三废"处理程度等方面选择指标。

（2）人工生态系统恢复力评价方法

人工生态系统恢复力评价是系统脆弱性与应对能力在变化中相互作用的结果，各指标的影响有正负向之分，且对系统的影响可能更多是非线性的、不确定的。因此，恢复力测度实质是一个具有确定性的评价指标和评价标准与具有不确定性的评价因子及其含量变化相结合的分析过程（王群 等，2015）。此处以集对分析法为例展开讨论。

集对分析法是一门处理不确定性问题的系统理论方法，是解决多目标决策、多属性评价的有效途径，广泛应用于评价、管理、预测和规划等领域（Folke et al.，2002）。具体计算过程如下：运用集对分析进行多属性评价，记为 $M = \{Q, T, E, W\}$，评价方案集 $Q = \{q_1, q_2, \cdots, q_m\}$，评价指标集 $T = \{t_1, t_2, \cdots, t_n\}$，评价对象集 $E = \{e_1, e_2, \cdots, e_k\}$，评价权重集 $W = \{w_1, w_2, \cdots, w_n\}$。在同一空间内进行对比，确定各评价方案中的最优指标，构成最优评价集 $U = \{u_1, u_2, \cdots, u_n\}$；各评价指标中最劣指标构成最劣指标集 $V = \{v_1, v_2, \cdots, v_n\}$，其中，$u_n$ 和 v_n 分别为指标的最优值和最劣值。集对 $\{Q_m, U\}$ 在 $[U, V]$ 上的联系度为：

$$\begin{cases} \mu(q_m, U) = a_m + b_m i + c_m j \\ a_m = \sum w_p a_{pk} \quad p = (1, 2, \cdots, n) \\ c_m = \sum w_p c_{pk} \end{cases}$$

式中，a_{pk} 和 c_{pk} 分别为评价指标 t_{pk} 与集合 $\{v_p, u_p\}$ 的同一度和对立度；w_p 为第 p 项指标的权；a_m 值越大表示同一度越高；c_m 值越大表示对立度越高。

当 t_{pk} 对评价结果起正向作用时，

$$\begin{cases} a_{pk} = \dfrac{t_{pk}}{v_p + u_p} \\ c_{pk} = \dfrac{v_p u_p}{t_{pk}(v_p + u_p)} \end{cases}$$

当 t_{pk} 对评价结果起负向作用时，

$$\begin{cases} a_{pk} = \dfrac{v_p u_p}{t_{pk}(v_p + u_p)} \\ c_{pk} = \dfrac{t_{pk}}{v_p + u_p} \end{cases}$$

方案 q_m 与最优方案集 U 的相对贴近度为,

$$r_m = \frac{a_m}{a_m + c_m}$$

式中,r_m 反映了被评价方案 q_m 与最优方案集 U 的联系度,r_m 值越大表示被评价对象越接近最优方案。

2. 自然生态系统恢复力评价

人工生态系统的作用主要是为人类社会提供生产、生活以及抵御灾害的场所,自然生态系统则是为人类提供生存所必需的各种服务。由于长期受人类活动和气候变化的干扰,全球生态系统发生巨大变化,自然生态系统面积不断缩减、生物多样性急剧减少、生态系统生产力显著下降(刘婧 等,2006),这些问题成为制约可持续发展的重要因素。在如此复杂多变的全球变化背景下,如何使自然生态系统经历干扰后仍保持初始功能与结构(即维护自然生态系统恢复力)尤为重要,这也是维持生态系统服务以及区域可持续发展的基础。

自然生态系统包括森林生态系统、草地生态系统、湿地生态系统等,此类生态系统具有维持生物多样、维护全球碳循环和水分循环等重要功能,定量测度自然生态系统功能可为自然资源管理提供科学依据,以期维持生态系统较为理想的状态,从而满足人类对自然生态系统的需求。近年来,随着恢复力理论发展,自然生态系统恢复力评价逐渐从定性描述过渡到定量分析,但仍处于探索阶段。学界目前存在两套评价自然生态系统的研究范式,即基于恢复力理论的评价框架和基于自然生态系统恢复力影响因素的评价框架,二者的主要差异体现在视角方面。

(1) 基于生态系统恢复力理论的评价框架

该框架主要借鉴 Costanza(1992)和 Rapport(1998)研究生态系统健康评价体系时提出的 VOR 模型,模型框架从恢复力理论出发,围绕活力(Vigor)、组织结构(Organization)和恢复力(Resilience)三个属性构建评价指标体系。指标选取需要体现以下特征:第一,活力指系统物质生产与能量流动的活动性,需要体现生态系统中物质循环与能量流动的速率,可选用地上生物总量、植被净初级生产力、归一化植被指数等表征;第二,组织结构需要体现生态系统结构与功能的优化能力,可选取土壤结构、地形地貌条件、物种结构等指标;第三,恢复力需要体现系统受到胁迫后抵抗、反弹和恢复到原来状态的能力,可通过计算生物量的变化情况或者与平均生物量的对比得到恢复利用指数。

(2) 基于自然生态系统恢复力影响因素的评价框架

该框架建立得益于大量前沿学术研究探索,它们提升了科学界对生态系统恢复力的认识,并系统归纳出一系列影响生态系统恢复力的因素(闫海明 等,2012),具体包括:第一,生物多样性。生物多样性是生态系统存在和发展的基础,多依托生物冗余和响应多样性来影响生态系统恢复力,可通过调查实验等方法测度物种多样性、生态系统多样性等指标。第二,生态存储。生态存储指生态系统经历干扰之后幸存的原有状态的有机体、彼此间及其与环境之间的动态作用,以及干扰过后潜在的重组结构,其中又包括内部存储和外部存储。基于该定义,可选取优势物种、郁闭度、邻近度等表征物种间重组能力的指标。第三,立地条件。自然生态系统受当地自然条件和景观背景影响较大,可从生境质量、气温降雨等气候因子,以及土壤结构、地形地貌等方面选取指标。第四,人类活动。作为干扰变量,人类活动对自然生态系统存在深远影响,可从人口密度、经济状况、土地利用等方面确定该层指标。

参考文献

[1] 安乐生,赵全升,刘贯群,等,2010.代表性水质评价方法的比较研究[J].中国环境监测,26(5):47-50.

[2] 陈春丽,吕永龙,王铁宇,等,2010.区域生态风险评价的关键问题与展望[J].生态学报,30(3):808-816.

[3] 陈辉,刘劲松,曹宇,等,2006.生态风险评价研究进展[J].生态学报,26(5):1558-1566.

[4] 陈克龙,苏茂新,李双成,等,2010.西宁市城市生态系统健康评价[J].地理研究,29(2):214-222.

[5] 陈百明,1988.中国土地资源的人口承载能力[J].中国科学院院刊,6(03):260-267.

[6] 曹根榕,顾朝林,张晓明,等,2021.国土空间"双评价"及其规划编制应用研究[M].北京:科学出版社.

[7] 邓坤枚,石培礼,谢高地,2002.长江上游森林生态系统水源涵养量与价值的研究[J].资源科学,24(6):68-73.

[8] 邓波,洪绂曾,龙瑞军,2003.区域生态承载力量化方法研究述评[J].甘肃农业大学学报,38(03):281-289.

[9] 段春青,刘昌明,陈晓楠,等,2010.区域水资源承载力概念及研究方法的探讨[J].地理学报,65(01):82-90.

[10] 方精云,郭兆迪,朴世龙,等,2007.1981~2000年中国陆地植被碳汇的估算[J].中国科学(D辑:地球科学),37(6):804-812.

[11] 方精云,杨元合,马文红,等,2010.中国草地生态系统碳库及其变化[J].中国科学:生命科学,40(7):566-576.

[12] 傅抱璞,1981.论陆面蒸发的计算[J].大气科学,5(1):23-31.

[13] 傅伯杰,周国逸,白永飞,2009.中国主要陆地生态系统服务功能与生态安

全[J]. 地球科学进展, 24(6): 571-576.

[14] 封志明, 1994. 土地承载力研究的过去、现在与未来[J]. 中国土地科学, 8(3): 1-9.

[15] 封志明, 李鹏, 2018. 承载力概念的源起与发展: 基于资源环境视角的讨论[J]. 自然资源学报, 33(09): 1475-1489.

[16] 郭秀锐, 毛显强, 冉圣宏, 2000. 国内环境承载力研究进展[J]. 中国人口·资源与环境(S1): 1-3.

[17] 韩会庆, 罗绪强, 游仁龙, 等, 2016. 基于InVEST模型的贵州省珠江流域水质净化功能分析[J]. 南京林业大学学报(自然科学版), 40(5): 87-92.

[18] 韩书成, 濮励杰, 2009. 江苏土地综合承载能力空间分异研究[J]. 水土保持通报, 29(05): 146-150.

[19] 郝璐, 王静爱, 满苏尔, 等, 2002. 中国雪灾时空变化及畜牧业脆弱性分析[J]. 自然灾害学报, 11(4): 42-48.

[20] 黄麟, 刘纪远, 邵全琴, 等, 2016. 1990—2030年中国主要陆地生态系统碳固定服务时空变化[J]. 生态学报, 36(13): 3891-3902.

[21] 黄木易, 岳文泽, 冯少茹, 等, 2020. 基于InVEST模型的皖西大别山区生境质量时空演化及景观格局分析[J]. 生态学报, 40(9): 2895-2906.

[22] 何春阳, 史培军, 陈晋, 等, 2005. 基于系统动力学模型和元胞自动机模型的土地利用情景模型研究[J]. 中国科学(D辑: 地球科学), 5: 464-473.

[23] 惠泱河, 蒋晓辉, 黄强, 等, 2001. 水资源承载力评价指标体系研究[J]. 水土保持通报, 21(01): 30-34.

[24] 景跃军, 2006. 关于资源承载力的研究综述及思考[J]. 中国人口·资源与环境, 16(05): 11-14.

[25] 李想, 肖桂荣, 蔡圣淮, 2019. 结合网络文本的模糊层次分析法评价水环境敏感性[J]. 地球信息科学, 21(12): 1832-1844.

[26] 李智广, 曹炜, 刘秉正, 等, 2008. 我国水土流失状况与发展趋势研究[J]. 中国水土保持科学, 6(1): 57-62.

[27] 李红艳, 章光新, 孙广志, 2012. 基于水量-水质耦合模型的扎龙湿地水质净

化功能模拟与评估[J]. 中国科学:技术科学,42(10):1163-1171.

[28] 刘仁志,汪诚文,郝吉明,等,2009. 环境承载力量化模型研究[J]. 应用基础与工程科学学报,17(01):49-61.

[29] 刘康,欧阳志云,王效科,等,2003. 甘肃省生态环境敏感性评价及其空间分布[J]. 生态学报,23(12):2711-2718.

[30] 刘婧,史培军,葛怡,等,2006. 灾害恢复力研究进展综述[J]. 地球科学进展,21(2):211-218.

[31] 刘世荣,孙鹏森,温远光,2003. 中国主要森林生态系统水文功能的比较研究(英文)[J]. 植物生态学报,27(1):16-22.

[32] 刘月,赵文武,贾立志,2019. 土壤保持服务:概念、评估与展望[J]. 生态学报,39(2):432-440.

[33] 卢宏玮,曾光明,谢更新,等,2003. 洞庭湖流域区域生态风险评价[J]. 生态学报,23(12):2520-2530.

[34] 路中,雷国平,王居午,等,2019. 30年来东北典型黑土区水土流失敏感性时空分异特征研究[J]. 自然灾害学报,28(4):186-195.

[35] 路永正,阎百兴,李宏伟,等,2008. 松花江鱼类中汞含量的演变趋势及其生态风险评价[J]. 农业环境科学学报,27(6):2430-2433.

[36] 吕一河,胡健,孙飞翔,等,2015. 水源涵养与水文调节:和而不同的陆地生态系统水文服务[J]. 生态学报,35(15):5191-5196.

[37] 孟士婷,黄庆旭,何春阳,等,2018. 区域碳固持服务供需关系动态分析——以北京为例[J]. 自然资源学报,33(7):1191-1203.

[38] 潘竟虎,董晓峰,2006. 基于GIS的黑河流域生态环境敏感性评价与分区[J]. 自然资源学报,21(2):267-273.

[39] 彭建,党威雄,刘焱序,等,2015. 景观生态风险评价研究进展与展望[J]. 地理学报,70(4):664-677.

[40] 钱文婧,贺灿飞,2011. 中国水资源利用效率区域差异及影响因素研究[J]. 中国人口·资源与环境,21(2):54-60.

[41] 靳相木,李陈,2018. 土地承载力研究范式的变迁、分化及其综述[J]. 自然

资源学报,33(03):526-540.

[42] 饶恩明,肖燚,欧阳志云,等,2013.海南岛生态系统土壤保持功能空间特征及影响因素[J].生态学报,33(3):746-755.

[43] 孙才志,杨磊,胡冬玲,2011.基于GIS的下辽河平原地下水生态敏感性评价[J].生态学报,31(24):7428-7440.

[44] 孙洪波,杨桂山,苏伟忠,等,2009.生态风险评价研究进展[J].生态学杂志,28(2):335-341.

[45] 孙伟,陈雯,陈诚,2010.水环境协同约束分区与产业布局引导研究——以江苏省为例[J].地理学报,65(7):819-827.

[46] 申元村,1990.土地人口承载能力研究理论与方法探讨[J].自然资源(01):21-26.

[47] 王礼先,于志民,1999.水源涵养林效益研究[J].北京:中国林业出版社.

[48] 王群,陆林,杨兴柱,2015.千岛湖社会—生态系统恢复力测度与影响机理[J].地理学报,70(5):779-795.

[49] 王云飞,叶爱中,乔飞,等,2021.水源涵养内涵及估算方法综述[J].南水北调与水利科技(中英文),19(6):1041-1071.

[50] 王中根,刘昌明,黄友波,2003.SWAT模型的原理、结构及应用研究[J].地理科学进展,22(1):79-86.

[51] 王宗明,梁银丽,2002.植被净第一性生产力模型研究进展[J].干旱地区农业研究,20(02):104-107.

[52] 吴鹏飞,朱波,2008.重庆市生物多样性与生境敏感性评价[J].西南农业学报,22(2):301-304.

[53] 郗敏,刘红玉,吕宪国,2006.流域湿地水质净化功能研究进展[J].水科学进展,17(4):566-573.

[54] 谢高地,鲁春霞,冷允法,等,2003.青藏高原生态资产的价值评估[J].自然资源学报,18(2):189-196.

[55] 徐广才,康慕谊,赵从举,等,2007.阜康市生态敏感性评价研究[J].北京师范大学学报(自然科学版),43(1):88-92.

[56] 徐涵秋,2013. 水土流失区生态变化的遥感评估[J]. 农业工程学报,29(7): 91-97+294.

[57] 许学工,颜磊,徐丽芬,等,2011. 中国自然灾害生态风险评价[J]. 北京大学学报(自然科学版),47(5):901-908.

[58] 夏军,朱一中,2002. 水资源安全的度量:水资源承载力的研究与挑战[J]. 自然资源学报,17(03):262-269.

[59] 闫海明,战金艳,张韬,2012. 生态系统恢复力研究进展综述[J]. 地理科学进展,31(3):303-314.

[60] 颜磊,许学工,谢正磊,等,2009. 北京市域生态敏感性综合评价[J]. 生态学报,29(6):3117-3125.

[61] 尹上岗,马志飞,黄萍,等,2017. 中国水资源利用的时空分布格局探究[J]. 华中师范大学学报(自然科学版),51(6):841-848.

[62] 岳文泽,王田雨,2019. 资源环境承载力评价与国土空间规划的逻辑问题[J]. 中国土地科学,33(03):1-8.

[63] 杨开忠,杨咏,陈洁,2000. 生态足迹分析理论与方法[J]. 地球科学进展,15(06):630-636.

[64] 郑粉莉,王占礼,杨勤科,2008. 我国土壤侵蚀科学研究回顾和展望[J]. 自然杂志,30(1):12-16+63.

[65] 周婷,蒙吉军,2009. 区域生态风险评价方法研究进展[J]. 生态学杂志,28(4):762-767.

[66] 周寅康,1995. 自然灾害风险评价初步研究[J]. 自然灾害学报,4(1):6-11.

[67] 郑振源,1996. 中国土地的人口承载潜力研究[J]. 中国土地科学,10(04):33-38.

[68] 甄霖,曹淑艳,魏云洁,等,2009. 土地空间多功能利用:理论框架及实证研究[J]. 资源科学,31(04):544-551.

[69] 张思锋,刘晗梦,2010. 生态风险评价方法述评[J]. 生态学报,30(10):2735-2744.

[70] 张志强,徐中民,程国栋,等,2001.中国西部12省(区市)的生态足迹[J]. 地理学报,56(05):598-609.

[71] 章文波,谢云,刘宝元,2002.利用日雨量计算降雨侵蚀力的方法研究[J]. 地理科学,22(6):705-711.

[72] Arnold J, Williams J, Maidment D, 1995. Continuous-time water and sediment-routing model for large basins[J]. Journal of Hydraulic Engineering, 121(2):171-183.

[73] Arrow K, et al., 1995. Economic growth, carrying capacity, and the environment[J]. Science, 268(5210):520-521.

[74] Barnes J A, 1950. Studies in African land usage in Northern Rhodesia[J]. Africa, 20(2).

[75] Costanza R, 1992. Toward an operational definition of ecosystem[M]. Washington D.C.: Island Press.

[76] Cumming G S, Barnes G, Perz S, et al., 2005. An exploratory framework for the empirical measurement of resilience[J]. Ecosystems, 8(2):975-987.

[77] Daily G C, 1997. Nature's services: societal dependence on natural ecosystems[M]. Washington D.C.: Island Press.

[78] De Roo A P J, 1996. The LISEM project: an introduction[J]. Hydrological Processes, 10(8):1021-1025.

[79] Donohue R, Roderick M, McVicar T, 2012. Roots, storms and soil pores: incorporating key ecohydrological processes into Budyko's hydrological model[J]. Journal of Hydrology, 436-437.

[80] Esteban R, 2011. Social-ecological resilience and community-based tourism: an approach from Agua Blanca, Ecuador[J]. Tourism Management, 32(3):655-666.

[81] Folke C, Carpenter S, Elmqvist T, et al., 2002. Resilience and sustainable development: building adaptive capacity in a world of transformations[J]. Ambio, 31(5):437-440.

[82] Gash J, 1979. An analytical model of rainfall interception by forests[J]. Quarterly Journal of the Royal Meteorological Society, 105(443).

[83] Hakanson L, 1980. An ecology risk index for aquatic pollution control: a sedimentological approach[J]. Water Research, 14(8): 995-1001.

[84] Holling C, 1973. Resilience and stability of ecological systems[J]. Annual Review of Ecology and Systematics, 4: 1-23.

[85] Kiniry J, Williams J, King K, 2005. Soil and water assessment tool theoretical documentation: Version 2000.

[86] Landis W G, 2005. Regional scale ecological risk assessment: using the relative risk model[M]. Boca Raton: CRC Press.

[87] Millington R, Gifford R, 1973. Energy and how we live[M]//Australian UNESCO seminar, committee for man and biosphere.

[88] Moraes R., Molander S, 2004. A procedure for ecological tiered assessment of risks (PETAR) [J]. Human and Ecological Risk Assessment, 10: 349.

[89] Morgan R, Quinton J Smith R, et al., 1998. The European soil erosion model (EUROSEM): documentation and user guide[R]. Cranfield: Cranfield University.

[90] Muller G, 1969. Index of geo accumulation in sediments of the Rhine River [J]. Geo journal, 2(3): 108-118.

[91] Planagan D, Ascough J, Nicks A, et al., 1995. Overview of the WEPP erosion prediction model[J]. Technical Documentation, USDA-Water Erosion Prediction Project.

[92] Potter C, Randerson J, Field C, et al., 1993. Terrestrial ecosystem production: a process model based on global satellite and surface data[J]. Global Biogeochemical Cycles, 7(4): 811-841.

[93] Rapport D, Costanza R, Epdein P R, 1998. Ecosystem health[M]. Oxford: Blackwell Science: 3-16.

[94] Rutter A, Kershaw K, Robins P, et al., 1971. A predictive model of rainfall

interception in forests, derivation of the model from observations in a plantation of Corsican pine[J]. Agricultural Meteorology, 9: 367-384.

[95] Sharp R, Tallis H T, Ricketts T, et al., 2015. InVEST 3.2.0 user's guide. The Natural Capital Project, Stanford University, University of Minnesota, The Nature Conservancy, and World Wildlife Fund.

[96] Sleeser M, 1990. Enhancement of carrying capacity option ECCO[J]. The Resource Use Institute, 100-108.

[97] Vogt W, 1949. The way of subsistence[M]. Chicago: Chicago University Press: 256-342.

[98] William E. R, 1996. Revisiting carrying capacity: area-based indicators of sustainability[M]//Wackernagel M. Ecological Footprints of Nations. [S.l.]: [s.n.]

[99] Wischmeier W H, Smith D D, 1978. Predicting rainfall erosion losses[M]//USDA Agricultural Handbook. [S.l.]: [s.n.]: 537.

[100] Zhang L, Hickel K. Dawes W, et al., 2004. A rational function approach for estimating mean annual evapotranspiration[J]. Water Resources Research. 40(2): W02502.

第六章 国土整治修复的规划学方法

  国土整治修复是发掘区域现实问题,并落实国土空间规划的桥梁,同时也是综合各类规划意图的实施平台。国土整治修复作为国土空间规划的重要组成部分,二者往往在同一时间编制,这对国土整治修复提出了更高要求。由于国土空间规划编制程序复杂烦琐,国土空间规划可能无法为国土整治修复提供及时、准确的整治修复目标和任务,导致国土整治修复通常需要独立开展区域的基础分析工作。基于此,国土整治修复需要借鉴规划学方法开展相关研究,从不同角度综合评价国土空间生态系统状况,明确诊断国土空间生态系统产生功能受损或退化的病症、病因和病理,合理规划修复和整治目标、方式,保障国土整治生态修复有序、高效进行,最终实现人与自然和谐共生。常见的规划学方法涵盖了土地利用需求预测、土地利用优化配置、土地利用分区以及与生态修复相关的景观尺度的景观格局分析、生态网络优化等内容。这些规划学方法支撑了国土空间规划工作,为国土整治修复相关研究提供了借鉴。其中,土地利用需求预测为优化国土空间格局、制定未来国土整治重点方向提供支持;土地利用优化配置为开展空间精细化国土整治修复提供直接指导;土地利用分区方法从区域宏观条件出发,为制定差异化国土整治修复策略提供前提条件;景观格局和生态网络分析方法为开展区域整体生态安全格局构建、识别和修复生态受损区域提供科学基础。

6.1 土地利用需求预测方法

土地是人类生存与发展不可替代的物质条件。国土整治修复围绕现状或未来潜在的区域问题展开,其中关于未来潜在区域问题识别往往需要预测未来土地利用需求,进而模拟未来的土地利用情景。土地利用需求是指人类利用土地从事各种生产与消费活动,以维持其生存的基本需要。土地能够生产人类所需要的粮食、纤维和原料,因此人口数量是影响土地利用需求的重要因素。任何人必须利用土地才能生存,人类对土地的需求程度通常会随着时间与空间的变化而有所差异。土地需求量预测是指对一定地区、一定时期内各类用地规模及其动态变化的测算。预测土地利用需求常见的方法有灰色预测法、回归预测法和系统动力学方法,不同方法在预测土地利用需求中各有利弊,需要根据研究目的采取合适方法进行精准预测。

6.1.1 土地利用需求的灰色预测法

1. 方法背景

灰色预测法是基于灰色系统理论发展起来的一种预测方法,最早由华中理工大学邓聚龙教授提出,用以阐述灰色系统的概念(邓聚龙,1986;刘希强和王照明,1996)。基于灰色系统理论的 GM(1,1)模型,是灰色预测方法最基本的分析模型。按照灰色系统理论,灰色预测方法可分为五类,即数列预测、灾变预测、季节灾变预测、拓扑预测和系统综合预测。截至目前,灰色预测方法已不仅仅局限于 GM(1,1)模型,还包括了灰色代数曲线预测、灰色投入产出模型预测等。为方便阐述灰色预测方法基本原理,本节将"基于灰色系统理论的思想和方法所进行的预测"均称为灰色预测。

关于灰色系统理论,国内外学者展开了广泛的讨论,灰色系统理论和应用也因此得到迅速发展。所谓灰色系统,就是部分信息已知、部分信息未知的系统,描述的是一类中介系统,即位于清晰系统与完全不清晰系统之间,与模糊系统有联系而又不同的系统。由于土地利用系统内部社会、经济、生态因素关系的不确定性、模糊性以及系统外部因素的影响,土地利用系统是一个典型的灰色系统。运用灰色预测方法,可在极大程度上绕开土地利用系统研究的复杂性,为土地利用需求精确预测提供便捷。

2. 方法原理

灰色预测方法是对既含有已知信息又含有不确定信息的系统进行预测,即在一定范围内变化的、与时间有关的灰色过程开展预测。灰色预测原理是基于原始数据变化规律寻找系统变动特点,并生成有较强规律性的数据序列,建立相应的微分方程模型,从而预测事物未来发展趋势的状况。下面以灰色预测中经典的GM(1,N)模型为例,对灰色预测方法原理进行详细解释。

灰色理论的微分方程模型为 GM 模型,G 表示 Grey(灰),M 表示 Model(模型)。GM(1,N)表示 1 阶、N 个变量的微分方程型模型,GM(1,1)即 1 阶、1 个变量的微分方程型模型。

灰色理论的 GM 模型机理和特点,可归纳为:

第一,一般系统理论只能建立差分模型,不能建立微分模型,而灰色理论建立的是微分方程模型。差分模型是一种递推模型,只能按阶段分析系统的发展,可用于短期分析。尽管连续系统的离散近似模型对许多工程应用而言具有实际作用,但在某些研究领域中,研究人员更倾向使用微分方程模型,如生命科学、经济学、生物医学等。在此类领域中,微分方程的系数可以描述系统内部的物理或化学过程的本质,然而建立这种模型的方法和途径是非常困难的,而灰色系统理论基于关联度收敛原理、生成数、灰导数、灰微分方程等观点和方法建立的微分方程型模型,为解决类似的问题提供了契机。

第二,系统行为数列往往是没有规律且随机变化的。对随机变量、随机过程,多采用概率统计的方法进行研究。概率统计的方法要求必须从大量数据中寻找统计规律,因此概率统计的研究方法计算工作量大,且解决和处理的问题较为有限。灰色系统理论将一切随机变量看作在一定范围内变化的灰色量,认为随机过程是在一定范围内变化的、与时间有关的灰色过程。对灰色量的分析并非基于统计规律,而是运用数据处理方法,将杂乱无章的原始数据整理成规律较强的生成数列,再进一步开展相关研究。

第三，灰色理论通过多个 GM(1,N) 模型来解决高阶系统的建模问题。

第四，灰色理论通过模型计算值与实际值之差（即残差）建立 GM(1,1) 模型，并将其作为提高模型精度的主要途径。

第五，灰色理论建模一般采用残差大小检验、后验差检验、关联度检验三种检验方式。残差大小检验是对模型精度的检验，是一种直观的检验；后验差检验是按照残差的概率分布进行的检验，属于统计检验；关联度检验是根据模型曲线与行为数据曲线的几何相似程度进行的检验，属于几何检验。

第六，灰色理论建立的模型不是原始模型，而是基于生成数据的模型，基于灰色理论预测的数据并不是直接从生成模型得到的数据，而是还原后的数据，即通过生成数据的 GM 模型所得到的预测值。因此，必须进行逆生成处理。

3. 方法应用

涉及国土整治修复的相关研究往往需要分析土地利用需求，并提前谋划未来土地利用布局，对不适宜的现状土地利用类型开展整治修复。由于影响土地利用需求的因素较多，灰色预测通常采用系统预测的方法来解决多个因素独立分析的问题，从而避免了单因素序列建模预测造成的结果偏差。系统预测是基于土地利用系统的核心要素发展趋势而进行的综合预测，是对系统状态的动态研究，可由反映其特征的一组变量表达。灰色系统预测建模要求数据资料少、数据波动不大，即具有较好的指数规律时，用于短期预测效果比较理想。若进行长期预测，可能会导致预测值偏大或偏小，故而对随机波动较大的大样本数据进行预测时，预测精度不理想。此外，马尔可夫预测模型也是除灰色预测模型外最常用的预测方法之一。其应用对象是一个随机变动的动态系统，理论基础是马尔可夫过程。马尔可夫预测是根据状态之间的转移概率推测系统未来发展变化，该方法需要具有平稳过程等均值特点，因此马尔可夫过程又存在与灰色预测模型不同的局限性。在客观现实世界中，土地利用变化过程是随时间变化而呈现出的非平稳过程，且随机因素的影响使得预测值总是围绕某一趋势量摆动。如果先采用灰色 GM(1,1) 模型对预测问题的时序数据进行拟合，找出其变化趋势，则可弥补马尔可夫预测模型的局限性。因此，灰色马尔可夫预测模型克服了灰色预测模型和马尔可夫模型的局限，这类组合模型在土地利用需求预测研究中逐渐增多。

6.1.2 土地利用需求的回归预测法

1. 方法背景

回归分析法(又称统计分析法),是目前广泛应用的定量预测方法。回归分析起源于生物学研究,最早由英国生物学家兼统计学家高尔登(Francis Galton)在19世纪末研究遗传学特性时提出。高尔登在1889年发表的著作《自然的遗传》中提出回归分析方法,此后该方法便被应用至经济领域。一般而言,回归是研究因变量随自变量变化的一种分析方法,其目的在于根据已知自变量来估计和预测因变量的总平均值。按照回归模型方程的不同,回归分析法存在诸多变形,因此包含了多种类型。根据自变量的多少,回归模型可分为一元回归和多元回归模型;根据回归模型的数学形式是否线性,回归模型可分为线性回归模型和非线性回归模型;根据回归模型所含的变量是否有虚拟变量,回归模型可分为普通回归模型和带虚拟变量的回归模型;根据回归模型是否用滞后的因变量作自变量,回归模型可分为无自回归现象的回归模型和自回归模型。

2. 方法原理

不同回归分析模型的原理不同,本节以经典的多元回归分析为例,进行该类方法原理的重点阐述。多元线性回归分析是利用多元线性回归模型进行分析的一种方法。在地理学视角下,多元线性回归模型表示一种地理现象或要素与另外多种地理现象或要素的依存关系,表征另外多种地理现象或要素共同对一种地理现象或要素产生影响。

设变量 y 与变量 $x_1, x_2, \cdots, x_m$ 具有统计关系,则称 y 为影响因变量或因变量,而 $x_1, x_2, \cdots, x_m$ 为自变量或预测变量。所谓多元线性回归模型是指这些自变量对 y 的影响是线性的,即:

$$y = \beta_0 + \beta_1 x_1 + \beta_2 x_2 + \cdots + \beta_m x_m + \varepsilon$$

其中,$\beta_0, \beta_1, \beta_2, \cdots, \beta_m$ 是与 $x_1, x_2, \cdots, x_m$ 无关的未知参数,称 y 为对自变量 $x_1, x_2, \cdots, x_m$ 的线性回归函数。ε 为随机误差,一般包括非重要自变量的省略、人为随机行为、归并误差、测量误差等。

采用最小二乘法对上式中的代估计回归系数 $\beta_0, \beta_1, \beta_2, \cdots, \beta_m$ 进行估计,求得 β 值后,即可利用多元线性回归模型进行预测。

一般的,回归预测法的基本步骤为(刘懿光,2005):

第一,进行因素分析,确定回归模型中的自变量;

第二,绘制散点图,构造回归函数的理论形式;

第三,利用最小平方方法估计模型参数,建立模型;

第四,对建立的回归模型进行各种检验;

第五,利用检验后的回归模型进行预测。

3. 方法应用

回归分析预测方法通过对历史数据的分析研究,探索了经济、社会各相关因素(如国内生产总值、工农业总产值、人口、GDP等)与土地利用的内在联系和发展变化规律,并根据规划期内本地区经济、社会发展情况的预测推算出未来的土地利用量。但由于回归分析中选用何种因子及该因子用何种表达式可能只是一种经验推测,而影响土地利用因子的多样性和某些因子的不可预测性,使得回归分析在某些情况下的应用受到限制。该方法不仅依赖于模型的准确性,更依赖于影响因子其本身预测值的准确度。

6.1.3 土地利用需求的系统动力学法

1. 方法背景

伴随着工业化进程,某些国际社会问题日趋严重且越来越普遍,例如城市人口剧增、失业、环境污染、资源枯竭等。这些问题涉及范围广泛并且关系复杂,影响因素众多,具有如下三个特点:第一,各问题之间关系密切,往往存在权衡矛盾的关系,例如经济增长与环境保护等;第二,许多问题如投资效果、环境污染、信息传递等有较长的延迟,因此必须以动态而非静态的角度来看待问题;第三,许多问题中既存在诸如经济量等易于定量的事物,又存在如价值观念等偏于定性的事物,对问题处理造成极大困难。新问题的出现和解决迫切需要新的方法来处理,电子计算机技术的突破使得新方法的产生成为可能。系统动力学方法作为一门分析研究复杂反馈系统动态行为的系统科学方法,为该类复杂系统问题的解决带来便利。该方法最初是由麻省理工学院福瑞斯特(Jay W. Forrester)教授提出的一种运用结构、功能和历史相结合的系统仿真方法,通过建立计算机仿真技术,定量研究高阶次、非线性、多重反馈、复杂时变系统问题(彭补拙 等,2013)。目前该技术已广泛应用于自然科学和社会科学的各个领域。

2. 方法原理

系统动力学适用于研究系统行为,分析各种变量之间相互作用反馈的理论机制,是一种解决复杂时变和非线性问题的技术。在系统动力学理论中,系统的内部作用机制决定其行为模型与特性。按照系统动力学模型所建立的基本原理,可分为以下几个步骤:

第一,系统分析。明确所要解决的问题,确定系统边界,分析已经发生过的问题行为,预测其未来的发展趋势。

第二,提出动态假说。了解问题的现状并解释,并提出由系统内部导致问题发生动态变化的假设;根据上述的假设、变量以及对问题行为的理解建立系统因果结构图。

第三,建立方程。根据政策规则、参数、行为关系以及初始化条件,结合问题的目标和边界,建立变量之间的方程。

第四,系统测试。和过去的行为模式进行比较,测试系统的可用性和准确性;分析在极端情况下系统的稳定性,并测度其灵敏度。

第五,政策设计与评估。设计政策并对政策进行检验,包括实施政策的效果以及灵敏度和政策之间的耦合性。

3. 应用场景

系统动力学模型是指以系统动力学的理论与方法为指导,建立用以研究复杂地理系统动态行为的计算机仿真模型体系。土地利用系统是个复杂的社会经济系统,可用系统动力学模型对未来土地利用需求进行预测。在土地利用需求预测方面,系统动力学方法通过对社会经济和土地资源的内在作用机制进行分析,建立土地需求系统动力学模型,根据建立的模型实现对未来需求的仿真模拟。

以相关研究为例(展洪强,2015),分析系统动力学方法如何应用在土地利用需求预测。具体步骤如下:

第一,影响土地需求系统动力学的因素。土地利用变化受到自然和社会双重因素的影响,在短期内人类活动是主因。因此,在系统动力学模型中采用经济社会因子作为核心驱动因素,以模拟未来用地需求和土地利用变化。主要包括人口、建筑业产值、林业产值、农业产值、畜牧业产值、固定资产投资、通车里程、水资源总量等因素。

第二,土地利用需求系统动力学模型子系统。根据影响因素的特点,将土地利用需求系统分为经济发展子系统、人口子系统、生产力子系统和土地需求子系统四个子系统。

第三,土地需求系统学模型的建立。使用 Vensim 软件构建模型图,直观、详细地了解系统内部各个变量之间的作用机制。模型图能帮助决策者直观地理解系统变量之间的关系,更好地分析和解决问题,基于此,系统动力学模型将土地需求系统由形式化转向定量化。

第四,模型可靠性检验。通过比较模拟值和真实值,可以分析模型的可用性和可靠性。模型检验方法主要有以下三种:第一,直观检验,根据专业知识和实际情况,对系统模型的变量、边界、因果关系、作用机制等进行检验,判断是否正确;第二,用 Vensim 软件的模型检测及单位检测功能检验模型中方程和系统参数的正确性;第三,历史检验,将真实值与模拟值对比分析,用以判断模型的精度。

6.2　土地利用优化配置方法

由于土地资源的总量是一定的,随着社会经济的发展,土地资源的内部结构为适应社会经济发展的需要随之变化,如交通建设的社会发展需要,使得部分耕地、林地等转化为交通用地。在微观上则表现为局部的、有限的土地资源总量的增加和未利用土地资源的改造。土地资源优化配置从宏观上表现为土地资源内部结构的调整,即土地资源不同类别之间的转换。针对土地利用低效、生态系统服务功能退化等土地资源利用问题,国土整治修复通过土地利用优化配置方法实现土地利用效率提高和生态系统服务功能有效供给。按照优化方法的数学原理和使用对象的不同,土地资源优化配置方法可分为传统数学模型方法、元胞自动机模拟方法、基于主体的建模方法等。

6.2.1 传统数学模型方法

1. 方法简介

本节所指的"传统数学模型"即一般数据模型方法的统称,包括线性规划模型、非线性规划模型和动态规划模型。以简单的线性规划模型为例,本节重点介绍该方法在土地利用优化配置中的应用。线性规划是数学规划的重要组成部分,最早起源于工业生产组织管理的决策问题,用以确定多变量线性函数在变量满足线性约束条件下的最优值。随着计算机技术的发展,线性规划已广泛应用于工农业、军事、交通运输、科学试验等领域。其中在土地利用规划领域的应用集中于土地利用结构管理、土地利用规划决策分析等。

2. 方法原理

线性规划问题的模型是由一组含有等式、不等式的代数方程,以及一个具有求极值关系的目标函数(优化函数)表达式构成的复合式抽象数学模型。线性规划模型的一般形式如下:

$$\max(\min) \quad z = \sum_{i=1}^{n} c_i x_i$$

$$s.t. \quad \sum_{j=1}^{n} a_{ij} x_j \leqslant (或 \geqslant, 或 =) b_i, i=1,2,\cdots,m$$

$$x_j \geqslant 0, j=1,2,\cdots,n$$

式中,z 为"目标函数";待确定的变量 x_i 称为"决策变量";$s.t.$ 代表所有约束条件,决策变量需满足所有的约束条件。由于式中目标函数 z 是 x_i 的线性函数,约束条件也是 x_i 的线性不等式,因此该式为线性规划模型。

写成矩阵形式为:

$$\max(\min) \quad z = c^T x$$

$$s.t. \quad AX \leqslant (或 \geqslant, 或 =) b$$

$$x \geqslant 0$$

式中,$x=(x_1,x_2,\cdots,x_n)^T$ 为决策向量;$c=(c_1,c_2,\cdots,c_n)^T$ 为目标函数的系数向量;$b=(b_1,b_2,\cdots,b_n)^T$ 为常数向量,$A=(a_{ij})_{m \times n}$ 为系数矩阵。

线性规划模型的目标函数可以是求最大值,也可以是求最小值,约束条件的不等号可以是小于等于号也可以是大于等于号。这种模型形式上的多样性给模

型的求解带来不便,为此有必要给出线性规划的标准形式。一般地,线性规划问题的标准型为:

$$\min \quad z = c^T x$$
$$s.t. \quad Ax = b$$
$$x \geqslant 0$$

不是标准型的线性规划都可转化为标准型。若目标函数为求最大值,在目标函数前加一负号,即可将原问题转化为在相同约束条件下求最小值。若约束条件中有不等号"≥"或"≤"号,则可在"≥(≤)"号的左端减去(或加上)一个非负变量(称为松弛变量)使其成为等号约束。

满足约束条件的向量 x 称为线性规划问题的可行解,所有可行解构成的集合称为可行域,使目标函数达到最小值的可行解叫最优解。线性规划问题的可行域和最优解有如下结论:第一,如果线性规划问题存在可行解,则其可行域是凸集;第二,如果线性规划问题的可行域有界,则问题的最优解一定在可行域的顶点上。

3. 方法应用

线性规划在土地利用优化配置的应用重点在土地利用的数量结构优化配置。以多目标线性规划方法促进耕地资源优化配置研究为例,需要根据线性规划模型设定原则,设定研究的决策变量、目标函数及约束条件,从而优化农田耕地地块的空间配置,提升土地整治项目区农业生产效率。首先,在决策变量设置上,将农户 i 在该村田块 j 中拥有的耕地面积作为决策变量,因此线性规划模型共有 $i \times j$ 个决策变量。在目标函数的设定上,可考虑地块位置和形状对农业生产效率的影响,如地块的长度、宽度以及面积;地块与权属人宅基地的距离;地块与主要农村道路的距离;地块与泵站的距离换算为机械作业消耗、耕作交通消耗、运输消耗、农业灌溉消耗等。在约束条件上,包括数量约束、质量约束及模型约束。数量约束指各农户在优化后拥有的耕地面积不下降;质量约束指各农户在优化后拥有的耕地质量不下降;模型约束指田块 j 中各地块面积之和不大于田块 j 总面积。基于多目标线性规划模型构建的土地整治项目区耕地资源空间配置优化方法,可为充分发挥土地整治效果,服务于土地整治的制度设计、管理模式、工程技术等提供支撑。

由于土地具有空间属性,开展土地利用优化配置的方法往往涉及空间优化问题。单纯依托数学模型的优化方法无法落实到空间尺度上。因此,需要根据具体问题,将传统数学模型方法与其他空间优化模型或者方法进行结合,开展土地利用优化配置的研究。

6.2.2 元胞自动机模拟方法

1. 方法背景

元胞自动机(Cellular Automata,CA),又称为细胞自动机、点格自动机、分子自动机或单元自动机,是一种时间和空间都离散的系统分析方法。元胞自动机起源于 20 世纪 30 年代初,基于数学家图灵(A. M. Turing)和诺依曼(J. v. Neumann)提出的数值计算可能产生机器自繁殖的理论。20 世纪 50 年代初,计算机创始人诺依曼通过特定程序在计算机上实现了类似于生物发展中的元胞自我复制,并据此提出了一个简单模式:把长方形平均划分成若干网格,每一个格点表示一个元胞式系统的基元,其状态赋值为 0 或 1,对应网格中的空格,在既定的规则下,元胞的演化就可以用网络中的空格或实格的变动来描述,所有元胞根据同样的转移规则进行变换,元胞的状态取决于前一时刻元胞本身、元胞的邻居和系统转移规则,这就是元胞自动机的雏形。20 世纪 60 年代末,英国剑桥的数学家康威(J. H. Conway)设计出一种单人玩的生命游戏,是历史上最著名、最经典的元胞自动机模型,且具有通用图灵机的计算能力。

2. 方法原理

一个标准的元胞自动机是由一个元胞空间和定义于该空间的变换函数所组成的,其基本构成是元胞及其状态、元胞空间、邻域、转换规则和离散时间。因此,可以认为一个元胞自动机由以下五元组模型来描述,即

$$CA = \{S, L, N, R, T\}$$

式中,S 表示元胞及其状态,所有的元胞都是相互离散的,并且在某一时刻一个元胞只能有一种状态,该状态取自一个有限极核;L 表示元胞自动机的元胞所分布的空间网点的集合,即元胞空间;N 表示元胞的空间邻居,是元胞周围按一定形状划定的元胞集合,将影响该元胞下一个时刻的状态;R 表示元胞的演化规则;T

表示离散演化时间。

"元胞"占据了一定的空间范围,可被赋予特定涵义,如交通流中的汽车、街道上的人等,也可以是对某些连续地理现象的抽象离散划分。在地理学研究中,元胞状态常常被用来表述土地利用和土地覆被,或表述空间分布变量以模拟空间动态变化。例如,元胞状态可以用来表述人口,利用转换规则将人口附加到元胞中,这样每个元胞就能表示不断变化的人口数,而每个元胞的大小是统一的,所以元胞的值实际上就表示人口密度。

3. 方法应用

复杂空间决策布局问题既属于带性能约束的布局问题,也属于多目标优化问题,且约束的种类和数量大,有些目标和约束甚至无法用数学模型精确表达,相较一般的无性能约束的布局问题更为复杂,难以用传统的纯数学方法求解。自计算机出现以来,特别是近几十年来计算机软、硬件技术的飞速发展,促使计算机成为解决此类复杂空间决策问题的重要工具(杨小雄,2009)。目前复杂空间决策问题常采用的是带性能约束的数学优化模型,虽然表达复杂空间决策问题的综合能力较差,但简单实用。今后的一个发展方向是建立多主体、协商决策型的数学优化、符号、仿真复合模型,定量与定性相结合的模型等。这类复合模型的表达能力强,但建模和求解较纯数学模型难度更大。如黎夏等(2007)将元胞自动机与多种空间、非空间分析方法集成,构成了基于逻辑回归的 CA 模型、基于主成分分析的 CA 模型、基于神经网络的 CA 模型、基于数据挖掘的 CA 模型、基于向量机的 CA 模型、基于 CA 与多智能体规划模型,并将系列模型应用于城市土地利用变化、城市土地资源可持续利用及规划、城市工业及基本就业空间增长等方面,取得了良好的效果,为复杂空间决策模型的进一步发展指明了方向。

相关研究中,元胞自动机模拟方法多应用在对未来土地利用的优化配置领域,通过预测模拟未来不同情景下的土地利用状态,开展土地利用优化配置研究。严格意义上,元胞自动机模拟方法是为了得到未来的土地利用,而非直接对现状土地利用进行优化。鉴于此,元胞自动机模拟方法为优化未来土地利用、合理规划提供了研究基础。

6.2.3 基于主体的建模方法

土地利用系统优化属于复杂空间的系统优化问题,目前主流的优化方式可以分为两种:一种是"基于空间"的,此类方法主要是分析关联的社会经济驱动因子与土地利用优化的关系;另一种是"基于社会"的,此类方法通常与特定的空间环境相联系,分析这种空间环境下主体的土地利用行为与决策过程(黄强,2019)。本节介绍后一种"基于社会"的土地利用优化配置方法,主要研究单个个体的土地利用优化行为,并不直接处理现实生活中大量行为个体共同执行优化行为而产生的土地利用格局优化。

1. 方法背景

基于主体的模型(Agent-based Modeling)是在复杂适应系统理论及分布式人工智能技术的基础上发展而来的,已经被国内外不同学科的研究人员应用与发展。然而,对于许多复杂的分布式问题,仅使用一个主体进行模拟研究很难满足实际要求。与单个主体的个体职能相比,多主体系统不仅将主体模拟为个体,还能模拟主体所处的环境以及主体之间的协作、互动、沟通等能力。可见,多主体系统是研究地理空间系统的天然工具(曹霞和刘国巍,2014)。

地理学家利用计算机技术建立多主体模型,并将其应用于土地利用变化研究。使用多主体模型来模拟土地利用的动态变化,通常包括以下组成部分:环境、目标集、主题集、主体之间的联系、目标之间的联系、主体为实现目标所采取的行动、环境对主体行为的反应。基于主体的模型侧重于土地利用系统中的大量个体之间的相互关系,通过模拟具有异质性个体决策者的社会经济和空间行为,能够表达宏观空间结构的总体特征。此外,基于多主体系统建立的模型不仅可以适用某种学习算法来模拟实际个体的有限理性行为,还可以明确地模拟一些非线性因素,例如政策和法规的影响。因此,主体模型强调进化和适应行为,主张非均衡的发展道路。通过观察大量微观主体的相互作用,决策者可从宏观角度研究整个地区土地利用空间格局的演变过程,实现"单一的自身研究向整体的综合研究"转换。

采用主体模拟方法研究土地利用动态变化的优点体现在:采用基于过程的解释方法;主体行为的空间模拟;联系社会经济与自然环境背景;考虑到土地利用主

体的多样性;当地条件的影响和人类行为的异质性;多时空尺度的综合与反馈;对土地利用(覆被)变化的"回溯"与"预测"等(杨顺顺和栾胜基,2010)。

2. 方法原理

虽然单个主体具有一定的功能,但实际上复杂而大规模的问题不能由一个主体来描述和解决。因此,普通复杂系统通常包括多个主体,其中的主体不仅具有问题解决能力和行为目标,还可以相互合作以实现共同的总体目标。因此,多主体系统被定义为具有彼此交互的多个主体集合的计算系统。多主体系统采用自下而上的建模思路,这与传统的自下而上的建模思路不同。其核心思想是通过建立细节模型与全局表现之间的循环反馈关系,通过描述个体结构函数与局部细节,反映出复杂的全局行为。

多主体系统可以根据主体的局部细节、反应规则和所研究的问题,构建具有复杂系统结构和功能的系统模型。虽然系统中的微观个体行为可能相对简单,但微观个体之间相互作用引起的全局行为极其复杂。在多主体系统中,微观个体行为和全局行为的交互是以非线性方式进行表现的。个体行为的组合决定了整体行为,同时整体行为制约了个体的决策环境(洪奕光和翟超,2011)。地理空间系统作为一种典型的复杂系统,其动态发展是空间个体交互的结果。因此,从空间个体行为的微观角度出发,在更高的空间和时间分辨率下,对地理空间复杂系统进行自下而上深入研究是理解地理空间动态演化特征和规律的必然需求。总体而言,多主体系统是研究地理空间系统的天然工具,但如何在多主体系统中有效地表达地理空间仍是一个值得深究的问题。

多主体系统建模的基本原理表明,区域土地利用变化可以通过模拟异质个体决策者的土地利用行为来表达。因此,基于主体的模型不需要以一个或一组方程的形式表示系统中的各种内生关系。"自下而上"建模策略侧重于区域大量个体之间的相互作用,也可能是不同个体之间的直接关系,或是许多个体在共同环境下的间接关系。

基于多主体系统建模流程体现了自下而上的建模思想,与传统的从系统分析与描述—建立系统数学模型—建立系统的模拟模型—模拟精度验证、确认的自上而下的建模思路并不相同。整体建模方法的核心是通过局部细节模型与全局表现间的循环反馈和校正,研究局部细节变化如何凸显出复杂的全局行为,并通过传统的仿真模型进行验证和确认。

基于主体建模和模拟的一般步骤包括:

第一,原型全局行为的一般理解:主要是把握系统的层次结构,可能的全局行为。

第二,确定建模的原型局部:主要是明确所研究系统部分的边界、环境、约束等,并与其他系统、环境、与系统研究内容无关的部分区分开来。

第三,说明原型的局部细节:确定系统位置的粒度,并解释本地属性和规则。

第四,构造符合局部细节的模型:在建模过程中,需要构建的模型应该与原型系统非常相似,但建模的模型应比原型简单。由于系统的复杂性,只能对系统的某些方面进行建模,因此须建立模型来反映真实系统典型的局部细节,同时更好地反映原型的全局行为。

第五,在模型空间上定义整体:由于系统是分层的,"整体"可以涵盖下一层的整体和上层的一部分,并且不同的层次具有不同的整体。

第六,对每个整体描述典型行为:描述整体性能的特征。

第七,判断整体行为是否足够多:常见描述方式如统计分析方法测试典型的整体行为,可以判断不同规则(系统的局部细节)以及与规则干扰相对应的典型行为是否存在差异。如果差异不存在,则相应的规则无意义;如果差异存在,可以在特定条件对规则进行排序。如果整体在不同的细节规则扰动下产生了不同层次的多种行为,则反映出建模效果的优越性。

第八,比较原型的行为与整体的行为:多主体建模结果的评价目标之一是确定整体行为是否可行以及整体行为是否符合实际情况。

第九,更改或扰动模型或参数:以某种方式对模型进行操作来获得原型系统的行为及其对外部干扰的响应。更改或扰乱模型或参数可以确定参数的有效范围、参数对整体行为影响的强度及其可能导致不同整体行为的点。

第十,描述整体行为的变化规律、现象:主要是描述和解释一些新兴现象,解释其特征、条件或边界条件,现象的稳定性等。也可通过某种方式处理模型,以获得原型的期望行为及其对外部干扰的响应。

第十一,对原型得出恰当的行为推断:对建模和模拟的总结。

3. 方法应用

多主体系统主要关注系统中个体间的相互关系,通过模拟异质性的个体决策者的土地利用行为来表达宏观土地利用优化格局。作为耦合土地利用系统"空间优化模拟"和"社会优化决策模拟"的有效工具,多主体系统可以显性地模拟出某些非线型的因素,诸如政策、法规等,较为完善地表达"人类—社会—自然"三者间复杂关系,同时可以考虑土地利用主体的多样性、当地条件的影响以及人类行为的异质性,有效地将社会经济和自然环境背景联系起来。已有研究(黄强,2019)基于多主体系统与系统动力学构建了土地利用优化模型,该模型集成了优化评价指标、系统动力学模型、多主体系统三个模块,通过政府与多部门联合土地整理实现土地利用整体优化。

多主体系统虽然构筑了土地利用优化配置的基石,反映了土地利用系统中人与地、人与人之间的空间决策行为,保证了模型的合理性与实用性,但典型的多主体系统缺少优化目标、优化方式与优化手段,同时也缺失情景设置的相关模块,导致该方法在土地利用优化研究中的应用难度较大。随着技术进步和数据共享,未来研究有待进一步突破。

6.3 土地利用分区方法

一般地,根据土地自然、经济条件的差异性,以及土地利用的相对一致性,可以将一定地域按一定标准划分为不同等级区域,每个区域的土地利用类型、土地利用方向、土地利用政策和措施都具有相对一致性。此种分区方法把握了区域土地利用分区的总体结构、弹性大、应变力强等特点,反映了区域差异性,对宏观土地利用活动和土地利用战略目标的实现具有重要指导作用。基于一定的区域问题,国土整治修复通过土地利用分区方式,划分整治修复分区以及制定分区管控策略,可以缓解土地利用冲突以及社会经济与资源环境之间的矛盾。因此,土地利用分区是国土整治修复进行落地实施的重要手段。按照土地利用分区的原则和内容,常见的土地利用分区方法包括判别分析法、K-means 聚类算法、神经网络模型法。

6.3.1 判别分析方法

1. 方法背景

判别分析方法是运用统计学方法,建立起具有定量判定事物类别的多元统计分析方法。判别分析可分为二类判别、多类判别、逐步判别和典则判别等。如果已知总体的分类为两类,则属于二类判别分析,以经典二类判别为例,进行判别分析方法的解释将更容易理解。该方法是由著名的统计学家 Fisher 于 1936 年提出的一种线性判别分析方法,其认为同类样品的性质特征相似,表现在类内的离散程度应最小;不同类样品的性质特征差异大,表现在类间的离散程度应最大。Fisher 准则是类间均值与类内方差总和之比为极大的决策规则,其基本思想是投影,即把某一类的某一维数据投影到某一个方向,使得变换后的数据中相同类别的点尽可能集聚在一起、不同类别的点尽可能分离,以此达到分类的目的。

2. 方法原理

判别分析方法是确定待判样品归分属组别的方法,可分为参数法和非参数法;也可根据资料的性质分为定性资料的判别分析和定量资料的判别分析。此处主要根据采用的判别准则分为几种常用方法,并对其原理进行介绍。

(1) 最大似然法

用于自变量均为分类变量的情况,该方法建立在独立事件概率乘法定理的基础上,根据训练样品信息求得自变量各种组合情况下样品被分为任何一类的概率,当新样品进入时,计算样品被分到每一类中的条件概率(似然值)最大的一类就是最终评定的归类。

(2) 距离判别

其基本思想是基于训练样品获取每个分类的重心坐标,并求出新样品离各个类别重心的距离远近,从而归入距离最近的类。即,根据个案离母体的远近进行判别。最常用的距离是马氏距离,偶尔也采用欧式距离。距离判别的特点是直观、简单,适合于自变量均为连续变量的情况,且对变量的分布类型无严格要求,特别是并不严格要求总体协方差阵相等。

(3) Fisher 判别

亦称典则判别,根据线性 Fisher 函数值进行判别,通常用于梁祝判别问题,使用此准则要求各组变量的均值有显著性差异。该方法的基本思想是投影,即将原来在 R 维空间的自变量组合投影到维度较低的 D 维空间去,然后在 D 维空间中再进行分类。投影的原则是使每一类的差异尽可能小,而不同类间投影的离差尽可能大。Fisher 判别的优势在于对分布、方差等都没有任何限制,应用范围比较广。另外,用该判别方法建立的判别方差可以直接用手工计算方法进行新样品的判别,因而相对便捷。

(4) Bayes 判别

大多时候用户对各类别的比例分布情况有一定的先验信息,即用样本所属分类的先验概率进行分析。比如客户对投递广告的反应绝大多数都是无回音,如果进行判别,自然应当以无回音的居多。此时,Bayes 判别恰好适用。Bayes 判别是根据总体的先验概率,使误判的平均损失达到最小而进行的判别,其最大优势是可用于多组判别问题。但是适用此方法必须满足三个假设条件:各种变量必须服从多元正态分布、各组协方差矩阵必须相等、各组变量均值均有显著性差异。

3. 应用场景

聚类分析所讨论的是在事先未知类型情况下的分类问题,判别分析所讨论的则是在已知类型的情况下判别样本的归类问题。判别分析解决问题的思路是首先计算出已知各类的统计特征——判别函数或隶属概率,其次判别函数确定的阈值并将待判别样本归属到隶属概率最大的类中去。判别分析在气候分类、农业区划、土地利用类型划分中有着广泛的应用。部分学者(刘小平和黎夏,2007)将 Fisher 判别分析应用在地理元胞自动机中,从训练数据自动获取 CA 所需的模型参数值,并结合离散选择模型对 Fihser 判别分析法进行改进,改进后的判别分析法可直接用于生成 CA 模型的转换规则。一般而言,Fisher 判别和离散选择相结合的 CA 模型与常用的 Logistic 回归模型对比,具有更清晰的物理意义,特别适合对多维空间变量的判别。此外,Fisher 判别分析在进行多类判断时具有很大的优势,可能更适合多类复杂的土地利用变化模拟。

6.3.2 K-means 聚类算法

1. 方法背景

将物理或抽象对象的集合分成由类似对象组成的多个类的过程被称为聚类。K-means 是聚类算法中应用最广泛的一种,该算法由 Steinhaus(1956)提出,其中 K 表示类别数,means 表示均值。顾名思义,K-means 是一种通过均值对数据点进行聚类的算法。其最大优势在于简洁和快速,与其他分区方法相比具有更强的客观性。尽管如此,K-means 也存在一定缺点。首先,该算法聚类数的确定通常基于经验,没有统一标准,可能会影响聚类的结果;其次,初始质心的选取会影响聚类的效果;再次,聚类结果易受噪声点的干扰,当有噪声点存在时,会影响每一类样本点均值的计算,导致聚类结果不准确;最后,该方法无法处理动态数据集,当有新的数据加入时,需要重新聚类(黄艺,2019)。

2. 方法原理

K-means 是一种典型的无监督聚类算法,主要用于将相似的样本自动归为一类。其中心思想是首先确定常数 K,K 表示最终的聚类类别数;而后随机选定 K 个样本点为质心,并计算每一个样本与 K 个质心之间的相似度,将样本归到最相似质心所属的类中。相似度采用欧式距离进行计算,其表达式为:

$$dist(x,c)=\sqrt{\sum_{t=1}^{m}(x_t-c_t)}$$

式中,$dist(x,c)$ 为样本 x 到质心 c 的欧氏距离;x_t 与 c_t 分别为样本 x 和质心 c 的第 t 个主成分。所有样本归类后重新计算每个类的均值以作为新的质心,重复以上过程直到满足收敛要求,即质心不再改变或已达到规定的收敛次数,最终确定出每个样本所属的类别即每个类的质心。

在区划的研究及应用中,收集了大量数据进行分析,构建多维度、多特征的指标体系。这种做法为区划研究提供了丰富的信息,但一定程度上也增加了系统复杂度以及众多特征之间可能的相关性,即信息上的重叠。主成分分析是将各特征之间相互关联的复杂关系进行简化处理的方法。在信息数据损失最少的原则下,将多个特征转化为少数几个能够反映原先特征信息的综合指标,且各个指标保持相互独立,减少信息重叠,即对高维空间进行降维处理。

第一,标准化处理。为消除数据量级与量纲的影响,需要对数据进行标准化处理。假设原始数据 Y 有 n 个样本,m 个特征,即,

$$Y = \begin{bmatrix} y_{11} & y_{12} & \cdots & y_{1j} & \cdots & y_{1m} \\ y_{21} & \ddots & & & & \\ \vdots & & & & & \vdots \\ y_{i1} & & & y_{ij} & & \\ \vdots & & & & & \ddots \\ y_{n1} & & \cdots & & & y_{nm} \end{bmatrix}$$

其中,y_{ij} 为第 i 个样本的第 j 个特征值,将各特征值 y_{ij} 进行标准化处理,即,

$$\tilde{y}_{ij} = \frac{y_{ij} - \overline{y}_j}{\sigma_j} \quad (i=1,2,\cdots,n; \ j=1,2,\cdots,m)$$

式中,$\tilde{y}_{ij}$ 为指标标准化之后的特征值;$\overline{y}_j$ 与 σ_j 分别为第 j 个特征的样本平均值和标准差,其表达式分别为:

$$\overline{y}_j = \frac{1}{n} \sum_{i=1}^{n} y_{ij}$$

$$\sigma_j = \sqrt{\frac{1}{n-1} \sum_{i=1}^{n} (y_{ij} - \overline{y}_j)^2}$$

第二,计算相关系数矩阵 R。计算标准化后数据矩阵各特征之间的相关系数矩阵,即,

$$R = (r_{pq})_{m \times m} = \frac{\sum_{k=1}^{n} (y_{kp} - \overline{y}_p)(y_{kp} - \overline{y}_q)}{\sqrt{\sum_{k=1}^{n} (y_{kp} - \overline{y}_p)^2 \sum_{k=1}^{n} (y_{kp} - \overline{y}_q)^2}}$$

式中,r_{pq} 为特征变量 y_p 和 y_q 的相关系数;$\overline{y}_p$ 与 $\overline{y}_q$ 分别为第 p 个特征和第 q 个特征的平均值。

第三,计算特征值和特征向量。求解 $|\lambda I - R| = 0$,其中 I 为单位矩阵,计算相关系数矩阵 R 的特征值 $\lambda_j (j=1,2,\cdots,m)$,并按从大到小的顺序进行排序。计算对应的特征向量 $\mu_1, \mu_2, \cdots, \mu_m$,其中 $\mu_j = (\mu_{1j}, \mu_{2j}, \cdots, \mu_{nj})^T$,由特征向量组成 m 个新的指标,即,

$$\begin{cases} S_1 = \mu_{11}\tilde{y}_1 + \mu_{21}\tilde{y}_2 + \cdots + \mu_{n1}\tilde{y}_n \\ S_2 = \mu_{12}\tilde{y}_1 + \mu_{22}\tilde{y}_2 + \cdots + \mu_{n2}\tilde{y}_n \\ \qquad\qquad\qquad \vdots \\ S_m = \mu_{1m}\tilde{y}_1 + \mu_{2m}\tilde{y}_2 + \cdots + \mu_{nm}\tilde{y}_n \end{cases}$$

式中，S_m 为第 m 个主成分；$\tilde{y}_n$ 为指标化后的特征值。

第四，计算特征值贡献率。选择一个主成分计算特征值的信息贡献率 b_j 和累计贡献率 a_{ml}，其表达式分别为：

$$b_j = \frac{\lambda_j}{\sum_{k=1}^{m} \lambda_k} \ (j=1,2,\cdots,m)$$

$$a_l = \frac{\sum_{k=1}^{l} \lambda_k}{\sum_{k=1}^{m} \lambda_k} (l \leqslant m)$$

当 a_l 接近于 1 时，选择前 l 个指标 $S_1, S_2, \cdots, S_l$ 作为一个主成分，取代原有的 m 个特征。

3. 方法应用

通常，在分区之前需要确定哪些特征属性可以作为聚类分区的依据（冯克鹏 等，2019），并结合研究问题及研究区域所处地理位置的自然环境条件、社会经济因素等进行指标选取。指标体系构建是聚类分析过程中的基础环节，有助于分析非线性复杂系统特征，且关系到区划结果的科学性与规范性。影响国土资源系统的因子繁杂，区划考虑的因子越多，区划越复杂；区域内的差异越大，区划也越困难。合理的指标体系有利于设计和重构复杂系统，使区域特征能够客观、规范、合理地进行描述和展示。例如，李宁和芦红（2021）在水资源功能区划中，以实现水资源的可持续开发利用为目的，所构建的指标体系应充分考虑自然环境与人类活动的供需平衡关系。社会经济现状和用水需求规划影响水资源的利用状态，反映了区域水资源的需求水平。因此，通过考虑水资源供、用、耗、需的循环过程，选择水域基本属性、区域自然情况、社会经济现状、用水需求规划四个层面的指标，涵盖了自然生态、社会经济和人类活动的矛盾关系。在国土综合整治类型确定之后,需根据每种类型分别选择合适的指标体系,表征国土综合整治的目的和路径。在具体的指标筛选中,还需根据层次指标结构,以统计频率较高的指标作为参考指标,结合专家咨询和理论分析,并考虑数据的可收集性,建立区划指标体系。

6.3.3 神经网络模型法

1. 方法背景

1943年,马克库鲁奇和比兹在研究神经细胞的行为时,最早提出了二值运算人工神经元阈值模型。1985年鲁姆哈特(Rumelhart)提出了反向传播算法(Back-propagation algorithm,BP),使霍普菲尔德网络模型和多层前馈型神经网络成为用途广泛的神经网络模型。目前已有的人工神经网络模型有数十种之多,主要可分为三大类,即前馈网络(Feedforward NNs)、反馈网络(Feedback NNs)、自组织网络(Self-organizing NNs)。

2. 方法原理

神经网络模型通常由网络的拓扑结构、神经元特性、学习或训练规则三个因素所决定。神经网络的拓扑结构是指其处理单元的相互连接的原理,可分为输入层、隐含层和输出层,每一节点的输出被输送到下一层的所有节点。通过将这些处理单元组成层,相互连接起来,并对连接进行加权,从而形成神经网络的拓扑结构。拓扑结构中的每一层网络都是至关重要的,通过每一节点之间的相互连接关系来处理,经输入层的所有节点输入信息,最后从输出层的节点给出最终的结果。网络中,输入层从外部接受信息并将此信息传入人工神经网络进行处理;隐含层接受输入层信息,并对所有信息进行处理,整个处理步骤用户不可见;输出层接受人工神经网络处理后的信息,将结果送到外部接收器。

神经网络的拓扑结构可分为分层网络模型和相互连接型网络模型。神经网络的学习算法可分为有监督和无监督两类:第一,有监督学习算法要求同时给出正确的输入和输出,网络根据当前的输出与所要求的目标输出之差调整网络,使网络做出正确反应,如BP算法;第二,无监督学习算法只需给出一组输入,网络能够逐渐演变直到对输入的某种模式做出特定的反应,如自组织特征映射(SOFM)神经网络。神经网络的运行分为训练或学习阶段、回响阶段和预测阶段三个阶段。在训练或学习阶段,反复向人工神经网络提供一系列输入—输出模式对,不断调整节点之间的相互连接权重,直至特定的输入产生出期望的输出。通过上述活动,可以使人工神经网络学会正确的输入—输出响应行为,从而对未知样本进行预报。

3. 方法应用

在利用神经网络模型法确定土地整治分区方面,相关研究(江志猛 等,2019)采用传统多因素综合评价的分区方法与神经网络方法进行了比较。结果发现运用多因素综合评价法确定的土地整治区空间分布零散,而基于神经网络模型划分的结果区域连片程度较高,更有利于推进全域土地整治。此外,考虑土地整治生态风险并基于 SOFM 神经网络的土地整治时空配置分区方法在目标导向和成果应用上具有显著优势,有利于合理管控土地整治的生态风险并增强土地整治的区域协同力,对新时期的土地整治专项规划编制与实施具有一定参考价值。在利用神经网络模型进行土地类型分区方面,相关研究(张学儒 等,2013)定量计算了地形综合指数、温暖指数、湿润指数、地被指数和水文指数等五个综合自然指数,并将其作为分区指标体系输入 SOFM 神经网络模型中,自下而上合并土地类型生成了青藏高原东部山区自然区划图,实现了基于土地类型的自然区划尝试。研究发现,SOFM 神经网络模型具有拓扑结构不变性,是一种较好的非监督分类方法,可以避免权重确定的主观性等问题。依托 SOFM 神经网络模型的区域界线划分方法,可以定量地解决基于土地类型单元自下而上的自然区划问题,是衔接土地类型与自然区划研究的一种新方法。

6.4 景观格局分析方法

景观格局是指大小或形状不同的斑块在景观空间上的排列方式或空间分布的总体样式,是生态系统或系统属性空间变异程度的具体表现(何东进,2013)。不同的景观格局反映了不同的景观过程,并在一定程度上影响着景观变化过程,这种景观过程和景观变化实质上是一个非常复杂的景观演变历程或过程(邬建国,2007)。景观水平的研究需要一些方法来定量描述空间格局、比较不同景观、分辨具有特殊意义的景观结构,以及确定景观格局和功能过程的相互关系等。景观生态自身研究特点决定了景观格局数量方法的重要性,随着计算机技术、地理信息系统、遥感技术和模型方法的进步,景观生态研究可以通过景观格局指数与模型等数量方法来描述景观格局和过程。景观格局数量研究方法主要包括用于景观组分特征分析的景观空间格局指数、用于"格局—过程"关系分析的景观"源—汇"分析方法和用于景观整体分析的景观格局分析模型,这些方法都为建立景观结构与功能过程的相互关系提供了有效手段(傅伯杰,2011)。由于国土空间生态修复直接作用于景观结构和空间格局,并进一步对生态过程产生影响,故基于景观格局数量研究方法系统分析景观格局与过程的关系,是明确国土空间生态修复关键问题和重点区域土地整治的有力抓手。

6.4.1 景观指数评价方法

景观格局指数能够高度浓缩景观格局的信息,并反映其景观组成和空间配置某些特征(邬建国,2007)。景观格局指数包括景观要素特征指数、景观异质性指数、景观要素空间关系指数。景观要素特征指数是指用于描述斑块面积、周长和斑块数等特征的指标;景观异质性指数则包括多样性指数、镶嵌度指数、距离指数及景观破碎度指数等。应用这些指数定量地描述景观格局,可以对不同景观进行比较,研究其结构、功能和过程的异同。本节将简要介绍几种常用的景观格局指数。

1. 景观要素斑块特征指数

景观要素斑块特征包括斑块数量、大小、形状和边界特征等,识别斑块特征是景观格局分析的基础,也是发现景观要素各干扰因子的相互作用、研究区域景观生态格局变化和过程的关键。

(1) 斑块面积(Patch Area,PA)

斑块面积是一个概念集合,包括整个景观和单一类型的斑块面积以及最大和最小斑块面积,分别具有不同的生态意义。例如,景观斑块总面积,景观分区斑块、类型斑块、不同结构斑块的面积,以及最大、最小斑块面积。

斑块平均面积:斑块面积的平均值。用于描述景观粒度,在一定意义上揭示景观破碎化程度。

景观相似性指数：相似性指数＝类型面积/景观总面积。用于度量单一类型与景观整体的相似性程度。

最大斑块指数：景观最大斑块指数＝景观最大斑块面积/景观总面积；类型最大斑块指数＝类型的最大斑块面积/类型总面积。可揭示最大斑块对整个类型或者景观的影响程度。

（2）斑块数（Numberof Patches，NP）

斑块数：包括整个景观的斑块数量和单一类型的斑块数量，表征景观被分割的程度。

斑块密度（Patch Density，PD）：景观的斑块密度（镶嵌度）＝景观斑块总数/景观总面积；类型的斑块密度（孔隙度）＝类型斑块数/类型面积。

（3）斑块周长（Patch Perimeter）

斑块周长：景观斑块的重要参数之一，反映了各种扩散过程（能流、物流和物种流）的可能性。

边界密度：揭示了景观或类型被边界分割的程度，是景观破碎化程度的直接反映。景观边界密度＝景观总周长/景观总面积；类型边界密度＝类型周长/类型面积。

形状指标：周长与等面积的圆周长之比。

内缘比例：斑块周长与斑块面积之比，显示斑块边缘效应强度。

此外，斑块特征指数还包括核心面积、核心面积数量、核心面积指数等指数。

2. 景观异质性指数

景观异质性（Landscape Heterogeneity）是指景观或其属性的变异程度，景观异质性不仅体现在景观的空间结构变化（空间的异质性）上，还体现在景观及其组分在时间上的动态变化（时间的异质性）上。景观异质性指数分析主要包括：第一，多样性指数——丰富度指数、均匀度指数、优势度指数；第二，镶嵌度指数——镶嵌度指数、聚集度指数；第三，距离指数——最小距离指数、邻近度指数；第四，生境破碎化指数。

（1）景观多样性指数（Landscape Diversity Index）

景观多样性指数采用生态系统（或斑块）类型及其在景观中所占面积比例进

行计算,反映一个区域内不同景观类型分布的均匀化和复杂化程度,已被广泛应用于景观研究中(O'Neill,1988;Liand Reynolds,1993;邬建国,2007;傅伯杰,2011)。

景观多样性指数包括 Shannon-Wiener 多样性指数和 Simpson 多样性指数,指数值越大表明景观要素类型越丰富,景观多样性越大。

(2) 景观丰富度指数(Landscape Richness Index)

景观丰富度指数是指景观中斑块类型的总数,在比较不同景观时,采用相对丰富度和丰富度密度更为适宜。

(3) 景观优势度指数(Landscape Dominance Index)

景观优势度指数指景观多样性指数最大值与实际景观多样性指数之差。优势度指数值较大时,表示景观只受一个或少数几个斑块类型支配。与多样性指数恰好相反,对于景观类型数目相同的不同景观,其多样性指数越大,优势度则越小。

(4) 景观均匀度指数(Landscape Evenness Index)

景观均匀度指数用于描述景观中不同组分在面积上分布的不均匀程度。通常以 Simpson 景观多样性指数与其最大值比值来表示。均匀度与优势度呈负相关,描述景观由少数几个景观类型控制的程度。

(5) 景观镶嵌度指数(Landscape Patchiness Index)

景观镶嵌度指数是描述相邻景观组分关系的景观异质性指数,可以描述相邻景观的对比程度。景观镶嵌度指数取值大,代表景观中有许多不同景观类型交错分布,对比度高。

(6) 景观聚集度指数(Landscape Contagion Index,CONTAG)

景观聚集度指数表示景观中不同斑块类型的非随机性或聚集程度,是描述景观格局的最重要指数之一。聚集度与镶嵌度均包含空间信息。

景观聚集度指数取值越小,则景观破碎化程度越高,代表景观由许多小斑块组成。理论上,聚集度与镶嵌度成反比,主要差异在于聚集度是由相邻概率来表达,而镶嵌度计算不仅使用相邻概率,还使用相邻景观类型的对比度。

(7) 距离指数

斑块间的距离是指同类斑块间的距离。基于斑块距离构造的指数称为距离指数。距离指数有两种用途:一是用来确定景观中斑块分布是否服从随机分布;二是用来定量描述景观中斑块的连接度(Connectivity)或隔离度(Isolation)。最小距离指数(Nearest Neighbor Index)用来检验景观内的斑块是否服从随机分布。邻近度指数则可用来描述景观中同类斑块联系程度。

(8) 景观破碎度指数(Landscape Fragmentation Index)

景观破碎度指数表示若某景观内斑块数目增多,单个或某些斑块的面积相对减少,则斑块形状更趋复杂化、不规则化。景观破碎度指数值越大,破碎化程度越高。

(9) 景观分离度(Landscape Isolation Index)

景观分离度指某一景观类型中不同斑块个体分布的分离程度。景观分离程度加剧将导致作为物质和物种流通渠道的廊道被切断,景观中的斑块彼此被隔离,景观整体性削弱。

(10) 生境破碎化指数

生境破碎化(Habitat Fragmentation)是景观的一个重要属性。生境破碎化与自然资源保护紧密相关,许多濒危物种需要大面积自然生境才能保证生存。此外,生境破碎化是景观异质性的一个组成成分。生境破碎化指数用来描述景观中某一生境类型在给定时间里和给定性质上的破碎化程度,取值在 0~1 之间,0 代表生境破碎化现象不存在,1 代表给定性质已完全破碎化。

尽管景观指数的数目繁多,但并非指数运用越多越能说明问题,部分指数之间的相关性较高,同时采用多个指数(尤其是同一类型的指数)进行比较,往往并不能增强信息可用性。因此,对于不同的景观格局类型应该选用恰当的指数进行相应的分析判断,以获取比较准确的信息。

3. Fragstats 软件介绍

景观空间格局指数十分丰富,手工计算工作浩繁,因此出现了专门用于这项工作的软件——景观结构数量化软件包(Fragstats 4.2)[1]。Fragstats 是 Fragmentation Statistics 的缩写,其所有指数计算均基于景观斑块的面积、周长、数量

---

[1] https://www.umass.edu/landeco/research/fragstats/downloads/fragstats_downloads.html.

和距离等几个基本指标进行。该软件在斑块水平指数、斑块类型指数和景观水平指数三个层次上计算一系列景观格局指数。在使用软件时,用于分析的景观是由使用者来定义的,同时使用者还需要根据景观数据的特征和所研究的生态学问题合理地选择所分析景观的幅度和粒度,并进行斑块的适当分类及其边界确定(McGarigal and Marks, 1995)。

6.4.2 景观"源—汇"分析方法

1. 方法背景

"源""汇"最初是全球变化和大气污染研究中的概念(陈利顶 等,2003)。对于大气污染来说,大气污染物的来源,如工厂废气排放、居民生活废气排放、交通尾气排放等均被认为是大气污染的源。相对于大气污染的源,"汇"指可以吸收大气污染物的一些地区或生态系统类型。"源""汇"概念的提出为解析大气污染物的来龙去脉提供了非常有效的技术手段。研究景观格局与过程时,由于对过程理解上的模糊,导致格局与过程的研究停滞不前,引入"源""汇"景观的概念,将有助于理解格局与过程的关系。

2. 方法原理

"源"是指一个过程的源头,"汇"是指一个过程消失之处。在景观生态学中,如何区分"源"景观和"汇"景观,应该结合具体的过程进行分析。"源"景观是指在格局与过程研究中能促进生态过程发展的景观类型;"汇"景观则是指能阻止延缓生态过程发展的景观类型。然而,由于"源""汇"景观是针对生态过程而言的,其定义对于不同的研究过程可能发生转变,因而在识别时必须和待研究的生态过程相结合。只有明确生态过程的类型,才能确定景观类型的性质。

对于生物多样性保护来说,能为目标物种提供栖息环境、满足种群生存基本条件以及利于物种向外扩散的资源斑块,可以被称为"源"景观;不利于物种生存与栖息以及生存有目标物种天敌的斑块可以被称为"汇"景观。"源""汇"景观是相对的,但对于特定生态过程而言是明确的。"源—汇"景观理论主要基于生态学中的生态平衡理论,从格局和过程出发,为常规意义上的景观赋予一定的过程含义,通过分析"源""汇"景观在空间上的平衡,探讨有利于调控生态过程的途径和方法。

陈利顶等(2003)提出了基于过程的景观空间负荷对比指数,通过比较研究不同景观类型在流域非点源污染形成过程中的作用,借用洛伦兹曲线的理论和方法,在比较不同"源""汇"景观类型对生态过程的贡献并赋值的基础上,从距离、坡度和相对高度三个方面提出了"源""汇"景观空间负荷对比指数。指数大小可反映景观空间格局对生态过程的影响。该模型充分考虑了格局与过程的关系,从而为研究景观格局与生态过程提供了一个新的思路。

该模型计算公式为:

$$LLI = \log \frac{\sum_{i=1}^{M} \left(\int_{x=0}^{D} S_{xi} \, \omega_i \, \mathrm{d}x \right)}{\sum_{j=1}^{N} \left(\int_{x=0}^{D} H_{xj} \, \mu_j \, \mathrm{d}x \right)}$$

式中,LLI 表示景观空间负荷对比指数;D 表示研究地区至目标斑块的最大距离;M、N 分别表示区域内所有"源""汇"景观的类型总数;S_{xi}、H_{xj} 分别表示"源""汇"景观类型随着距离增加形成的曲线累计面积;ω_i、μ_j 分别表示第 i 种"源"景观类型的权重和第 j 种"汇"景观类型的权重。LLI 值大于 0,表示当前景观格局状态有利于所研究过程的发展,小于 0 则不利于发展。

3. 应用场景

该模型依据"源""汇"景观理论,在研究格局—过程关系时考虑了不同景观类型对生态过程的影响(权重),所建立的景观格局评价指数具有生态学意义。由于景观空间负荷对比指数反映的是"源""汇"在空间上分布的相对性,指数值越大,意味着这种流域(集水区)发生水土(养分)流失的危险性越大(坡度景观空间负荷对比指数的含义正好相反)。因此,该方法在水土流失(非点源污染)危险性评价中具有重要参考价值,并且其结果可以用于区域景观生态规划。

6.4.3 景观格局模型分析方法

1. 空间自相关分析

空间自相关分析的目的是确定某一变量是否在空间上相关及其相关程度(邬建国,2007)。空间自相关系数常用来定量地描述事物在空间上的依赖关系。具体来说,空间自相关系数是用来度量物理或生态学变量在空间上的分布特征及其对邻域的影响程度。如果某一变量的值随着测定距离的缩小而趋于相似,那么这一变量被称为空间正相关;若所测值随距离的缩小而趋于不同,则称之为空间负相关;若所测值不表现出任何空间依赖关系,那么这一变量表现出空间不相关性或空间随机性。

空间自相关分析一般包含取样、计算空间自相关系数或建立自相关函数以及自相关显著性检验三个步骤。空间自相关系数有数种,分别适用于不同数据类型。本节详细介绍 Moran's I。

Moran's I 计算公式是:

$$I = \frac{n \sum_{i=1}^{n} \sum_{j=1}^{n} w_{ij} (x_i - \bar{x})(x_j - \bar{x})}{\sum_{i=1}^{n} \sum_{j=1}^{n} w_{ij} \sum_{i=1}^{n} (x_i - \bar{x})^2}$$

式中,x_i 和 x_j 是变量 x 在相邻配对空间单元(栅格)的取值;$\bar{x}$ 是变量的平均值;w_{ij} 是相邻权重(通常规定,若空间单元 i 和 j 相邻,$w_{ij}=1$,否则 $w_{ij}=0$);n 是空间单元总数。系数的取值在 -1 和 1 之间,如果取值小于 0 表示负相关,等于 0 表示不相关,大于 0 表示正相关。

与景观格局指数一样,空间自相关系数也随观测尺度(或分析尺度)变化而变化,在一系列不同尺度上计算自相关系数可以揭示所研究变量的自相关程度随空间尺度的变化。以自相关系数为纵坐标、样点间隔距离为横坐标所作的图称为自相关图。自相关图可用于分析景观的空间结构特征,判别斑块的大小以及某种格局出现的尺度。

2. 地统计分析

地统计学(Geostatistics)是统计学的一个分支,首先发展和应用于地学(采矿学、地质学)领域,最初的目的在于解决矿脉估计和预测等实际问题,因此得名地统计学(傅伯杰,2011)。如今,地统计学的应用已被扩展到分析各种自然现象的空间格局,已被证明是研究空间变异的有效方法。

地统计学以区域化随机变量理论(Regionalized Variable Theory)为基础,研究自然现象的空间相关性和依赖性。区域化随机变量与普通随机变量不同,普通随机变量的取值按某种概率分布而变化,而区域化随机变量则根据其在一个域内的位置取不同的值。换言之，区域化随机变量是普通随机变量在域内确定位置上的特定取值，是随机变量与位置有关的随机函数。区域化随机变量考虑系统属性在所有分离距离上任意两样本间的差异，并将此差异用其方差来表示。目前，地统计应用范围已延伸到各个学科，逐步渗透到了土壤、环境、生态、气象、经济和人文等领域。地统计学主要应用于描述和解释空间相关性，建立预测性模型、空间数据插值，估计和设计抽样方法等。本节主要介绍两种地统计学分析方法：变异矩（Variogram）和相关矩（Correlogram），并对变异矩的一个重要应用——克里金插值进行简要介绍。

变异矩常用于研究和描述随机变量的空间变异性。变异矩是分离距离的函数，是随机变量 Z 在分离距离 h 上各样本的变异的量度。变异矩的实际计算公式为：

$$\gamma(h) = \frac{1}{2n(h)} \sum_{i=1}^{n(h)} [Z(x_i+h) - Z(x_i)]^2$$

式中，Z 代表某一系统属性的随机变量；x 为空间位置；n 为抽样总数；h 为配对抽样间隔距离；$n(h)$ 是抽样间距为 h 时的样点对的总数；$Z(x)$ 和 $Z(x+h)$ 分别是变量 x 和 $x+h$ 点的取值。

相关矩描述随机变量的空间相关性，其数学定义为：

$$C(h) = \frac{1}{n(h)} \sum_{i=1}^{n(h)} \{[Z(x_i)Z(x_i+h)]^2 - \overline{Z}^2\}$$

式中，$\overline{Z}$ 为样本平均值，其他各项定义同前。

空间局部插值法（Spatial Kriging）又称克里金插值法，是利用变异矩或相关矩分析的结果，估计空间未抽样点上区域化随机变量的取值。显然，如果变异矩和相关矩分析的结果表明空间相关性不存在，则空间局部插值法不适用。空间局部插值法可分为三大类：点局部插值法（Punctual Kriging）、小区局部插值法（Block Kriging）、通用局部插值法（Universal Kriging）。空间局部插值法与变异矩和相关矩一样，均以区域化随机变量理论为基础。作为对空间未抽样点上随机变量取值的估计方法，空间局部插值法是一种局部加权平均，可以给出最优无偏估计。该方法主要有计算变异矩和根据克里金插值算法估计未测点的值两个步骤。

3. 小波分析

小波分析(Wavelet Analysis)是一种能够将时间上或空间上的格局与不同尺度以及具体时空位置相联系的分析方法。小波分析在许多学科有广泛应用,但在生态学中的应用始于20世纪90年代初。小波分析与谱分析或傅立叶分析有相似之处,但其并不要求数据在研究的空间范围内具有恒定的均值或方差(即满足所谓数据的平稳性假设,Stationarity)。小波分析不但能从频率(或尺度)的角度分析格局,而且能将格局、尺度与具体空间位置明确地表示出来,其核心部分是小波转换(Wavelet Transform)。对于一维数据而言,小波分析可定义为:

$$W(a,x) = \frac{1}{a}\int_{-\infty}^{\infty} f(x)g\left(x - \frac{b}{a}\right) dx$$

式中,$f(x)$ 称为数据函数(data function);函数 $g(x)$ 称为分析小波(Analyzing Wavelet);a 是空间尺度;b 代表小波在空间上的中心位置。

分析小波可视为具有固定边长(a)的移动"窗口",通常沿着数据样带(x)滑动。当样带中出现与小波相似的结构,小波转换值高,反之则低。

具体的小波函数有多种,选用函数应根据数据结构特点和研究目的而定。经小波转换后的数据成为尺度(移动窗口的大小)和具体空间位置的函数,以此作图即可将数据在不同尺度上的特征及其相互关系反映出来。因此,小波分析适于揭示空间格局的多尺度和等级结构。但即使是一维数据的小波转换图有时也不易解释,此时往往需要计算小波方差(Wavelet Variance)并作图以帮助识别斑块格局的特征尺度(如斑块的平均大小)。目前看来,小波分析是景观空间分析中的新方法之一,应用尚少,但其应用价值是显而易见的。

4. 谱分析

谱分析(Spectral Analysis)是一种研究系列数据周期性质的方法,可用于分析一维或二维空间数据中反复出现的斑块性格局及其尺度特征。其基本思想是利用傅立叶转换(Fourier Transform)将实测数据分解为若干不同频率、不同振幅和不同起始点的一组正弦波,然后寻求对实际数据拟合最好的波函数。谱分析被认为适用于小尺度空间格局规律性的研究,要点是建立谱密度或强度(Spectral Density/Power)的周期图(Periodogram),简称谱周期图。谱周期图以谱密度为纵坐标、频率或周期为横坐标,反映空间数据的周期性变化(峰值)和随机性变化(非峰值部分)。

谱分析已广泛应用于等距离取样的时间和空间生态学序列数据的格局研究中。从用途上看,谱分析与空间自相关分析、地统计学分析和聚块样方方差分析相似,但技术方法却迥然不同。谱分析是通过把空间数据与已知波形函数比较来检测其格局,而以上提及的另外三种方法是通过实测数据点之间的相互比较来确定格局特征的。谱分析尤其适用于分析具有周期性结构的空间和时间数据。由于采用三角函数转换,谱分析不受空间数据起始位置的影响。然而,该方法从统计运算角度而言仍然是空间分析方法中最为复杂的一种,且结果的解释也比较困难。迄今为止,谱分析的应用主要以一维数据为主。尺度方面,谱分析似乎对小尺度格局敏感,对大尺度结构特征的解释有效性较低。此外,尽管检验整个谱周期图的显著性是可行的,但单个波峰的显著性通常无法检验。

5. 趋势面分析

趋势面分析(Trend Surface Analysis)是用来研究区域尺度上空间结构的趋势和逐渐变化的一种空间分析方法。趋势面分析可根据对某一变量的观察值和其取样位置的多项式回归结果进行内插值计算,从而产生一维、二维或三维的连续线段、平面或立体面。因此,趋势面本身是一个多项式函数,其次数愈高,与实际数据的拟合程度愈高,但通用性和预测性则降低。

趋势面分析常用于区分区域尺度的空间格局与局部尺度的空间变异、去除空间数据中存在的趋势或空间插值等。趋势面分析存在一些概念上和技术上的问题:第一,假如对拟合的趋势面没有任何物理或生态学解释的话,拟合这一趋势面本身并没有多大意义;第二,回归模型假定残差(Residual)呈正态分布,且空间上独立,但普遍存在的空间自相关使这一假设很难满足;第三,当实测点数量较少时,极大值或极小值可能严重歪曲趋势面的形状,趋势面对边缘效应极为敏感;第四,由于该分析采用的回归模型是在区域尺度上运作,对于局部点上未测值的估计可能受到相距很远的实测值异常变化的过分影响,从而使趋势面空间插值不够精确。

6. 聚块样方方差分析

聚块样方方差分析(Blocked Quadrad Analysis)采用连续网络系统取样,而后逐级归并相邻样方并计算每一聚块水平方差,最后以方差为纵轴、聚块大小为横轴作图,即均方差—聚块大小关系图(Mean Square Variance-Block Size Graph),其曲线的峰和谷可用来表示景观斑块性的尺度特征(如斑块平均大小)。通常,峰值所对应的是斑块的平均大小,而谷值则对应于斑块内均质部分,如果图中有多个峰值出现,则反映了该景观中可能存在不同空间尺度上的斑块(如等级斑块结构)。

聚块样方方差分析又称为巢式方差分析或等级方差分析,是一种简单且有效的生态学空间格局分析方法。聚块样方方差分析方法在生态学(尤其是植物种群和群落分析)中应用已久,对于理解植物种群相互作用关系和空间格局起到了重要作用。然而,该方法仍存在一些问题:第一,对于均方差—聚块大小关系图中的峰值无法进行统计学显著性检验;第二,由于样方的聚合是按照 2 的指数形式进行的(即 2、4、8、16……),与这些样方聚块大小不同的斑块便无法测得实际值;第三,随着样方不断聚合,自由度减小,分析结果的准确性也随之下降;第四,该方法对连续网格样方的起始位置很敏感。

7. 分形分析法

分形原本指的是不规则的、支离破碎的物体,最早是由数学家 Mandelbrot 在 20 世纪 70 年代引入科学领域的,用来描述比较复杂的过程和图形。分形可以分为规则分形和不规则分形。自然界中很多事物的粗糙性和复杂性通常都是随机的,例如不断变化的布朗运动轨迹、复杂曲折的海岸线等。这些曲线具有近似的或统计意义上的自相似性,属于不规则分形的范畴。

Mandelbrot(1960)总结出分形的两个数学定义:

第一,如果一个集合在欧式空间中的豪斯多夫维数 D_H(Hausdorff Dimension)严格大于其拓扑维数 D_T,则该集合为分形集,简称为分形。一般来说,D_H 不是整数,而是分数。

第二,分形是局部和整体有某种方式相似的形。该定义强调图形中局部和整体之间(包括小的局部和大的局部)的自相似性。

上述第二个定义强调了分形自相似性的特征,是自然事物普遍具有的一种属性,即各部分之间、各部分与整体之间在功能、形态、时间以及空间等方面有着某种自相似的特性。然而,上述两种定义并不能将分形如此广泛的内容完全包括,且迄今为止还不能为分形出具十分贴切的定义,因此,众多学者尝试从另外的角度来认识分形,即通过研究分形的一系列特性来探究什么是分形。

分形具有如下特征:

第一,分形具有任意小尺度下的比例细节,或可称其具有更精细的结构。

第二,分形不能用传统的几何语言来形容,既不是符合某些条件下的点的轨迹,也不是一些简单方程的解集。

第三,分形的某种自相似形式,可能是近似的自相似性或统计自相似性。

第四,一般情况下,分形的分形维数严格大于其相应的拓扑维数。

第五,在一些情形下,分形可以由非常简单的方法定义,可能由变换的迭代产生。

对于具有分形特性的事物而言,分形维数是描述其分形最重要的参量之一,体现了形状或时间序列如何填充其空间。分维理论为景观格局的定量描述提供了一条新途径,有助于科学工作者从复杂景观中根据斑块大小、形状、密度、多样性、异质性、分布格局、边界特征、多尺度、自相似等方面,找到一个或多个分形维数。

6.5 生态网络分析方法

人类社会的迅猛发展和城市的快速扩张,对野生动物栖息地斑块环境产生了较大的破坏。景观生态学认为,一些基本的景观改变和管理措施是有利于生物保护的,如核心栖息地保护、缓冲区、廊道建立、栖息地恢复等,但如何定义缓冲区、设置廊道或布局栖息地斑块才能最有效地影响生态过程,从而实现生物多样性保护等一系列有关区域景观生态规划的问题亟待解决,这些问题也是构建生态网络的核心目的(俞孔坚 等,1998;张蕾 等,2014)。综合考虑生态网络的功能和特征,可以认为生态网络是基于景观生态学原理,以保护生物多样性和景观完整性为目的,由一系列景观要素连接并发生相互作用而构成的网络体系,与生态网络类似的概念还包括"生态安全格局""绿色基础设施""绿道网络"(刘世梁，2017；彭建 等，2017)。通过构建生态网络识别出对区域生态安全保障有重要意义的要素，形成对提升景观连通性有利的空间格局，将有助于识别国土空间生态保护修复关键区域与实现国土空间优化布局。

6.5.1 生态网络构建方法

栖息地的消失和破碎是生物多样性消失的最主要原因之一，保护生境斑块以及维持区域景观连通性日益受到利益攸关者的重视。有研究通过对生态过程潜在空间分布情况进行分析，判别和设计出用于实现对生态过程有效控制的景观生态安全格局，主要涵盖源、缓冲区、源间连接、辐射道和战略点五个景观组分(Yu，1996；俞孔坚，1999)。生态网络构建研究的基本思路与生态安全格局类似，均是通过识别对控制景观生态水平过程起关键作用的局部要素和空间关系提高景观连通性、保护生物多样性。随着生态网络研究日趋丰富，构建生态网络研究基本框架逐渐形成，通常分为三步，第一步是选取综合生境质量较好且具有一定规模的斑块作为生态源地，由于不同的研究对综合生境质量"好"的定义不同，识别生态源地的方法思路相对多样，但多数会考虑生境斑块的面积，这是由生物多样性与生境斑块面积大小通常呈正相关关系决定的(邬建国，2007)。在构建生境质量评价指标体系时主要考虑的方面包括生态系统服务重要性、生境敏感性和景观连通性，评价方法包括单因素评价和多因素综合评价两类(王玉莹 等，2019；朱捷 等，2020)。第二步进行综合阻力面构建，"阻力"实质是景观对物种迁移运动的阻抗力(Knaapen et al.，1992)，阻力值的分布表面称为综合阻力面，综合阻力值大小的确定通常基于评价结果。在获得生态源地和综合阻力值的分布结果后，即可进行最后一步——提取生态网络组成要素，具体要素包括生态廊道、生态节点和缓冲区等，提取方法会根据所依托的生态网络构建原理及软件工具有所差异，其中提取生态节点的方法还会因生态节点内涵和发挥功能的不同呈现较大差别。综合而言，生态网络构建涉及一些经典理论，通用的包括斑块—廊道—基质理论、图论，同时涉及最小累积阻力模型、电路理论和形态学空间格局分析等方法，本节将介绍几种主流方法。

1. 最小累积阻力模型方法

（1）方法背景

随着学者们意识到人类活动造成的生境斑块破碎化可能会导致种群规模缩小甚至物种消失，景观连通性相关研究的重要性得到更为广泛的认可。阻隔是与连通相对的概念，其大小并非只受距离影响，内部景观类型等因素也需要被纳入考量，包括：第一，适合觅食和休息的栖息地的空间分布；第二，景观要素分布对动物迁移产生的物理或心理障碍；第三，是否包含动物容易通过的路径（廊道）。上述影响因素可共同被视为对特定物种在景观中扩散迁移产生的阻力，为度量这种综合阻力，学者提出一种将综合阻力和地理距离纳入考虑的方法用于评估生境斑块隔离度——最小累积阻力模型（Minimal Cumulative Resistance，MCR）(Knaapen et al.，1992)。

（2）方法原理

最小累积阻力模型的基本假设是特定物种扩散路径被生物个体穿过的概率随距离增加而减少，且这种减少在不适合扩散的景观类型中表现更加显著，因而此类景观具有更高的阻力值。该方法的基本思路是在两个相互隔离的点之间，通过模拟从源点起始的扩散过程，扫描所有可能路径，识别迁移路线累积阻力最小的结果，从而提供整体的最优路径。该方法提出后被其他学者结合地理信息系统技术进一步修正，从而形成当前广泛使用的模型，具体公式如下（Knaapen et al.，1992；Yu，1996）：

$$MCR = f\min\sum_{i=1}^{m}\sum_{j=1}^{n}(D_{ij} \times R_i)$$

式中，f 是一个未知的正函数，反映空间中任一点的最小阻力与其到所有源点的距离和景观基面特征的正相关关系；D_{ij} 是物种从源 j 到空间某一点所穿越的某景观 i 的空间距离；R_i 是景观对某物种迁移运动的阻力。尽管函数 f 通常是未知的，但 $(D_{ij} \times R_i)$ 的累积值可被认为是衡量物种从源点到空间某一点的某一路径的相对可到达程度。其中，从所有源到该点累积阻力的最小值被用来衡量该点的可到达程度。

（3）应用场景

在实际应用中，运用最小累积阻力模型会借助一些软件工具，常用的包括

ArGGIS 软件空间分析的 Cost Path 工具、Graphab 软件（Foltête et al., 2012）、基于 ArcGIS 软件运行的 Linkage Mapper 工具箱中的 Linkage Pathway 模块（McRae et al., 2008）以及 Corridor Designer 工具箱（Majka et al., 2007）等，均可通过输入生态源地数据和综合阻力面数据，经软件运算后输出连接源点之间穿过累积阻力值最小的路径（类似经济学中的"成本"概念，故该结果也称最小成本路径），最终经过后续简单处理即可作为生态廊道提取结果（Adriaensen et al., 2003）。该方法的优点是相对简单，也可以生成明确体现生态廊道位置的空间布局结果；不足之处是对生态廊道的宽度问题缺乏充分考虑。以 Cost Path 工具为例，生成结果仅有一个像元宽度，在指导具体生态修复规划方面可能还需要细化（Adriaensen et al., 2003）。目前，该方法主要用于初步构建生态网络、区域生态安全格局和绿色基础设施网络。

2. 形态学空间格局分析方法

（1）方法背景

为解决生物在破碎生态系统中的运动如何受到景观变化的影响以及在对连通性的量化环节中存在的一系列问题，数学形态学逐渐被引入功能连通性分析（Vogt et al., 2007），由此形成形态学空间格局分析方法（Morphological Spatial Pattern Analysis, MSPA）。形态学空间格局分析旨在描述栅格图像上土地覆被几何特征（大小及形状）和连通性，可识别空间格局的自定义数学形态算法序列，该方法适用于任意规模和领域的任意类型数字图像（Riitters et al., 2009）。近年来，该方法被广泛用于生态网络构建、区域景观连通性评价和绿色基础设施网络构建的研究中。

（2）方法原理

形态学空间格局分析方法通过基于腐蚀、膨胀、开运算、闭运算等数学形态学原理对栅格图像的空间格局进行度量、识别和分割等图像处理，从而精确地分辨出景观的类型与结构（许峰 等，2015）。该方法将输入的土地利用栅格数据分为七个景观类型，即核心区、孤岛、孔隙、边缘区、支线、环道区和桥接区，分类过程如图 6-1 所示，对应的每个景观类型具有不同的生态学意义（表 6-1）。其中，核心区常常作为识别生态源地的依据，而桥接区则作为具有生境斑块重要连接作用的生态廊道提取依据。

表6-1 形态学空间格局分析景观分类及生态学意义

景观类型名称	生态学意义
核心区(Core)	前景像元中较大的生境斑块,可以为物种提供较大的栖息地,对生物多样性的保护具有重要意义,可作为生态网络中的生态源地识别依据
孤岛(Islet)	彼此不相连的孤立、破碎的小斑块,斑块之间的连接度比较低,内部物质、能量交流和传递的可能性比较小
孔隙(Perforation)	核心区和非绿色景观斑块之间的过渡区域,即内部斑块边缘,具有边缘效应
边缘区(Edge)	是核心区和主要非绿色景观区域之间的过渡区域,具有边缘效应,可以保护核心区的生态过程
环道区(Loop)	连接同一核心区的廊道,为核心区内物种扩散和能量交换提供便捷通道
桥接区(Bridge)	连通核心区的狭长区域,可表征生态网络中连接生境斑块的廊道,对物种迁移和区域景观连通具有重要的意义
支线(Branch)	只有一端与边缘区、桥接区、环道区或者孔隙相连的区域

(3)应用场景

实际操作中,MSPA方法依托Guidos Toolbox实现,只需要输入土地利用栅格数据,将生态用地作为前景,将其他用地类型作为背景,转换数据为二值栅格(前景数据赋值为2,背景数据赋值为1,缺失部分赋为0),设置连接规则(4邻或8邻)、边缘宽度、过渡参数和录入参数。其中边缘宽度是最重要的参数,其设置会影响定义为核心区的单元数量,代表了斑块产生边缘效应的大小。不同于将斑块或者廊道单独提取出来进行分析的传统景观连通性分析方法,MSPA方法强调结构性连接,其独特优势在于能够在像素水平上自动检测景观中的各种结构,仅依靠土地利用数据便可准确区分景观连通性发挥重要作用的生境斑块和生态廊道(许峰 等,2015)。由于该方法的优势突出,已被广泛用于各个方面,如空间格局、景观廊道、尺度格局、景观连通性和绿色基础设施评估与制图(An et al., 2020)。

3.电路理论方法

(1)方法背景

种群和栖息地之间的连通性对于众多生态过程至关重要。因此,一系列利用景观数据的连通性测度方法及工具陆续被提出,用于量化景观特征对连通性的影

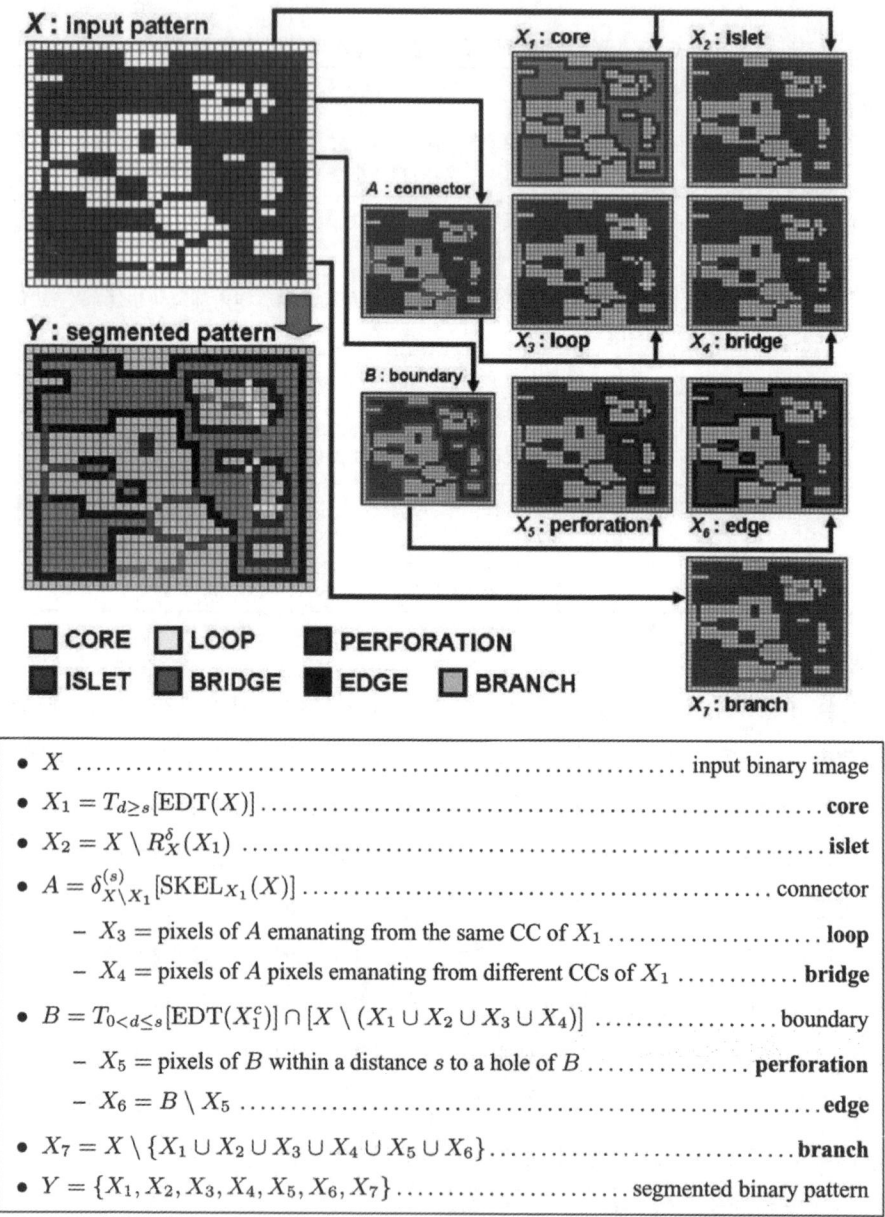

图 6-1 形态学空间格局分析景观分类过程示意图（Soille and Vogt，2009）

响,其中就包括电路理论。此前,电路理论已被应用于化学、神经、经济和社会网络中的连通性分析,以及模拟异质景观中的基因流(McRae,2006;McRae and Beier,2007)。两位美国数学家 Doyle 和 Snell(1984)证明了电路中的电流、电压和电阻与马尔可夫随机漫步者在图上的运动成正比,意味着电路理论可以通过随机游走理论与运动生态学联系起来,为电路理论中的电阻、电流与电压概念提供了具体的生态学解释。随后,这一理论被用于预测随机漫步者在复杂景观中移动的移动模式和成功分散迁移或死亡的概率,并生成栖息地斑块、种群或保护区的连接或隔离措施,进而识别用于保护规划的重要连接元素(如廊道)(McRae et al., 2008)。

(2)方法原理

理解电路理论中的电学术语及其生态学解释是应用电路理论的前提,表 6-2 列举了部分概念及其生态学内涵(McRae et al., 2008)。电路理论中最常用的连通性度量方式是电阻距离,其含义是当景观图中所有的边被电阻取代时,该距离即两个节点之间的有效电阻(图 6-2)。电阻距离包含了连接节点的多条路径,节点之间测量的电阻距离随着连接路径的增加而减小。因此,电阻距离并不反映单个个体所走的距离或移动成本,相反,它结合了最小的移动距离或成本以及可供选择的路径。这也进一步造就了其与最小累积阻力模型中最小成本路径的差异性:第一,电阻距离将所有可能的路径整合到距离计算中,而最小成本距离是沿着一条最优路径度量的;第二,电阻距离提供了随机行走情形的保护隔离措施,而最小成本路径是基于迁移者完全熟悉其跨越的景观选择的一条路径。简而言之,相比于最小成本路径方法,当迁移个体对周围景观了解有限时,电路理论在模拟迁移路径方面表现出明显的优势。

表 6-2 电路理论中常用的电学术语及生态学解释

名词	生态学意义
电阻	类似于景观阻力,电阻越大,对物种迁移扩散或基因交流的阻碍能力越强
电导	电阻的倒数,类似于栖息地的渗透性,电导越大,越有利于物种的运动(迁徙或扩散)
电流	反映随机漫步者到达目标栖息地之前通过相应节点或路径的净次数,用来预测物种通过相应节点或路径的净迁移概率,进而预测具有较高通水平的地区
电压	随机漫步者离开任意一个节点成功到达一个给定目标节点的概率的测定指标(即成功扩散的概率)

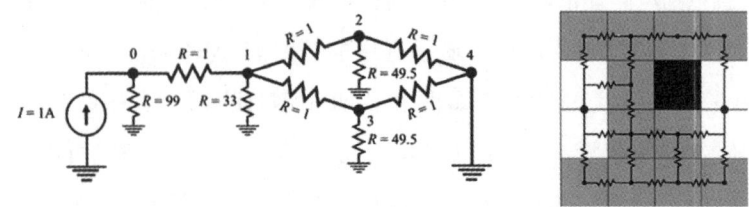

图 6-2　电路理论模型示意图（McRae et al., 2008）

（3）应用场景

实际操作中，Circuitscape 软件与依托 ArcGIS 软件的 Linkage Mapper 工具箱是运行电路理论的主要途径，由于 Circuitscape 软件最初基于 Julia 语言环境实现，借助 Linkage Mapper 工具箱直接在 ArcGIS 软件中调用 Circuitscape 软件更为学者们接受。该工具箱分为多个模块，集成了最小成本路径与电路理论最常用的功能（McRae and Shah, 2011），其中，Linkage Pathways 工具可基于核心生境斑块与景观阻力栅格确定生境斑块之间最低成本路径，可用于绘制野生动物栖息地廊道；增强模块中的 Pinchpoint Mapper、Centrality Mapper、Barrier Mapper、Linkage Priority 与 Climate Linkage Mapper 工具通过调用 Circuitscape 软件，分别用于识别廊道内的夹点（电流密度较大、通过概率更高区域）、网络中心性区域、障碍点（移除后可对连通性提升具有重要意义的区域）、判别廊道优先级与进行应对气候变化的连通性分析。增强模块中的工具可用于识别关键网络连接要素并给出最小成本路径的替代方案，这也是电路理论的优势之一。

目前，电路理论软件包已成为世界上应用最广泛的连通性分析工具，相关研究服务于野生动物廊道设计、景观遗传学、运动生物学、面向气候变化的连通性分析、流行病学与入侵物种传播等方面（Dickson et al., 2019）。显然，开展国土空间生态修复相关工作时，电路理论在生态网络构建以及应对气候变化方面的应用具有关键性价值参考。

6.5.2　生态节点布局方法

1. 生态节点概念

网络中两条或两条以上的廊道及廊道与斑块的交汇之处，称为节点（何东进，2013）。部分节点比廊道宽，作为独立的景观要素又太小，但其作为小规模生态斑块的作用不可忽视。通常情况下,节点比网络中其他点位具有更高的物种丰富度、更好的立地条件或生境适宜性,可以起到中继点(站)的作用,而不是作为迁移的目的地。研究表明,节点彼此的相对位置对网络中流或节点的作用至关重要(Forman,1996)。一般认为,生态节点是指景观基质中对于生物的扩散或移动过程起到关键作用的位置(张玥 等,2020)。

2. 生态节点布局方法

随着生态网络优化研究日渐成熟,生态节点内涵也趋于多元化,生态节点的识别方法由内涵界定所决定,本节主要介绍几种主流的生态节点内涵及其识别方法。

(1) 从自身生态功能识别

考虑自身生态功能,关键生态节点是区域中具有重要生态功能或生态敏感性、脆弱性斑块的几何中心点或重心点(Yu et al.,2018),一般通过因素评价方法进行识别。

(2) 从所处空间位置识别

从所处空间位置角度,考虑生态网络所受外界干扰的程度,"生态节点"位于生态廊道最薄弱处,对生态流的运行起关键作用(何珍珍 等,2019;李青圃 等,2019)。此类生态节点识别方法多通过最小累积阻力模型构建,生成区域生态廊道,并进一步根据空间位置类型识别生态节点。由于生态节点存在定义模糊、界限不清等问题,其位置判定并不统一。常用的基于空间位置的节点判别方法见表6-3(张远景,2016;胡炳旭,2018;殷炳超 等,2018;Dong et al.,2019)。

表6-3 空间位置类生态节点识别方法

空间位置生态节点类别	识别方法
Ⅰ	阻力面"山脊线"与生态廊道的交点
Ⅱ	阻力面"脊线"与"谷线"的交点
Ⅲ	等阻力线交点或切点
Ⅳ	生态廊道的交点
Ⅴ	生态廊道的转折点
Ⅵ	生态廊道与小型生态源地交点

(3) 多层级生态节点解析体系

近年来,有学者提出多层级"资源型战略点—结构型战略点—结构型薄弱点"生态节点解析体系(张晓琳 等,2020),是针对生态节点各属性的综合识别。在功能属性上,具有重要生态功能或生态敏感性、脆弱性的生态源地应为生态节点(Andrea et al.,2016;牛腾 等,2019),该类点记为资源型战略点;在空间属性上,在整体景观格局中处于重要空间战略位置或易受人类破坏的关键地段应为生态节点(俞孔坚,1998),前者记为结构型战略点,后者记为结构型薄弱点。

从节点影响范围来看,资源型战略点具有最大的影响范围,往往由生态源地及其缓冲区组成(彭建 等,2017),起到生态源的作用;结构型战略点、结构型薄弱点具有一定影响范围,前者以提升生态流传递效率为目的,后者以疏通生态廊道、保护生态网络为目的。

从节点空间分布来看,资源型战略点主要位于较大生境斑块的几何中心点或重心点(Yu et al.,2018);结构型薄弱点位于生态廊道薄弱处,即上述Ⅰ~Ⅵ类生态节点;结构型战略点并不依靠现有景观格局直接确定,而是基于多目标优化算法识别,达到最佳生态网络连通性、最大有效覆盖度。

基于"资源型战略点—结构型战略点—生态廊道—结构型薄弱点"的区域生态网络构建模式,可以实现改善生态网络鲁棒性、提升节点覆盖率和网络连通度等多种目的(图6-3)。

6.5.3 生态网络评价方法

随着生态网络构建研究愈加深入,基于"识别源地—构建阻力面—提取廊道"路径,构建区域生态网络的方法逐渐趋于成熟(彭建 等,2017)。但是由于各步骤识别重要景观要素的标准不完全一致,即使针对同一个研究区的生态网络结果都可能具有显著差异。可见,针对生态网络构建结果的评价工作极为重要,这不仅可以用于国土空间生态修复规划工作中生态网络优化效果的评判,也可以对各种细化方法组合叠加后得到的不同网络结果进行优劣排序,从而揭示不同研究区的最适用方法。然而,当前学界并没有统一的生态网络评价指标体系,本节主要介绍基于不同侧重层面的生态网络构建评价常用指标。

在网络结构方面,评价指标包含网络连接度、网络中心性和网络鲁棒性三类。

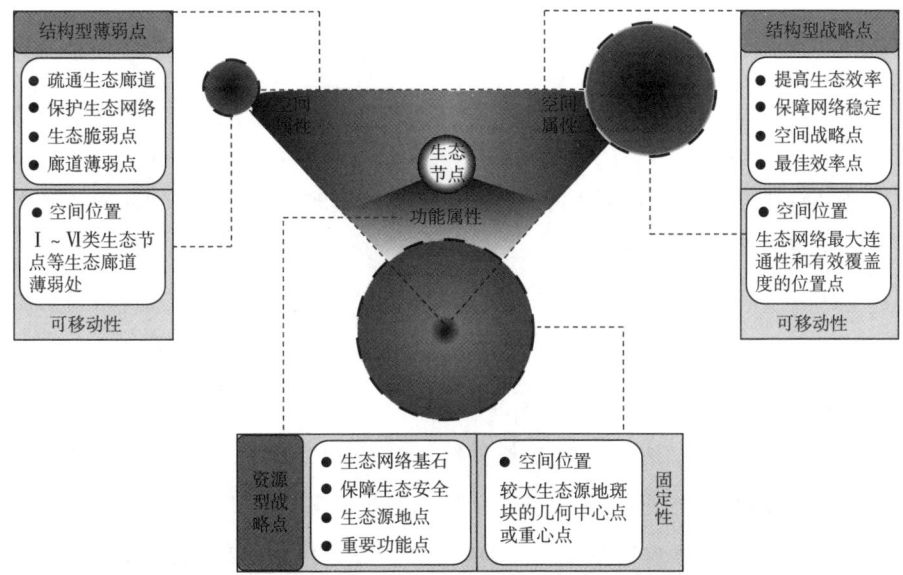

图 6-3 多层级生态节点解析体系（张晓琳 等，2021）

网络连接度指数能够代表廊道网络的闭合度和有效性（尹海伟 等，2011），包括网络闭合度（α）、线点率（β）、网络连接度（γ）和网络平均成本（δ）。上述指数以拓扑学为基础，表示节点和廊道本身的特征以及二者之间的相互关系。中心性指数包括邻近度和介数中心性（傅强 等，2012），代表节点和连接边在系统中的重要程度。网络鲁棒性描述的是网络受到干扰时，仍能维持原有功能的程度，即网络的健壮程度，目前网络学科常用最大连通子图大小和网络效率量化网络的鲁棒性（张远景，2016）。在节点效用方面，常用指标包括节点覆盖率 C、节点分布均匀度 DE、平均节点连接数 A 指标，可用于衡量网络中节点冗余及效用发挥情况（苏凯 等，2019）。在基于复杂网络的网络整体性方面，常用指标包括平均聚类系数 CC、网络连通性 J、网络密度 D 等指标，可用于衡量网络整体性能（张晓琳 等，2021）。

综上所述，虽然生态网络目前有很多评价指标可以选用，但是尚不明晰各指标之间是否存在冗余、矛盾以及目前的指标是否可以全面地反映生态网络稳定性及实际构建效果，故亟须构建系统的生态网络评价指标体系作为统一标准。

参考文献

[1] 曹霞，刘国巍，2014. 基于博弈论和多主体仿真的产学研合作创新网络演化[J]. 系统管理学报，23(01)：21-29.

[2] 陈利顶，傅伯杰，徐建英，等，2003. 基于"源-汇"生态过程的景观格局识别方法——景观空间负荷对比指数[J]. 生态学报(11)：2406-2413.

[3] 邓聚龙，1986. 灰色预测与决策[M]. 武汉：华中理工大学出版社.

[4] 冯克鹏，田军仓，沈晖，2019. 基于K-means聚类分区的西北地区近半个世纪气温变化特征分析[J]. 干旱区地理，42(06)：1239-1252.

[5] 傅伯杰，2011. 景观生态学原理及应用(第2版)[M]. 北京：科学出版社.

[6] 傅强，宋军，毛锋，等，2012. 青岛市湿地生态网络评价与构建[J]. 生态学报，32(12)：3670-3680.

[7] 何东进，2013. 景观生态学[M]. 北京：中国林业出版社.

[8] 何珍珍，王宏卫，杨胜天，等，2019. 渭干河—库车河绿洲景观生态安全时空分异及格局优化[J]. 生态学报，39(15)：5473-5482.

[9] 洪奕光，翟超，2011. 多智能体系统动态协调与分布式控制设计[J]. 控制理论与应用，28(10)：1506-1512.

[10] 胡炳旭，汪东川，王志恒，等，2018. 京津冀城市群生态网络构建与优化[J]. 生态学报，38(12)：4383-4392.

[11] 黄强，2019. 基于多主体系统与系统动力学的土地利用优化模型[D]. 重庆：重庆交通大学.

[12] 黄艺，2019. "一带一路"沿线国家经济金融风险评价[D]. 南京：南京师范大学.

[13] 江志猛，陈文波，郑蕉，2019. 基于SOFM神经网络的土地整治时空配置分区研究[J]. 中国土地科学，33(11)：89-97+104.

[14] 黎夏，叶嘉安，刘涛，等，2007. 元胞自动机在城市模拟中的误差传递与不

确定性的特征分析[J]. 地理研究,26(3):443-451.

[15] 李宁,芦红,2021.基于聚类分析的水资源利用区划方法[J].沈阳工业大学学报,43(04):425-431.

[16] 李青圃,张正栋,万露文,等,2019.基于景观生态风险评价的宁江流域景观格局优化[J].地理学报,74(7):1420-1437.

[17] 刘世梁,侯笑云,尹艺洁,等,2017.景观生态网络研究进展[J].生态学报,37(12):3947-3956.

[18] 刘希强,王照明,1996.灰色经济预测模型及其应用[M].济南:黄河出版社.

[19] 刘小平,黎夏,2007.Fisher判别及自动获取元胞自动机的转换规则[J].测绘学报(01):112-118.

[20] 刘懿光,2005.土地利用规划需求量预测模型研究[D].武汉:华中农业大学.

[21] 牛腾,岳德鹏,张启斌,等,2019.潜在生态网络空间结构与特性研究[J].农业机械学报,50(8):166-175.

[22] 彭补拙,周生路,陈逸,等,2013.土地利用规划学(修订版)[M].南京:东南大学出版社.

[23] 彭建,赵会娟,刘焱序,等,2017.区域生态安全格局构建研究进展与展望[J].地理研究,36(03):407-419.

[24] 苏凯,于强,YANG D,等,2019.基于多场景模型的沙漠—绿洲交错带林草生态网络模拟[J].农业机械学报,50(09):243-253.

[25] 王玉莹,金晓斌,沈春竹,等,2019.东部发达区生态安全格局构建——以苏南地区为例[J].生态学报,39(07):2298-2310.

[26] 邬建国,2007.景观生态学:格局,过程,尺度与等级[M].北京:高等教育出版社.

[27] 许峰,尹海伟,孔繁花,等,2015.基于MSPA与最小路径方法的巴中西部新城生态网络构建[J].生态学报,35(19):6425-6434.

[28] 杨顺顺,栾胜基,2010.农村环境多主体仿真系统建构——农户模型在农村

环境管理中的应用[J]. 北京大学学报(自然科学版),46(01):129-135.

[29] 杨小雄,2009. 复杂空间决策模型在区域土地利用规划布局中的应用研究[M]. 北京:中国大地出版社.

[30] 殷炳超,何书言,李艺,等,2018. 基于陆海统筹的海岸带城市群生态网络构建方法及应用研究[J]. 生态学报,38(12):4373-4382.

[31] 尹海伟,孔繁花,祈毅,等,2011. 湖南省城市群生态网络构建与优化[J]. 生态学报,31(10):2863-2874.

[32] 俞孔坚,1998. 景观生态战略点识别方法与理论地理学的表面模型[J]. 地理学报,53(s1):11-20.

[33] 俞孔坚,1999. 生物保护的景观生态安全格局[J]. 生态学报(01):10-17.

[34] 俞孔坚,李迪华,段铁武,1998. 生物多样性保护的景观规划途径[J]. 生物多样性(03):45-52.

[35] 展洪强,2015. 基于GIS的土地利用模拟分析研究——以云南省隆阳区为例[D]. 上海:华东师范大学.

[36] 张蕾,苏里,汪景宽,等,2014. 基于景观生态学的鞍山市生态网络构建[J]. 生态学杂志,33(05):1337-1343.

[37] 张晓琳,金晓斌,韩博,等,2021. 长江下游平原区生态网络识别与优化——以常州市金坛区为例[J]. 生态学报,41(09):3449-3461.

[38] 张晓琳,金晓斌,赵庆利,等,2020. 基于多目标遗传算法的层级生态节点识别与优化——以常州市金坛区为例[J]. 自然资源学报,35(01):174-189.

[39] 张学儒,张镱锂,刘林山,等,2013. 基于SOFM神经网络模型的土地类型分区尝试——以青藏高原东部样带为例[J]. 地理研究,32(05):839-847.

[40] 张远景,俞滨洋,2016. 城市生态网络空间评价及其格局优化[J]. 生态学报,36(21):6969-6984.

[41] 张玥,许端阳,李霞,等,2020. 中-老交通走廊核心区生态廊道构建与关键节点识别[J]. 生态学报,40(06):1933-1943.

[42] 朱捷,苏杰,尹海伟,等,2020. 基于源地综合识别与多尺度嵌套的徐州生

态网络构建[J]. 自然资源学报, 35(08): 1986-2001.

[43] Adriaensen F, Chardon J P, De Blust G, et al., 2003. The application of 'least-cost' modelling as a functional landscape model[J]. Landscape and Urban Planning, 64(4): 233-47.

[44] An Y, Liu S, Sun Y, et al., 2020. Construction and optimization of an ecological network based on morphological spatial pattern analysis and circuit theory[J]. Landscape Ecology, 1-18.

[45] Andrea D M, Simone C, Maurizio M, et al., 2016. Urban-rural ecological networks for landscape planning[J]. Land Use Policy, 50: 312-327.

[46] Dickson B G, Albano C M, Anantharaman R, et al., 2019. Circuit-theory applications to connectivity science and conservation[J]. Conservation Biology, 33(2): 239-49.

[47] Dong R C, Zhang X Q, Li H H, 2019. Constructing the ecological security pattern for sponge city: a case study in Zhengzhou, China[J]. Water, 11(2): 1-17.

[48] Doyle P G, Snell J L, 1984. Random walks and electric networks[M]. Washington D.C.: Mathematical Association of America.

[49] Foltête J C, Clauzel C, Vuidel, G, 2012. A software tool dedicated to the modelling of landscape networks[J]. Environmental Modelling and Software, 38: 316-327.

[50] Forman R T T, Collinge S K, 1996. Conservation of faunal diversity in forested landscapes[M]. Dordrecht: Springer.

[51] Knaapen J P, Scheffer M, Harms B, 1992. Estimating habitat isolation in landscape planning[J]. Landscape and Urban Planning, 23(1): 1-16.

[52] Li H B, Reynolds J F, 1993. A new contagion index to quantify spatial patterns of landscape[J]. Landscape Ecology, 8(3): 155-62.

[53] Majka D, Jenness J, Beier P, 2007. Corridor designer: ArcGIS tools for designing and evaluating corridors[EB/OL]. [2022-06-15]. https://www.

resolutionmineeis. us/sites/default/files/references/majka-corridor-designer-2007.pdf.

[54] Mandelbrot B, 1960. The Pareto-Levey law and the distribution of income [J]. International Economic Review, 1(2): 79-106.

[55] McGarigal K, Marks B J, 1995. FRAGSTATS: spatial pattern analysis program for quantifying landscape structure [EB/OL]. [2022-06-15]. https://www.fs.usda.gov/pnw/pubs/pnw_gtr351.pdf.

[56] McRae B H, 2006. Isolation by resistance[J]. Evolution, 60(8): 1551-1561.

[57] McRae B H, Beier P, 2007. Circuit theory predicts gene flow in plant and animal populations[J]. Proceedings of the National Academy of Sciences of the United States of America, 104(50): 19885-19890.

[58] McRae B H, Dickson B G, Keitt T H et al., 2008. Using circuit theory to model connectivity in ecology, evolution, and conservation[J]. Ecology, 89(10): 2712-2724.

[59] McRae B H, Shah V B, 2011. Circuitscape user's guide[M]. Santa Barbara: The University of California.

[60] O'neill R V, Krummel J R, Gardner R H, et al., 1988. Indices of landscape pattern[J]. Landscape Ecology, 1(3): 153-162.

[61] Riitters K, Vogt P, Soille P, et al., 2009. Landscape patterns from mathematical morphology on maps with contagion[J]. Landscape Ecology, 24(5): 699-709.

[62] Soille P, Vogt P, 2009. Morphological segmentation of binary patterns[J]. Pattern Recognition Letters, 30(4): 456-459.

[63] Steinhaus H, 1957. Sur la division des corps matériels en parties[J]. Bulletin L'Académie Polonaise des Science, 4: 801-804.

[64] Vogt P, Riitters K H, Estreguil C, et al., 2007. Mapping spatial patterns with morphological image processing [J]. Landscape Ecology, 22(2):

171-177.

[65] YU K J, 1996. Security patterns and surface model in landscape ecological planning[J]. Landscape and Urban Planning, 36(1): 1-17.

[66] Yu Q, Yue D P, Wang Y H, et al., 2018. Optimization of ecological node layout and stability analysis of ecological network in desert oasis: a typical case study of ecological fragile zone located at Dengkou county (Inner Mongolia) [J]. Ecological Indicators, 84: 304-318.

第七章　国土整治修复的管理学和社会学方法

国土综合整治与生态修复是解决社会经济发展过程中国土空间利用问题的重要手段，随着我国社会经济飞速发展，农业空间、城镇空间、生态空间之间的矛盾日益凸显，国土综合整治与生态修复项目也在全国各地广泛开展。新时期国土综合整治和生态修复对象从自然要素转向社会—生态要素，最终目标是提升人类福祉，追求人地协调发展。国土综合整治和生态修复具有项目规模大、资金需求大、空间覆盖广、涉及要素多等特征，但也面临项目资金压力大、参与主体单一、社会参与动力不足等问题。整治任务全面升级对国土综合整治和生态修复管理提出更高要求，需摒弃以往土地整治和生态修复"重工程轻管理""重土地轻人文"等实践思路，提升国土综合整治和生态修复管理水平，更加关注国土综合整治和生态修复的人文要素。

考虑到国土综合整治与生态修复一般包括前期规划、项目施工、项目验收、后期管护等阶段，本章借鉴管理学和社会学相关方法，选取适用于国土综合整治与生态修复的管理路径。方法分为三类：第一，目标决策分析方法，具体包括政策文献计量法、SWOT分析法、AHP决策分析法和决策树法；第二，项目绩效评价方法，具体包括目标管理法、标杆管理法、关键绩效指标法和全生命周期法；第三，主体行为分析方法，具体包括利益相关者方法、社会网络分析方法、行动者网络方法和结构方程模型。通过简要介绍方法起源、基本用途、方法原理及应用场景等，以期让读者了解适用于国土综合整治与生态修复的管理学和社会学方法，为研究国土综合整治和生态修复管理以及人文要素提供方法参考。

7.1 整治修复目标决策分析方法

决策思想是人们在长期的决策实践活动中,从决策的成功与失败中不断总结、提炼,上升到理性的认识,并在头脑中逐渐形成相对稳定和固有的某种决策观点、概念和观念的体系(钱仲威,2002)。决策是现代管理学的核心,是针对需要解决的问题,运用科学的理论和方法,系统地分析主客观条件,提出各种可行的方案,并从中选择最佳方案以及实施方案的活动过程。决策的质量决定了组织活动的有效性,决策能力是衡量管理者水平的重要标志。国土综合整治与生态修复是一项长期性、综合性的国家战略,决策是开展各级、各类国土综合整治与生态修复工程的前提(孙元欣 等,2011)。

管理学中的决策方法包括了定性方法和定量方法。定性方法主要有德尔菲法、头脑风暴法、电子会议法、名义小组技术等,定量方法主要有确定型决策方法、风险型决策方法、多目标决策分析等(赵涛,2006;陈庆云,2011)。本节借鉴了管理学领域的决策方法,介绍了适用于国土综合整治与生态修复研究的基本决策方法。其中,政策文献计量法可针对相关领域的政策文献进行计量分析,了解政策意图,为决策制定找准方向;SWOT 分析法可针对研究区开展内外部环境分析,系统分析区域发展态势和前景,为决策制定提供依据;AHP 决策分析法基于多准则的复杂决策问题分析,通过厘清各项目标的重要性,以此提升决策的科学性;决策树法能够简单直接计算每个方案的损益值,在国土综合整治与生态修复项目布局和选择中具有较大作用,并且基于决策树算法能够对大数据进行处理,为科学决策提供技术支撑。

7.1.1 政策文献计量法

1. 方法简介

政策文献计量法源于文献计量学(李江 等,2015),一般认为对文献最早进行定量统计的是 1917 年 Cole 和 Eales 发表的《比较解剖学的历史——对文献进行的统计分析》,其开创了文献计量研究的先河(赵庆龄,2010)。随后,20 世纪 30

年代左右,"洛特卡定律""布拉德福定律""齐夫定律"被相继提出,分别用来表征科技文献作者的分布年份、文献分散规律和文献词频分布,成为文献计量学领域的三个基础经验定律。1969年,英国学者Pritchard首次提出文献计量学(Bibliometrics)这一术语,并将其界定为"把数学与统计学用于图书和其他文字通信载体的科学",文献计量学自此诞生(罗式胜,1994)。自20世纪初,文献计量学集统计学、数学、社会学、文献学为一体,被用来研究文献情报的分布结构、数量关系、变化规律和定量管理,探讨科学技术的某些结构、特征和规律(娄丽娜,2014)。

文献计量学早期的研究对象主要是期刊论文,期刊论文的属性中包含题目、作者、机构、国家(地区)、所属期刊、关键词等要素,基于论文之间要素的共同出现,形成引用、共引、共被引、共词等关系,此外,作者、机构、国家(地区)等要素之间还存在合作关系(李江 等,2015)。基于与期刊论文结构的相似性,文献计量学诞生之后逐渐向其他对象迁移,并形成专门的研究领域,例如"专利计量学"(乐思诗和叶鹰,2009)、"网络信息计量学"(Almind and Ingwersen, 1997)等。基于政策文献与期刊论文结构相似,李江等(2015)将文献计量学迁移至政策文献并加以创新,提出了政策文献计量方法(Policiometrics),其可行性已被其他学者证明(Huang et al., 2014; Huang et al., 2015)。政策文献计量将文献计量学、社会学、数学、统计学等学科方法引入政策分析中,量化分析政策文献的结构属性,以揭示政策主题、内容目标、社会影响、政策结构体系、政策演进以及政策主体之间的关系。该方法是当前主要的政策分析方法,是文献计量分析和内容分析的有机融合,从而促进政策分析更为全面,得出的结论更为完整(黄萃 等,2015a;田进和杨正,2017)。国土综合整治与生态修复是一项受政府干预的实践活动,其内涵、目标、对象、模式、发展历程等受政策的影响较大。随着国土综合整治与生态修复相关工作的不断推进,与之有关的政策文件数量不断增多,利用政策文献计量方法进行政策分析,能够为政府和相关部门决策者和研究者提供政策分析工具。

2. 方法原理

(1)政策文献基本特征

根据中共中央办公厅、国务院办公厅于2012年7月1日颁布的《党政机关公文处理工作条例》,政策文献文本包括三个部分,分别是版头、主体和版记。版头包括七个要素，分别是份号、密级和保密期限、紧急程度、发文机关标志、发文字号、分割线、签发人，其中发文机关标志、发文字号、分割线三个要素在所有文件中出现，是政策文献的基本要素；主体包括九个要素，分别是标题、主送机关、正文、附件说明、发文机关署名、成文日期、印章、附注、附件；版记包括三个要素，分别是抄送机关、印发机关和印发日期、页码（李江 等，2015）。

(2) 基本原理

政策文献与科技文献结构具有相似性（表7-1），结构化程度较高，因此政策文献计量法与文献计量法的基本理论和方法是一致的，可以将文献计量学中的各种计量方法迁移至政策文献（表7-2），但两种文献在结构上又存在不同（苏竣，2014）。因此，在文献计量相关方法迁移至政策文献时，需要参照期刊论文数据库与引文索引数据库，将政策文献仿照科技文献进行结构化处理，以便进行计量分析。

表7-1 政策文献与科技论文的结构比较

结构要素	标题	作者	机构	地域	摘要	关键词	正文	参考文献	载体	语种	发文日期
论文	有	有	有	有	有	有	有	有	有	有	有
政策	有	无	有	有	无	无	有	无	无	有	有

表7-2 政策文献计量的迁移

研究方法	文献计量	政策文献计量
时间序列分析	以期刊论文为对象分析论文数量的时间趋势；以作者为对象分析作者的学术成长轨迹；以关键词为对象分析研究热点演进；以被引次数为对象分析学术影响力的起伏与持续程度	以政策文献为对象分析政策文献数量的时间趋势；以政策主体为对象分析政策主体的职能变化；以关键词为对象分析政策主题变迁；以政策参照次数为对象分析政策影响力的起伏与持续程度
共词分析	以关键词为对象挖掘研究主题	以关键词为对象挖掘政策主题
网络分析	以引文网络、合作网络、共现网络为对象分析文献系统中各要素的关联特征与关系	以引文网络、合作网络、共现网络为对象分析政策文献系统中各要素的关联特征与关系

参照科技文献的结构要素，将政策文献结构化之后，可将文献计量相关方法扩展至政策文献计量，主要包括共词分析、合著网络分析和引文分析三部分，分别用于分析政策文献中的政策主体变迁、府际关系研究和政策参照关系（苏竣，

2014;黄萃 等,2015a;黄萃 等,2015b;李江 等,2015)。

① 共词分析——政策主题变迁

共词分析是通过统计两个主题词同时出现在同一政府文献中的次数,发现主题词之间的关系,其作用是分析政策变迁,清晰、可视化地呈现出某一时期政策主题和政策意图变迁。首先,政策文献并未直接提供关键词,因此,运用政策文献计量法时,需要提取政策文献中的关键词,可利用 Wordsmith Tools 软件中的 Keywords 工具人工提取政策关键词(吴宾 等,2017),并参考《国务院公文主题词表》等文献,筛选关键词;其次,利用政策文件关键词进行共词分析时,仍然沿用其在文献计量中的假设前提,即在政策文献中"两个词的共词强度越高,则这两个词之间的关联越紧密",对于一组政策文献而言,共词分析结合频次分析、聚类分析、多维尺度分析可以挖掘出政策主题;最后,研究不同时间序列的政策主题,可以展示政策主题变迁。

② 合著网络分析——府际关系研究

合著网络是基于科技文献作者的合作关系而形成的网络,能够直观反映不同作者之间的合作关系。政策文献中颁布者等同于科技文献作者,在中国政治生活中有一类较为特殊的政策文献,即不同政府部门的联合行文,《党政机关公文处理工作条例》规定"同级党政机关、党政机关与其他同级机关可以在必要时联合行文"。这种联合行文与科技文献中的合作发表论文具有可类比性,因此,可以借鉴科技论文中的合著网络分析,对政策文献的联合行文关系进行分析,揭示某一政策领域的发文机构的职能分工和合作网络,以此描述政府部门间的合作关系,不仅能够研究公共事务的交叉性和复杂性,同时也能反映复杂的府际关系。此外,将政策文献合著网络分析与时间序列分析相结合,可以呈现不同阶段颁布机构之间的合作网络变化,识别政府部门职能变化和合作模式,探析不同时期下政府部门间的合作与冲突关系。

③ 引文分析——政策参照关系

引文分析是就科技文献的引用与被引用现象进行分析,文献被引用次数越高,被推荐或认可的程度就越高,通常用于评估学术影响力。政策文献中也存在"引用"关系,但这种"引用"关系并不完全代表推荐或者认可,更多的是一种行政依据,即政策参照关系,表征政治价值传递和理念扩散,因此"被引次数"可以反映政策文献的行政影响力,被引次数越高的政策文献的行政影响力越大。不同于科技文献中标准化的引用模式,政策文献的参照关系通过语义进行关联引用,因此在政策标题或者正文中会有相应的提示词。这些提示词通常出现在引用政策之前或引用政策之后,公共管理学相关领域研究将政策文献提示词归纳为十种(表7-3)。通过这些特定的提示词,可以发现政策文献中的参照关系,揭示隐藏在貌似杂乱无章的大量政策之间的显性与隐性参照关联与知识引用,发现难以觉察的政策演变轨迹和嬗变模式,解释政策之间复杂的逻辑关系、价值规律和传导机制。

表 7-3 部分常见的政策关联模式及提示词

关键词	举例	例证来源
根据	根据《自然资源部农业农村部关于加强和改进永久基本农田保护工作的通知》(自然资规〔2019〕1号)和《省政府办公厅关于转发省自然资源厅江苏省国土空间全域综合整治方案的通知》(苏政办发〔2020〕26号)规定	《江苏省自然资源厅关于规范做好国土空间全域综合整治项目涉及永久基本农田调整有关工作的通知》(苏自然资函〔2021〕233号)
依据	为提升自然资源治理效能,促进科学技术进步,加强自然资源标准化工作,依据《中华人民共和国标准化法》《全国专业标准化技术委员会管理办法》及相关规定,制定本办法	《自然资源部关于印发〈自然资源标准化管理办法〉的通知》(自然资发〔2020〕100号)
遵照	为了加强水利电力系统科学技术期刊的管理,遵照新闻出版署《期刊管理暂行规定》和国家科委《全国自然科学技术期刊管理办法》的有关规定,特制订本办法	《能源部、水利部关于印发〈水利电力系统自然科技期刊管理办法〉的通知》
贯彻落实	为认真贯彻落实《中共中央 国务院关于加强耕地保护和改进占补平衡的意见》(中发〔2017〕4号)、《中共浙江省委浙江省人民政府关于加强耕地保护和改进占补平衡的实施意见》(浙委发〔2018〕10号)和《国土资源部关于改进管理方式切实落实耕地占补平衡的通知》(国土资规〔2017〕13号)精神	《浙江省国土资源厅关于改进和落实耕地占补平衡的通知》(浙土资规〔2018〕9号)
推进	为贯彻落实人才强国战略,加快推进《生态环境保护人才发展中长期规划(2010—2020年)》实施,加强全国环保人才队伍建设,特制定本实施意见	环境保护部办公厅《关于推进生态环境保护人才发展中长期规划(2010—2020年)》实施的意见(环办〔2013〕38号)

续 表

关键词	举例	例证来源
参照	项目实施方案主要包括总体布局、建设内容、权益保障、资金估算、保障措施等,具体参照《江苏省国土空间全域综合整治项目实施方案编制指南(试行)》	《江苏省自然资源厅关于印发江苏省国土空间全域综合整治项目管理办法(试行)》的通知(苏自然资发〔2020〕122号)
按照	要按照《乡村振兴战略规划(2018—2022年)》相关部署要求,自然资源部将组织开展全域土地综合整治试点工作	《自然资源部关于开展全域土地综合整治试点工作的通知》(自然资发〔2019〕194号)
废止	本指南自发布之日起实施,《生态保护红线划定技术指南》(环发〔2015〕56号)同时废止。	《环境保护部办公厅、国家发展和改革委员会办公厅关于印发〈生态保护红线划定指南〉的通知》(环办生态〔2017〕48号)
为准	征地信息公开有关规定与本《通知》不一致的,以本《通知》为准	《自然资源部办公厅关于印发农村集体土地征收基层政务公开标准指引的通知》(自然资办函〔2019〕1105号)
其他	将不符合《基本农田划定技术规程》要求的建设用地、林地、草地、园地、湿地、水域及水利设施用地等划入永久基本农田的	《自然资源部 农业农村部关于加强和改进永久基本农田保护工作的通知》(自然资规〔2019〕1号)

3. 应用场景

(1) 应用

政策文献计量的分析和可视化工具,主要包括Citespace、R语言、Ucinet、NVivo等工具,Citespace主要分析政策文献的颁布主体、颁布时间、政策主题等,若分析政策文本内容则需手动编码;R语言主要结合模型进行主题词分析,例如LDA模型就是研究主题词概率分布的一种对自然语言建模的语言模型;Ucinet主要研究关键词之间、主体之间的密度、中心性和凝聚子群等网络特征;NVivo主要是对政策文本进行自动编码,可应用于质性研究(杨正和田进,2018;杨正,2019)。目前政策文献计量法广泛应用于公共政策分析领域,例如清华大学公共管理学院开发的"政府文献信息管理系统",收录各类文献总数达16.8万件,并利用时间序列分析、共词分析、聚类分析等计量方法对我国公共科技政策文献类型、发展阶段、政策变迁等进行了可视化呈现和系统分析(苏竣,2014)。

(2) 优缺点

政策文献计量研究的优势在于:第一,可以作为质性研究的有效补充,在一定程度上避免质性政策分析过程中的价值偏好产生的误判,从而促进政策分析的全面性,得出更为完整的结论;第二,通过计量分析可视化能够直观反映政策主题变迁、颁布机构合作关系和政策之间的关联,为深入挖掘政策文献内容提供新视角;第三,随着大数据时代,政策更加公开化,政策数据开放为相关研究带来新的研究视角,政策文献计量能够同时分析大量政策文献,创造出新的数据价值。

但是,在以大样本为基础追求政策文献共性的时候,容易忽略政策文献的个性,因此,政策文献计量并不能替代以案例研究为代表的质性研究。此外,由于政策文献结构化程度比科技文献低,多数情况下不能直接利用文献计量方法对其进行直接分析,因此,对政策文献进行结构化,构建与科技文献相类似的结构是政策文献计量的关键前提。随着政策文献计量方法的推广,许多学者也致力于引入计算机辅助技术(包括中文分词、语义识别等),构建政策文献的分布模型,或引入因果推论,以政策文献的属性特征为变量,尝试从观察值来研究政策问题中的因果效应(李江 等,2015)。

7.1.2 SWOT 分析法

1. 方法简介

SWOT 分析即态势分析法,是一种战略分析方法,最早由美国旧金山大学国家管理和行为科学教授 Weihrich 在 20 世纪 80 年代初提出(张沁园,2006)。该方法通过分析组织内部的优势(strengths)、劣势(weaknesses)和组织外部的机会(opportunities)、威胁(threats),综合考虑组织内外部的各种因素,运用系统分析法进行全面、系统、准确的评价,从中选择最佳组合,做出符合研究对象的战略、计划和决策等(罗亚泓,2015;侯雪婷 等,2017)。由于该方法简捷实用,在管理学领域得到了广泛应用。起初用于企业管理,一般通过对企业的优势、限制、机遇和挑战进行全面分析,找出对企业有利和不利的因素,为企业管理和市场营销战略制定提供客观翔实的依据(申彧 等,2009),此后扩展到图书馆管理、卫生事业管理、政府管理、科技管理等管理领域。20 世纪 90 年代后,SWOT 分析逐渐拓展到地理学领域,例如城市战略发展规划、旅游规划、产业发展、自然资源及环境保护、国家发展战略等(袁牧 等,2007;申彧,2009;赵冰琴,2020)。

已有研究表明,SWOT 分析法在国土资源领域能够得到较好的应用,尤其在国土空间规划、国土资源利用现状、国土资源开发态势、土地开发利用等方面(冯相昭 等,2013;何得桂和廖白平,2014;徐鹏 等,2021)。针对国土综合整治与生态修复方面,SWOT 分析法为面向区域差异化的国土综合整治与生态修复提供有力的分析工具,通过系统分析区域差异所面临的区位、资源、社会经济条件优劣势以及政策外部环境带来的机遇和挑战,制定区域差异化的国土综合整治与生态修复战略和路径(曾光建 等,2014;吕聪和李新举,2015;孙晓玲 等,2020;徐淑升 等,2021)。

2. 方法原理

SWOT 分析的核心思想就是在全面把握研究对象的内部优劣势、外部环境的机会和威胁的基础上,制定符合研究对象未来发展的战略,发挥优势、克服劣势、利用机会、化解威胁。SWOT 分析的基本步骤如下(张沁园,2006;赵涛,2006;罗亚泓,2015;侯雪婷 等,2017)。

(1) 分析环境因素

运用各种调查研究方法,对环境因素进行系统分析,包括外部环境因素和内部环境因素。内部环境因素包括内部优势因素(S)和劣势因素(W),是研究对象在发展中自身存在的积极和消极因素,属于主动因素,一般归为相对微观的因素,如企业内部管理、经营、人力资源等;外部环境因素包括机会因素(O)和威胁因素(T),是外部环境对研究对象的发展直接有影响的有利和不利因素,属于客观因素,一般归为相对宏观的因素,如制度、经济、社会等。在调查和分析这些因素时,不仅仅需要考虑历史和现状的因素,还需站在未来的发展角度来判断现有因素的归类。

(2) 构造 SWOT 矩阵

分析环境因素后,将企业的内部优劣势及外部的机会和威胁按照重要程度一一列出,通过内部优势、内部劣势与外部机会、外部威胁两两互相匹配,构造 SWOT 矩阵(表 7-4),形成不同类型的备选战略(图 7-1)。

SO 战略,即优势—机会战略,就是发挥内部优势、利用外部机会的战略。例如,一个资源雄厚(内在优势)的企业发现某一国际市场尚未饱和(外在机会),那么该企业可利用 SO 战略去开拓这一市场。

WO 战略,即劣势—机会战略,就是通过利用外部机会来弥补内部劣势的战略。例如,一个面对计算机服务需求增长的企业(外在机会),却十分缺乏技术专家(内在劣势),那么就应该采用 WO 战略培养或者聘用技术专家,或采取其他方式解决缺乏技术专家的问题。

ST 战略,即优势—威胁战略,就是利用企业的优势去避免或减轻外部威胁的影响。例如,某个仪器公司靠一个出色的法律顾问部门(内部优势),挽回了由于其他公司侵害本公司半导体芯片专利权(外在威胁)而造成的经济损失。

WT 战略,即劣势—威胁战略,就是通过减少内部劣势同时回避外部环境威胁的战略。例如,一个商品质量差(内在劣势)、供应渠道不可靠(外在威胁)的企业应该采取 WT 战略,强化企业管理,提高产品质量,稳定供应渠道,或走联合、合并之路以谋生存和发展。

表 7-4 SWOT 矩阵

	内部优势(S)	内部劣势(W)
	① …… ② …… ③ ……	① …… ② …… ③ ……
外部机会(O) ① …… ② ……	SO 战略 依靠内部优势 利用外部机会	WO 战略 利用外部机会 克服内部弱点
外部威胁(T) ① …… ② ……	ST 战略 依靠内部优势 回避外部威胁	WT 战略 减少内部弱点 回避外部威胁

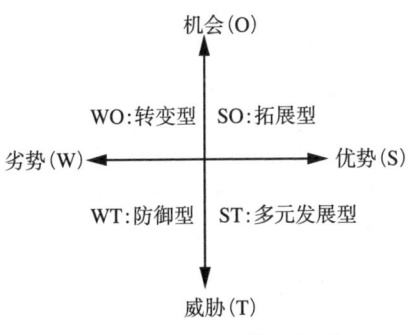

图 7-1 SWOT 战略类型

3. 应用场景

（1）应用

目前已有研究将 SWOT 分析法用于国土空间生态修复领域。例如国家海洋局南海规划与环境研究院徐淑升等人用 SWOT 分析法对广东省国土空间生态修复发展态势和前景进行了研究（徐淑升 等，2021）。首先，研究分析了广东省国土空间生态修复的优势（S）、劣势（W）、机遇（O）和威胁（T），其中优势分析包括地理区位和自然资源优势、经济基础优势、人才优势和创新优势；劣势分析包括空间资源面临的压力大、时空尺度统筹规划不完善、生态修复涉及部门多且协调难度大、资金来源不够丰富、相关理论和技术仍不成熟；机遇分析包括生态修复专项资金不断提高、产业转型升级和粤港澳大湾区规划发展优势；威胁分析包括经济发展压力、人口资源压力增大和生态修复标准高、影响大。其次，列出了广东省国土空间生态修复 SWOT 分析矩阵，从 SO 战略、WO 战略、ST 战略、WT 战略四个方面对国土空间生态修复发展态势和前景进行了分析。最后，基于 SWOT 分析，提出了广东省国土空间生态修复的创新发展建议。

（2）优缺点

SWOT 分析法作为最常用的管理工具之一，该方法具有如下优点（赵涛，2006；徐欣月，2017）：第一，将内部、外部环境有机结合起来，有助于系统认识和把握内、外部环境的交叉关系，及时针对所处环境作出迅速反应和果断决策；第二，将错综复杂的内、外部环境关系用 SWOT 矩阵反映出来，直观而且简单；第三，优势与劣势、机会与威胁都是相对的，SWOT 分析法利用对比分析促使辩证地思考问题；四，SWOT 分析为决策者提供了多种行动方案，有助于提高决策的方案。

SWOT 分析法在使用中存在一定的缺陷，首先，目前 SWOT 分析主要采用定性分析方式罗列 S、W、O、T 的各种形式，其决策结果与分析人员的理解能力、职业能力和分析能力密切相关，具有一定的主观性和盲目性，导致决策结果精确度不高（申彧，2009；岑瑞深 等，2016；刘擎，2018）；其次，SWOT 只是描述性的静态分析模型，当研究对象的内外部环境稳定时，其决策结果对研究对象具有一定的指导作用，但当环境动态变化时，其结果未必具有实际参考意义。因此，在使用 SWOT 分析法时，需明确其局限性，对其进行改进，例如黄昕等学者应用模糊综合评判法、层次分析法、强度梯度等数学手段,将定性分析和定量分析结合,弥补SWOT定性分析的不足(黄昕 等,2000;胡群和刘文云,2009;聂相田 等,2018);李兴旺(2001)将SWOT模型需要结合前景假设进行定量分析,以便分析战略期限超出三年甚至更长的复杂情况下的决策方案。

7.1.3 AHP决策分析法

1. 方法简介

AHP决策分析法(层次分析法,Analytical Hierarchy Process,AHP)是美国匹兹堡大学教授Saaty于20世纪70年代提出的一种系统化、层次化的决策分析方法(姚泽清 等,2016)。在1977年举行的第一届国际数学建模会议上,萨特教授发表了《无结构决策问题的建模——层次分析理论》,推动了该理论的发展,并推广了层次分析法的应用。1982年,在我国召开的能源、资源、环境学术会议上,美国莫尔黑德州立大学能源研究所所长首次将层次分析法介绍给我国学者(郭建英 等,2013)。随后,天津大学许树柏等人发表了我国第一篇介绍层次分析理论的论文,层次分析法的理论研究与应用在我国迅速展开(刘豹 等,1984)。1988年第一届国际AHP学术会在我国天津召开,并在中国系统工程学会下设立了层次分析法专业学组,创办了《决策与层次分析法》专业刊物,进一步推动了层次分析法在国内的发展。目前,层次分析法已广泛应用于经济学、管理学、社会学、地理学等多门学科,并在相关学科领域发挥着重要作用(赵涛,2006)。

在实际生活中,对于那些大量重复常见的结构化决策问题,往往可以收集大量的数据,通过定量化的决策模型予以解决。但对于以人为主体参加的社会经济管理问题,特别是一些重大战略决策或实施方案决策,往往是一次性或就事论事的,很难有数据可用,或仅有少量的数据,不足以支撑决策模型的运算。在现实中,这类决策问题大多取决于决策者的主观判断,难以用数学模型直接衡量。层次分析法最适宜于解决那些难以完全用定量方法进行分析的复杂决策问题,通过整理和综合决策者的主观判断,使定性与定量分析相结合,将决策者对复杂问题的决策思维过程模型化、数量化,不仅简化了系统分析与复杂的计算过程,而且有助于决策者做出相对科学化的决策。尤其在政府部门和公共管理领域,层次分析法成为政府决策者分析复杂决策问题的有力工具(吕燕和朱慧,2007)。

在国土综合整治与生态修复实践中,政府及相关部门在制定相关政策文件、实施方案、整治规划等重要方案时,往往面临多元化的复杂决策问题,需要基于多个准则,做出最终决策。在此过程中,可能产生多种可供选择的方案,每个方案涉及多方面因素,而这些方案可行性、适用性和重要性通常难以量化,层次分析法为此提供了行之有效的解决方案。

2. 方法原理

层次分析法的基本原理充分体现了先分解、后综合的系统思想(许树柏,1988;吕燕和朱慧,2007;徐建华,2014):

(1) 分解

决策者将复杂问题条理化、层次化,弄清问题的范围,确定系统中所包含的因素,并整理为若干层次和若干因素,确定各因素之间的关系,构建一个有序的递阶层次结构模型(图7-2)。在递阶层次结构模型中,最高层只有一个元素,是决策分析中的预定目标或理想结果,因此成为总目标层;中间层包含了实现总目标所涉及的各子目标,包括各种准则、约束、策略等;最底层表示为实现目标而采取的各种可行措施、方案和政策等,也称为方案层。

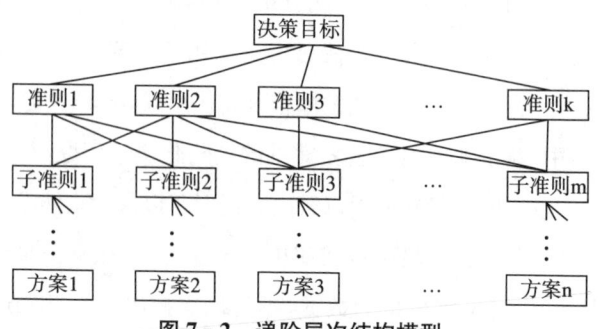

图7-2 递阶层次结构模型

(2) 判断

依据人们对客观事实的判断,对模型中同一层次的因素关于上一层次某因素的重要性进行两两比较,将相对重要性定量化为权重值(一般通过专家调查法获得权重),组成两两因素比较判断矩阵。假定上一层次的元素 A 作为准则,对下一层次的元素 $B_1, B_2, \cdots, B_n$ 有支配关系,判断矩阵是决策者在准则 A 之下,判断

$B_1, B_2, \cdots, B_n$ 之间的相对重要性,并以数值表示成矩阵,其形式如下:

A_k	B_1	B_2	$\cdots$	B_n
B_1	b_{11}	b_{12}	$\cdots$	b_{1n}
B_2	b_{21}	b_{22}	$\cdots$	b_{2n}
$\vdots$	$\vdots$	$\vdots$	$\cdots$	$\vdots$
B_n	b_{n1}	b_{n2}	$\cdots$	b_{nn}

其中,b_{ij}表示对于A_k而言元素B_i对B_j的相对重要性程度的判断值。b_{ij}一般取1、3、5、7、9等五个等级标度,1表示B_i与B_j同等重要;3表示B_i比B_j稍微重要;5表示B_i比B_j明显重要;7表示B_i比B_j强烈重要;9表示B_i比B_j极端重要。同时,2、4、6、8表示两相邻判断的中值,当五个等级数量使用受限时,可进一步拓展。

(3)层次单排序和一致性检验

判断矩阵对应于最大特征根的特征向量,经归一化后得到同一层次对应因素对于上一层次某因素相对重要性的排序权值,这一过程称为层次单排序。此外,应用层次分析法,保持判断思维的一致性至关重要,因此需要对判断矩阵进行一致性检验,可通过一致性指标检验判断矩阵的一致性情况。

(4)综合

利用同一层次中所有层次单排序的结果,可以计算针对上一层次而言的本层次所有元素的权重值,称为层次总排序,即得到最低层(方案层)相对于最高层(总目标)的重要性次序的组合权重,以作为评价和选择方案的依据。与层次单排序一样,层次总排序也需对判断矩阵进行一致性检验。

3. 应用场景

(1)应用

在实际计算过程中,只需把层次结构和判断矩阵确定,利用MATLAB、Excel、YAAHP等软件,便可计算出判断矩阵的特征值并进行一致性检验,完成层次分析法的计算步骤(刘兰剑和李玲,2018)。层次分析法的应用范围十分广泛,主要涉及预测、会计、法律、项目评价、环境工程、经济与计划、能源政策与资源分配、企业管理与生产经营决策等。例如:某县只能申报一个国家级全域土地综合整治试点,有A1、A2、A3三个试点可供选择,决策者需确定一个最适合的试点。在此类问题中，决策者一般会根据试点的自然条件、区位条件、社会经济发展情况、土地整治潜力、农民意愿等因素去反复比较三个试点，可以运用层次分析法，将相关因素分解成层次结构模型，组织相关领域的专家确定判断矩阵，利用层次分析法选择最合适的试点。

(2) 优缺点

层次分析法的优点可归纳为：第一，简便性。在实际生活中，复杂的决策方法有时耗时、耗力、耗财，在实践中的很多决策场合不具备实用价值，层次分析法的思路简单明了，计算过程简单，为决策者提供了一种简便的方法。第二，系统性。系统分析思想要求把系统分层解构，任何复杂系统都具有一定的层次结构，上下层因素互相影响。层次分析法将抽象化思维过程进行加工整理，提出一套系统分析问题的方法。决策者将问题进行层次化分解，构建层次结构模型，这种层次关系可以反映出系统中各个因素之间的关系，清晰地将决策者的复杂思维结构化。第三，综合性。层次分析法将决策者定型化的主观想法定量化表达，通过定性与定量相结合综合分析处理问题，并且得到明确的定量化结论，以优劣次序展现最终结果，有助于决策者做出判别(赵涛，2006)。

但层次分析法也存在缺点，主要表现在：第一，片面性。层次分析法在很大程度上依赖于决策者的经验，故无法排除决策者个人观念导致的片面性，即不同的决策者对同一个问题以相同步骤采用层次分析法进行决策，得到的结果可能各不相同。第二，精度不高。层次分析法的判断过程较为粗糙，不能解决精度要求较高的决策问题。在实践中，为了克服这种缺点，特别是在多目标、多准则、多要素、多层次的非结构化的战略决策问题的研究中，对于问题所涉及的各种要素及其层次结构模型的建立，往往需要多部门、多领域的专家共同会商、集体决定；在构造判断矩阵时，对于各个因素之间重要程度的判断，也应该综合各个专家的不同意见。此外，随着层次分析法的发展，许多学者对其缺点进行了改进和完善，形成了一些新理论和新方法，例如群组决策、模糊决策和反馈系统理论等，成为该领域研究的新热点(吕燕和朱慧，2007)。

7.1.4 决策树法

1. 方法简介

决策树法最早产生于20世纪60年代中期(王熙照和瞿俊海，2012)，该方法是风险性决策的常用方法,以树形图模型来描述决策问题,并直接在树形图上标注各种方案在不同情况下的损益值,然后对图中的各种状态和方案进行损益值计算,再比较损益值的大小,最后选出较好方案的决策方法(孙元欣 等,2011)。该方法不仅能够处理单阶段决策问题,而且可以有效地解决一些多阶段决策问题,是决策工作中很有价值的基本工具。

在日常生活中,存在这种情况,决策者的决策目标能够达到最大的利润或者最低的成本,但决策者可供选择的行动方案有两个以上,每个行动方案存在不同的自然状态,虽然决策者不能确定哪种自然状态会在未来出现,但能估计出每种自然状态下的发生概率,以此可估算每个行动方案在不同状态下的损益值,通过损益值的比较,决策者能够选择最符合自己决策目标的方案(吕燕和朱慧,2007)。决策树法便是解决该情况有效的方法,例如企业销售方案、产品销售定价方案、建厂规模选择方案等。在国土综合整治与生态修复领域,相关工作涉及庞大的治理、修复和建设工程,而实践中,上级补助资金和专项资金有限,大部分需地方自筹解决,资金筹集难度大,但各类子项目投资大,往往给地方政府造成财政压力,因此需要根据区域发展目标优化项目投入方案,将资金投入在刀刃上。决策树法通过计算不同方案下不同状态的损益值,能够为项目选择和实施方案决策提供支撑依据。

2. 方法原理

决策树由决策点、方案节点、方案枝、概率枝等组成,从左向右形成一个树形网状图(陈庆云,2011;孙元欣 等,2011),如图7-3所示。

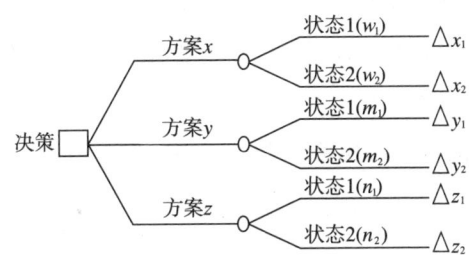

图7-3 决策树图

□：决策点，由此点引出方案枝，枝数代表可供选择的方案数。

○：状态节点，由此引出概率分枝，概率枝数代表自然状态数，每条分枝上表示出自然状态及其出现的概率（图中 w_1、w_2 等）。

△：结果节点，该点旁边的数字注明相应自然状态下的损益值（图中 x_1、x_2 等）。某状态节点的期望损益值＝某种自然状态的概率×该自然状态下的损益值。

决策树分析问题包括以下几个步骤：第一，厘清决策问题；第二，根据决策问题绘制决策树；第三，给每个概率枝赋予概率；第四，估计出各方案在每个自然状态的损益；第五，求出每个状态节点的期望损益；第六，将各个方案期望损益进行比较，用双线划去相对不好的方案，留下最优方案。

3. 应用场景

决策树能清楚地反映决策问题的逻辑关系，表达决策过程的各阶段环境状态以及相关的信息，相比其他方法更直观、清晰。此外，由于决策树法使整个决策过程算法化，因此可以运用计算机进行决策分析。目前，基于决策树思想已开发大规模数据集算法，并成为数据挖掘分类方法的一种。基于决策树的基本原理，决策树算法的分类学习过程包括树构造和树剪枝两个阶段，决策树采用自上而下的递归方式构造树模型，并通过树剪枝去除不能完全作为分类标准的数据特征属性，以提高对未知数据集进行分类的准确性（韩慧 等，2004；房祥飞和刘希玉，2006）。

目前，决策树算法已广泛应用于国土空间规划"城镇—农业—生态"三区划定、国土空间功能识别、土地覆被遥感制图、河湖地表覆被变化、生态系统服务评估、生态健康风险评价等方面（曹小敏 等，2016；柯新利 等，2020；余姝辰 等，2020；巩垠熙 等，2021；刘才泽 等，2021；王雨薇 等，2021），未来，在国土综合整治与生态修复的决策和分析中，决策树算法能够提供相关的技术支撑。

7.2 整治修复项目绩效评价方法

在以往土地整治领域的研究表明,土地整治项目绩效评价是指项目在决策、准备、实施、竣工和运营过程中的目标任务完成情况,实施的经济性和效率性,实施后的效益发挥情况,遵循一定准则构建定性或定量指标体系,运用科学的测度方法进行衡量和评判,并建立畅通、快捷的信息管理和反馈机制的系统过程(张庶,2014)。随着我国国土综合整治与生态修复工作的不断深入,相关项目的规模和投资呈不断增加趋势,政府及社会公众对整治修复工作的关注度也越来越高。国土综合整治与生态修复项目取得哪些成效,是否能实现预期目标,项目开展过程中存在哪些问题、如何完善,如何对国土综合整治与生态修复项目进行有效的绩效评价,是目前实践中需要解决的问题,也是国土综合整治与生态修复管理面临的现实需求。绩效评价可对国土综合整治与生态修复项目的管理过程与结果进行有效评价,能监控和评价项目实施情况和实施效果,是促进国土综合整治与生态修复高质量、高效率、高标准完成的重要手段。因此,开展国土综合整治与生态修复绩效评价的方法研究,具有鲜明的理论价值和现实指导意义。

国内外学者在加强绩效考核方法的科学性和有效性方面已经做了大量的研究,其中目标管理法、标杆管理法、360度考核法、平衡计分法、关键绩效指标法等考核方法以及层次分析法、模糊综合评价、主成分分析法等综合评价方法,已广泛应用于国内外绩效管理中,并取得良好的效果(徐向真,2008)。本节借鉴了管理学领域的绩效管理和评价方法,介绍了几种适用于国土综合整治与生态修复研究的方法,包括目标管理法、标杆管理法、关键绩效指标法和全生命周期法。其中,目标管理法是由政府提出的国土综合整治与生态修复在一定时期内的总目标,然后将总目标分解为分目标,以是否完成预期目标为核心,构建绩效评价体系;标杆管理法是以全国最优标准、省级最优标准或区域内最优标准为评价标准,开展国土综合整治与生态修复的绩效评价工作,促进整治与修复实践工作向优秀标杆学习;关键绩效指标法通过聚焦于对实现国土综合整治与生态修复目标战略起决性作用的关键指标,提高绩效评价的针对性和效率,衡量战略目标的实现度;全生命周期法关注项目的全生命周期过程,围绕相关项目的短期、中期、长期效益开展综合评价,为新时期国土综合整治和生态修复的绩效评价工作提供参考。

7.2.1 目标管理法

1. 方法简介

目标管理(Management by Objectives,MBO)源于美国管理学家 Drucker 在1954年出版的《管理的实践》(The Practiceof Management),该论著首先提出了"目标管理和自我控制的主张"。Drucker 提出的目标管理结合了古典管理学以工作为中心和行为科学以人为中心的思想,实现了工作和人的需要的两者统一,强调在工作中满足社会需求,同时又致力于组织目标的实现(方振邦和刘琪,2018)。目标管理法经过半个多世纪的推广和应用,已经被世界各国工商企业及其他各类组织所采纳,成为具有普适性和基础性的绩效管理一般操作平台(李宝元,2009)。

目标管理法基于对战略目标进行分解的基础,由上下级共同决定具体的绩效目标,并且定期考核完成目标进展情况,是适用于工作成果评价的考核办法(徐中奇和顾卫俊,2004)。具体来说,依据组织面临的形势和社会需要,组织的最高层领导首先制订出一定时期内组织活动所要达到的战略愿景和总目标,然后层层落实到下属部门,要求下属各部门主管人员以至每个员工按照上级制订的总体目标,形成一个内部需要完成的目标体系,并且围绕该目标体系开展工作,最后把目标完成情况作为考核的依据(王刚和李志祥,2005)。在国土综合整治与生态修复实践中,按照我国行政管理体系,国家级、省级、市级、县级、乡镇级是一个自上而下传导战略规划和总体目标的体系,通常国家侧重战略性,省级侧重协调性,其他层级侧重实施性。因此,目标管理法适用于国土综合整治与生态修复工作,该工作通常是一个自上而下总体规划和布局的过程,由上级确定总体目标和战略规划,分解目标至下级各个部门具体落实,层层分解最终完成总体目标,并且以是否完成目标作为绩效考核的组成部分。

2. 方法原理

目标管理法包括以下两方面重要内容:第一,总体目标的制定必须通过上下协商,制定出各个层级、各个组织机构的目标,用总目标指导分目标;第二,考核者定期与被考核者讨论其目标完成情况,从而确定被考核者的绩效水平。

目标设置要遵循 SMART 原则:第一,具体的(Special),所设置的绩效目标应具体明确,要有关于工作主体、客体、范围、职权和职务方面的具体要求,不能含糊其词;第二,可度量的(Measurable),所设置的绩效目标应包括相应的定性标准和定量额度,包括所要完成的数量、质量、时间及费用等多方面的要求,但可度量性不等于一定要定量化;第三,可实现的(Attainable),绩效管理目标应符合实际、切实可行,可以具有一定的挑战性,但通过积极努力可以实现的;第四,相关的(Relevant),各层级组织设置的绩效目标应与整体目标相互配套,形成统一的目标体系;第五,有时效性的(Time-based),目标管理是以特定时间段内工作行为和绩效状态为对象,因此绩效目标具有明确的时效性(李恒全和仇向洋,2006;徐向真,2008)。

目标管理具体实施过程包括计划目标、实施目标、评价结果和反馈结果四个步骤(李宝元,2009;方振邦和刘琪,2018)。

(1) 计划目标

计划目标是确定每个被考核对象所应达到的目标。这一过程通过逐层逐级分解目标来实现,上级组织通过计划过程可以明确期望达到的总体目标以及为达到这一目标所应采取的方式、方法和所需的资源。在目标分解过程中,上级组织可以先公布总目标草案,经与各部门和机构协商后定案。该过程是"自上而下、自下而上、上下结合"的工作流程,上下级相关部门进行双向交流,共同制定计划目标方案。

(2) 实施目标

实施目标是对计划目标进行监控,以保证计划制定的目标按预想的步骤进行,帮助上级组织掌握整个进度。通过工作跟踪卡、绩效检讨卡等技术工具进行适当监控,或与目标执行者了解情况,及时发现计划开展存在的问题,采取措施及时解决,必要时可更改策略,调整原目标。

(3) 评价结果

评价结果是将实际达到的目标与原先设定的目标进行比。根据原先分解目标,由下至上逐级进行绩效考核,最后进行绩效考核汇总评估,使上级组织能够了解目标完成情况或未完成的原因,帮助组织作出合理的决策,明确下一步工作开展方向。

(4) 反馈结果

反馈结果是上下级组织和相关部门一起召开绩效评估会议,对预期目标的实现度和完成度进行讨论,为下一阶段计划目标和改进方向提供指导依据。

3. 应用场景

目标管理法是参与管理的一种形式,由于目标管理是通过上下级协商的方式制定最终目标方案,其方案更符合各个实施组织的实际情况,能够在一定程度上提高组织落实目标的可行性。此外,目标管理法以成果为导向,目标完成结果易于观测,能及时对结果进行反馈和辅导,有效提升组织的执行力和组织绩效。但目标管理法也存在弊端,由于目标设定涉及不同等级的多个组织参与,目标设定过程中的博弈行为往往导致目标确定比较困难,甚至造成目标设定缺乏现实的依据,同时目标管理法需要花费较高的物质成本和时间成本(徐向真,2008)。

目前,目标管理法作为一项管理工具,已广泛应用于企业、高校、事业单位等领域,部分学者也将该方法拓展至我国国土管理领域,例如熊潮远和刘建生(2015)基于目标管理法,分析我国现行土地用途管制制度(图7-4),并从目标体系、制定目标、分解目标、执行目标、考核目标五个方面进一步探究现行土地用途管制制度的问题,探索严格土地用途管制的实施路径。

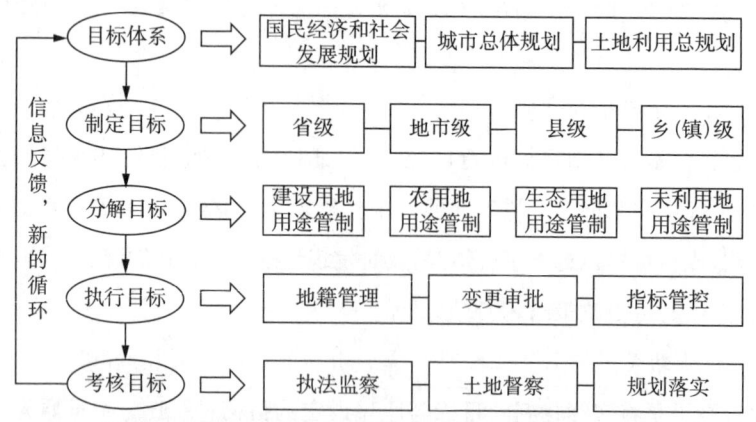

图7-4 目标管理视角下我国土地用途管制现行模式(熊潮远和刘建生,2015)

7.2.2 标杆管理法

1. 方法简介

标杆管理(Benchmarking)的思想源于春秋时期(王璐和姚红,2021),著名军事家孙武在其著作《孙子兵法》中写道:"知己知彼,百战不殆",西方学者亦将《孙子兵法》视为标杆管理的理论基础(Elnathan et al.,1996)。但标杆管理法被规范化使用始于20世纪70年代末,美国施乐公司(Xerox)通过标杆管理法向日本企业学习(罗良清和刘逸萱,2006),并将该方法应用到全公司各个领域,建立标杆管理系统,其实施效果明显,施乐公司市场份额十年间提高了近10%。在此之后,美国众多商业巨头纷纷模仿,例如福特汽车、IBM、摩托罗拉、杜邦等,都把标杆管理作为一种管理手段,到1996年,有90%的公司在日常管理中应用了标杆管理法。1989年,管理学者Camp出版《标杆管理:获取卓越绩效的最佳产业实践研究》,第一次系统地对标杆管理进行理论总结,紧接着一些国外学者陆续发表有关标杆管理的论著,进一步进行理论提炼和拓展(Fitzenz,1992;Glanz and Dailey,1993)。此外,关于标杆管理的一些行业协会和中介组织纷纷成立,例如"国家标杆管理信息交流所""新加坡标杆管理中心""香港标杆管理信息交换所"等,使得标杆管理法在国际企业界和管理界得到广泛传播(李宝元,2009)。

标杆可简单理解为"优秀的目标",管理学中将标杆界定为"为寻求达成卓越表现所需要的最佳经营方法、创新概念及高效率操作程序的一套系统过程"(张成福和党秀云,2001)。标杆管理法是将业内最佳实践、最佳业绩或最佳标准作为比较对象,通过对最佳对象的评估和比较,改善本组织工作的管理方式,其目的是通过学习、改进和创新的方式超越最佳对象,提高组织绩效、追求卓越和增强竞争力(帕特里夏·基利 等,2002)。目标管理法不仅能够运用于企业管理中,同时也被广泛应用于政府绩效评价中(罗良清和刘逸萱,2006;张梦茜,2009)。国土综合整治与生态修复绩效管理同样可以引入目标管理法,例如,传统土地整治绩效评价标准主要选用目标标准、历史标准或外部标准,目标标准通常以最初实施方案设定标准为主,历史标准通常与往年工作成效进行比较,外部标准通常以区域其他项目区平均水平或百分比为标准,而标杆管理法为国土综合整治与生态修复带来新的绩效管理方式,例如以全国最优标准、省级最优标准或区域内最优标准为比较对象,通过学习、思考、模仿和改进等方式不断改进自身的实践方式,能够在一定程度上提高整治与修复效率,不断创造最佳实践和模式。

2. 方法原理

标杆管理的流程可以归纳为以下四个步骤(罗良清和刘逸萱,2006;李宝元,2009;方振邦和刘琪,2018):

(1) 确定组织内部标杆管理目标

在实施标杆管理的过程中,组织需要提前了解自身的情况,并以系统优化的思想着眼于组织总体的最优,明确需要改进的地方以及能够改进的地方,避免实施过程中的盲目性。

(2) 确定标杆对象

标杆管理的关键在于如何选择和确定"标杆"对象,一般可以归为三种类型,分别是组织内部标杆、业内竞争标杆和最佳学习标杆。组织内部标杆是以组织内部的最佳表现作为标杆对象,将其推广至组织内部其他部门,实现信息和技术共享,是组织提高绩效最便捷的方法之一,其优点是成本低、方便快捷且易操作。业内竞争标杆是以相同行业内部的最佳表现作为标杆对象,可以是竞争对手,也可以是业内公认的优秀组织或者最佳实践。针对这类标杆管理应该从组织内部实际出发,避免简单模仿和套用。最佳学习标杆不受行业局限,在"好中选好",瞄定最优秀者作为标杆,这是标杆管理的最高境界。

(3) 收集数据,比较分析

标杆对象确定后,需要进一步收集标杆对象绩效管理方面的详细数据,与自身的实践进行比较,找出差距,深入分析绩效落差的各层根源,归纳总结提升绩效并走向成功的关键行为、关键环节、关键职能、关键流程、关键系统和关键准则,最后设计超越标杆的绩效目标以及具体衡量标准和评价指标体系。

(4) 采取行动,超越标杆

在数据收集和比较分析的基础上,有针对性地制定出具体的、切实可行的行动计划,包括标杆超越的时间限制、人员范围、步骤、阶段性目标以及实施方法和技术等。通过采取行动去赶超标杆,改善和提高组织的绩效。

(5) 反馈总结，系统评价

实施标杆管理是一个长期的过程，因此在标杆管理实施之后，组织的绩效是否有所提高，应进行阶段性和总结性评价，进行长期的考核和监测。在总结和评价基础上进行绩效反馈，以便及时发现差距的大小或者考虑是否重新选择标杆，并为下一轮的改进方向打下基础，目的是不断提升组织绩效水平。

3. 应用场景

标杆管理作为一种管理工具，在绩效管理中发挥着重要作用，通过与行业内外的最佳表现及实践做比较，有助于组织发现自身的不足，并确定改进方向，有利于组织提高和改善绩效管理水平，相关研究也表明标杆管理是推进地方政府绩效评价改进的有效路径（张梦茜，2009）。但在实践中，不一定能从系统最优的角度选择标杆，多数情况只能追求某一业务的最优，或者常以个人主观选择标杆对象，这样缺乏客观性，因此标杆管理工具往往需要与其他工具搭配使用。例如，数据包络分析法（DEA）和标杆管理工具相结合，将DEA技术应用于标杆的衡量，促进标杆管理由定性转向定量（陈素云，2021）。标杆管理体现了比较和评价的基本思想，应用范围广，已从最初的经营层面转向战略层面，从最初的企业管理扩展到公共管理等众多管理领域，部分学者在土地整治领域也进行了相关探索。如汪文雄等人（2014）基于标杆管理，结合DEA模型和距离函数法，对农用地整治项目效率的评价开展研究（汪文雄 等，2014）。

7.2.3 关键绩效指标法

1. 方法简介

关键绩效指标（Key Performance Indicator，KPI）是对企业或组织内部流程的输入端、输出端的关键参数进行设置、取样、计算、分析的一种目标式量化管理指标，该方法将企业或组织的战略目标分解为远景目标和量化指标，并对组织实现战略目标过程中的关键成功因素进行提炼和归纳，是把企业或组织的战略目标分解为可操作的工作目标的工具，是企业绩效管理的基础（王刚和李志祥，2005；朱卫东，2012）。在绩效考核中，该方法以战略为核心，指标体系的设计与运用都为战略目标的达成服务，通过将绩效考核评估分解为几个关键指标，对关键指标进行测量和考评，得出绩效成绩（赵亚荣，2017）。

KPI具有以下特征：第一，明显的系统性。从设计到投入使用均遵循一定的逻辑性和系统性，遵循企业或组织发展的客观规律，并结合当下现状采取合理的指标，建立科学规范的系统，进行符合企业或组织内部评价真实性的绩效考核。第二，可控制管理。KPI指标的属性特征为可控制管理，强调对企业员工工作业绩可以自行主观决定的因素进行分析评价，客观存在的不可控因素则不作为制定KPI时考虑的因素，以保证KPI的可行性。第三，价值导向。KPI的制定是为实现企业经济价值最大化服务的，具有价值导向性，在设置过程中应与企业文化相融合，最终确定的KPI指标应具有正确的导向性，按照自上而下或者自下而上的方向进行研究制定(陈洁娜，2020)。

由于国土综合整治与生态修复具有较多战略目标，以往绩效管理工作为了对多个目标实现度进行量化和考核，往往设置较多指标，使得评价指标体系细而全，实际开展绩效评价难以运用，无法突出重点。KPI是对事件运作过程中实现战略的关键成功要素的提炼和归纳，将KPI方法运用于国土综合整治与生态修复绩效管理工作，不仅能够使绩效评价全面、科学、聚焦、有效，而且牢牢抓住那些对实现目标战略起决定性作用的关键指标，能够提高绩效量化管理的效率，确保战略目标的实现。

2. 方法原理

KPI的理论基础是"二八原理"，即帕累托法则。该原理是意大利经济学家Pareto提出的一个经济学原理，在这里衍生为一个企业在价值创造过程中，每个部门和每一位员工的80%的工作任务是由20%的关键行为完成的，即20%的关键因素直接带动80%的经济效益产生，因此在绩效考核过程中，认为企业应精准确定20%的关键性因素并合理设计指标(陈洁娜，2020)。"二八原理"为绩效考核指明了方向，即考核工作要把主要精力放在关键结果和关键过程上，这意味着所有的绩效考核一定要放在关键绩效指标上，考核工作一定要围绕关键绩效指标展开(朱卫东，2012)。

确定关键绩效指标需遵循SMART原则：S表示具体(Specific)，指绩效考核要切中特定的工作指标，不能笼统，要适度细化，并且要随情境变化而发生变化；M代表可度量(Measurable)，指绩效指标是数量化或者行为化的，衡量这些绩效指标的数据或者信息是可以获得的;A代表可实现(Attainable),指绩效指标在付出努力的情况下可以实现,避免设立过高或过低的目标;R代表现实性(Realistic),指绩效指标是实实在在的,可以证明和观察;T代表有时限(Time-bound),注重完成绩效指标的特定期限(李红卫和徐时红,2002;王刚和李志祥,2005)。

KPI的操作流程是一个循环往复的过程(图7-5),从制定绩效考核指标开始到最后的对绩效考核指标的审核,是一个不可分割的系统,通过考核结果对员工行为规范不断地调整,以实现整个KPI作用的有效发挥(赵亚荣,2017)。

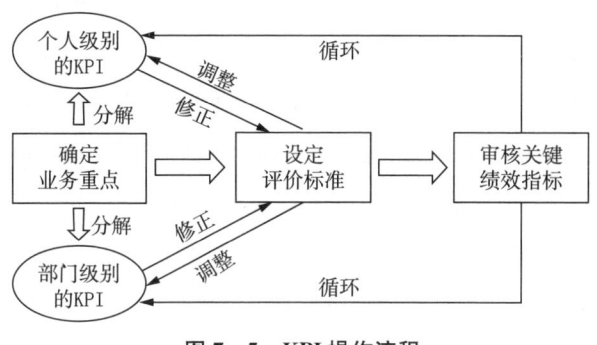

图7-5 KPI操作流程

3. 应用场景

关键绩效指标法是绩效考核中常用的一种方法,已经广泛运用于各个领域,该方法主要有以下优点:第一,目标明确,有利于战略目标的实现。KPI将战略目标层层分解,通过关键因素的控制,使各个主体的绩效行为与战略目标要求相吻合,有力地保证战略目标的实现。第二,有利于集体利益与个人利益达成一致。策略性的指标分解,使整体的战略目标成了各个分主体的绩效目标,各个主体在实现个人绩效目标的同时,也是在实现整体战略目标。在实际运用中,关键绩效指标法也存在一定的限制,由于KPI是对关键因素的衡量,而不是对过程的反映,因此KPI重点关注的是结果考核,对行为过程的关注度不够,聚焦关键因素能够提高绩效管理效率但同时也可能导致考核目标不全面(朱卫东,2012;赵亚荣,2017)。不过,关键绩效指标法依旧能够为国土综合整治和生态修复的绩效管理工作带来新的启示,例如王超等(2014)对政府与社会资本合作(PPP)项目的关键成功因素进行归纳和模块分析,并将关键成功因素转为关键绩效指标,通过 PPP 项目的全生命周期绩效评价指标体系,实现对 PPP 模式实施效果的定量刻画。

7.2.4 全生命周期管理法

1. 方法简介

全生命周期(Life Cycle,LC)最早来源于英国人 Gordon 在 1964 年提出的全生命周期成本管理理论,包括全生命周期管理(Life Cycle Management,LCM)、全生命周期评价(Life Cycle Assessment,LCA)、全生命周期成本(Life Cycle Cost,LCC)(任家强 等,2019)。随着全生命周期的不断发展和融合,逐渐被引入项目管理领域中。项目生命周期有狭义和广义之分,狭义的项目生命周期不包括项目所生成产出物的运行周期,而广义的项目生命周期(即全生命周期)包括项目和项目产出物的运营周期(孔宏伟,2012)。英国皇家特许测量师协会(Royal Institute of Chartered Surveyors)将全生命周期定义为"项目的全生命周期是指包括整个项目的建造、使用以及最终清理的全过程。项目的全生命周期一般可划分成项目的建造阶段、运营阶段和清理阶段。项目的建造、运营及清理阶段还可进一步划分为更详细的阶段,这些阶段构成了一个项目的全生命周期"。由此可见,项目全生命周期包括一般意义上的项目生命周期(即建设周期)和项目产出物(如建筑物或信息系统)的生命周期(从投入运营到报废清除的周期)两个部分(戚安邦,2012)。

全生命周期依据工程项目从开始至结束的全过程特征划分,有助于政府等职能部门对各个阶段的科学性和有效性进行评估,有利于项目的成本分析、进度控制和效益评价(任家强 等,2019)。在国土综合整治与生态修复领域,相关项目的全生命周期与项目绩效评价有着紧密联系,国土综合整治与生态修复绩效评价需考虑相关项目的全生命周期过程,围绕相关项目的长期、中期、短期效益开展综合评价,为考核项目区建设任务完成情况、评价项目管理水平、分析规划目标实现状态等实践工作提供支撑。

2. 方法原理

实践表明,项目的全生命周期包括项目的决策阶段、实施阶段和使用阶段。根据项目生命周期的发展规律,项目全生命周期的基本性质包括四个方面:第一,生命周期中每个管理阶段都包含一个或多个子过程,不同的子过程承担项目不同方面的工作任务;第二,按照时间节点和层序界面可以把一个项目划分为几个不同的阶段,每个阶段在运行过程中又可以细化为若干个更小的环节;第三,上一个阶段的结束是下一阶段的开始,每个阶段的每个过程之间要有具体成果作为衔接,环环相扣;第四,每个具体成果都要包含准确而完整的信息,两个阶段之间的成果尤为重要(杨宝昆,2019)。

项目全生命周期一般又可划分为项目的建造阶段、运营阶段和清理阶段,而且项目的建造、运营和清理阶段还可以进一步划分为更详细的阶段,这些阶段构成了一个建设项目的全生命周期。项目全生命周期包括一般意义上的项目生命周期(建造周期)和项目产出物的生命周期(从正式动用到项目结束的周期)两个部分,如图7-6所示(杨宝昆,2019)。

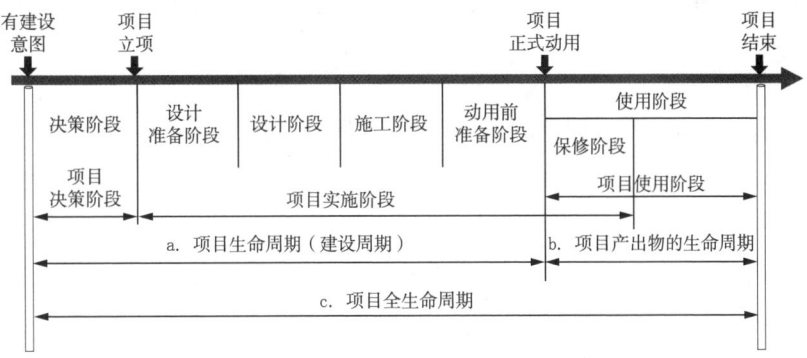

图7-6 项目全生命周期示意图

土地整治项目是一个长期连续的过程,一般流程为:编制土地整治规划→提出土地整治任务→确定建设范围→开展基础调查→编制可行性研究报告→开展规划设计与预算编制→实施准备→工程实施(工程监理、施工建设)→质量评定→竣工验收→绩效评价→后期管护,这一过程相当于土地整治工程项目的全生命周期(管栩 等,2014)。国土综合整治是一个多元复杂系统,从全生命周期的横向集成角度看,包括农用地整理、建设用地整理、乡村生态保护修复、公共空间治理等方面的项目建设;从全生命周期的纵向集成角度看,全域土地综合整治是从项目立项到效益发挥结束的全过程,大概包括前期调查阶段、规划决策阶段、项目设计阶段、项目施工阶段、竣工验收阶段、综合评价阶段和后期管护阶段,具体可分为:开展全域调查→编制整治规划→明确整治任务→确定整治范围→开展规划设计→项目施工建设→项目质量评定→竣工验收→综合评价→后期管护(图7-7)。

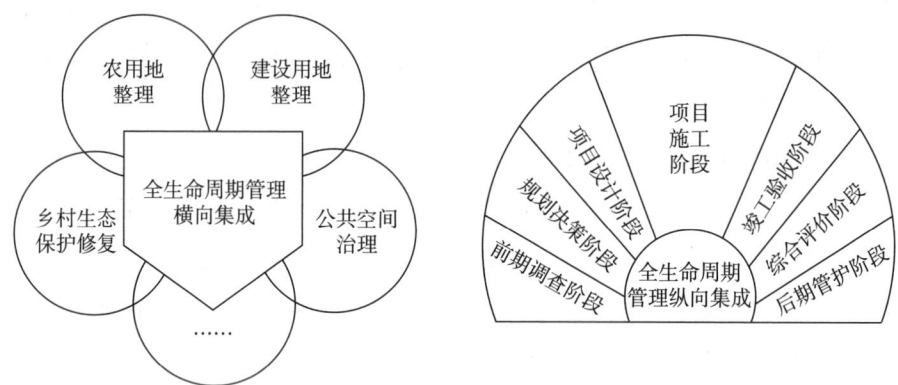

图7-7 基于全生命周期的国土综合整治横纵向集成[参考任家强等(2019)修改]

3.应用场景

项目全生命周期管理作为一种集成化管理组织模式,其核心是从全生命周期的角度,将相互独立的项目各阶段在管理理念、思想、目标、组织、手段和方法等方面进行有机集成,对建设全过程进行管理和控制。与一般的项目过程相比,全生命周期的优点突出,不仅涉及项目的使用阶段直到使用结束,同时也更关注项目各环节之间的连接,从总体上对项目进行控制、组织和协调,为解决各阶段相互脱节、实现项目的总体目标等提供支撑和帮助。目前,全生命周期管理思想已经广泛应用于土地管理领域,涉及地籍管理(孟令颂 等,2016)、地税管理(廖诗娜,2019)、土地利用风险研究(孙华 等,2012)、土地整治项目管理(管栩 等,2014;王勇和李会,2015;王温鑫,2018)等。严家明等(2017)提出未来应根据国土综合整治工程特点,开展流程再造,细化并明确国土综合整治在谋划、实施和管控等环节,以及在规划与施工、权责与机制、资金与利益分配等各方面的主要目标任务,在技术层面建立国土综合整治"效应评估—功能判别—项目选址—规划设计—系统管理"技术体系,从整体上实现国土综合整治"全生命周期"的有效运转。

7.3 整治修复主体行为分析方法

在现行的国土综合整治和生态修复工作中，容易出现政府"包揽一切"的倾向，导致项目目标的制定往往容易忽视某些群体的利益诉求，甚至侵犯某些利益相关者的正当权益，从而影响国土综合整治和生态修复效果。国土综合整治与生态修复是一项系统工程，涉及众多利益相关者，如政府部门、社会投资者、农户及多样化农民组织等多元主体，需要引导多元主体协同参与。但多元主体之间的利益诉求不同，如政府部门追求更多的是社会效益，企业、农户、农民组织等追求更多的是个人经济利益，不同利益相关者形成复杂利益关系，容易引发利益冲突问题。因此，需要关注国土综合整治与生态修复中多元主体行为，寻找多元主体协同治理的途径，以提高除政府以外其他主体的参与度。增加社会主体参与度，拓宽融资渠道，缓解政府部门财政压力；增加农户参与度，促进农户增收、农村发展；将政府部门职能转型为监督服务型，提高国土综合整治和生态修复效率。

社会学和管理学领域在分析主体行为方面已经做了大量的尝试，形成了一些较为成熟的定性或定量分析方法，包括博弈分析、基于行动者的模型、社会网络分析法、行动者网络分析、利益相关者分析、结构方程模型等，并在其他不同学科和研究领域取得了较好的应用示范。本节借鉴了社会学和管理学领域分析主体行为的方法，介绍几种适用于国土综合整治与生态修复研究的方法，包括利益相关者分析、社会网络分析法、行动者网络分析和结构方程模型。其中，利益相关者分析聚焦利益者本身的属性，能够有效识别出利益相关者类别，界定利益相关者属性和优先度，在国土综合整治与生态修复决策和规划中统筹考虑利益相关者，提高整治修复效率；社会网络分析聚焦行动者之间的关系，对行动者社会网络结构和关系进行研究，有助于进一步探索国土综合整治与生态修复多元主体协同治理机制；行动者网络分析将自然要素和社会要素统一纳入分析体系，有助于全面理解国土综合整治与生态修复不同要素之间的互动关系；结构方程模型能够研究不可直接观测变量之间的关系，为未来国土综合整治与生态修复主体行为、社会效应、人文要素等研究提供有效的工具。

7.3.1 利益相关者方法

1. 方法简介

利益相关者理论(Stakeholder Theory)属于管理学和社会学的交叉领域,20世纪60年代的英美等国家主张"股东权利至上",即企业管理者的目标就是股东利益最大化,20世纪60年代末期以后,奉行股东利益至上的英美等国经济遭遇前所未有的困难,而更多体现利益相关者理论思想的德国、日本及东南亚等国家和地区经济却迅速崛起。众多学者的研究结果表明,形成两者鲜明反差的原因与股东利益至上和利益相关者两种理念有关,股东利益至上使管理者始终处于严重的短期目标压力之中,无法顾及企业的长远发展,而管理者注重利益相关者的利益,体现了人本主义的管理思想,对公司长期发展有利(盛亚,2009)。利益相关者理论在此背景下经历批判"股东权利至上"逐步发展起来,该理论认为任何一个企业的发展都离不开各种利益相关者的投入与参与,如股东、债权人、雇员、消费者、供应商等,股东只是其中之一(贾生华和陈宏辉,2002)。Freeman是利益相关者理论的奠基者,他在 *Strate Management: A Stakeholder Approach* 一书中对利益相关者思想做了较为系统的阐述,标志着利益相关者理论的初步形成(Freeman,1984)。

虽然利益相关者的研究比较深入,但有关利益相关者的概念表述较多,目前尚未有一个明确的定义,最具有代表性的是Freeman和Clarkson(付俊文和赵红,2006)。Freeman(1984)认为利益相关者除了少数股东外,还包括其他两类重要的群体,一类是能够影响企业目标实现的群体,另一类是被企业目标实现所影响的群体,并正式将社区、政府、环境保护者等群体纳入利益相关者管理的分析范畴,扩展了利益相关者的内涵;Clarkson(1995)认为利益相关者是指因在企业生产经营中投入了某种资本而承担一定风险的群体,即强调那些对企业有所投资的群体皆属于利益相关者。

尽管利益相关者的完整理论体系尚未建立,但其影响日益广泛,利益相关者理论也逐渐成为众多领域的研究方法论。国土综合整治与生态修复作为一个综合性较强的活动,所涉及的利益相关者多,包括政府机构(中央、地方政府)、社会参与主体(施工单位、规划单位、投资商等)、专家(咨询专家、科研者)、村集体、村民以及各类消费者等,各个利益相关者利益诉求、参与方式、参与程度、利益分配等各不相同,如未能处理好利益相关者的关系,容易引发社会冲突,导致整治与修复工作难以开展,因此如何将利益相关者纳入规划和决策中,管理好各利益相关者,是国土综合整治与生态修复健康发展的关键。

2. 方法原理

利益相关者对于企业或组织的成长具有关键作用,如何处理好企业与利益相关者之间的关系成为理论和实践所面临的重要课题。对此,理论界提出了利益相关者管理(Stakeholder Management),成为利益相关者分析方法的基础。有效的利益相关者管理,一方面要关注企业战略制定与实施过程中如何体现利益相关者因素,因此要识别利益相关者,分析其属性,确定其权益主张的优先顺序;另一方面要关注企业与利益相关者的有效治理机制设计,为此要分析企业与利益相关者的交换特征,分析他们之间的依存关系。如图 7-8 所示,利益相关者管理有五个步骤(江若玫和靳云汇,2019)。

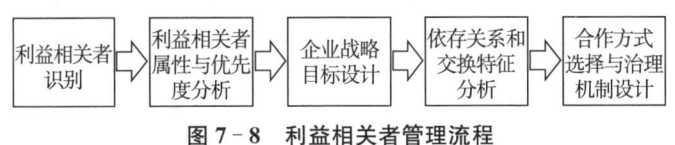

图 7-8 利益相关者管理流程

(1) 利益相关者识别

明确企业利益相关者是谁,其利益是什么。因此,利益相关者界定与分类是利益相关者分析的起点,也是最重要的步骤。1984 年 Freeman 在其经典著作 *Strategic Managernent: A Stakeholder Approach* 中将公司中影响企业目标的实现或受企业目标实现影响的团队和个人纳入利益相关者,由此得到一般性的利益相关者图谱(图 7-9)。该图所描绘的利益相关者是经过极大简化的,因为利益相关者组织的每个分类都可以被分解为几个更小的种类。

1997 年,美国 Mitchell 等(1997)学者提出的评分法(Score-based Approach)应用最为广泛,也是当前利益相关者界定和分类研究中最常用的方法。Mitchell 从合法性(即某一个体或群体是否享有法律和道义上的或者特定的对于企业的索

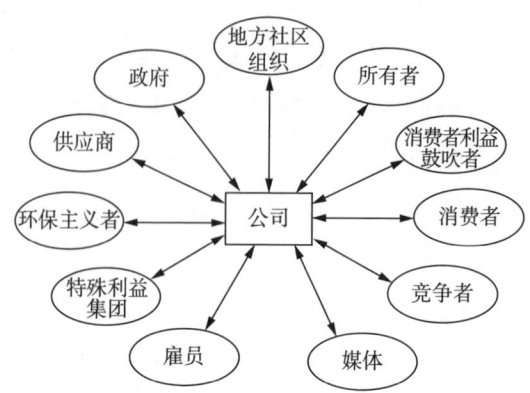

图 7-9 利益相关者图谱(Freeman,2006)

取权)、权力性(即某一个体或群体是否拥有影响企业决策的地位、能力和相应的手段)、紧急性(即某一个体或群体的要求能否立即引起企业管理层的关注)三个属性,对可能的利益相关者进行评分,根据分值高低来确定某一个体或群体是不是利益相关者,以及属于哪一类利益相关者。具体分类规则:如果某一个体或群体不具备上述任何一个属性,则不能算是利益相关者;如果仅具有其中一个属性,则称为潜在型利益相关者(根据属性不同又可细分为蛰伏型、自主型和要求型),其随企业的运作情况而决定是否发挥其利益相关者的作用;如果具有其中两个属性,则称为预期型利益相关者(根据属性不同又可细分为支配型、危险型和依赖型),其与企业保持较密切的联系;如果同时具有三个属性,则称为确定型利益相关者,为了企业的生存和发展,管理层必须十分关注他们的愿望和要求,并设法加以满足(图 7-10)。某一个体或群体会随着某些属性的获得或丧失(可以事先规定一个具体的分值作为是否具有某种属性的判断标准)而改变利益相关者特征和类型。

(2) 利益相关者属性与优先度分析

根据利益相关者的权威性、其权益主张的合法性和紧迫性,对利益相关者权益主张进行优先度排序。企业是其所有利益相关者实现其权益主张的载体,无论是公司治理结构设计、组织设计、战略计划制定还是日常决策,均要求同时考虑所有利益相关者的合法权益。但由于企业资源有限、时间有限、精力有限,企业并不

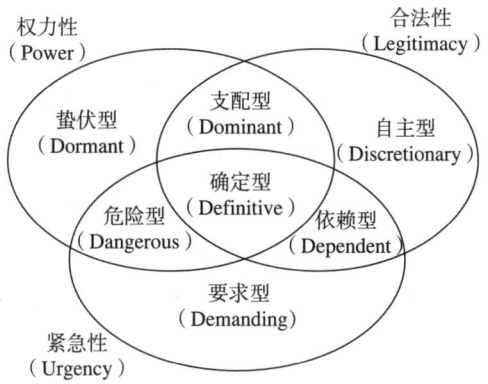

图 7-10 利益相关者界定与分类（Mitchell，1997）

总能同时、同等地对待利益相关者的权益主张,因此需要根据利益相关者权益主张的权威性、合法性、紧迫性对所面临的权益主张进行优先度排序,优先度最高者的权益主张被最优先考虑并予以满足。

（3）企业战略目标设计

根据各利益相关者的权益主张和优先度,确定企业的目标,并根据目标制定企业战略。在这个过程中,需要知道在众多的利益相关者中,企业应更多地关注谁,如何把他们的利益诉求体现在企业战略与目标中。

（4）依存关系和交换特征分析

对企业与优先度高的利益相关者之间的依存关系与交换特征进行分析。社会交换理论认为,社会交换可分为基于市场的交换、基于了解的交换、基于价值的交换等三类方式的交换,企业与利益相关者之间存在不对称依存、相互依存和战略依存等三种依存方式,交换特征不同和依存关系不同,所要求的合作方式以及治理机制也不同。

（5）合作方式选择与治理机制设计

根据依存关系和交换特征,确定企业与主要利益相关者之间的合作方式与治理机制,以实现企业与利益相关者的合作目标。

3. 应用场景

20 世纪 90 年代后,利益相关者理论被引入国内,国内学者将其广泛运用于企业管理、社区管理、生态治理、旅游管理、农村发展等领域,其理念和方法对相关领域的利益相关者合作和利益冲突分析具有重要意义。在土地整治研究领域中,国内已有部分学者运用利益相关者理论进行相关分析,集中于土地整治过程中的利益相关者界定分类、利益关系分析、利益冲突与协调机制研究、利益相关者治理模式研究等(张侠 等,2006;谭术魁和涂姗,2009;刘向东,2012;易程程和艾东,2017)。利益相关者理论为土地整治领域构建了一种管理方法,这种方法系统地将外界环境纳入土地整治的考虑之中,不仅把影响土地整治目标的个人和群体视为利益相关者,同时也把当地居民、政府部门、竞争者、规划设计单位等群体纳入利益相关者范畴,因为这些群体同样可以影响土地整治实现其目标的过程(刘向东,2011)。利益相关者理论将外部环境引入土地整治战略制定与项目操作过程中,突破了原有的思维局限,大大拓展了土地整治的视野。

7.3.2 社会网络分析方法

1. 方法简介

社会网络分析(Social Network Analysis)思想的发展最早可追溯到 20 世纪 30 年代,是由一群从德国移民到美国的社会计量学家、英国曼彻斯特大学的人类学家、美国哈佛大学的结构主义者三大研究流派的结合而产生的(陈亮 等,2009)。社会网络分析早期发展主要有三条主线:第一,社会心理学的社会计量学学派,他们主要在运用图论方法方面对网络分析有所贡献;第二,20 世纪 30 年代的哈佛学派,他们主要在研究人际模式和"团伙"(Cliques)形式方面有所成就;第三,曼彻斯特的人类学派,他们研究部落和乡村社会的"共同体"关系结构(Scott,2000)。20 世纪 70 年代后,随着"新哈佛学派"的出现,社会网络分析逐渐成熟发展起来。20 世纪 90 年代以来,社会网络分析进入快速发展阶段,西方学者在理论方面有了进一步的发展,拓展了结构分析观。其中,突出代表成果是 Burt(1992)的"结构洞理论"(Structural Hole)、Lin(2001)等人的社会资本研究等。国内学术界自 20 世纪 90 年代末开始重视社会网络分析方法的介绍和应用。例如,1999 年《社会学研究》第 3 期发表了有关社会网络分析的专栏,介绍了国外社会网络分析的研究进展以及运用社会支持网进行研究的成果,包括肖鸿的《试析当代社会网研究的若干进展》、张文宏和阮丹青的《城乡居民的社会支持网》等,为社会网络分析方法在国内的发展奠定了重要基础。

社会网络分析是对社会关系结构及其属性加以分析的一套规范和方法,其研究对象是行动者之间的关系,而不是行动者的属性,主要分析不同社会单位(个体、群体或社会)所构成的关系的结构和属性,强调对行动者之间关系及其结构的研究。因此,行动者之间互相联结而形成的关系是社会网络分析的基础(林聚任,2009)。国土综合整治和生态修复涉及政府和非政府等多元主体,以及主体之间由于职能定位、合作目标、权责边界、利益诉求等不同而形成的复杂网络,社会网络分析法能够为多元主体的网络结构和网络关系研究提供新思路,有助于进一步探索多元主体协同参与、有效合作的途径,实现国土综合整治和生态修复多元主体协同治理。

2. 方法原理

在社会网络分析中,一个社会网络是由多个节点(行动者)和节点之间的连线(行动者之间的关系)组成的集合,用节点和连线表示网络,通过量化行动者之间的关系研究社会网络关系。图论和矩阵是社会网络分析的基础数学理论,社会网络的形式化描述可分为社会关系网络图及社会关系矩阵。在图论中,网络可以分为有向网络和无向网络,社会关系网络也可以分为有向和无向(图7-11)。

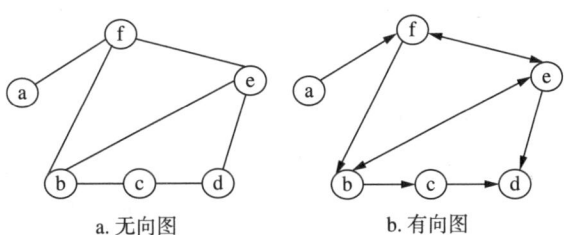

a. 无向图　　　　b. 有向图

图7-11　社会网络分析图(朱庆华和李亮,2008)

用社会网络图表现社会关系比较直观,可以很清晰地观察社会网络的成员(节点)及他们之间的关系(连线)。当网络规模比较大时,社会关系网络变得十分复杂而不再适用,而社会关系矩阵由社会关系网络图转换而来,可以较好地表达较为复杂的社会网络关系,矩阵元素即行为者之间的关系。同时,社会关系矩阵的表达形式有利于计算机处理,是计算机存储及进行定量分析的基础。例如,假设无向网络仅考虑行动者之间有无关系,不考虑关系的强度,用1表示两者之间存在某种关系,0表示两者之间不存在某种关系,无向网络可用表7-5矩阵表示(朱庆华、李亮,2008)。

表7-5 社会关系矩阵

	a	b	c	d	e	f
a	0	0	0	0	0	1
b	0	0	1	0	1	1
c	0	1	0	1	0	0
d	0	0	1	0	1	0
e	0	1	0	1	0	1
f	1	1	0	0	1	0

定量测量社会网络特征的指标有规模、密度、中心度、团聚度和多重度五种(林聚任,2009):规模(size)指社会网络中包含的行动者数量。网络规模大意味着构成群体的成员数量多。网络规模大小影响行动者之间的关系。密度(density)指社会网络中行动者之间的联系程度。密度越大,表明网络成员之间的关系越密切,通过网络关系图、矩阵等可以对某一网络的密度进行测量分析。中心度(centrality)指行动者在网络中所处的位置,可分为地方中心度(local centrality)和总体中心度(global centrality)。前者又称节点中心度,反映的是节点度或关系的集中程度,或者是一个行动者在网络中的主导位置情况。节点度越大,即与之相关联的行动者越多,此行动者越居于中心性位置。后者是指某节点在整个网络中与其他各节点的距离,反映的是各节点之间的密切程度,用各节点之间的最短距离来计量。团聚度(cohesion)反映网络成员相互关联的程度。团聚度类似于密度,但当其关系有方向时,可用来指代有对偶关系节点之间的关系强弱,是衡量对偶关系相对数量的指标。多重度(multiplexity)指网络中多重关系的密度。社会网络类型不同,其关系形式也不同;网络越复杂,其关系也越多样化。因此,多重度也是反映社会网络特征的重要指标。关于社会网络分析的其他指标和具体操作方法,可参考林聚任(2009)、Eun(2011)等人的著作。

3. 应用场景

社会网络分析方法自发展以来,因为其对节点关系和关系网络特性的研究具有自身独特的优势,已从人类学和社会学延伸到诸多学科,目前社会网络分析法在"大数据与共现分析""知识管理与学习创新""社会健康与环境"等方面运用较为广泛(张应语和封燕,2019)。在"大数据与共现分析"方面,社会网络分析是处理和理解大数据的重要方法,例如,Moessner 等(2018)以 3029 名 Proed 论坛用户在 Reddit 上发布的 4247 篇文章和 34118 条评论为研究样本,采用社会网络分析描述了用户的整体沟通模式,识别出社区结构和最有影响力的用户;在"知识管理与学习创新"方面,社会网络分析主要研究企业中知识转移的影响因素及过程以及社区学习、协作学习、社区文化等;在社会健康方面,社会网络分析用于描述病毒如何在社区中传播,对流行性病学研究具有重要意义(Vasylyeva et al.,2016);在环境治理方面,社会网络分析通过绘制环境治理的社会网络,确定环境治理的核心参与者、协作障碍和可持续发展政策(Carroll et al.,2018;Aubin et al.,2019;Calliari et al.,2019;Therrien et al.,2019)。

社会网络分析法在地理学领域具有较广泛的应用,例如张雄等人(2021)在测度城市群三生功能指数的基础上,运用社会网络分析法探讨长江中游城市群生产、生活、生态功能的空间网络结构及关联特征;魏燕茹和陈松林(2021)运用社会网络分析方法对福建省土地利用碳排放空间网络结构的整体特征和设区市在网络结构中的角色进行考察;安勇和赵丽霞(2020)结合社会网络分析和 QAP 模型,剖析地方政府土地财政竞争的网络演化特征,并揭示其空间网络形成机理。同时社会网络分析法还被广泛用于研究农地流转、土地整治项目风险、土地主体利益分析、土地利用协调等(张红霞和周霞,2014;黄建伟 等,2017;母睿,2018;王温鑫 等,2018),逐渐成为地理学领域相关理论和问题研究的一种重要分析工具。

7.3.3 行动者网络分析法

1. 方法简介

行动者网络理论(Actor Network Theory,ANT)是法国社会学家 Callon、Latour 和英国社会学家 Law 等学者于 20 世纪 80 年代中后期提出,这一理论主要考察的是行动者的动态关系(刘鹏,2020)。Callon 在其著作《转译社会学的基本要素:法国圣布鲁克湾的扇贝驯养和渔民》中,描述了一个由海洋学家、渔民、海扇贝、海湾以及多样的技术等元素所构成的行动者网络是如何建立起来的,由此形成行动者网络理论的基础框架(Callon，1984)。Latour 是行动者网络理论的集大成者，他以科学知识社会学(Sociology of Scientific Knowledge)为根基，吸收 Callon 等人的研究成果，进一步在理论和实践上发展了行动者网络理论。Latour 以行动者、网络及转译为三大核心概念，构建出行动者网络理论，在科学研究领域影响巨大(Latour，2005)。

行动者网络理论主要研究异质性事物之间的关系和相互作用的过程，并以结构化的方式来构建行为主体之间的关系，将要素流动和网络化互动形态统一纳入研究范畴。在哲学意义上消解了传统的主体与客体、自然和社会的二分法，将宏观结构与微观行动相结合，构建了科学实践研究的总体思路，为揭示知识和社会的复杂联系提供了一种新的方法和理论平台，成为揭示科学知识和现实社会复杂关系的新方法和理论平台(刘宣和王小依，2013)。国土综合整治与生态修复实践活动涉及多个参与主体，包括自然要素和社会要素，行动者网络理论以科学实践活动为研究对象，认为实践是由不同要素联结而成的网络，该理论可将要素转换为行动者网络中的人类和非人类行动者，探讨不同要素之间的互动结果，能够有效解释国土综合整治与生态修复的实践过程和参与主体行为，为理解国土空间治理研究提供新的视角。

2. 方法原理

行动者、网络和转译构成了行动者网络理论的三个核心(Callon，1984；Latour，1987；Kim，2006；刘宣和王小依，2013)。

(1) 行动者

行动者指任何参与网络构建过程并且创造了差异的事物。通常人们理解的"行动者"指人类而非其他，但拉图尔基于"广义对称性原则"，认为"行动者"在广义概念上应包括传统上作为主体的人和作为客体的物，并将其分别命名为人类行动者和非人类行动者，不同的行动者在利益诉求、行为方式等方面各有不同，但两种行动者相互作用、不可分离。根据行动者在行动中所起的作用不同，行动者可进一步区分为核心行动者和其他行动者，前者在行动中起主导或主要作用。

(2) 网络

网络指各个资源节点相互联结形成的网络。网络构建的目的是平等对待人类行动者和非人类行动者,通过将二者以同等的身份纳入网络之中,避免传统社会学和哲学关于自然和社会、主观和客观之间的二元对立的划分。人类行动者和非人类行动者都是转译者,行动的过程就是转译的过程,行动产生转译,转译相连成点,点进而构成网络。该网络强调网络连接的方式和过程,由于行动者的利益诉求和参与方式会发生改变,该网络是一个"动态变化的网络",而行动者的行动使网络得以形成和运转。

（3）转译

转译是行动者网络形成和构建的关键核心。根据 Callon 的扇贝养殖案例研究,转译主要包括问题呈现、利益赋予、征召、动员、排除异议五个环节(图 7-12)。在"问题呈现"阶段,不同行动者在网络中利益取向不同,难以形成联盟,关键行动者通过指出其他行动者利益实现渠道,将其他行动者所关注的重点问题化,使关键行动者的问题变为其他行动者目标实现的必经路径,该路径即"强制通行点"(Obligatory Passage Points, OPP),由此使不同行动者结成网络联盟。在"利益赋予"阶段,关键行动者赋予不同行动者相应的利益,界定每一个行动者在网络中的角色。在"征召"和"动员"阶段,关键行动者转译成为网络联盟的代言人(Spokemen),行使权力"征召"和"动员"每一个行动者成为网络联盟成员,由此构建行动者网络。在网络联盟的征召和动员过程中,不同行动者由于利益诉求和利益实现的差异难免存在异议,排除异议是维持网络稳定运行的重要环节。总体而言,根据行动者网络的对称性原则,人类行动者和非人类行动者经过转译结成联盟,共同构建行动者网络,并通过行动者之间的相互作用和关系演变,将社会因素和自然因素统一纳入同一个解释框架中。

3. 应用场景

行动者网络理论是一种质性研究方法,以结构化的方式来构建行为主体之间的关系,将要素流动和网络化互动形态纳入分析范畴,为各学科研究提供了全新的视角,目前已广泛应用于社会学、管理学、经济学、地理学等多学科领域(刘宣和王小依,2013)。对地理学科而言,空间的形成和变迁是重要的研究议题,行动者网络理论以行动者的视角有效地联系了空间关系和复杂网络,为解释空间变化提供了新的角度(Murdoch, 1998)。

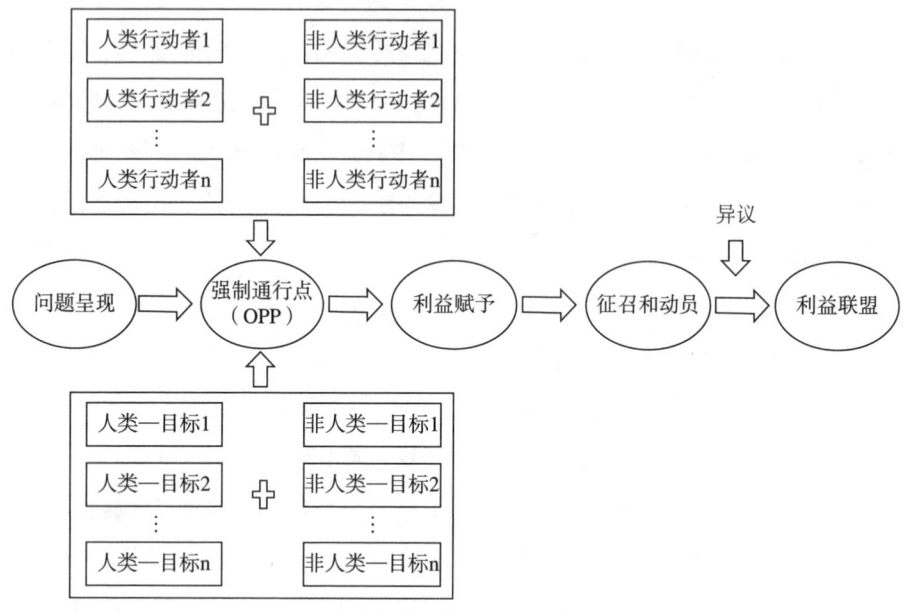

图 7-12 行动者网络转译过程（刘宣和王小依，2013）

目前已有的研究表明，行动者网络理论不仅可以加强乡村地理、经济地理、旅游地理、文化地理等领域的理论构建和方法创新，也为这些领域的地方发展、政策实践研究提供了有效的分析方法（马海涛 等，2009；陈培培和张敏，2015；杨兴柱 等，2022）。例如，在乡村地理研究领域，陈培培和张敏（2015）利用行动者网络，对南京市江宁区大世凹美丽乡村的重构过程与机制进行分析，指出美丽乡村建设的背后是一个以地方政府为关键行动者的异质行动者网络，主要实现了乡村物质生活空间的改变；在经济地理研究领域，马海涛等（2009）将"地方网络"和"外部网络"同时考虑，构建了一个包括企业、组织、物质和概念在内的异质性行动者网络，并为产业集群如何增加知识存量、促进学习交流和激发知识创新等提供一些建议。总体而言，行动者网络理论更适用于中微观范畴的研究，部分学者提出，行动者网络理论在概念和理论建构上主观性过强，缺乏严谨性，经验研究也较薄弱（Taylor and Walker，2001；Yeung，2003），后续研究还需结合其他方法加以创新和改进。

7.3.4 结构方程模型

1. 方法简介

结构方程模型(Structure Equation Modeling,SEM),是基于变量的协方差矩阵来分析变量之间关系的一种统计方法,也称为协方差结构分析(侯杰泰 等,2004)。从发展历史来看,SEM 是在 20 世纪 70 年代初提出的,当时的学者结合因子分析和路径分析等方法提出初步概念。而后,Joreskog 与其合作者利用矩阵模型技术分析处理协整结构的问题,提出了测量模型与结构模型的概念,促进了 SEM 的发展(张伟豪 等,2020)。1996 年,Ullman 将 SEM 定义为"一种验证一个或多个自变量与一个或多个因变量之间一组相互关系的多元分析程式,其中自变量和因变量既可以是连续的,也可以是离散的",这个定义突出了模型可以验证多个自变量与多个因变量之间关系的特点,该定义具有一定的代表性(辛士波 等,2014)。SEM 作为一种多元统计技术,一经提出后迅速得到了普遍应用。

社会科学研究的根本目的是通过探讨变量之间的因果关系来揭示客观事物发展、变化的规律及特点。但是,在诸如行为科学、教育学、心理学和经济管理等社会科学领域中所涉及的变量,大多数都不能准确、直接地测量(例如智力、能力、信任等),因此也很难通过直接的观测或测量来揭示这些变量间的关系。SEM 为难以直接测量的潜变量设定观测变量,用可进行统计分析的观测变量之间的关系来研究潜变量之间的关系,可以在一定程度上解决该问题(杨杜,2018)。在国土综合整治与生态修复方面,国内学者对个体或群体的行为越来越关注,广泛利用管理学与社会学相关方法解决土地科学问题。在面临多个主体时,研究所涉及因素较多,部分因素难以量化且在观测过程中存在诸多误差,为相关研究带来一定的困难,例如在土地整治中,难以直接测量的农户行为心理对整治工作影响较大,或是土地整治效果涉及社会效果等的维度难以测量,结构方程模型均可提供新的解决路径。

2. 方法原理

一个完整的结构方程模型包含测量模型和结构模型两部分(Bruscoli and Lovestone,2004)。测量模型,描述了潜在变量与观测变量的相互作用关系。观测变量有时又称为潜在变量的外显变量、显性变量、测量指标或指标变量,观测变量是量表或问卷等测量工具所得的数据,潜在变量是观测变量间所形成的特质或抽象概念,一般无法直接测量,要由观测变量测得的数据资料来反映。在 SEM 模型中,观测变量通常以长方形或方形符号表示,而潜在变量通常以椭圆形或圆形符号表示(图 7-13)。结构模型描述了观测变量与潜在变量的相互作用关系(吴明隆,2010)。

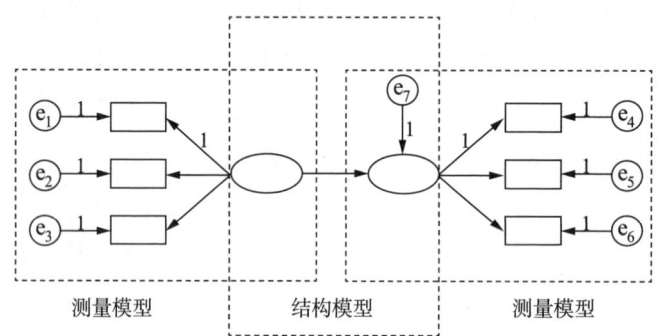

图 7-13 结构方程模型示意图(张伟豪 等,2020)

结构方程模型的具体操作方法和详细介绍可参考侯杰泰等(2004)、吴明隆(2010)、王济川等(2011)的著作,本书仅简要介绍结构方程模型建模的主要五个步骤(Bollen and Long,1993;王济川 等,2011;林嵩,2008):

第一,模型表述,指模型估计之前形成的最初理论模型。SEM 是一种先验性技术,其本质意义是对研究人员所建立的理论进行验证与解释,因此模型表述是在理论研究或实践经验的基础上形成的。

第二,模型识别,决定设定模型的参数估计是否有唯一解。在模型低识别和不可识别的情况下,尽管模型确实依据充分理论所建立,却可能在后续的统计分析中无法拟合,因此应该正确地判断模式的识别度,做出相应的调整。

第三,模型估计,包括最大似然法、一般最小二乘法以及迭代法等,最常用的是最大似然法,近几年一些稳健估计法也被广泛应用。

第四,模型评估。获得模型的参数估计值后,需要评估模型是否拟合所搜集的数据,指标包括模型的绝对拟合度、相对拟合度等。如果拟合效果未达到一个可以接受的程度，则需要进行调整。

第五，模型修正。当模型拟合效果不佳时，可以依据理论假设和数据统计所呈现的结果将某些参数释放或固定，而后重新估计的模型能够在一定程度上提高拟合度。但前提是理论必须成立，无视理论而仅仅根据数据统计结果所进行的调整没有理论价值。一旦重新设定了模型，可重复上述四个步骤，实际研究中的建模过程可能会重复进行多次的模型修正。

3. 应用场景

近50年来结构方程模型已经成为许多研究领域的主要分析方法，例如社会学、经济学、政治学、心理学、教育学、人口学、生态学等。同时随着计算机技术的发展，SEM的分析主要依赖于计算机软件的协助，目前全球比较常用的SEM分析工具大致有以下八种，即Amos、CALLS、EQS、LISAEL、Mplus、Mx、RAMONA以及SEPATH，每一种分析工具都被许多研究者所使用。在实际应用中，还要注意结构方程模型具有以下几个特性（林嵩，2008；吴明隆，2010；邱皓政和林碧芳，2019）：

第一，SEM具有理论先验性。SEM的假设因果模型必须建立在一定的理论上，因而SEM是一种用以验证某一理论模型或假设模型适用性与否的统计技术，所以SEM被视为一种验证性而非探索性的统计方法。

第二，SEM可同时处理测量与分析问题。SEM以潜在变量的形式，利用对观察变量的模型化分析，对不可直接观察的变量进行估计，不仅可以估计测量过程当中的误差，也可以评估测量的信度与效度。另外，在探讨变量之间关系的时候，测量过程所产生的误差并没有被排除在外，而是同时包含在分析的过程当中，使得测量信度的概念可以整合到路径分析等统计推论的决策过程中。

第三，SEM以协方差的运用为核心，亦可处理平均数估计。在SEM中，协方差有两种功能：一是描述性功能，利用变量间的协方差矩阵，观察出多个连续变量间的关联情形；二是验证性功能，用以反映出理论模型所导出的协方差与实际搜集数据的协方差的差异。

第四，SEM适用于大样本量的统计分析。一般来说，当样本量低于100时，几乎所有的SEM分析都是不稳定的，根据Breckler（1990）对人格与社会心理学领域的72个SEM实证研究的分析,其样本规模为40~8650,中数为198,最后总结得出,大于200的样本才可以称得上是一个中型样本,若要追求稳定的SEM分析结果,受试样本量最好在200以上。

参考文献

[1] R. 爱德华·弗里曼，2006. 战略管理——利益相关者方法[M]. 王彦华，梁豪，译. 上海：上海译文出版社.

[2] 安勇，赵丽霞，2020. 土地财政竞争的空间网络结构及其机理[J]. 中国土地科学，34(07)：97-105.

[3] 曹小敏，李爱农，雷光斌，等，2016. 尼泊尔土地覆被遥感制图及其空间格局分析[J]. 地球信息科学学报，18(10)：1384-1398.

[4] 岑瑞深，张朝阳，罗雁，等，2016. 基于管理视角的系统分析方法、SWOT分析法在中医重点专科发展战略中的应用初探[J]. 临床医学研究与实践，4(13)：116-117.

[5] 曾光建，覃继科，邢雷雷，等，2014. 青藏高原地区土地整治战略研究——以青海省为例[J]. 中国国土资源经济，27(05)：58-62.

[6] 陈洁娜，2020. 基于KPI的企业绩效考核管理研究[J]. 中国管理信息化，23(16)：108-109.

[7] 陈亮，陈忠，韩丽川，等，2009. 基于社会网络分析的企业员工知识存量测度及实证研究[J]. 管理工程学报，23(04)：49-53+68.

[8] 陈培培，张敏，2015. 从美丽乡村到都市居民消费空间——行动者网络理论与大世凹村的社会空间重构[J]. 地理研究，34(08)：1435-1446.

[9] 陈庆云，2011. 公共政策分析(第2版)[M]. 北京：北京大学出版社.

[10] 陈素云，2021. 标杆管理文献综述——基于2016~2020年标杆管理文献[J]. 中国管理会计(02)：27-35.

[11] 方振邦，刘琪，2018. 绩效管理：理论、方法与案例[M]. 北京：人民邮电出版社.

[12] 房祥飞，刘希玉，2006. 决策树在数据挖掘中的新进展和发展前景[J]. 信息技术与信息化(03)：139-142.

[13] 冯相昭,李静,王敏,等,2013.基于SWOT的中国页岩气开发战略评析[J].环境与可持续发展,38(02):15-20.

[14] 付俊文,赵红,2006.利益相关者理论综述[J].首都经济贸易大学学报(02):16-21.

[15] 巩垠熙,刘若梅,王发良,等,2021.多元信息综合的市县国土空间规划空间功能识别方法[J].自然资源学报,36(08):2006-2019.

[16] 管栩,金晓斌,魏东岳,等,2014.土地整治项目综合监测体系构建[J].中国土地科学,28(04):71-76.

[17] 郭建英,原静,职苗甜,2013.层次分析法(AHP)在商业银行代理国库业务综合评价中的应用[J].金融理论与实践(06):63-66.

[18] 韩慧,毛锋,王文渊,2004.数据挖掘中决策树算法的最新进展[J].计算机应用研究(12):5-8.

[19] 何得桂,廖白平,2014.机遇与挑战:西部地区开展避灾移民的SWOT态势分析——以陕南为例[J].灾害学,29(02):95-101.

[20] 侯杰泰,温忠麟,成子娟,2004.结构方程模型及其应用[M].北京:教育科学出版社.

[21] 侯雪婷,杨志萍,陆颖,2017.基于SWOT分析的公共图书馆文化精准扶贫战略研究[J].图书情报工作,61(11):29-36.

[22] 胡群,刘文云,2009.基于层次分析法的SWOT方法改进与实例分析[J].情报理论与实践,32(03):68-71.

[23] 黄萃,任弢,李江,等,2015a.责任与利益:基于政策文献量化分析的中国科技创新政策府际合作关系演进研究[J].管理世界(12):68-81.

[24] 黄萃,任弢,张剑,2015b.政策文献量化研究:公共政策研究的新方向[J].公共管理学报,12(02):129-137+158-159.

[25] 黄建伟,刘文可,陈美球,等,2017.中国农地流转研究述评:20年文献回顾与展望——基于社会网络分析技术[J].中国土地科学,31(03):80-88.

[26] 黄昕,周世植,2000.企业经营战略SWOT分析方法的改进及模型[J].价值工程(03):34-37.

[27] 贾生华,陈宏辉,2002.利益相关者的界定方法述评[J].外国经济与管理(05):13-18.

[28] 江若玫,靳云汇,2019.企业利益相关者理论与应用研究[M].北京:北京大学出版社.

[29] 柯新利,肖邦勇,郑伟伟,等,2020.城镇—农业—生态空间划定的多情景模拟[J].地球信息科学学报,22(03):580-591.

[30] 孔宏伟,2012.我国建设项目成本管理理论及应用分析[J].建筑经济(05):15-19.

[31] 乐思诗,叶鹰,2009.专利计量学的研究现状与发展态势[J].图书与情报(06):63-73.

[32] 李宝元,2009.绩效管理:原理·方法·实践[M].北京:机械工业出版社.

[33] 李恒全,仇向洋,2006.基于目标责任的绩效考核体系研究[J].现代管理科学(09):83-84.

[34] 李红卫,徐时红,2002.绩效考核的方法及关键绩效指标的确定[J].经济师(05):152-153.

[35] 李江,刘源浩,黄萃,等,2015.用文献计量研究重塑政策文本数据分析——政策文献计量的起源、迁移与方法创新[J].公共管理学报,12(02):138-144+159.

[36] 李兴旺,2001.SWOT战略决策模型的改进与应用[J].决策借鉴(02):5-8.

[37] 廖诗娜,2019.房地产企业全生命周期土地增值税纳税筹划管理[J].当代经济(07):122-125.

[38] 林聚任,2009.社会网络分析:理论、方法与应用[M].北京:北京师范大学出版社.

[39] 林嵩,2008.结构方程模型原理及AMOS应用[M].武汉:华中师范大学出版社.

[40] 刘豹,许树柏,赵焕臣,等,1984.层次分析法——规划决策的工具[J].系统工程(02):23-30.

[41] 刘才泽,王永华,赵禁,等,2022.川东北地区水稻镉积累与生态健康风险评价[J].中国地质,49(03):695-705.

[42] 刘兰剑,李玲编著,2018.管理定量分析:方法与技术(第2版)[M].北京:中国人民大学出版社.

[43] 刘鹏,2020.行动者网络理论:理论、方法与实践[M].北京:中国社会科学出版社.

[44] 刘擎,2018.企业战略管理中SWOT分析法的应用实践探讨[J].商讯(18):117.

[45] 刘向东,2011.基于利益相关者的土地整理项目共同治理模式研究[D].北京:中国地质大学(北京).

[46] 刘向东,郭碧君,郭毛选,2012.土地整理项目利益相关者界定与分类研究[J].安徽农业科学,40(26):13129-13133+13181.

[47] 刘宣,王小依,2013.行动者网络理论在人文地理领域应用研究述评[J].地理科学进展,32(07):1139-1147.

[48] 娄丽娜,2014.文献计量学在科研机构竞争力评价中的应用研究[J].图书情报工作,58(S2):209-211+214.

[49] 罗良清,刘逸萱,2006.标杆管理在地方政府绩效评估中的应用[J].统计教育(01):8-12.

[50] 罗式胜,1994.文献计量学概论[M].广州:中山大学出版社.

[51] 罗亚泓,2015.广州高校图书馆嵌入式学科服务的SWOT分析和策略研究[J].图书情报工作,59(07):112-116.

[52] 吕聪,李新举,2015.基于SWOT分析法的新泰市土地整治战略分析[J].中国人口·资源与环境,25(S2):209-212.

[53] 吕燕,朱慧,2007.管理定量分析[M].上海:上海人民出版社.

[54] 马海涛,苗长虹,高军波,2009.行动者网络理论视角下的产业集群学习网络构建[J].经济地理,29(08):1327-1331.

[55] 孟令颂,陈鹏,童小华,等,2016.面向土地全生命周期的地籍时空管理系统设计与探讨[J].地理信息世界,23(04):76-80.

[56] 母睿,麦地娜·哈尔山,2018. 基于社会网络分析方法的公共交通与土地利用协调规划研究[J]. 软科学,32(03):139-144.

[57] 聂相田,丁一桐,杨淇,等,2018. 一种基于模糊层次分析法的SWOT改进模型[J]. 数学的实践与认识,48(03):279-284.

[58] 帕特里夏·基利,史蒂文·梅德林,休·麦克布赖德,等,2002. 公共部门标杆管理[M]. 北京:中国人民大学出版社.

[59] 戚安邦,2012. 项目评估学[M]. 北京:科学出版社.

[60] 钱仲威,2002. 管理决策[M]. 重庆:重庆大学出版社.

[61] 邱皓政,林碧芳,2019. 结果方程模型的原理与应用(第2版)[M]. 北京:中国轻工业出版社.

[62] 任家强,薛立,周群,等,2019. 土地利用工程规划与设计[M]. 北京:中国农业大学出版社.

[63] 申彧,2009. SWOT分析法的应用进展及展望[J]. 知识经济(09):76.

[64] 盛亚,2009. 企业技术创新管理:利益相关者方法[M]. 北京:光明日报出版社.

[65] 苏尔李,2011. 数据分析方法五种[M]. 吴晓刚,主编. 上海:格致出版社.

[66] 苏竣,2014. 公共科技政策导论[M]. 北京:科学出版社.

[67] 孙华,赵晶,2012. 基于生命周期理论的无锡市锡山区棕(褐)地再利用环境风险综合评价[J]. 中国土地科学,26(07):84-90.

[68] 孙晓玲,韦宝玺,余振国,2020. 矿山生态修复与多产业融合发展研究[J]. 中国矿业,29(09):66-71.

[69] 孙元欣,2011. 管理学——原理·方法·案例(第二版)[M]. 北京:科学出版社.

[70] 谭术魁,涂姗,2009. 征地冲突中利益相关者的博弈分析——以地方政府与失地农民为例[J]. 中国土地科学,23(11):27-31+37.

[71] 田进,杨正,2017. 同质与差异:省级政府权力清单制度推行政策的文献计量分析[J]. 情报杂志,36(05):75-81+94.

[72] 汪文雄,余利红,刘凌览,等,2014. 农地整治效率评价研究——基于标杆

管理和 DEA 模型[J]. 中国人口·资源与环境, 24(06)：103-113.

[73] 王超, 赵新博, 王守清, 2014. 基于 CSF 和 KPI 的 PPP 项目绩效评价指标研究[J]. 项目管理技术, 12(08)：18-24.

[74] 王刚, 李志祥, 2005. 现代人力资源绩效考核方法比较研究[J]. 现代管理科学(09)：27-28+6.

[75] 王济川, 王小倩, 姜宝法, 2011. 结构方程模型方法与应用[M]. 北京：高等教育出版社.

[76] 王璐, 姚红, 2021. 国内外标杆管理研究热点分析[J]. 中国质量(08)：63-70.

[77] 王温鑫, 金晓斌, 杨晓艳, 等, 2018. 基于社会网络视角的土地整治重大项目实施风险识别与评价方法[J]. 资源科学, 40(06)：1138-1149.

[78] 王熙照, 翟俊海, 2012. 基于不确定性的决策树归纳[M]. 北京：科学出版社.

[79] 王勇, 李会, 2015. GIS 技术在土地整治项目管理与监管中的应用[J]. 测绘与空间地理信息, 38(04)：133-134+137.

[80] 王雨薇, 蔚芳, 周轶男, 等, 2021. 空间规划中生态系统服务评估方法研究[J]. 城市发展研究, 28(05)：19-27+59.

[81] 魏燕茹, 陈松林, 2021. 福建省土地利用碳排放空间关联性与碳平衡分区[J]. 生态学报, 41(14)：5814-5824.

[82] 吴宾, 杨一民, 娄成武, 2017. 基于文献计量与内容分析的政策文献综合量化研究——以中国海洋工程装备制造业政策为例[J]. 情报杂志, 36(08)：131-137.

[83] 吴明隆, 2010. 结构方程模型：AMOS 的操作与应用(第 2 版)[M]. 重庆：重庆大学出版社.

[84] 辛士波, 陈妍, 张宸, 2014. 结构方程模型理论的应用研究成果综述[J]. 工业技术经济, 33(05)：61-71.

[85] 熊潮远, 刘建生, 2015. 目标管理法视角下的严格土地用途管制实施路径探究[J]. 农业部管理干部学院学报(02)：12-17.

[86] 徐建华,2014. 计量地理学(第二版)[M]. 北京:高等教育出版社.

[87] 徐鹏,徐千淇,包存宽,2021. 论国土空间规划的规划环评与"双评价"的整合——基于规划环评技术导则和"双评价"指南的制度文本分析[J]. 环境保护,49(Z1):82-88.

[88] 徐淑升,贾后磊,谢素美,2021. 国土空间生态修复的SWOT分析与对策研究——以广东省为例[J]. 环境科学与管理,46(07):95-99.

[89] 徐向真,2008. 现代企业绩效考核方法述评[J]. 世界标准化与质量管理(06):21-24.

[90] 徐欣月,2017. 企业战略管理中SWOT分析法的应用实践[J]. 中外企业家(03):95.

[91] 徐中奇,顾卫俊,2004. 绩效管理的内涵、意义与方法[J]. 中国人力资源开发(05):59-61.

[92] 许树柏,1988. 实用决策方法:层次分析法原理[M]. 天津:天津大学出版社.

[93] 严金明,张雨榴,马春光,2017. 新时期国土综合整治的内涵辨析与功能定位[J]. 土地经济研究(01):14-24.

[94] 杨宝昆,2019. PPP+BIM项目全生命周期管理与咨询[M]. 天津:天津大学出版社.

[95] 杨杜,2018. 管理学研究方法(第三版)[M]. 大连:东北财经大学出版社.

[96] 杨兴柱,吴瀚,殷程强,等,2022. 旅游地多元主体参与治理过程、机制与模式——以千岛湖为例[J]. 经济地理,42(01):199-210.

[97] 杨正,2019. 政策计量的应用:概念界限、取向与趋向[J]. 情报杂志,38(04):60-65+51.

[98] 杨正,田进,2018. 政府数据开放利用的政策文献计量研究——一个三维分析视角[J]. 情报杂志,37(12):175-181.

[99] 姚泽清,张洛嘉,熊安邦,等,2016. 基于层次分析的主成分分析法及其应用[J]. 数学的实践与认识,46(18):176-183.

[100] 易程程,艾东,2017. 村集体主导的土地整治利益相关者识别及冲突管理:

以北京市 C 镇 Z 村土地整治项目为例[J]. 农业工程，7(04)：113-119.

[101] 余姝辰，李长安，余德清，等，2020. 洞庭湖区湖泊洲滩地表覆盖变化[J]. 地球科学，45(06)：1918-1927.

[102] 袁牧，张晓光，杨明，2007. SWOT 分析在城市战略规划中的应用和创新[J]. 城市规划(04)：53-58.

[103] 张成福，党秀云，2001. 公共管理学[M]. 北京：中国人民大学出版社.

[104] 张红霞，周霞，2014. 基于社会网络分析的湖北省 G 市征地拆迁领域黑恶势力生长实证研究[J]. 中国土地科学，28(04)：61-70.

[105] 张梦茜，2009. 标杆管理——推进地方政府绩效评估改进的有效途径[J]. 科技管理研究，29(04)：35-37.

[106] 张沁园，2006. SWOT 分析法在战略管理中的应用[J]. 企业改革与管理(02)：62-63.

[107] 张庶，金晓斌，魏东岳，等，2014. 土地整治项目绩效评价指标设置和测度方法研究综述[J]. 中国土地科学，28(07)：90-96.

[108] 张伟豪，徐茂洲，苏荣海，2020. 与结构方程模型共舞：曙光初现[M]. 厦门：厦门大学出版社.

[109] 张侠，赵德义，朱晓东，等，2006. 城中村改造中的利益关系分析与应对[J]. 经济地理(03)：496-499.

[110] 张雄，王芳，张俊峰，等，2021. 长江中游城市群三生功能的空间关联性[J]. 中国人口·资源与环境，31(11)：110-122.

[111] 张应语，封燕，2019. 社会网络分析回顾与研究进展[J]. 科学决策(12)：61-76.

[112] 赵冰琴，2020. 雄安新区高质量发展的 SWOT 分析与战略重点[J]. 中共石家庄市委党校学报，22(02)：30-35.

[113] 赵庆龄，2010. 基于文献计量的土壤重金属污染国际比较研究[D]. 北京：中国农业科学院.

[114] 赵涛，2006. 管理学常用方法[M]. 天津：天津大学出版社.

[115] 赵亚荣，2017. 关键绩效指标考核方法在应用中存在的问题及对策[J]. 经

贸实践(07)：181+183．

[116] 朱庆华，李亮，2008．社会网络分析法及其在情报学中的应用[J]．情报理论与实践(02)：179-183，174．

[117] 朱卫东，2012．关键绩效指标体系的设计[J]．企业改革与管理(09)：63-64．

[118] Almind T C, Ingwersen P, 1997. Informetric analyses on the world wide web: methodological approaches to 'webometrics'[J]. Journal of Documentation, 53(4): 404-426.

[119] Aubin D, Riche C, Water V, et al., 2019. The adaptive capacity of local water basin authorities to climate change: the thau lagoon basin in France [J]. Science of the Total Environment, 651: 2013-2023.

[120] Bollen K A, Long J S, 1993. Testing structural equation models[M]. Newbury Park: Sage Publications.

[121] Bruscoli M, Lovestone S, 2004. Is MCI really just early dementia? A systematic review of conversion studies[J]. International Psychogeriatrics, 16: 129-140.

[122] Burt R S, 1992. Structural holes: the social structure of competition[M]. Cambridge: Harvard University Press.

[123] Calliari E, Michetti M, Farnia L, et al., 2019. A network approach for moving from planning to implementation in climate change adaptation: evidence from Southern Mexico[J]. Environmental Science and Policy, 93: 146-157.

[124] Callon M, 1984. Some elements of a sociology of translation: domestication of the scallops and the fishermen of St Brieuc Bay[J]. The Sociological Review, 32: 196-233.

[125] Carroll W, Graham N, Lang M K, et al., 2018. The corporate elite and the architecture of climate change denial: a network analysis of carbon capital's reach into civil society[J]. Canadian Review of Sociology, 55(3): 425-450.

[126] Clarkson, M B E, 1995. A stakeholder framework for analyzing and evaluating corporation[J]. Academy of Management Review(1): 92-117.

[127] Elnathan D, Lin T W, Young S M, 1996. Benchmarking and management accounting: a framework for research [J]. Journal of Management Accounting Research, 8: 20-22.

[128] Fitzenz J, 1992. Benchmarking: HR's new improvement tool[J]. HR Horizons, 107: 7-13.

[129] Freeman R E, 1984. Strategic management: a stakeholder approach[M]. Boston: Pitman Press.

[130] Glanz E, Dailey L, 1992. Benchmarking [J]. Human Resource Management, 31: 1-2.

[131] Huang C, Su J, Xie X, et al., 2014. Basic research is overshadowed by applied research in China: a policy perspective[J]. Scientometrics, 99(03): 689-694.

[132] Huang C, Su J, Xie X, et al., 2015. A bibliometric study of China's science and technology policies: 1949-2010 [J]. Scientometrics, 102 (02): 1521-1539.

[133] Kim S J, 2006. Networks scale, and transnational corporations: the case of the South Korean seed industry [J]. Economic Geography, 82 (3): 317-338.

[134] Latour B, 1987. Science in action[M]. Cambridge: Harvard University Press.

[135] Latour B, 2005. Reassembling the social: an introduction to actor-network-theory[M]. New York: Oxford University Press.

[136] Lin N, 2001. Social capital: a theory of social structure and action[M]. Cambridge: Cambridge University Press.

[137] Mitchell R, Agle B, Wood D, 1997. Towards a theory of stakeholder identification and salience: defining the principle of who and what really counts

[J]. Academy of Management Review, 22(4): 853-886.

[138] Moessner M, Feldhege J, Wolf M, et al., 2018. Analyzing big data in social media: text and network analyses of an eating disorder forum[J]. International Journal of Eating Disorders, 51(7): 656-667.

[139] Murdoch J, 1998. The spaces of actor-network theory[J]. Geoforum, 29(4): 357-374.

[140] Scott J, 2000. Social network analysis: a handbook[M]. London: Sage Publications.

[141] Taylor P J, Walker D R F, 2001. World cities: a first multivariate analysis of their service complexes[J]. Urban Studies, 38(1): 23-47.

[142] Therrien M C, Jutras M, Usher S, 2019. Including quality in social network analysis to foster dialogue in urban resilience and adaptation policies[J]. Environmental Science and Policy, 93: 1-10.

[143] Vasylyeva T I, Friedman S R, Paraskevis D, et al., 2016. Integrating molecular epidemiology and social network analysis to study infectious diseases: towards a socio-molecular era for public health[J]. Infection Genetics and Evolution, 46: 248-255.

[144] Yeung H W C, 2003. Theorizing economic geographies of Asia[J]. Economic Geography, 79(2): 107-128.

第八章 国土整治修复的经济学方法

国土整治修复是重要的国土空间治理环节,也是聚合和引导资源要素优化配置的关键抓手。国土整治修复通常以各类项目为实施载体,满足生态文明建设背景下的国土空间治理需求,促进形成主体功能明显、优势互补、高质量发展的国土空间新格局。在项目落地实施的不同阶段,需要综合考虑其成本、耗散、收益等多方面经济要素,从而达到国土整治修复的效益最大化。因此,本章考虑到国土综合整治与生态修复的综合效益,从生态、经济与社会三个方面,以实际问题为导向,借鉴可适用于国土综合整治与生态修复的经济学方法,为国土综合整治与生态修复综合效益的评估提供经济学方法支撑。在生态效益评价部分,细分为生态产品价值核算、生态恢复成本与费用测度;在经济效益评价部分,细分为项目绩效评价、土地增值测算与分配;在社会效益评价部分,细分生态资源指标交易、土地资源代际最优配置、社会福利变化测度。简要介绍方法背景、基本原理及应用场景等,以期让读者了解适用于国土综合整治与生态修复的经济学方法,为研究国土整治修复综合效益提供经济学方法支撑,以实现资源要素精准配置、国土空间布局优化的高质量发展目标。

8.1 国土整治生态效益评价

国土整治修复对区域生态环境具有积极影响。目前国土整治生态效益评价研究多从自然资源角度出发,评估和判断国土整治修复实施后生态效益提升程度,却忽略了实施前多方主体费用成本以及实施后多方主体间交易成本的测算。因此,本节选取生态产品价值核算与生态恢复成本—费用测度两个实际问题,从自然资源要素和社会经济要素两方面介绍国土整治生态效益评价的经济学方法,为国土整治生态效益评价提供方法支撑。

8.1.1 生态产品价值核算

随着人口数量的增加和生产力水平的提高,人类利用自然资源的能力和数量范围不断扩大,造成自然资源逐渐稀缺,自然环境负荷日益增强,环境供需矛盾愈发紧张。在自然资源再生产过程中,伴随着人类劳动的投入,根据马克思的劳动价值论,商品的价值源于生产商品的抽象劳动,价值量的大小由社会必要劳动时间决定。因此,自然资源具有价值属性,其价值由开发出的自然资源产品来表现,既包含了自然资源本身的价值,同时也包含了劳动开发产品过程中所追加的价值(苏广实,2007)。本节主要介绍生态产品价值核算的三个经济学方法:直接市场法、替代市场法与假想市场法。

1. 直接市场法

(1) 方法背景

直接市场法又称常规市场法或物理影响的市场评价法,即直接运用市场价格对可以观察和度量的商品价值变动进行估算。该方法以充分的信息和比较明确的因果关系为基础,具有评估客观、争议较少等优势。

通常,自然资源变动会对资产价值、生产效率产生直接影响,加之许多有用的、稀缺的自然资源可通过市场机制在各行业之间进行配置从而具有市场价格。因此,直接市场法也被应用于环境资源价值评估。值得注意的是,直接市场法不仅需要足够的实物量数据,而且需要足够的市场价格数据。但是,目前相当一部分自然资源缺乏相应的市场,不存在市场价格,或者其现有的市场只能部分地反映自然资源数量和质量变动的结果。在这种情况下,直接市场法在生态产品价值核算方面存在一定的局限性(苏月中,2001)。

在生态产品价值核算中,常用的直接市场法包括费用支出法与市场价值法。

(2) 方法原理

① 费用支出法

费用支出法主要从消费者角度核算生态产品价值,即通过消费者对某种生态服务功能的支出费表征其生态价值,是一种实用、基础和方便的自然景观游憩价值评估方法(陈应发,1996;刘玉龙,2005)。费用支出法通常分为总支出法、区内支出法、部分费用法三种形式,三者之间的差别主要在于游客支出费用的范围选择。总支出法以游客的费用总支出作为游憩价值;区内支出法仅以游客在游憩区内的支出费用作为游憩价值;部分费用法仅以游客支出的部分费用作为游憩价值。

费用支出法涉及的经济学原理包括效用价值理论与消费者剩余理论。西方经济学认为,商品的经济价值是由商品的边际效用决定的。消费者从消费某种商品中获得的满足程度,体现了商品的经济价值,进而用"消费意愿"表达消费者为获得这种商品或者效用而自愿支出的货币资金。然而,当这种商品价格为 P 时的实际货币支出值往往与消费者的"支付意愿"不相同。因此,西方经济学用消费者剩余这一概念表示二者之间的差别。消费者剩余指消费者对某种商品所愿意付出的代价超过其实际付出的代价余额,用以衡量消费者额外的满足。如图 8-1 所示,需求曲线 D 用以表示消费者对单位商品所愿支付的价格。当商品的市场价格为 P_0,消费者的购买量为 Q_0 时,图形 $OABQ_0$ 的面积即为消费者所愿支付的货币总额,矩形 OP_0BQ_0 的面积即为消费者的实际支付货币额,而二者的差值(即图中阴影部分面积)为消费者剩余。

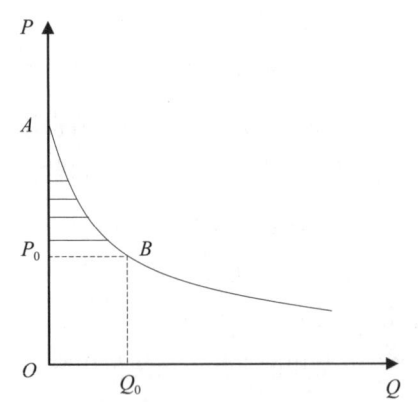

图 8-1 消费者剩余(薛黎明和李翠平,2017)

在此基础上,消费者剩余可以进一步表达为下式:

$$CS = WTP - P_0 \times Q_0$$

其中,CS 为消费者剩余;WTP 为消费者的支付意愿;P_0 为商品的市场实际价格,Q_0 为消费者的购买量,$P_0 \times Q_0$ 代表消费者的实际支付货币额。

假设消费者剩余可以忽略不计,那么消费者的实际支出就等于支付意愿,可以用来表征商品的经济价值。实质即费用支出法在生态产品价值核算中的经济学理论基础。

费用支出法可以较为简洁、方便地对自然景观的游憩价值进行经济评估,但由于费用种类的选择与划分无法全方面覆盖整体游憩过程,因此不能真实反映自然景观的游憩价值。此外,费用支出法的假设前提是游客在游憩过程中并不存在消费者剩余,仅计算了消费者在游憩过程中的实际经济支出,未反映消费者对游憩地的消费意愿,故费用支出法在此假设前提的基础上并不能评估游憩地的游憩价值。另外,以游客在游憩地进行游憩作为评估过程,会导致忽略没有游客到达或者游客稀少但存在消费者意愿的自然景观,故费用支出法仅能评估森林游憩的实际使用价值,并不能评估仅存在支付意愿的游憩地的游憩价值。

② 市场价值法

市场价值法是经济学中最为成熟的价值评估方法。当自然资源具有价值属性,且已经形成交易市场、具有较大的交易量和明确的市场交易价格的时候,根据资源市场的交易价格及其规律,可使用市场价值法评估确定自然资源的价值。由于自然资源的地域差异性以及市场价格形成时间的差异性等,使用市场价值法时,通常要对自然资源的市场价格进行如地域修正、质量修正、交易情况修正、时间修正等。市场价值法先定量评价某种生态服务的效果,再根据这些效果的市场价格评估其经济价值。但是,鉴于自然资源的稀缺性以及垄断性等原因,完全自由的资源市场是不存在的,从而导致资源的市场价格往往与其价值之间存在较大偏差。因此,运用市场价值法评估自然资源的价值往往难以保证评价结果的准确性(苏广实,2007)。

市场价值法与费用支出法类似,但市场价值法适用于没有费用支出但存在市场价格的生态服务功能的价值评估。市场价值法先定量评价某种生态服务功能的效果,再根据这些效果的市场价格评估其经济价值。

在实际评价中,通常有两类评价过程(欧阳志云 等,1999)。一是理论效果评价法,可分为三个步骤:先计算某种生态系统服务功能的定量值,如涵养水源的量、CO_2固定量、农作物增产量;再研究生态服务功能的影子价格,如涵养水源的定价可参考水库工程的蓄水成本,固定CO_2的定价可以参考CO_2的市场价格;最后计算其总经济价值。二是环境损失评价法,该方法是与环境效果评价法类似的一种生态经济评价方法。例如,评价保护土壤的经济价值时,可用生态系统破坏所造成的土壤侵蚀量及土地退化、生产力下降的损失来估计(王娟娟 等,2014)。

(3) 具体应用场景

直接市场评价方法的基本评价范式是在选择研究区域后,在生态系统服务功能辨识的基础上,获得区域生态系统服务的各种功能类型对应的生物量或物质量,再将其折算为相应的价值量;而后对各服务功能的经济价值进行简单的线性求和,获得研究区域生态系统服务的经济价值(赵军和杨凯,2007)。直接市场法相对直观,易于计算,被广泛应用于各种类型的生态产品价值核算,但是评估对象需要满足以下三个条件:自然资源变化直接影响市场化商品或服务的产出;影响的效果明显并且可以量化;市场化商品和服务的市场价格合理(王军 等,2009)。然而,由于国家经济体制等相关宏观经济背景的影响,自然资源的市场价格存在较大的不确定性,甚至可能存在不合理状态,同时会随自然资源环境的变化产生较大波动。因此,使用直接市场法对生态产品价值进行核算时,需要对市场结构、产品供求价格弹性进行较为深入的观察与研究,具有一定难度。

根据西方经济学中的效用价值理论与消费者剩余理论,以森林游憩为例,分析费用价值法在生态效益评价中的具体应用(陈应发,1996)。首先,确定费用种类。在森林游憩中,游憩者支出的费用总和包括往返交通费、餐饮费、住宿费、门票费、设施使用费、摄影费、购买纪念品和土特产品的费用、购买或租借设备费用以及停车费和电话费等一切支出的费用,部分费用则包括交通费、门票费、餐饮费和住宿费等(桓曼曼,2001)。其次,选择具体的费用支出法类型。在总支出法中,包括游客从出发、游憩、住食到回家全程的一切费用支出总和,以游客游憩时的所有资金消费与时间消费作为森林游憩区的经济价值。区内支出法在总支出法的基础上,将交通费以及游憩区外的时间花费扣除,只将消费者在游憩区内的支出费用作为游憩价值。部分费用法具体表现为游客在"游憩相关"上的费用支出,从游憩是否会产生该类费用以及费用支出是否获得等价的实际物质两方面考虑,交通费、住宿费、门票费、时间花费通常来说全部计入,餐饮费部分计入,其余费用不应计入。最后,评价费用支出法的评估结果。通过前述对比分析,可以发现费用支出法存在来自三种假设的评估误差:不存在消费者剩余、"游憩相关"费用的确定、森林游憩的非使用价值忽略不计。因此,在使用费用支出法对森林游憩价值进行评估之后,需要对评估结果进行评价。

2. 替代市场法

(1) 方法背景

替代市场法即间接运用市场价格评估生态产品的价值,主要根据消费者赋予自然资源的价值并通过其为享受优质环境物品或者为防止环境质量的退化所愿意支付的价格来推断。该方法先定量评价某种生态功能的效果,然后以这些效果的市场替代物的市场价格为依据,评估其经济价值(徐慧和彭补拙,2003)。一般包括旅行费用法、人力资本法、机会成本法、防护和恢复费用法、影子工程法等。

(2) 方法原理

① 旅行费用法

从形式上看,旅行费用法与费用支出法较为相似,但是两者具有明显的本质差别。旅行费用法针对的是具体旅行场所的环境价值,而非游憩服务本身的价值。旅行费用法通过旅游消费行为对非市场环境产品或服务进行价值评估,利用需求曲线将消费环境服务的直接费用与消费者剩余之和作为环境价值。旅行费用法一般分为以下步骤:

第一,定义和划分旅游者的出发地区。

第二,在评价地点对旅游者进行抽样调查,收集用户的出发地区旅行费用及其社会经济特征。

第三,计算每一区域到评价场所旅游的人次,从而计算各区域的旅游率。

第四,计算旅游费用对旅游率的影响,建立基于旅游率的需求曲线,进而估计各区域在不同门票价格下的实际旅游者数量,获得实际的总需求曲线。

第五,对上述需求函数进行校正,确定该评价场所的实际需求曲线。

第六,计算消费者剩余。

第七,将每个区域的旅游费用及消费者剩余加和,得出总的支付愿望,即评价景点的价值。

② 人力资本法

人力资本法通过估算环境质量变化和环境污染造成的人体健康危害,进而评估因此导致的经济损失。

人力资本法的基本步骤如下(薛黎明和李翠平,2017):

第一,识别致病动因。识别环境中可致病的特征因素,即识别出环境中包含哪些可以导致疾病或者死亡的物质。

第二,确定致病动因与疾病发生率和过早死亡率之间的关系。

第三,评价处于风险之中的人口规模。

第四,估算由于疾病导致缺勤所引起的收入损失和医疗费用支出,对因疾病而消耗的时间与资源赋予经济价值。

$$I_c = \sum_{i=1}^{k}(L_i + M_i)$$

其中,I_c 为由于环境质量变化所导致的疾病损失成本;L_i 为第 i 类人由于生病不能工作所带来的平均工资损失;M_i 为第 i 类人的医疗费用(包括门诊费、医药费、治疗费等)。

第五,估算由于过早死亡所带来的影响。利用人力资本法计算由于过早死亡造成的损失,年龄为 t 的人由于环境变化而过早死亡的经济损失等于其在余下的正常寿命期间的收入。

$$V = \sum_{i=1}^{T-t} \frac{\pi_{t+i} E_{t+i}}{(1+r)^i}$$

其中,π_{t+i} 为年龄为 t 的人活到 $t+i$ 年的概率;E_{t+i} 为在年龄 $t+i$ 时的预期收入;r 为贴现率;T 为从劳动市场上退休的年龄。

第六,将由于缺勤引起的损失和过早死亡引起的损失加总,即得到致病动因的损害价值。

③ 机会成本法

机会成本是指在其他条件相同时,把一定的资源用于生产某种产品时所放弃的生产另一种产品的价值,或利用一定的资源获得某种收入时所放弃的另一种收入。对于稀缺的自然资源和生态资源而言,其价格不是由其平均机会成本决定的,而是由边际机会成本决定的,在理论上反映了收获或使用一单位自然和生态资源时全社会付出的代价。机会成本法通常适用于无市场价格特征或效益难以计量的生态产品价值核算。一般而言,在日常生产生活中,放弃的选择并不只有一种,其收益差别较大,虽然这些都属于选择的机会成本,但是通常把其中最高的收益(放弃的选择里能够提供的最大收益)称为机会成本(王军 等,2009)。

运用机会成本法进行生态产品价值核算时,通常采用边际机会成本定价法,公式如下:

$$MOC = MPC + MUC + MEC$$

其中,MOC 为边际机会成本;MPC 为边际生产成本;MUC 为边际使用者成本;MEC 为边际外部成本。

④ 防护和恢复费用法

生态系统服务中的维持生命物质、维持生物物种与遗传多样性、保护土壤肥力、净化环境、维持大气化学的平衡与稳定等支撑与维持地球生命支持系统的功能,通常无法商品化,需要借助生态防护和恢复费用量化生态环境价值(欧阳志云 等,1999)。防护和恢复费用法主要依据主体行为进行估价,相对于其他估价方法更为直接。此方法运用需要满足两个前提:个人可以获取足够的信息以便正确地估计环境变化的危害;个人采取的防护与恢复行为不受诸如贫穷或市场不完善等因素的制约(谢高地 等,2001)。

然而,实际使用时会因多种行为动机和环境目标等因素导致环境价值过高或过低地补偿,进而使估价结果产生偏差。此外,防护和恢复费用法仅仅评估了环境资源的使用价值,对环境资源的非使用价值无法做出合理的评估。

(3) 具体应用场景

生态系统服务中的防风固沙服务一般采用替代市场法进行价值量评估。生态系统防风固沙服务价值是指生态系统通过减少土壤风蚀而产生的预防土地沙化的生态效应价值,等于固沙量与治沙所需的单位费用的乘积。单位治沙费用的确定方法主要包括机会成本法和恢复成本法(操建华,2016)。

运用恢复成本法将沙地恢复为具有植被覆盖的土地所需要的费用作为防风固沙的价值,首先应确定沙荒地恢复成农用地的平均成本,进而调查有关部门确定的草地植被恢复费。例如,2012年内蒙古自治区草原植被恢复费征收使用管理办法发布,对征用或使用基本草原的单位征收 37500 元/公顷的草地植被恢复费。

替代市场法一般适用于发达且基本符合自由竞争假设、交易成本较低的市场,所有资源环境服务都具有完全替代物或者价值反映物,同时消费者为"理性人",较为了解自然资源状况及其变化趋势。但替代市场法没有考虑替代过程中的间接成本和收益问题,并且实际的经济活动中"理性人"难以做到,不可避免地在实际评价过程中出现替代不合理的问题。

3. 假想市场法

(1) 方法背景

假想市场法是一种基于构造的假想市场,对没有市场交易和实际市场价格的生态系统产品和服务(纯公共物品)进行价值衡量的方法。假想市场法的主要代表是意愿调查法和条件价值法。意愿调查法直接询问消费者对某种生态系统服务的支付意愿或对某种生态系统服务损失的接受赔偿意愿,以此来估计其经济价值。意愿调查法受很多因素的影响,如受调查者的知识水平、环保意识、生活水平等,而且在支付意愿与接受赔偿意愿之间存在着极大的不对称性。条件价值法则适用于既无市场又不存在替代市场的资源经济价值评估,通过假定价格不变,直接询问消费者对物品供给量变的支付意愿或接受补偿意愿,从而根据消费者的回答对自然资源的经济价值进行评估(张志强 等,2003)。

(2) 方法原理

条件价值法(Contingent Value Method,CVM)在没有替代市场的情况下,构建一个虚拟的产品市场,根据其市场价格,估算资源环境价值及其变动,适用于没有市场的服务和产品(操建华,2016)。由于缺乏供给和需求曲线,该方法通过综合所有的利益相关者的支付意愿(Willingness to Pay,WTP)和受偿意愿(Willingness to Accept,WTA)来衡量产品和服务的价值,可用下式表示:

$$W = TWTP - TWTA$$

其中，$TWTP$ 是所有利益相关者的支付意愿；$TWTA$ 是所有利益相关者的受偿意愿。WTP 或 WTA 可通过问卷、电话、集中询问被调查者等方式获得。

条件价值评估法的经济学原理是个人对各种市场商品和环境舒适性具有消费偏好，其中对市场商品的消费用 x 表示（可以自由选择），环境物品用 q 表示（不受个人支配），个人的效用函数可以表示为 $u(x,q)$，个人对市场商品的消费受其收入 y 和商品价格 p 的限制。在一定的收入限制下，消费者力图实现自身消费的效用最大化。

当缺乏真实的市场数据，甚至也无法通过间接地观察市场行为赋予环境资源价值时，需要使用条件价值评估法（王庆日，2003）。条件价值评估法利用征询问题的方式，诱导出消费者对公共物品的偏好；通过获取消费者对此物品的保存和改善而支付的意愿，诱导出公共物品的价值。

CVM 的具体操作是通过调查，要求调查对象对环境的变化标出价值。一般需要解决四个技术问题，即调查的方式、调查问卷的设计、提问方式（启发、引导的方法）和数据统计分析。实践中 CVM 所采用的评估方法大致可以分为三类：一是直接询问调查对象的支付或接受赔偿的意愿，具体方法为投标博弈法和比较博弈法；二是询问调查对象对表示上述意愿的商品或服务的需求量，并从询问结果推断出支付意愿或接受赔偿意愿，具体方法为无费用选择法和优先评价法；三是通过对有关专家进行调查的方式来评定环境生态的价值，即专家调查法。

（3）具体应用场景

非市场价值评估技术可以分为揭示偏好和陈述偏好两大类。揭示偏好方法利用个人在实际市场和模拟市场的行为来推导环境物品或服务的价值，即替代市场方法。陈述偏好方法则主要是假想市场法。陈述偏好方法在假想市场的情况下，试图用调查技术直接从被调查者的回答中引出环境价值。假想市场法较为灵活，同时与揭示偏好方法相比，能被用于更广泛的环境物品或服务的价值评估，且能用于估计总经济价值（利用价值和非利用价值）。CVM 研究的基本步骤可以归纳为：第一，创建假想市场；第二，获得个人的支付意愿或受偿意愿；第三，估计平均的 $TWTP$ 或 $TWTA$；第四，估计支付意愿（受偿意愿）曲线。

8.1.2 生态恢复成本—费用测度

随着城镇化进程的不断推进，人类对自然资源的过度开发与利用，致使许多类型的生态系统出现严重退化，继而引发了一系列的生态环境问题。如何整治日趋恶化的生态环境，恢复和重建已经受害的生态系统，已成为改善生态环境、提高区域生产力、实现可持续发展的关键（赵晓英和孙成权，1998）。因此，本节选取可计算一般均衡模型和自然资源资产负债表两个经济学方法介绍生态恢复成本—费用测度的经济学理论支撑。

1. 可计算一般均衡模型

（1）方法背景

可计算一般均衡模型（Computable General Eguilibrium，CGE）最初脱胎于法国经济学家里昂·瓦尔拉斯（Léon Walras）的一般均衡理论，具有浓厚的新古典综合派理论色彩。1874年，瓦尔拉斯发表了《纯粹经济学要义》一书，首次提出一般均衡理论以及与其相对应的总体经济模型。瓦尔拉斯的一般均衡理论虽然同时考虑了相互竞争的生产者和消费者的最优目标、最佳行为方式及其之间的协调，但是尚未形成应用模型（高峰，1987）。最早的CGE模型由挪威经济学家莱夫·约翰森（Leif Johansen）于1960年首次提出——一个挪威经济的"开拓"模型，以投入产出模型为基础，标志着一般均衡理论实用阶段的开始。

CGE模型通过设定居民、企业、政府等多个经济主体的行为，定量分析经济系统中各个部门之间的相互作用关系，对不同质的自然与社会子系统进行变换，使其成为统一量纲，并在此基础上进行综合研究（高阳 等，2013）。在方法层面，CGE模型把生产、需求、分配、外贸等经济环节通过市场机制与政府干预有机结合，是对投入产出线性规划模型的演进与完善，具有较强的综合分析能力（谢优瞻 等，1988）。在模拟主体层面，CGE模型明确了多种经济体的行为特征，从而便于分析国土综合整治中的自然要素与人文要素，进而灵活地模拟不同自然和人文主体的特定行为，例如资源环境的可持续评价、多区域间的自然—社会系统的要素动态模拟。在模型约束层面，CGE模型一般是包含资源环境约束的多部门非线性模型。由于国土综合整治涉及的自然—社会系统存在大量的非线性关系与相互作用（马蔼乃，2001），CGE模型刻画各种经济系统之间的耦合关系，弥补了传统地理学手段对于人文要素的非线性分析与模拟的不足(高阳 等,2013)。

(2) 方法原理

CGE 模型可以用一组方程描述供给、需求以及市场关系。在这组方程中,商品和生产要素的数量是变量,所有的价格(包括商品价格)、工资也均为变量,在一系列优化条件(生产者利润优化、消费者效益优化、进口收益利润和出口成本优化等)的约束下,求解该方程组,可得出在各个市场都达到均衡的一组数量和价格。

设某投入产出系统:

$$X = \sum_{i=1}^{n} a_i Y_i + C_i$$

其中,X 为系统的总产出;Y_i 为部门 i 的总投入;C_i 为部门 i 最终产品的需求;a_i 为 i 部门的投入产出系数。

设 i 种资源量为 H_i,包括人力、资金、能源、技术以及上年剩余的各种资源等。若第 j 种产出 X_j 每增加一单位占用 i 种资源量 h_{ij},而部门 i 的产品价格为 P_i,部门 i 的产品利润为 PN_i,则有一个线性规划求解问题:

$$\text{Max} \sum_{i=1}^{n} PN_i X_i$$
$$s.t. \quad \sum_{j=1}^{m} h_{ij} X_j \leq \overline{H_i}$$

给定一组价格 P,可应用上述线性规划求解一组最优供给量 Q,进而根据供给需求曲线,计算各部门构成的国民收入,此即 CGE 基本原理。

尽管 CGE 模型在自然—社会系统的分析中具有独特优势,但在模型本身架构和国土综合整治的具体应用中都存在些许缺陷。CGE 模型需要大量数据进行支撑,对基年数据的过度依赖会导致模型鲁棒性的降低和不确定性的提高;CGE 模型动态部分多采用递推方程表达,不适用于长期模拟。此外,由于自然—经济系统相互作用机制尚不完善,GCE 模型弱化了自然环境的外部性特征,也在一定程度上限制了分析环境政策的效力和综合性(高阳 等,2013)。

2. 自然资源资产负债表

党的十八届三中全会通过《中共中央关于全面深化改革若干重大问题的决定》,提出"探索编制自然资源资产负债表,对领导干部实行自然资源资产离任审计,建立生态环境损害责任终身追究制"的要求。编制自然资源资产负债表(Natural Resource Balance Sheet)并探索其实际应用,成为国家加快建立生态文明制度,健全资源节约利用、生态环境保护体制,建设美丽中国的根本战略需求所在,也是国家健全自然资源资产管理制度的重要内容。如何将自然资本价值从成本—费用的角度编列在资产负债表上业已成为自然资源资产核算的新命题(蔡春和毕铭悦,2014;封志明 等,2014)。

(1) 方法背景

自然资源资产负债表是在国家资产负债表的基础上,结合自然资源核算形成的新概念。国家资产负债表反映被核算主体某一时点资产、负债的总量及结构状况,属于存量核算,通过表征国家(地区)的资产和负债,准确刻画国家(地区)的债务风险以及偿债能力,是一国国民经济核算的重要内容,可为未来经济发展方向提供重要参考依据(李金华,2015)。随着资源环境问题的日益突出,通过将自然资本价值列入资产负债表衡量自然环境与经济社会协调发展的程度,已成为学术界和国家(地区)的共识。

自然资源资产负债表是指用于自然资源资产管理的统计管理报表体系,反映被评估区域或部门在某时点间所占有的可测量、可报告、可核查的自然资源资产状况,以及某时点被评估区域所应承担的自然资源负债状况(封志明 等,2015)。与传统的国民账户体系(System of National Accounts,SNA)相比,自然资源资产负债表改善了不同企业、部门及行政区域在SNA指导下或多或少存在过度追求经济发展和GDP总量的情况,进而忽视经济活动引起的自然资源损耗和环境退化等问题,对评估经济活动、资源利用、环境退化之间的互动关系具有重要作用(封志明 等,2014)。

自然资源资产负债表编制虽尚无国际先例,但许多国家以联合国发布的环境经济综合核算体系(SEEA—2012)为标准,在本国开展自然资源与环境核算的相关研究和实践工作,这些资源、环境核算理论与实践为我国自然资源资产负债表的编制提供了丰富的经验。然而,由于自然资源的可更新性、耗竭性等特征,自然资源资产负债表的编制仍然存在相关概念、内涵不确定以及价值化体系不完善等问题。尽管国内学者对自然资源资产负债表内涵研究的侧重点各有不同,但目前学术界关于其内涵已基本达成共识,认为自然资源资产负债表的本质是一张"管理报表",遵循资产负债表的逻辑范式,能够客观全面地反映政府作为自然资源所有者,在特定时空内的自然资源资产数量与质量信息以及存量与流量信息(李雪敏,2021)。目前,国家资产负债表和自然资源核算的相关研究相对成熟,为自然资源资产负债表的探索提供了理论基础。

(2) 方法原理

资产负债表是初级会计学中的一个概念,是反映企业某一特定日期财务状况的会计报表(任月君,2002),主要包括报告式与账户式两种结构。报告式资产负债表将资产、负债、股东权益项目采用垂直分列的形式,除了可以在一张报表中陈列本期的财务状况外,还可增设栏目以列示过去的财务状况,以便于编制比较资产负债表,但是不能一目了然地显示资产和权益间恒等关系。账户式资产负债表,按照"T"形账户的形式设计资产负债表,将资产列在报表左方,以表示借方;将负债和股东权益列在报表右方,以表示贷方。借贷两方左右相等。账户式资产负债表可以清晰表示资产和权益间的恒等关系,但是编制比较资产负债表较为复杂。

按照我国现行会计制度的要求,资产负债表采用账户式,基本格式如表8-1所示。

表 8-1 账户式资产负债表样表

资产负债表

编制公司:　　　　　　　　　　　年　月　日　　　　　　　　　　单位:元

资产	行次	年初数	期末数	负债和所有者权益	行次	年初数	期末数
流动资产:				流动负债:			
……				……			
长期投资:				长期负债:			
……				……			
固定资产:				递延税项:			
……				……			
无形资产及其他资产:				所有者权益:			
……				……			
递延税项:				负债和所有者权益合计			
……							
资产总计							

自然资源资产负债表可以借助资产负债表,将自然资源划分为固定资产(如土地资源、矿产资源、森林资源和能源资源等)、流动资产(如水资源与大气资源)、无形资产(旅游资源与文化资源)和自然资源利用所带来的环境损益等项目,进行实物量与价值量统计,以反映某一时期内自然资源存量与流量情况(封志明 等,2014)。

(3) 具体应用场景

封志明等(2017)在明确自然资源资产负债表编制基本原则"三并重三结合"的前提下,即在明确实物与价值并重、数量与质量并重、存量与流量并重以及加法与减法结合、分类与综合结合、科学与实用结合的前提下,提出自然资源资产负债表编制应遵循"三先三后"的技术路径,即先实物后价值、先存量后流量、先分类后综合,最终形成"总表+主表(分类表)+扩展表"的自然资源资产负债表报表体系。

第一,先实物后价值。实物量核算是采用账户形式,计量一定核算期内自然资源资产存量、流量、数量、质量等耗用状况,各类生态系统不同生态功能的破坏与恢复状况,以及各类环境污染物排放和环境质量的损益状况。价值量核算则是在实物核算的基础上进行综合性核算。自然资源资产负债表编制可以先实物后价值,但不能没有价值。但目前自然资源的经济功能、社会功能和生态功能价值化方法仍处于探讨阶段,科学准确的自然资源价值核算仍然是瓶颈所在(封志明 等,2017)。

第二,先存量后流量。存量核算反映某个时点自然资源资产的数量和结构,对评估核算主体某一核算时间点的资源总量及其与经济问题间的关系具有重要意义,也有助于对不同区域间的资源存量进行横向比较。流量核算反映自然资源在经济过程中所发生的变动,有助于厘清国家或区域层面随经济增长而发生的自然资源基础变化,也有助于明晰资源流与经济流之间的互动关系。

第三,先分类后综合。分类核算是对自然资源资产逐类进行实物量或价值量的增减量和流量核算。综合核算是在分类核算基础上发展的加总与比较。综合核算一直是自然资源资产负债表编制的难点。

总表,即自然资源资产负债表总表,借鉴资产负债表的表式结构,主栏包括自然资源资产、负债以及资产负债差额项三大要素,宾栏为核算期内的期初值与期末值。主表(分类表),即自然资源资产负债表主表或分类表。主表主要反映核算期内资源、环境和生态三方面的实物和价值状况,表式结构与总表构成竞合关系;分类表反映各类自然资源资产存量与变化、自然资源负债数量与结构,表式结构与总表完全一致。辅助表,即自然资源资产负债表辅表,具有实物量表和价值量表两种形式,分门别类地反映核算期内各类资源资产、环境质量以及生态功能,为自然资源资产负债表主表或分类表乃至总表提供数据支持。

8.2 国土整治经济效益评价

目前,国土整治修复项目管理较为注重项目实施前的评价,对项目实施过程以及项目后评价缺乏明确有效的指导。同时,由国土整治修复引发的土地增值收益测算及分配问题,长期以来是相关研究的热点问题。综上,本节选取国土整治项目绩效评价、土地增值测算与分配两个问题,为提高国土整治修复项目决策和管理水平以及定量测度各参与主体增值收益的分配比例,提供相应的经济学方法支撑。

8.2.1 国土整治项目绩效评价

国土整治项目绩效评价是指通过比较分析国土综合整治过程中所取得的成绩或者结果,做出主观判断的过程。国土整治项目属于公共项目,为公共利益服务,因此国土整治项目绩效就不仅仅是要求表面的效率,公共责任的实现程度也是其核心问题(张甜,2014)。

1. 方法背景

目前,国土整治项目管理比较注重项目实施前的评价,即项目可行性分析和规划设计的编制与审查,而对于项目实施过程以及项目后评价缺乏明确有效的指导。因此,通过评价已实施的国土整治项目绩效,对完善国土整治理论体系、提高项目投资决策和管理水平具有重要的理论和实践意义(金晓斌,2008)。在国土整治项目管理中,资金管理是较为重要的一环。国土整治项目资金主要是指用于农业土地开发的土地出让收入、新增建设用地土地有偿使用费以及其他按规定可投资于土地整治项目的资金，属于公共管理支出，事关公众利益(江姗姗，2018)。然而，国内外对于国土整治项目资金绩效评价的研究较少，多集中在财政支出项目资金绩效评价以及从其他角度出发进行土地整治项目评价等。

2. 方法原理

宗建岳(2010)从资金利用效率、资金产出效率以及资金产出效果三个方面，对国土整治资金绩效评价方法进行阐述，规范资金运行秩序，提高资金使用效率，确保项目实现。

(1) 资金利用效率评价方法

① 价值量化法

对照有关制度规定和标准，在规范资金利用的前提下，以货币作为计量工具，评价资金利用产生的经济效益或经济损失。

② 分析复核法

利用专业知识与经验，对工程所提供的各类计划、制度、预算、合同、图表、工程记录、影像、报告等事后资料载体，进行合理的推断、验证和计算，进一步核实财务管理和会计核算的真实性、完整性、合法性和一致性，发现资金支出绩效管理的盲区和存在问题，寻找资金利用的浪费环节，制定节约资金的措施。

(2) 资金产出效率评价方法

① 实地观察与计量法

通过项目区现场观察测量来核实资金支出和资产记录数据的真实性、存在性、准确性和关联性，核实项目增加耕地面积的数量与质量，检查土地平整、农田水利、路桥等工程设施的投入与运行状况。

② 定量与定性分析法

选取资金下达拨付率、项目完成率、设施不正常使用率等指标，反映项目建设进展、项目完工投入管理情况，评价项目与资金管理内控制度的执行情况。

(3) 资金产出效果评价方法

① 调查统计法

依靠调查统计办法，评估土地整治项目资金产出效果，如亩产增量、人均增收情况等。

② 指标比较法

将整治项目实施后相关经济指标与文件制度规定标准、项目原计划、同类项目指标等进行对比。通过对比工程实施前后农田的产量、农民人均收入、土壤质量指标、农田基础设施个数等指标,让整治项目资金的产出效果评价更具直观性和说服力。

3. 具体应用场景

资金支出绩效管理贯穿于土地整治项目的始终。因此,土地整治项目资金利用效率绩效评价可结合项目的具体特点,分为以下四个环节:

第一,审核项目立项管理环节,从项目立项的可行性、论证的科学性、程序的合规性等方面,审核项目是否存在虚报、重报、套取建设项目资金等问题。

第二,审核项目组织实施环节,此环节的重点是维护资金安全、减少资金风险、提高资金利用效率,并对此进行重点评价。

第三,审核项目投入使用环节,此环节主要针对完工项目,审核完工项目是否及时进行验收、是否办理决算和报账手续、后期管理制度是否健全、有无因管理不善导致项目闲置或工程毁损、是否难以发挥使用功效等问题。

第四,审核项目目标实现环节。以耕地面积为例,核实项目的实际面积是土地整治项目资金支出绩效评价的重中之重。主要是根据项目的现状图和规划图,借助地理信息系统计算新增耕地面积。

资金产出效率的评价一般从投入产出关系角度出发,从纵向比较和横向比较两方面出发,评价资金产出效率性。纵向比较是将资金产出情况与项目计划的效益总额、标准等进行比较,从而评价国土整治项目定额、标准、预算等内容的合理性。而横向比较则是将待评价的国土整治项目与同类项目进行比较,通过比较相同地区项目的资金投入等内容,分析资金投入与投资效果的关系,评价项目实施过程中资金支出的规范性和效率性。

由于国土整治项目具有非营利性质,其资金投入与产出效果在计量上存在一定非对称性,有时无法采用货币直接计量并进行比较(宗建岳,2010)。整体而言,国土整治项目的资金绩效评价在表现形式上具有多样性,评价时可以综合社会效益指标、经济效益指标与生态效益指标构建评价指标体系,从项目实施前是否符合设计总体要求,项目实施前后是否提高土地利用率与农民人均年收入、是否增加耕地粮食产量、是否改善土地生态状况等方面,综合评价国土整治项目绩效。

8.2.2 土地增值测算与分配

土地增值可分为人工增值和自然增值。人工增值是土地所有者或使用者投入劳动和资本等要素的结果;自然增值是由基础设施改善、土地供求关系变化、土地政策转变和土地用途转换等外部因素形成的土地增值(朱一中和曹裕,2012)。正确认识土地增值机理是构建合理的土地增值收益分配机制的前提。因此,本节选取收益还原法、影子价格法和成果参照法,介绍经济学方法在土地增值测算与分配中的应用。

1. 收益还原法

(1) 方法背景

收益还原法又称收益现值法,是房地产价格评估的三种主要方法之一。收益还原法是运用适当的还原率,将预期估价对象的未来各期正常纯收益折算到估价时间点现值,并求和得出估价对象价格的一种估价方法。收益法以土地收益价格为理论依据,基于预期原理,即未来收益权利的现在价值,主要应用于收益性或潜在收益性房地产的估价(蔡剑红和朱道林,2014)。

(2) 方法原理

当土地收益为无限年期时:

$$V = \frac{a}{r}$$

当土地收益为有限年期时:

$$V = \frac{a}{r}\left(1 - \frac{1}{(1+r)^n}\right)$$

式中,V 为土地收益价格;a 为土地纯收益或地租;r 为土地还原利率;n 为未来土地使用年期。

(3) 具体应用场景

收益还原法适用于有现实收益或潜在收益的土地或不动产估价(单胜道 等,

2000),基本步骤可以归纳如下：

第一,收集相关资料。主要包括待估宗地和与待估宗地特征相同或相似的宗地用于出租或经营时的年平均总收益与总费用资料等。出租性土地及房屋的宗地应收集三年以上的租赁资料；营业性土地及房屋的宗地应收集五年以上的营运资料；直接生产用地应收集过去五年中原料、人工及产品的市场价格资料。所收集的资料应是持续、稳定的,能反映土地的长期收益趋势。

第二,测算年总收益。年总收益是指待估宗地按法定用途和最有效用途出租或自行使用,在正常情况下,合理利用土地应取得的持续而稳定的年收益或年租金,包括租金收入、押金利息收入等。对总收益的收益期超过或不足一年的,要统一折算为年土地总收益。

第三,确定年总费用。总费用是指利用土地进行经营活动时正常合理的必要年支出。在确定土地年总费用时,要根据土地利用方式进行具体分析。对总费用的支出期超过或不足一年的,要统一折算为年土地总费用。土地年总费用一般包括土地租赁费用,房地出租费用,经营性企业的销售、经营管理等费用,生产性企业的生产成本,产品销售、管理费用等。

第四,计算年纯收益。纯收益按总收益扣除总费用计算,土地纯收益是在总纯收益中扣除非土地因素所产生的纯收益后的剩余额。

第五,确定还原利率。土地还原利率的确定可按土地纯收益与价格比率法、安全利率加风险调整值法、投资风险与投资收益率综合排序插入法等不同方法进行计算,应注意不同土地权利、土地使用年期、类型及级别土地之间还原利率的差别。

第六,选用适当的计算公式。根据未来年期土地收益的变化情况,选择适当的计算公式。

第七,试算收益价格。在确定土地纯收益和土地还原利率后,可根据已选择的公式计算土地收益价格。

第八,确定待估宗地地价。

2. 影子价格法

(1) 方法背景

影子价格法是较为常用的资源估价方法,最早由荷兰经济学家扬·廷贝亨

(Jan Tinbergen)在 20 世纪 30 年代首次提出。影子价格又称计算价格、最优价格、预测价格，是可计算、反映社会资源最佳配置的一种价格。廷贝亨将影子价格定义为"在均衡价格的意义上表示生产要素或产品内在的或真正意义的价格"，认为影子价格是对劳动、资本和为获得稀缺资源而进口商品的合理评价，可以运用线性规划等数学方式计算得到，以反映社会资源的最佳配置。中国环境与发展国际合作委员会(1997)则认为，影子价格是整个社会资源供给与配置状况的价格，理论上是在其他生产要素投入不变的情况下，一种生产要素投入每增加一单位所带来的追加收益。

尽管不同学者和组织对影子价格内涵阐述的侧重点有所差异，但影子价格涉及的理论是一致的。影子价格涉及三种理论：资源最优配置理论、福利经济学理论与总效益总费用理论。影子价格的理论计算较为复杂，总体可以运用非线性规划和古典最优化两种数学方法对其求解。两种方法均是通过构造拉格朗日函数求约束条件下的最优解，拉格朗日乘数即是对应的影子价格。出于可操作性和实用性考虑，影子价格一般都以世界市场价格为基础并通过调整国内价格得到。在我国具体的生产实践中，将外贸货物按口岸价格以及非外贸货物按分解成本法来测算影子价格。本节将具体阐述影子价格的构成和计算。

(2) 方法原理

影子价格可分为外贸货物影子价格和非外贸货物影子价格。外贸货物的影子价格以实际可能发生的口岸价格为基础确定：

投入物影子价格＝到岸价×影子汇率＋国内运杂费＋贸易费用

产出物影子价格＝离岸价×影子汇率－国内运杂费－贸易费用

其中，贸易费用一般由货物的口岸价与贸易费率相乘得到。

非贸易货物的影子价格主要从供求关系出发，以机会成本和消费者支付意愿为依据进行确定：

投入物影子价格＝市场价格＋国内运杂费

产出物影子价格＝市场价格－国内运杂费

国家调控价格货物的影子价格一般涉及电价影子价格、铁路运价影子价格、水价影子价格、劳动力影子价格、土地影子价格、不可再生资源影子价格、可再生资源影子价格、资金影子价格、外汇影子价格等。在国土整治项目中，着重介绍劳动力、土地、资金三者的影子价格确定过程。

劳动力的影子价格称为影子工资，由劳动力的边际产出和劳动力就业或转移而引起的社会资源消耗两部分组成，用于衡量国家和社会为投资项目使用劳动力而付出的代价。影子工资一般在财务效益分析中用工资和福利费之和与影子工资换算系数相乘得到。影子工资换算系数使用国家通用参数，由国家统一测定发布。一般而言，影子工资系数与劳动力的技术熟练度和稀缺度有关，劳动力的技术越熟练、越稀缺，则影子工资换算系数越大（王军 等，2009）。

土地的影子价格又称为土地影子费用，主要包括土地机会成本和相关资源消耗。其中，土地机会成本指拟建项目占用土地而使国民经济为此放弃的效益；相关资源消耗指国民经济为投资项目占用土地而新增加的资源消耗。

资金的影子价格一般被称为社会折现率，是国土综合整治项目国民经济效益分析的重要通用参数，通常具有统一的国家标准。资金的影子价格从国家角度，估量资金的机会成本和时间价值。

（3）具体应用场景

影子价格的大小客观地反映资源在系统内的稀缺程度。根据微观经济学理论可知，如果某一资源在系统内供大于求，其影子价格为零，即增加该资源的供应不会引起系统整体和其他要素的任何变化。如果某一资源是稀缺资源，则其影子价格必然大于零，且资源在系统中越稀缺，影子价格越高。

影子价格的经济学本质是边际价值，与经济学中的边际成本概念类似，是社会经济处于某种最优状态下的价格，反映社会劳动消耗、资源稀缺程度和满足最终需求的产品或资源的价格。影子价格是对系统资源的一种最优估价，只有当系统达到最优时才能赋予该资源这种价值，其取值与系统状态有关，系统内部资源数量、技术系数和价格的任何变化，都会引起影子价格的变化，可见影子价格具有动态性。尽管影子价格能反映资源要素的边际贡献，但是由于边际贡献在很大程度上取决于商品价格，当资源价格扭曲时，商品价格必然扭曲。因此，可以将影子价格看作在非市场条件下或不完全市场条件下，对被隐藏或扭曲的资源价格的纠正，但其无法准确反映资源的长期价值与公共价值。

3. 成果参照法

(1) 方法背景

由于受时间、成本以及研究环境的限制,自然生态环境价值评估中的实证研究并非全部可以通过获取一手资料的方式完成。通常可以获得一手资料的研究基本都具有较高的评价成本,相对于研究本身的意义,较高的数据获取成本并不具备经济性。随着自然生态环境价值评估需求的增加以及价值评估理论和方法的不断创新,成果参照法应运而生。

成果参照法又称效益转移法(Benefit Transfer Method,BTM),即基于特定地区或国家(通常被称为研究地,Study Site)运用各种方法已获得的实证研究结果,通过适当调整后,转移到待研究地区(通常被称为政策地,Policy Site),从而得到政策地自然生态环境的价值(吴欣欣和陈伟琪,2012)。

成果参照法在国外自然资源价值估价中的应用较为广泛和成熟。1972年,Krutilla和Fisher最早利用成果参照法评估美国Hells峡谷因水力发电项目建造水坝所引起的游憩价值的损失(Fisher and Krutilla,1972)。中国对成果参照法的研究起步较晚,但发展迅速。成果参照法的应用主要涉及自然生态环境价值损失评估以及环境资源价值评估两方面。从国土综合整治和生态保护修复视角来看,人类活动造成的环境污染、资源开发等导致的生态环境价值、生态系统服务价值损失均可使用成果参照法进行评估。

(2) 方法原理

成果参照法通过选择与政策地环境资源(自然生态环境与社会经济状况)类似的研究地,采用环境影响货币量化分析的各种基本方法对研究地环境影响进行分析评价,得到可靠性较高的政策地评价结果。成果参照法的步骤可以归纳如下:第一,文献筛选。通过阅读文献,考虑资源环境和研究内容差异,遵循研究对象性质相似原则,得到与政策地相类似的研究地环境影响经济价值成果,尽可能采用经专家审定公开发表的最新研究成果。第二,价值调整。采用最优选择、平均化、信息量最大化、收益函数移置等方法对收集到的所有研究地评价成果进行价值调整,使之能够用于拟评价的政策地。第三,计算单位时间的单位价值和总折现价值。单位时间相当于项目货币量化分析中的计算期,通常以年为单位。用调整后的价值乘以影响结果的数量单位,便可得到单位时间环境影响的总价值。同时,需要注意项目费用和效益出现的不同时间点,采用适当的折现率,计算折现后的年度总效益和损害成本,进而获取总折现值。

(3) 具体应用场景

由于具有节省人力、物力和财力的独特优势,成果参照法已成为国土综合整治和生态保护修复中自然生态环境价值评估的重要方法之一。然而在具体应用实践中,成果参照法依然存在需要改进完善之处。

① 方法标准化

成果参照法在国内的应用领域不断扩展,但是国内相关研究起步较晚,针对成果参照法的相关理论、应用条件和步骤方法等方面研究仍待完善,对成果参照法的应用至今尚未有一个统一的标准和规范。因此,参照研究地的选择作为成果参照法应用中的重要环节,亟须相关部门制定业界标准,增加对应用条件的考虑,规范应用成果参照法,避免出现因选择错误导致评估结果不准确的问题。

② 数据本地化

目前国内成果参照法的应用基本上是简单的数值转移,多数研究对所引用的数据未进行必要的调整与本地化。政策地和研究地差异、时间点不同等方面,都会对成果参照法评估的准确性造成较大影响。应从时间和空间两个维度,对有关数据进行相应的校正,以避免造成数据可靠程度下降甚至成果参照出现错误。

③ 结果有效化

有效性检验是成果参照法应用过程中不可缺少的重要环节,然而目前除了少数研究外,其余都未涉及结果的有效性检验。因此,在实际的应用实践中,有必要将成果参照法获得的评价结果与原始研究的真实值进行比较分析,评价成果参照的结果,从而减少由方法带来的效益结果误差。

④ 效益转移国际化

由于国内应用成果参照法的实证研究案例相对较少,在实际应用过程中不可避免借用国外案例进行国际效益转移。然而,在此过程中,需要格外注意研究案例借鉴的适用程度。由于不同的国家具有不同的经济发展水平、文化及地理差异,相比国内地方间效益转移来说,国际效益转移的有效性较差。因此,有必要提高国际效益转移结果的有效性和可信度。然而,目前有关国际效益转移的相关研究亟须深化,以拓宽效益转移法在中国的应用。

8.3 国土整治社会效益评价

国土整治社会效益评价旨在系统评估国土整治项目建设运营产生的社会影响和社会效益。通过分析项目涉及的各种社会因素以及与当地社会的协调关系,对项目是否具有可行性以及能否有效促进社会稳定进行科学评价(彭乐威和姜启军,2020)。因此,本节选取资源要素指标交易、土地资源代际最优配置和政策社会效益测度三个具体问题,将自然资源要素与不同主体相联系,重点为自然资源要素在不同空间与时间下的配置效率问题提供经济学方法支撑,从而助力国土空间的可持续发展。

8.3.1 资源要素指标交易

1. 方法背景

在国土综合整治与生态保护修复领域中,资源要素尤其是生态资源的跨地域调配与使用始终是项目落地过程中经济人、社会人、城市人等不同利益相关者较为关心的重难点问题。资源要素指标分配本质上是省际、府际、县市发展权的博弈,为促进节约、集约用地,实现高质量发展。在国土空间规划编制等地方实践过程中,"增减挂钩""增存挂钩"等资源指标的跨地域调配逐渐成为主要辅助手段。

在传统土地指标"配额制管理"和我国城乡土地利用二元化矛盾突出的双重背景之下,建设用地指标交易制度应时而生。一方面,我国实施最严格的耕地保护制度,实行耕地占补平衡制度,确立了以新增建设用地计划指标和耕地占补平衡指标为核心的土地指标严控体系,从而实现土地用途管制和土地利用调控目标。另一方面,在城镇化、工业化进程加快导致地方发展所需建设用地指标不足时,部分农村地区出现大量集体建设用地及宅基地的闲置浪费,进而催生了统筹利用城乡土地资源的需求,建设用地指标交易应时而生(唐薇,2019)。

2. 方法原理

资源要素指标交易对交易双方的土地用途都进行管制,其本质核心是对土地发展权的限制。土地发展权(Land Development Rights)属英译汉意,中国围绕土地发展权的相关研究始于 20 世纪 90 年代末期,最早出现在原国家土地管理局于 1992 年编制的《各国土地制度研究》中,可理解为土地利用再发展的权利,表现为通过提高土地开发强度促使单位面积土地产出增加的权利。在人多地少的基本国情下,在国土综合政治与生态保护修复中充分考虑土地发展权,是实现新型城镇化与乡村振兴、协调发展与保护问题的主要抓手(陈磊和姜海,2022)。增减挂钩节余指标有偿交易在市场运行过程中出现正负外部性特征,并且增减挂钩节余指标的交易规模、交易金额、交易主体等交易情况具有区域异质性。因此,在增减挂钩及有偿交易过程中,需重点关注不同城市的文化、经济、社会、空间等发展阶段要素,合理引导市场正向交易(占思思 等,2022)。

土地发展权因限制土地发展而形成,在资源要素进行指标交易的过程中,土地发展权补偿是较为重要的研究问题。土地发展权限制通常分为公共利益性质和非公共利益性质两种(黄祖辉和汪晖,2002),相对应的,土地发展权补偿也有两种不同核算方法。

公共利益性质的征地行为和非公共利益性质的征地行为均限制了土地发展权,但是二者限制发展权的目的和侵害的程度不同。假定被征用土地的当前用途是农业,当前用途的土地净收益是 $f(t)$,在分区规划中被规划为住宅,作为住宅用地的土地净收益为 $g(t)$,但是该宗土地最佳用途为商业,若用于商业用途产生的土地净收益为 $h(t)$,且满足 $h(t) > g(t) > f(t) > 0$(图 8-2)。

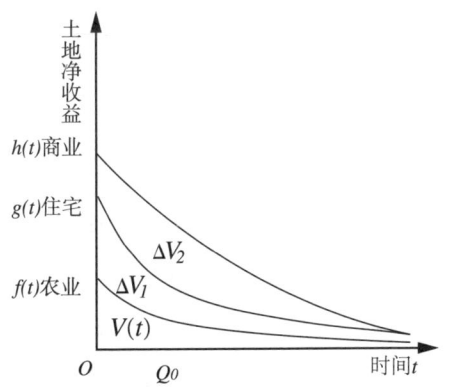

图 8-2 土地发展权限制示意图(黄祖辉和汪晖,2002)

该宗土地农业用途下的土地价值可用下式表示：

$$V(t) = \int_0^\infty f(t)e^{-rt}\,\mathrm{d}t$$

式中，$V(t)$ 为农业用途下的土地价值；$f(t)$ 为农业用途下的土地净收益；r 为贴现率；t 为时间。

在没有实行分区管控的情况下，自由价格机制导致该宗土地导向最高层次和最佳用途，则此时该宗土地的价值是作为商业用地产生的土地净收益 $h(t)$ 的贴现值之和：

$$C(t) = \int_0^\infty h(t)e^{-rt}\,\mathrm{d}t$$

式中，$C(t)$ 为该宗土地最佳用途下的土地价值；$h(t)$ 为最佳用途下的土地净收益；r 为贴现率；t 为时间。

但若该宗土地用于商业，可能会带来的外部负效应（如噪声污染等）也不可忽视，其可能导致附近住宅价值的下降。此时，政府行使土地用途管制的权力，明确该宗土地只能用于住宅，假设用于住宅产生的土地净收益为 $g(t)$，则该宗土地的价值为：

$$R(t) = \int_0^\infty g(t)e^{-rt}\,\mathrm{d}t$$

式中，$R(t)$ 为该宗土地住宅用途下的土地价值；$g(t)$ 为住宅用途下的土地净收益；r 为贴现率；t 为时间。

因此，在分区规划情况下，导致土地所有者损失的土地收益贴现值 ΔV_1 可用下式表示：

$$\Delta V_1 = \int_0^\infty [g(t) - f(t)]e^{-rt}\,\mathrm{d}t$$

然而，集体土地所有者无权将其土地向收益更高的城市土地用途转换，只有在政府收储的情形下，土地才能进行用途转换。在此过程中，集体土地所有者能获得的补偿仅限于基于农业用途的土地价值，根据假设分区规划下该宗土地的最佳用途为住宅，因此非公共利益性质的征地行为限制农地发展给农民带来的损失 ΔV_2 为：

$$\Delta V_2 = \int_0^\infty [h(t) - g(t)] e^{-rt} dt$$

非公共利益性质的征地活动剥夺了集体土地所有者的土地发展权,集体土地使用者遭受双重损失,损失总额为 $\Delta V_1 + \Delta V_2$。其中 ΔV_1 是分区规划的结果,无须补偿;ΔV_2 是非公共利益性质的征地行为本身造成的,是需要对集体土地所有者进行补偿的部分。

3. 具体应用场景

2009年开始实行的重庆"地票"制度是生态资源指标交易的典型代表。2018年,重庆在前期基础上率先拓展生态"地票"制度,促进资源和资本向国土空间生态保护和修复流动,使其成为生态文明建设的新抓手。尽管"地票"制度在补充建设用地指标、维持耕地平衡、优化国土空间格局等方面取得了良好效果,但是以"地票"为代表的生态占补制度存在以下问题:第一,生态"地票"产生于建设用地复垦、复草、复林中,而国土空间生态修复途径涵盖"修、复、保、建、育、调"等多种途径,需进一步拓展测算标准;第二,生态"地票"的测算以修复面积为依据,以"数量平衡"为主,在生态质量、功能平衡方面体现不足,与国土空间生态修复目标存在差距;第三,国土空间生态修复以国土空间全域为对象,生态"地票"将对象从耕地拓展至林地、草地等类型,仍以单要素管理为主,系统性特征体现不足。因此,生态"地票"更多是延续了土地整治实施与管理模式,是土地资源数量管控背景下的应用拓展。面向自然资源统一管理和山水林田湖草系统修复的新形势,需要进一步创新生态资源指标交易的测算方法、产生机制和交易制度等(邹朝晖 等,2020;韩博 等,2021)。

8.3.2 土地资源代际最优配置

除区域间国土资源最优配置以外,代际间稳定及时获取自然资源的能力也是国土资源安全的重要体现(姚予龙和谷树忠,2002)。其中,土地资源代际最优配置一直是地理学、经济学、生态学等多学科交叉的热点关注领域。因此,本节从公平偏好效用函数和帕累托改进理论两个经典经济学理论着手,阐述经济学方法在土地资源代际最优配置中的应用。

1. 公平偏好效用函数

(1)方法背景

随着新兴行为经济学和实验经济学的发展,大量研究对传统经济学中"经济人"的基本假设提出了质疑，认为人类行为普遍受到利他、公平偏好等社会偏好的影响，公平偏好理论由此而来。公平偏好理论认为，多数人是有限自私自利的，并非只关注自身的利益而忽视他人的利益，利益分配是否公平应是研究重点（肖欢，2011）。随着我国城镇化进程的推进，建设用地低效、破碎、无序蔓延等问题逐渐凸显。通过整合破碎的城乡空间，实现空间集约紧凑、城乡融合、品质高效的发展格局，已成为国土空间规划引导空间优化配置的重要目标（朱介鸣 等，2022）。公平偏好效用函数可有效解决土地资源代际最优配置的问题，在代际尺度实现国土空间优化效率与公平的协同。

（2）方法原理

在经济学中，由于公平难以衡量，一般将平等作为公平的近似指标。尽管二者差异较大。公平仅能衡量社会财富分配的平均程度，不能完全替代公平，但公平可以理解为在平等和效率之间寻求平衡。综上，使用平等替代公平是合理的，且平等可以借用数量指标进行衡量（钟美瑞，2007）。洛伦兹曲线和基尼系数是经济学中衡量经济平等较为常用的两个指标。

洛伦兹曲线横轴和纵轴均被五等分，横轴代表家庭拥有财富在整个社会的占比，纵轴代表社会财富的占比，将每一百分比的家庭所拥有的财富百分比累计便可得到洛伦兹曲线，可以清晰表达社会总财富在各阶层家庭中的分布情况（图8-3）。不同的分布情况，对应不同的洛伦兹曲线。对角线 OE 被称为绝对平等线，是一种理想情况，代表社会财富完全平均分配在所有家庭，即所有家庭的收入完全相同，但这并非最公平的分配方式。折线 OFE 是另一种极端分配方式下的洛伦兹曲线，表明唯一一个家庭拥有社会100%的财富。在现实中，任何一个经济社会的洛伦兹曲线均处于对角线 OE 和折线 OFE 之间，即弧线 OE。弧线 OE 越靠近对角线，则表明社会财富分配越均匀；弧线 OE 越靠近折线 OFE，则表明社会财富分配越不均匀。

在洛伦兹曲线的示意图中，可以发现弧线 OE 与绝对平等线合围的封闭图形面积与三角形 OEF 面积的比例在0与1之间变动，0代表绝对平等的分配方式，1代表绝对不平等的分配方式。经济学中将这个比例称为基尼系数。基尼系数是由意大利经济学家基尼（Corrado Gini）在洛伦兹曲线定义的基础上提出的。基尼

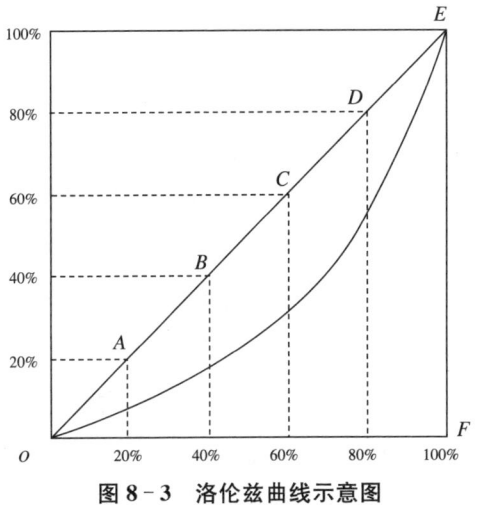

图 8-3 洛伦兹曲线示意图

系数的取值范围为[0,1],若基尼系数为 0,则表明社会财富完全平等分配;若基尼系数为 1,表示社会财富完全不平等分配。

(3) 具体应用场景

洛伦兹曲线和基尼系数方法因其简单准确的特点,被广泛应用于经济社会活动的空间特征描述当中,其中就包括对土地利用空间分布特征和动态变化规律的研究(郭施宏,2017)。目前,农村土地公平与效率之间的矛盾较为突出,深入研究农村土地制度改革的重大问题,并加快推进农村土地确权工作,赋予农民更加稳定的土地权利,是目前乡村振兴工作的重要抓手。促使土地权利价值的公平合理实现,促进土地资源的合理有效利用,从而实现公平与效率的相对统一,让农民更多地分享土地增值收益(柳可 等,2022)。同时,现阶段我国各大城市普遍存在用地紧张、存量建设用地不足的问题,城市快速扩张受到土地资源的刚性约束,城市增量土地供应趋紧。因此,洛伦兹曲线和基尼系数也可应用于土地资源有限的情况、土地资源的科学合理配置过程中效率与公平问题。例如,杨鑫等(2017)运用洛伦兹曲线、协调度分析等方法,统筹考虑建设用地指标配置的区际效率与公平,对 2006~2014 年南京市建设用地指标配置进行评价,构建了常住人口—建设用地洛伦兹曲线,以反映以人口为表征的建设用地区际配置的公平性。

2. 帕累托改进理论

(1) 方法背景

帕累托改进是由意大利经济学家维尔弗雷多·帕累托(Vilfredo Pareto)在经济效率和收入分配的研究中最早使用,故而以帕累托进行命名。其基于帕累托最优变化,在不减少一方的福利时,为了提高另一方或多方的福利而改变现有资源的配置方式,对于促进我国建成社会主义现代化国家有着重要的参考价值(韩书成和汤新明,2020)。在福利经济学中,帕累托改进指在不损害其他人的前提下改善某个人福利的资源配置变动,其基本分析单元是物品,研究目标是分析物品在人群中的分配。帕累托改进是在极端的帕累托最优情况下的重新表述,基于帕累托改善的价值判断包容了从一个人的福利增加到社会全体成员福利增加的不同状态序列,还包容了从福利的略微增加到显著增加的不同程度序列。

(2) 方法原理

若社会资源重新配置后符合帕累托改进规则,则可以称改进后的状态为帕累托更优。帕累托改进是基于帕累托最优的实际表达,故仍以帕累托最优为例,阐述帕累托改进的基本原理。帕累托最优按照资源要素在社会中的流动方式可以分为交换帕累托最优和生产帕累托最优。

交换帕累托最优是指两种既定数量的产品在两个消费者之间的最优分配,使两个消费者各自达到效用的最大化。假设交换的两种产品为 X 和 Y,两个消费者分别为 A 和 B,A 有产品 X,B 有产品 Y,在交换过程中满足 A 与 B 消费者的 X 对 Y 的边际替代率相等,即可实现交换的帕累托最优。

生产的帕累托最优指两种既定数量的生产要素在两个生产者之间的最优分配,若能使各自达到产量的最优化即达到最优状态。假设两种生产要素是 L 和 G,生产者 C 使用 L 生产商品 X,生产者 D 使用 G 生产商品 Y,在双方生产者都达到最大产量的情况下,即可实现生产的帕累托最优。

以英国经济学家埃奇沃斯(Francis Edgeworth)建立的埃奇沃斯盒状图说明交换(生产)的帕累托最优状态及其最优条件(图8-4)。埃奇沃斯盒状图的长和高分别代表两个消费者(或生产者)所拥有的两种商品(或生产要素)的总量,盒状图中各点表示两种商品(或要素)的总供给量在两个消费者(生产者)之间的配置状态。在交换的帕累托最优和生产的帕累托最优中,分别引入无差异曲线和等产量曲线。根据帕累托最优状态的定义可知,任意一点处在消费者 A 和 B 无差异曲线的交点或者生产者 C 和 D 等产量线的交点,都存在帕累托改进的空间,即不是帕累托最优状态。若任意一点处在消费者 A 和 B 无差异曲线的切点或者生产者 C 和 D 等产量线的切点,则不存在帕累托改进的空间,即帕累托最优状态。而由所有切点轨迹构成的曲线,被称为契约曲线。

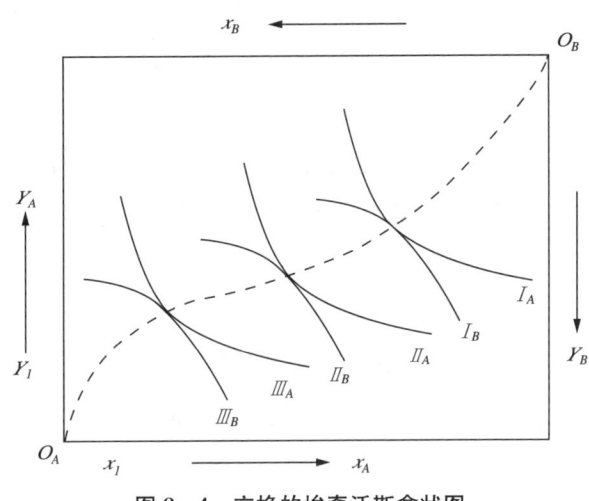

图 8-4　交换的埃奇沃斯盒状图

（3）具体应用场景

在国土整治社会效益中的帕累托改进遵循分配正义原则,具有以下特点:第一,局部原则。关注单项价值的改进,不涉及面向社会的全面评价。第二,动态原则。关注社会的变化过程,不是对社会的静态评价。第三,可实施性。容易在多方利益主体之间达成平衡,从而有利于国土整治社会效益的最大化(姚洋,2016)。需要注意的是,因为存在不同的价值标准,所以以某一种社会状态为起点,可以得到多种不同的帕累托最优,关键在于社会的价值标准是什么。由此可以理解,某一种社会状态会朝哪个方向改变来增加整体社会福利,与这个社会的价值标准有关(周颖,2022)。在现阶段城市由增量发展向存量发展转型的背景下,一方面,需要加快推动粗放化管理模式向精细化治理模式转型,以充分挖掘制度与技术增量;另一方面,探讨新阶段城市更新中可能的激励性政策(补偿机制)设计,推动新阶段城市更新"帕累托改进"的实现（洪田芬,2020）,逐渐成为新型城镇化的重要抓手。

8.3.3 政策社会效益测度

1. 方法背景

费用效益分析又称成本效益分析、国民经济评价或国民经济分析,是环境经济学中评价各种项目方案以及政策社会效益的常用方法,主要用于分析项目方案或政府决策的可行性。费用效益分析最初发展于公共事业部门投资评价,后来引申于项目方案或政策的社会效益评价,判断某一项目或政策的总效益是否超过其成本,即净效益是否盈利。

费用效益分析最早成型于19世纪法国人杜普伊（Jules Dupuit）的《论公共工程效益的衡量》,最初被用于评价公共事业部门投资,后来引申至各种项目方案及政策的社会效益评价。

2. 方法原理

从经济学的角度讲,费用效益分析的比较对象是货币值。在对不同项目进行费用效益分析时,无论是比较相对价值还是绝对价值,都需要有一个比较的基础（钟耳顺和周宁,1994）,这是进行国土整治项目费用效益分析的一个基本出发点。在进行具体分析时,一般有两种方法:间接法和直接法。

① 间接法

确定能够代替国土整治项目的另一对象并将其作为基准,然后将待评估的国土整治项目费用和效益与基准对象进行比较,从而体现国土整治项目效益。首先以现有的或已评估的国土整治项目作为基准进行比较,需要详细了解基准项目和待评估项目的信息,掌握二者实施过程、项目特征、预算和支出等必要信息,其后将二者进行计算和比较,得到待评估国土整治项目的费用和效益。

简言之,可以将间接法归纳为四个步骤:第一,计算基准项目的费用,包括劳动力开支、材料费用,并考虑增值、贬值因素和其他导致成本费用产生的因素;第二,计算项目实施与运作的费用,包括前期工作费、工程监理费、拆迁补偿费、竣工验收费和业主管理费等主要费用（郭瑛,2016）;第三,确定和定量分析基准项目的效益,包括确定定量效益和非定量效益或定性效益;第四,比较基准项目和待评估系统的费用,将待评估国土整治项目总费用和效益与基准项目进行比较,以确定待评估国土整治项目的费用和效益。

② 直接法

将待评估国土整治项目自身的费用与效益进行比较,普遍适用于一般项目的经济分析。其基本原则是需要分别确定所分析项目的费用和效益,求出效益的现值和费用的现值,继而求出项目的净现值和效益费用比值,具体计算公式如下:

$$NPV = PVB - PVC$$
$$B/C = PVB/PVC$$

其中,NPV 为国土整治项目的净现值,当 NPV 为正值时,表明此项目是具有正效益的,反之不具有正效益,即亏损状态;PVB 为国土整治项目效益的现值;PVC 为国土整治项目费用的现值;B/C 为国土整治项目的效益费用比值,B/C 值越大,表明此项目的效益越高。

3. 具体应用场景

费用效益分析通过对比评估项目的费用与效益,对项目的可行性进行决策,进而根据净效益进行项目排序,以有效配置稀缺资源。费用效益法在项目决策、规划评估等诸多领域均有广泛应用,其一般步骤可以归纳为:第一,识别项目的费用与效益;第二,对未来的费用与效益进行现值转换;第三,将费用和效益的现值进行对比。

费用效益分析在具体评估国土整治修复项目社会效益时,采用经济学中的概念,比如内部收益率、净现值与效费比等,以评估具有不同年限与不同风险程度的项目在经济上的优劣。费用效益分析不仅包括项目的环境成本效益分析,同时也包括规划和立法成本效益分析,在重大项目和重大环境决策中已普遍推行。然而,由于该方法在估值过程中对成本和效益的界定存在一定的主观性,因而有可能导致不同评估主体得到的估值相差较大,这也是费用效益分析最需要避免的缺点。因此,在国土整治和修复领域应用费用效益分析时,需要结合研究区的自然资源情况和社会经济条件,注意费用效益分析的适用性。

参考文献

[1] 蔡春,毕铭悦,2014.关于自然资源资产离任审计的理论思考[J].审计研究(05):3-9.

[2] 蔡剑红,朱道林,2014.土地估价中收益还原法的误差传播[J].测绘科学,39(01):117-120.

[3] 操建华,2016.生态系统产品和服务价值的定价研究[J].生态经济,32(07):24-28.

[4] 陈磊,姜海,2022.发达国家土地发展权配置:典型模式与经验启示[J].农业经济问题(04):107-117.

[5] 陈应发,1996.费用支出法——一种实用的森林游憩价值评估方法[J].生态经济(03):27-31.

[6] 单胜道,俞劲炎,叶晓朋,等,2000.农业用地评估方法研究[J].资源科学(01):45-49.

[7] 封志明,杨艳昭,陈玥,2015.国家资产负债表研究进展及其对自然资源资产负债表编制的启示[J].资源科学,37(09):1685-1691.

[8] 封志明,杨艳昭,李鹏,2014.从自然资源核算到自然资源资产负债表编制[J].中国科学院院刊,29(04):449-456.

[9] 封志明,杨艳昭,闫慧敏,等,2017.自然资源资产负债表编制的若干基本问题[J].资源科学,39(09):1615-1627.

[10] 高峰,1987.可计算的一般均衡(CGE)模型及其应用[J].数量经济技术经济研究(06):45-51.

[11] 高阳,冯喆,娄峰,等,2013.CGE模型在地理学综合研究中的应[J].地理研究,32(07):1345-1355.

[12] 郭施宏,2017.海西城市群城市土地利用结构与效率[J].经济地理,37(01):170-175+180.

[13] 郭瑛,2016.新版预算定额对土地整治项目其他费用的影响——以宁夏土地整理项目为例[J].中国国土资源经济,29(09):70-73.

[14] 韩博,金晓斌,孙瑞,等,2021.面向国土空间整治修复的生态券理论解析与制度设计[J].资源科学,43(05):859-871.

[15] 韩书成,汤新明,2020.基于帕累托改进理论的农村集体经营性建设用地入市研究[J].中国农业资源与区划,41(05):106-114.

[16] 洪田芬,2020.城市更新"帕累托改进"的阶段逻辑与价值创新[J].城市发展研究,27(08):74-80.

[17] 桓曼曼,2001.生态系统服务功能及其价值综述[J].生态经济(12):41-43.

[18] 黄祖辉,汪晖,2002.非公共利益性质的征地行为与土地发展权补偿[J].经济研究(05):66-71+95.

[19] 江姗姗,2018.D市土地整治项目资金绩效评价研究[D].天津:天津大学.

[20] 金晓斌,黄玮,易理强,等,2008.土地整理项目绩效评价初探[J].中国土地科学(06):57-62.

[21] 李金华,2015.中国国家资产负债表谱系及编制的方法论[J].管理世界(09):1-12.

[22] 李雪敏,2021.自然资源资产负债表的理论研究与实践探索[J].统计与决策(21):14-19.

[23] 刘玉龙,马俊杰,金学林,等,2005.生态系统服务功能价值评估方法综述[J].中国人口·资源与环境(01):91-95.

[24] 柳可,张涛,彭开丽,2021.价值追求指导下农村土地管理政策中的公平与效率分析[J].中国农业资源与区划,43(07):85-91.

[25] 马蔼乃,2001.地理复杂系统与地理非线性复杂模型[J].系统辩证学学报(04):19-23.

[26] 欧阳志云,王如松,赵景柱,1999.生态系统服务功能及其生态经济价值评价[J].应用生态学报(05):635-640.

[27] 欧阳志云,王效科,苗鸿,1999.中国陆地生态系统服务功能及其生态经济价值的初步研究[J].生态学报(05):19-25.

[28] 彭乐威, 姜启军, 2020. 基于层次分析法的土地整治项目社会效益评价——以李家寨镇为例[J]. 农村经济与科技, 31(07): 48-51.

[29] 任月君, 2002. 会计学原理[M]. 大连: 东北财经大学出版社.

[30] 苏广实, 2007. 自然资源价值及其评估方法研究[J]. 学术论坛(04): 77-80.

[31] 苏月中, 2001. 自然资源价值核算浅析[J]. 生态经济(09): 42-44.

[32] 唐薇, 2019. 建设用地指标交易的制度局限及法制应对——基于成渝建设用地指标交易实践视角[J]. 农村经济(01): 37-45.

[33] 王娟娟, 万大娟, 彭晓春, 等, 2014. 关于生态资产核算方法探讨[J]. 环境与可持续发展, 39(06): 14-18.

[34] 王军, 杨雪峰, 赵金龙, 等, 2009. 资源与环境经济学[M]. 北京: 中国农业大学出版社.

[35] 王庆日, 2003. 城市绿地的价值及其评估研究[D]. 杭州: 浙江大学.

[36] 吴欣欣, 陈伟琪, 2012. 成果参照法在自然生态环境价值评估中的应用现状及展望[J]. 环境科学与管理, 37(11): 96-100.

[37] 肖欢, 2011. 公平偏好理论在国内外的应用研究[J]. 中国集体经济(15): 78-79.

[38] 谢优瞻, 杨远, 郭建军, 1988. 结构主义CGE模型及其发展[J]. 数量经济技术经济研究(12): 54-57.

[39] 徐慧, 彭补拙, 2003. 国外生物多样性经济价值评估研究进展[J]. 资源科学(04): 102-109.

[40] 薛黎明, 李翠平, 2017. 资源与环境学[M]. 北京: 冶金工业出版社.

[41] 杨鑫, 姜海, 范宇, 等, 2017. 基于效率—公平的区际建设用地指标配置方式评价及改进——以南京市为例[J]. 中国土地科学, 31(07): 20-27.

[42] 姚洋, 2016. 作为一种分配正义原则的帕累托改进[J]. 学术月刊, 48(10): 44-54.

[43] 姚予龙, 谷树忠, 2002. 资源安全机理及其经济学解释[J]. 资源科学(05): 46-51.

[44] 占思思, 张琪, 冯楚芸, 2022. 增减挂钩节余指标有偿交易在国土空间规划

中的特征、应用与思考[J].小城镇建设,40(03):15-22.

[45] 张甜,2014.浅议土地整治项目资金绩效内涵与评价因素[J].农业与技术,34(09):227.

[46] 张志强,徐中民,程国栋,2003.条件价值评估法的发展与应用[J].地球科学进展(03):454-463.

[47] 赵军,杨凯,2007.生态系统服务价值评估研究进展[J].生态学报(01):346-356.

[48] 赵晓英,孙成权,1998.恢复生态学及其发展[J].地球科学进展(05):61-67.

[49] 中国环境与发展国际合作委员会,1997.中国自然资源定价研究[M].北京:中国环境科学出版社.

[50] 钟耳顺,周宁,1994.地理信息系统费用效益分析[J].环境遥感(01):73-80.

[51] 钟美瑞,2007.公平偏好视角下行为激励契约理论及应用研究[D].长沙:中南大学.

[52] 周颖,2022.基于帕累托改善的既有住宅适老化改造[D].杭州:浙江大学.

[53] 朱介鸣,郭旭,郭炎,2022.国土空间规划重构紧凑城市:乡乡差别与空间公平[J].城市规划,46(06):48-56.

[54] 朱一中,曹裕,2012.农地非农化过程中的土地增值收益分配研究——基于土地发展权的视角[J].经济地理,32(10):133-138.

[55] 宗建岳,2010.如何评价土地整治资金绩效[J].中国土地(07):49-51.

[56] 邹朝晖,周玉,蔡少彬,2020.基于"生态券"的生态用地占补平衡机制研究[J].中国土地(12):13-15.

[57] Fisher A,Krutilla J,Cicchetti C,1972. The economics of environmental preservation: a theoretical and empirical analysis [J]. The American Economic Review,62(4):605-619.

实证篇

第九章 中国国土综合整治潜力评价与综合分区

建立国土空间规划体系是党中央、国务院做出的重大部署,是推进生态文明建设、构建美丽国土的关键举措,是促进国家治理体系和治理能力现代化的重要支撑。在当前国土空间规划框架下,国土综合整治与生态修复既承担着解决当前国土空间利用重大问题的任务,也肩负着实现国土空间优化愿景的使命,兼具问题导向与目标导向。全国国土空间类型的多样性与土地利用问题的复杂性,注定了国土综合整治规划决策面临巨大挑战。潜力评价被认为是国土综合整治一系列决策的起点。识别不同整治类型的潜力对布局国土综合整治重大工程及引导合理投资具有关键作用。国土综合整治分区是在潜力评价基础上对国土空间的综合分类,体现了各类空间的主要问题和相应整治策略。国土综合整治分区是对"因地制宜,分类施策"原则的体现。本章展示了我国国土综合整治潜力评价与综合分区的一个研究案例,介绍了国土综合整治潜力评价与分区的一般思路,展示了针对耕地资源、农村居民点和城镇空间的整治潜力评价与分区方法和结果,最后介绍了潜力评价和分区如何在全国多层级整治规划体系中落实。

9.1 案例背景

9.1.1 国土综合整治规划研究背景

当前我国国土空间与资源开发利用形势发生了重大转变(郧宛琪 等,2016;项晓敏 等,2017;龙花楼 等,2018)。党的十九大指出,我国当前主要矛盾是"人民日益增长的美好生活需要和不平衡不充分的发展之间的矛盾",为解决这一基本矛盾,国土空间利用方式应当从粗放化向可持续集约、人地和谐的高品质方式转变(白中科 等,2019)。国土综合整治作为增强国土开发利用和资源环境承载力之间的匹配程度、提高国土开发利用效率和质量的重要手段,在当前经济转型期肩负着重要的时代使命(刘新卫,2015)。

目前,国土综合整治已上升为国家层面的战略部署,全面推进国土综合整治,加快修复国土功能,提高国土开发利用质量和效益,已然是统筹推进现代化建设、生态文明建设、乡村振兴和城乡融合的综合平台和重要抓手(贾文涛,2018)。2015年5月,国家印发《中共中央 国务院关于加快推进生态文明建设的意见》,要求"加快推进国土综合整治";2018年国土资源工作会议提出,要发挥国土综合整治在推进山水林田湖草系统治理中的重要平台作用;自然资源部成立后,正式将"负责国土空间综合整治,土地整理复垦,矿山地质环境恢复治理,海洋生态、海域海岸线和海岛修复等工作"写入部门职能,为国土综合整治工作开展奠定了制度基础;2019年国土空间规划编制工作正式启动,国土综合整治作为优化国土空间开发利用格局的重要抓手,在其中发挥重要作用。一系列政策的出台标志着国土综合整治进入新时期:国家发展阶段的新时期、发展导向与发展路径的新时期、行政机构改革的新时期、国土整治内涵进一步丰富的新时期(王威和胡业翠,2020)。

在新时期空间规划的体系下,国家对国土综合整治工作赋予了更高的使命。作为落实国土空间规划任务、解决国土空间利用问题、实现国土空间利用优化目标的重要手段,国土综合整治在当前国土空间规划体系中占据了重要地位(严金明 等,2017;夏方舟 等,2018)。当前国土空间规划编制工作正式启动,引发了一系列对国土综合整治问题的讨论:国土综合整治的内涵、内容与类型是什么?国土综合整治在国土空间规划体系中的定位、目标与任务是什么?国土综合整治包含哪些类型?国土综合整治应如何开展、在哪里开展?这些问题的解答将有力支撑国土空间规划编制工作,为未来国土空间规划体系下国土综合整治工作开展奠定基础。

9.1.2 国土综合整治对国土空间规划的支撑

建立国土空间规划体系是党中央、国务院做出的重大部署，是推进生态文明建设、构建美丽国土的关键举措，是促进国家治理体系和治理能力现代化的重要举措。2018年3月，中共中央印发《深化党和国家机构改革方案》，组建自然资源部，将"建立空间规划体系并监督实施"作为其主要职责之一。此项改革整合了此前由多个部门负责的空间规划编制和管理职责，顺应了各界多年来关于推进"多规合一"的呼声。2019年年初，国土空间规划编制工作正式启动。尽管业界和学界对"多规合一""国土空间规划""空间规划体系"等的讨论由来已久，如今国土空间规划编制工作又已箭在弦上，但是对于国土空间规划的具体架构、规划内容的综合与衔接、规划愿景与目标、规划空间的划分、规划落实的保障等问题的答案尚未明确，亟须开展大量相关基础性研究（韩博 等，2019）。

在当前国土空间规划框架下，国土综合整治与生态修复既承担着解决当前国土空间利用重大问题的任务，也肩负着实现国土空间优化愿景的使命，兼具问题导向与目标导向（尹向东和刘涛，2020）。国土综合整治在国土空间规划中应有以下逻辑：国土综合整治是以以双评价为基础的问题诊断及空间形势研判为起点，以国土空间全要素及要素复合体为对象，以解决当前时段国土空间利用重大问题为首要任务，以实现国土空间利用优化与功能提升为总体目标，兼具规划宏观性与措施引导性、总体方向统一性与区域差异性的国土空间规划实施途径。国土综合整治与国土空间规划的衔接具体包括以下几个方面：

1. 定位衔接

广义的国土综合整治与国土空间规划都是优化国土空间资源利用的重要途径，狭义的国土综合整治与国土空间开发、保护共同构成了国土空间规划格局。我国国土综合整治主要针对利用失序、功能退化的国土空间。

2. 目标衔接

国土综合整治应以解决"双评价"（资源环境承载力与国土开发适宜性评价）确定的国土开发利用问题、实现国土空间规划确定的空间发展蓝图为目标。

3. 对象衔接

国土综合整治分类的要素应与国土空间规划"三线划定"体系衔接，城镇空间对应城镇开发边界内区域,生态空间对应生态红线划定区域,乡村空间对应城镇开发边界及生态红线外包含农用地的区域,工矿空间对应采矿用地及配套仓储与工业用地,海洋空间对应国土范围内海洋、海岛及临海县域单元。

9.2 分析过程

9.2.1 总体思路

首先应明确我国国土综合整治潜力评价与综合分区研究的目的。规划指标分解与重大工程布局是国土空间规划编制工作中的一项重要任务,也是我国自上而下规划传导体系的关键连接。国土综合整治与生态保护修复作为国土空间规划体系中一项重要内容,同样涉及相关关键规划指标的确定与分解。而潜力评价与分区则是指标分解与重大工程布局的一项重要参考依据。但是,同一些规划指标仅有目标属性(如耕地保有量)相比,国土综合整治与生态保护修复同时又具有任务属性,涉及资金、资源投入以及项目安排,因此在指标分解过程中除了要考虑上位需求,还应考虑地方实施的经济可行性与社会可接受性。综上,研究过程确定了"自上而下"与"自下而上"相结合的总体思路,以研究整治修复潜力(图9-1)。

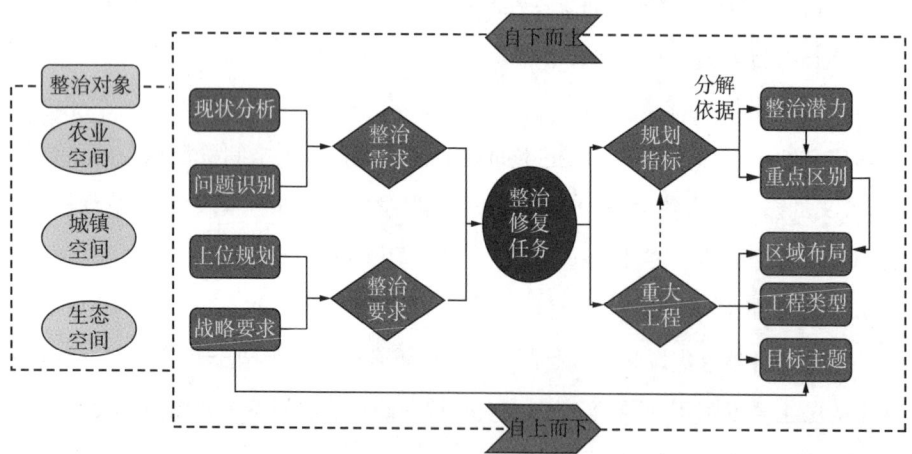

图9-1 总体思路

在研究过程中,整体遵循该思路,但也应具体问题具体分析,针对不同空间类型、不同资源,在现状分析、问题识别、整治潜力测算等环节分别选取适宜方法开展研究。由于国土综合整治与生态保护修复在思路上存在较大差异,因此本章重点介绍国土综合整治相关研究。在后续章节中进一步介绍生态保护修复潜力评价与分区的相关研究。

9.2.2 耕地资源整治分析

按照"现状分析—整治分区—整治潜力—整治对策"的总体思路,从耕地数量、质量、结构等角度进行耕地资源基本分析,构建耕地核心度指标,进行耕地资源利用综合分析,从而对耕地资源利用形势与问题做出基本判断。从耕地资源格局优化、功能提升、质量提高三个维度构建耕地资源整治评价体系,通过收集与处理全国耕地增强型植被遥感指数 EVI 数据、耕地矢量数据、耕地质量等别数据、全国农村道路与沟渠数据、全国农业优势区数据、农业遗产数据等,计算耕地图斑面积、耕地图斑形状指数、耕地细碎度、水土匹配度、农业基础设施完备度等指标,以全国县(县级市)为评价单元,得到各个县的整治现状。以此为依据,结合全国农业自然区划,形成包括 30 个一级区、202 个二级区的精细化耕地资源整治分区。根据分区结果,确定每个区内的整治指标目标值,计算现状与目标差值作为整治理论潜力,提取潜力较高地区作为整治重点区。根据每个县各类整治的潜力计算结果。最后,选择精准扶贫、特色农业资源保护两个主题,布局耕地资源整治重大工程。

1. 现状与问题

我国耕地资源的基本态势可以概括为:第一,耕地资源数量呈持续减少态势,耕地保护形势仍然严峻;第二,耕地资源质量总体水平偏低,耕地质量亟待提升;第三,耕地资源利用结构差异显著,耕地细碎化程度较高;第四,耕地后备资源有限,开发利用难度大。

本研究采用耕地面积核心度表征一定区域范围内耕地在全国耕地资源中的重要程度,采用粮食产量核心度指数表征一定区域范围内耕地在全国耕地资源中的重要程度。研究结果显示,全国耕地面积核心程度基本与粮食主产区吻合,但在部分传统粮食主产区如江苏省、四川省等区域,由于劳动力转移、耕作投入下降、农业兼业程度高等原因,粮食产量核心度相较于其耕地面积核心度较低,未充分发挥粮食生产功能。但这些区域耕作自然条件优越,建议积极推进休耕轮作,助推藏粮于地战略实施。

(1) 耕地水土错配问题

全国耕地资源区域分布不均衡,水土资源匹配错位。以大兴安岭—长城—兰州—青藏东南边缘为界,东部季风区气候湿润、水源充足、地势平坦、开发条件优越,拥有全国近90%的耕地和93%的人口。而在西部干旱、半干旱或高寒区由于交通不便,开发难度大,多以沙漠、隔壁、裸岩为主,仅拥有10%耕地和7%的人口。近年来,我国耕地资源重心不断北移,但是南方地区水资源占全国总量的80%,北方地区仅占20%,且水热条件差,水土错配现象严峻。

(2) 耕地细碎化问题

我国耕地细碎化程度呈由西北至东南逐渐增加的空间格局特征,地域差异明显。东南山地丘陵区、西南山地丘陵区、苏南地区等受海拔、地形、水系分布等自然条件影响,耕地资源细碎化现象最严重;其次在黄淮海平原等地区,人多地少的基本特征导致该区域权属细碎化问题较为严重。

(3) 耕地设施配套问题

通过近20年的农田项目建设,全国范围的耕地设施配套情况已得到大幅改善。但是通过研究分析可知,目前全国范围内耕地设施配套较完善区域主要集中在东南沿海与西部地区等非粮食主产区,而黄淮海平原、四川盆地、东北平原等耕地面积占比较大地区的耕地设施配套情况仍有待进一步提升。

2. 耕地资源整治分区

基于全国耕地资源现状与问题分析,构建了包括30个一级区、202个二级区的精细化耕地资源整治分区,不同整治类型区在空间上呈现出集聚特征。耕地资源重点整治区在空间呈现集中、连片、组团式分布趋势,其中,耕地格局重点整治区集中分布于江苏、浙江、福建、甘肃、陕西等长江中下游、江南丘陵、闽粤丘陵、汉江中上游等地区;耕地功能重点整治区集中连片分布于广西、海南、广东等滇南山原、闽粤丘陵等地区;耕地质量重点整治区集中连片分布于黑龙江、内蒙古、宁夏、甘肃、四城、河南、河北等川西—藏东、羌塘南部、黄土高原、内蒙古中部、内蒙古东部、大兴安岭北部等地区。

耕地资源格局优先整治区集中分布于湖北、重庆、江西、安徽、福建等汉江中上游、四川盆地、江南丘陵、长江中下游等地区；耕地质量优先整治区集中分布于云南、贵州、黑龙江、吉林等云贵高原、三江平原、松辽平原等地区；耕地功能优先整治区集中分布于内蒙古、河北、吉林等内蒙古西部、华北平原以及松辽平原区。

耕地资源发展稳定区分布相对较为零散，分布于江苏、安徽、湖北、云南等长江中下游、华北平原、滇南山原地区；耕地重点保护区集中分布于江西、湖北、湖南等长江中下游、汉江中上游、江南丘陵以及贵州高原区。耕地资源整治保护区在空间分布呈现集聚态势，耕地格局优化型保护区分布于安徽、江西、贵州、四川、重庆、陕西等长江中下游、汉江中上游、四川盆地及江南丘陵区；耕地功能提升型保护区集中分布于内蒙古、山东、河北、吉林、新疆等内蒙古中部西部、华北平原、华北山地、南疆及松辽平原区。

3. 耕地资源整治潜力与重点区域

（1）整治潜力

① 耕地资源规模化率提升潜力

总体上，县域尺度下中部和西部地区的耕地资源规模化率提升潜力显著高于东部地区，全国耕地资源规模化率提升潜力呈中间大两头小的"倒 U 型"结构，处于一级、二级、三级、四级和五级的市县占比分别为 21.84％、25.30％、23.42％、17.08％和 12.36％。

② 耕地细碎化改善潜力

总体上，县域尺度下中部和西部地区的耕地细碎化改善潜力显著高于东部地区。处于一级、二级、三级、四级和五级的市县占比分别为 4.64％、22.53％、39.04％、25.76％和 8.02％。

③ 耕地产能提升潜力

全国耕地产能潜力空间格局总体呈现东部生产力提升潜力高、西部生产力提升潜力较低的趋势。县级尺度下，产能潜力空间小于10％的占比最大，为36.3％，潜力空间在10％~20％次之，为30％；潜力空间大于40％的占比为5.2％，主要分布于长江中下游地区。

④ 耕地基础设施完备度提升潜力

中部和西部地区的耕地基础设施完备度提升潜力显著高于东部地区，具有显著的空间连片化特征。处于一级、二级、三级、四级和五级的市县占比分别为4.68%、29.02%、28.48%、15.43%和8.48%。

⑤ 耕地格局优化综合整治潜力

总体上，县域尺度下中部和西部地区的耕地格局优化整治潜力显著高于东部地区，处于一级、二级、三级、四级和五级的市县占比分别为19.65%、26.30%、22.88%、19.12%和12.05%。

⑥ 耕地功能提升综合整治潜力

总体上，县域尺度下中部和西部地区的耕地功能提升潜力显著高于东部地区，处于一级、二级、三级、四级和五级的市县占比分别为9.71%、39.31%、25.14%、0.58%和25.26%。

⑦ 耕地质量增加整治潜力

总体上，县域尺度下中部和西部地区的耕地质量增加潜力显著高于东部地区，具有显著的空间连片化特征。处于一级、二级、三级、四级和五级的市县占比分别为13.01%、23.15%、31.17%、23.26%和9.40%。

(2) 重点区域

① 耕地格局优化型整治重点区域

耕地资源格局优化型整治重点区域共322个。全国耕地格局优化型整治重点区域呈省内集中、组团式聚集的特点，集中分布在新疆、内蒙古、甘肃、宁夏、贵州、广西、广东、海南、山西、河北、河南等地区。

② 耕地功能提升型整治重点区域

耕地功能提升型整治重点区域共511个，集中分布在黑龙江、内蒙古、山东、河北、山西、安徽、湖北、陕西、四川、湖南等地区，其余地区零星分布。

③ 耕地质量增加型整治重点区域

耕地质量增加型整治重点区域共245个，集中分布在江西、安徽、浙江、广西、陕西等地区，其余地区如四川、贵州、湖南零星分布。

9.2.3 农村居民点整治分析

本研究按照"现状分析—整治分区—整治潜力—整治对策"的总体思路，从农村居民点面积、效率等角度进行农村居民点空间基本分析；从农村居民点格局优化、低效用地挖潜、公共设施提升三个维度构建农村居民点整治评价指标体系，通过收集处理全国村庄 POI 数据、镇 POI 数据、公共设施 POI 数据、农村建设用地矢量数据、DEM 高程数据与坡度数据、各级道路矢量数据、人口与 GDP 数据等，利用空间大数据分析法、空间叠置分析法等，以全国县(县级市)为评价单元，计算每个县指标现状值。以此为依据，结合全国农业自然区划，形成了包括 30 个一级区、174 个二级区的精细化整治分区。根据分区结果确定每个区内整治指标的目标值，计算现状与目标差值并作为整治理论潜力，提取潜力较高地区作为整治重点区。根据每个县各类整治的潜力计算结果，最后选择精准扶贫、传统村落保护两个主题，布局农村居民点整治重大工程。

1. 现状与问题

(1) 农村居民点拆并紧迫性

综合来看，我国农村居民点拆并紧迫度在中度及以上的市县数 1408 个，占市县总数达 59.21%；拆并紧迫度等级高的市县数为 381 个，占市县总数的 16.02%，多集中在青藏高原地区、西南山地区、西北地区等经济发展水平较差、自然及区位条件较差的市县。

(2) 农村居民点基础服务设施完备度

基础服务设施完备高的市县主要集中分布在环渤海、长三角、珠三角以及其他省会城市所辖市县附近。基础设施完备度低的市县主要分布在西南丘陵、中部山区、青藏高原区等地形地貌复杂区域，整体呈现出东、东北部高，西、西南部较低的分布特征。

(3) 农村居民点区位与基础设施综合分析

农村居民点区位与自然条件较差且基础设施不配套的区域主要集中在西藏自治区、青海省、甘肃省、云南省、贵州省大部分地区以及陕西省北部、四川省西部、湖北省西部、内蒙古自治区南部，此区域属于未来拆并农村居民点的重点区域。

2. 农村居民点整治分区

居民点格局改善区主要集中在华北山地区、黄土高原区、辽东—山东半岛区的大部分地区等靠近华中区域的二级区划附近；公共设施提升区主要集中在云南高原区、贵州高原区、江南丘陵区、闽粤丘陵区、汉江中上游区、长江中下游区、小兴安岭—长白山区、大兴安岭北部区、松辽平原区等中部、西南部、东北部地区；低效用地挖潜区主要集中在北疆区、南疆区、柴达木盆地区、内蒙古西部区、内蒙古中部区、内蒙古东部区等人口密度较低、经济水平相对滞后的区域。

3. 农村居民点整治潜力与重点区域

(1) 整治潜力

基础服务设施提升潜力较高区域主要分布在河北省、山东省、河南省、江苏省、安徽省北部、吉林省西部、广东省南部和四川省东部，该区域在经济增长以及人口大幅上升的双重影响下，区域基础服务设施配套增长数量及比例无法在短时间内与人口增长速度协调，导致区域整体的基础服务设施相对匮乏，是未来公共服务设施提升的重点区域。

居民点格局改善潜力较高区域主要分布在贵州省、云南省北部、新疆维吾尔自治区西部地区、福建省北部、浙江省南部，该区域居民点改善潜力较高的主要原因是复杂的地形地貌使得周边农村居民点在城市发展的辐射下得到进一步发展，但此区域由于本身经济水平相对较差，加之区域整体的区位条件受到地形地貌影响而相对较差，交通便利程度也处于较差的水平，整体形成了居民点改善潜力较高的空间格局。

低效用地挖潜潜力高的区域主要分布在新疆维吾尔自治区西部、甘肃省南部、山西省北部及南部、云南省、贵州省、江西省、湖南省、广东省中部、福建省北部以及浙江省南部。

(2) 重点区域

公共设施提升重点区域集中分布在经济较为发达的中东部地区及其周边的辐射区域。由于区域整体经济水平较高，未来公共服务设施整治空间相对较大，一方面其具有足够的资金去开展整治、提升完备度，另一方面该区域提升公共服务设施完备度对未来可预见的人口增长具有较大的意义。

居民点格局改善重点区域主要分布在西南部、西北部、东北部大部分地区以及东南地形地貌复杂区，此区域受到地形地貌影响较大，且部分区域经济发展仍处于相对较弱的水平,应作为未来农村居民点整治的重点区域。

低效用地挖潜重点区域主要集中在长江以南丘陵山地区、东北地区、黄土高原地区中经济发展水平较弱的区域,相较于同区域其他发达区域具有较大的经济差距,且这些区域内部本身人口密度也相对同区域密度较低,导致整体随着城市化进程推进,区域本身就较低的人口密度进一步下降,出现了"空心化"的现象。

9.2.4 城镇空间整治分析

本研究按照"现状分析—整治分区—整治对策"的总体思路,从城镇建设用地强度、结构、效率等角度进行城市空间基本分析,并从用地协调性、城市增长—收缩性两个角度进行城市空间利用态势分析;从城市低效用地挖潜、公共设施提升、生态环境质量改善三个角度构建城市空间整治评价指标体系,通过收集与处理公共设施 POI 数据、全国城市空气质量数据、城市绿地公园矢量数据、植被绿度NDVI 数据、城市建设用地矢量数据、夜间灯光遥感数据、人口与 GDP 数据等,以地级市为评价单元,计算城市低效用地比例、公共服务设施完备度、城市植被绿度、城市空气质量、城市绿地公园服务面积比等指标现状值。以此为依据,形成了包括 14 个类型区的精细化整治分区,并根据指标计算结果,提取潜力较高地区作为整治重点区。

1. 现状与问题分析

(1) 城市增长与收缩态势分析

快速城镇化过程中伴随着局部收缩是我国城市发展的总体特征。2000—2015 年间全国各市有 89% 的城市单元实现了增长,同时有 31 个城市出现明显收缩。从空间上看,我国城市的增长与收缩空间集中度比较明显,总体呈现"东中部增长,西北、东北部收缩"的空间分布特征。东部沿海省份以持续增长类型城市为主;转型增长城市集中分布在湖北、湖南一带;潜在收缩城市主要集中在山西南部、河北北部和辽宁南部;与此同时,黑龙江北部和甘肃大部成为两个显著的收缩城市集中区域。

(2) 城市公共服务设施配套情况分析

在研究的 336 个城市中,公共服务设施完备情况以一般和较优为主,其中设施完备率较低的城市有 82 个,占全部城市的 24.4%;设施完备率一般的城市 150

个,占全部城市的 44.6%;设施完备率较优和设施完备率优的城市 104 个,占全部城市的 31.0%。从空间上看,我国城市公共服务设施完备率较低的地区主要分布在华北地区、东北地区和西北地区;设施完备率一般的地区主要分布在华南、东南地区;设施完备率较优和优的地区主要分布在西南地区。

(3) 城市低效建设用地分布情况

在研究的 336 个城市中,除 5 个城市数据缺失,其余大部分城市的低效建设用地面积占比处于 30%以下。其中,低效建设用地面积占比 15%以下的城市 110 个,占全部城市的 33.2%;低效建设用地面积占比在 15%~30%的城市有 125 个,占全部城市的 37.8%;低效建设用地面积占比在 30%~45%的城市 62 个,占全部城市的 18.7%;低效建设用地面积占比大于 45%的城市 34 个,占全部城市的 10.3%。

(4) 城市人居生态环境

通过分析城市植被绿度、空气质量及公园服务面积比,评价城市人居生态环境质量。结果显示,全国城市中人居生态环境质量呈东高西低、南高北低的分布。甘肃省总体城市人居生态环境质量最差,四川西部、云南大部、新疆北部等地区人居生态环境质量较突出,东部沿海城市人居生态环境质量次之,中部地区城市人居生态环境质量一般。

2. 城镇空间整治分区

本研究将全国城市分为 14 个整治类型区,其中公共设施提升重点区包括的城市最多,达 49 个,主要分布在新疆、西藏等西部地区,安徽、河南、山东交界地区以及东北地区等,大部分位于非城市群范围;其次是公共设施提升—低效用地挖潜整治重点区,包括 47 个城市,主要分布在河北、贵州、湖南、西藏等区域;低效用地挖潜重点区所含城市主要位于云南、青海等地;生态环境改善重点区则主要位于甘肃、宁夏、内蒙古等地;东部沿海地区主要整治类型为公共设施提升优先区和低效用地挖潜优先区。

3. 城镇空间整治重点区域

公共设施提升型重点区域共包括 54 个市,主要分布在新疆、西藏等西部地区,河南、安徽、山东、江苏等省交界以及广西、内蒙古东部及黑龙江东部等地区,该类整治重点区在空间分布上南北差异大,北方分布较多;新疆地区是公共设施提升型重点区域集中分布的地区。

城市用地挖潜型整治重点区域包括114个市,主要分布在长江流域沿线地区、陕西北部、青海及甘肃部分地区。城市用地挖潜型整治重点区域分布较为分散,空间范围广,其中云南、重庆、浙江等地为城市用地挖潜型整治重点区域集中分布区域,北京、上海、广州、深圳等重点城市也属于城市用地挖潜型整治重点区域。

城市生态环境改善型整治重点区域包括25个城市,主要分布在甘肃西部、陕西北部、内蒙古中部和新疆西部等地区,其中甘肃等地区为城市生态环境改善型整治重点区域集中分布区域,此外在黑龙江、吉林、辽宁、河北等地也分布有城市生态环境改善型整治重点区域。

9.3 案例总结

9.3.1 国土综合整治规划需求

不同时期的各类空间规划确定了规划体系内国土综合整治或特定整治类型的导向和功能定位,通过制定约束性或预期性指标确定整治目标,通过行政层级间的指标分解保障整治工作落实,通过确定各类整治重点区域明确指标分解依据,通过布局各类整治重大工程促进重点区域整治任务推进,从而形成完整实施体系。因此,新时期国土综合整治分类体系构建应以当前国土空间资源利用形势为背景,以机构改革后国土空间规划定位和自然资源部门管理要求为依据,确定不同整治类型的整治目标。目前,国家层面的国土空间规划体系尚处于建设完善阶段,本研究通过梳理已有空间规划中国土综合整治或专项整治的定位,结合当前行业管理要求,提出国土空间规划体系下国土综合整治定位。

现有与国土空间利用相关的规划包括土地利用规划、主体功能区规划、国土规划、生态保护与建设规划等(表9-1)。《全国土地利用总体规划纲要》(1997—2010年)首次涉及国土综合整治范畴,提出土地开发、利用、整治、保护相结合,涉及的整治类型主要包括土地开发、整理、复垦,均以增加耕地数量为目标;《全国土地利用总体规划纲要（2006—2020年）》针对建设用地扩张大量占用耕地的国土利用问题，提出要通过土地整理复垦开发补充耕地数量，同时开展建设用地整理促进土地集约利用，但未提出明确指标约束，同时该规划首次提出通过国土综合整治改善生态环境并明确生态退耕任务；《全国主体功能区规划》侧重宏观尺度国土开发利用格局的优化，通过土地利用类型数量约束实现不同区域空间利用管控；《全国生态保护与建设规划（2013—2020年）》从生态系统视角建立了保护、整治、修复体系，以生态重要区保护为前提，通过草原、林地、海岸带修复等手段提升生态脆弱区或退化区的生态功能；《全国国土规划纲要（2016—2030年）》首次提出了"四区一带"国土综合整治格局，形成了"集聚开发—分类保护—综合整治"三位一体国土开发利用格局，但受限于自然资源单独管理的制度背景，同时由于缺少尺度间传导机制和明确的指标任务分解，导致国土综合整治难以有效开展。

通过上述分析可知，空间规划体系下国土综合整治具有以下特征：第一，在不同时期国土综合整治都是优化国土空间开发利用的重要途径；第二，解决当前时期国土空间利用关键问题是国土综合整治的重要任务；第三，部门职责划分是国土综合整治的实施基础；第四，构建有效的层级传导机制是国土综合整治顺利实施的重要保障。

表9-1 现有空间规划中国土综合整治梳理

规划名称	规划背景	基本定位	整治类型	整治目标	关键指标
全国土地利用总体规划纲要（1997—2010年）	人口增长、经济发展对土地资源的需求进一步加大，各类用地矛盾集中	土地开发、利用、整治、保护相结合，通过土地整理复垦保障耕地数量、质量	土地整理、复垦和开发，土地退化防治	提高耕地质量，增加有效耕地面积，改善农业生产条件和生态环境	增加耕地面积，增加其他农用地面积，土地开发率
全国土地利用总体规划纲要（2006—2020年）	耕地数量、质量快速下降，建设用地无序扩张，局部地区土地退化和破坏严重	通过土地整理复垦开发补充耕地数量，通过建设用地整理促进节约集约，通过国土综合整治改善土地生态环境	土地整理复垦开发，建设用地整理，国土综合整治	提升耕地数量、质量，节约集约建设用地，协调土地利用与生态建设，统筹区域土地利用	耕地保有量，补充耕地面积，生态退耕面积

续　表

规划名称	规划背景	基本定位	整治类型	整治目标	关键指标
全国主体功能区规划	工业化、城镇化快速推进，空间结构急剧变动，亟须提出科学有序国土空间开发导向	构建优化开发、重点开发、限制开发、禁止开发的空间格局	空间开发利用格局优化	明晰空间开发格局，优化空间结构，提高空间利用效率，增强区域发展协调性，提升可持续发展能力	开发强度，城市空间面积，农村居民点面积，耕地保有量，林地保有量，森林覆盖率
全国生态保护与建设规划（2013—2020年）	工业化、信息化、城镇化、农业现代化加快发展时期，对自然生态系统形成了巨大压力，人口、经济、资源环境协调发展面临严峻挑战	以生态保护为前提，开展生态脆弱区整治、生态退化区修复	荒漠生态系统修复，草原生态系统治理，湿地与河湖生态系统恢复，农田生态系统改良，城市生态系统改善，海洋生态系统整治，水土流失防治，地下水超采治理与修复	提升森林草原生态功能，遏制自然湿地萎缩和河湖生态功能下降趋势，大幅提升近岸受损海域修复率，遏制部海域生态恶化趋势	三化草原治理率，近岸受损海域修复率，水土流失治理率
全国国土规划纲要（2016—2030年）	资源约束加剧，生态环境压力加大，国土空间格局亟待优化，国土开发质量有待提升	国土集聚开发、分类保护与综合整治"三位一体"总体格局	城市化地区综合整治，农村土地综合整治，重点生态功能区综合整治，矿产资源开发集中区综合整治，海岸带和海岛综合整治	修复国土功能，增强国土开发利用与资源环境承载能力之间的匹配程度，提高国土开发利用的效率和质量	耕地保有量，高标准农田建设面积，新增治理水土流失面积

9.3.2　国土综合整治规划落实途径

前文阐述了全国国土综合整治潜力评估和分区的过程和结果。国家尺度的国土综合整治顶层设计最终需要通过层级传递落地实施。目前国土综合整治的落实途径仍不甚清晰，本研究提供了一个国土综合整治规划落实思路（图9-2）。按照国家、省（区域）、市（县）的尺度分级，可以确定不同层面整治分类的落实途径。由于不同尺度面对的国土空间与资源利用问题不同，对国土综合整治分类的目标与要求也不同。国家层面重点按照整治大类构建国土综合整治蓝图，在进行重点区域与重大工程选择时结合特定问题选择相应整治亚类与小类;省级(区域)层面根据自身特征与国土空间规划选择区域性的整治大类与亚类,按照国家整治目标的总体要求制定不同类型的整治任务;市(县)层面需因地制宜选择与地方问题衔接的整治小类,完成整治任务,实现整治目标。

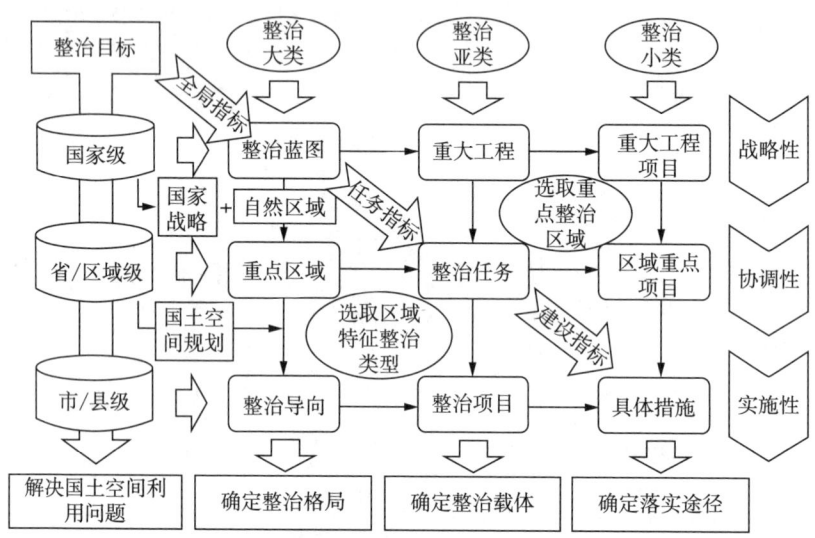

图 9-2　国土综合整治分类体系落实途径

9.3.3　政策启示

本研究介绍了全国国土综合整治规划中耕地资源、农村居民点和城镇空间的整治潜力评估与分区过程。整治潜力是国土综合整治决策的基础,本案例的研究结果可以为国土综合整治规划指标设定和区域分配提供决策依据。全国国土综合整治规划可以根据潜力评估结果为各省或地区制定整治目标,并引导投资向高潜力地区倾斜。针对高潜力值集中地区,国家可以布置相应类型的国土综合整治重大工程。本研究还介绍了国土综合整治对国土空间规划的支撑作用以及整治规划的分级规划路径,可以为规划实践和相关研究提供参考。

参考文献

[1] 白中科,周伟,王金满,等,2019.试论国土空间整体保护、系统修复与综合治理[J].浙江国土资源(2):25.

[2] 韩博,金晓斌,孙瑞,等,2019.新时期国土综合整治分类体系初探[J].中国土地科学,33(8):79-88.

[3] 贾文涛,2018.从土地整治向国土综合整治的转型发展[J].中国土地(5):16-18.

[4] 刘新卫,2015.构建国土综合整治政策体系的思考[J].中国土地(11):43-45.

[5] 龙花楼,张英男,屠爽爽,2018.论土地整治与乡村振兴[J].地理学报,73(10):1837-1849.

[6] 王威,胡业翠,2020.改革开放以来我国国土整治历程回顾与新构想[J].自然资源学报,35(1):53-67.

[7] 夏方舟,杨雨濛,严金明,2018.中国国土综合整治近40年内涵研究综述:阶段演进与发展变化[J].中国土地科学,32(5):78-85.

[8] 项晓敏,金晓斌,王温鑫,等,2017.供给侧结构性改革视角下的土地整治制度创新初探[J].中国土地科学,31(4):12-21.

[9] 严金明,张雨榴,马春光,2017.新时期国土综合整治的内涵辨析与功能定位[J].土地经济研究(1):14-24.

[10] 尹向东,刘涛,2020.空间规划语境下国土整治与生态修复的思考[J].中国土地(7):31-33.

[11] 郧宛琪,朱道林,汤怀志,2016.中国土地整治战略重塑与创新[J].农业工程学报,32(4):1-8.

第十章　江苏省国土综合整治与生态修复

为推进生态文明建设,统筹山水林田湖草系统治理,解决自然资源所有者不到位、空间规划重叠等问题,国家组建自然资源部以承担"两统一、一建立"的主要职责。国土空间规划作为自然资源部门的首要任务,是国家空间发展的指南、可持续发展的空间蓝图,是各类开发保护建设活动的基本依据。省级国土空间规划是对《全国国土空间规划纲要》的落实和深化,也是一定时期内省域国土空间保护、开发、利用、修复的政策和总纲,其主要内容是确定整治修复重点区域和重点工程,推进解决生态、农业、城镇空间突出生态问题,助力国土空间格局优化,提出规划实施的机制政策和保障措施。本章结合江苏省国土空间整治修复面临的形势,明确新时期整治修复的目标与任务。通过分析江苏省资源环境现状及主要问题,建立国土空间整治修复分级分类体系,围绕"重点类型—重点区域—目标控制—指标分解"的研究思路,构建国土综合整治潜力指标体系,将潜力量化结果与国土空间规划衔接,分析不同类型国土综合整治的潜力、重点区域以及主要任务,构建国土综合整治空间和重大工程布局,提出江苏省生态修复和国土综合整治总体格局,从而为国土空间规划目标实现、国土综合整治实施提供参考借鉴。通过对农业空间、城镇空间、生态空间和海洋空间现状条件及整治潜力综合分析,深化对区域资源环境禀赋特点的认识,为国土空间生态修复中问题识别和综合评价提供支撑。

第十章 江苏省国土综合整治与生态修复

10.1 案例背景

10.1.1 政策背景

开展国土综合整治和生态修复是落实自然资源部门生态保护修复职责，推进国土空间治理、山水林田湖草生命共同体系统治理的重要平台和抓手。2019年12月，国家出台《自然资源部关于开展全域土地综合整治试点工作的通知》，江苏省紧随国家步伐，是首个出台国土空间全域综合整治方案的省份。为更好服务全域土地综合整治试点建设，江苏省政府办公厅转发了江苏省自然资源厅《江苏省国土空间全域综合整治方案》。进一步地，省自然资源厅组织编制《江苏省国土空间全域综合整治项目实施方案编制指南》《江苏省国土空间全域综合整治项目管理办法》，在实施方案制定和项目管理流程上提出具体要求，为全省国土空间全域综合整治项目建设实施提供了基本遵循。《江苏省国土空间全域综合整治方案》立足江苏省情，全面部署，以国土空间规划为引领，统筹推进全域国土综合整治，明确做好全省国土空间规划是落实中央推进规划融合的战略举措，是促进治理体系和治理能力现代化的必然要求，全省国土空间规划是推动高质量发展走在前列，实现经济发展、改革开放、城乡建设、文化建设、生态环境、人民生活"六个高质量"，加快建设"强富美高"新江苏的重要抓手（孔雪松 等，2020）。

近年来，江苏省始终把生态保护与修复放在突出位置，在政策、机制、资金、技术、宣传等方面给予大力支持，并实施了森林生态网络建设、植树造林、水土保持、海洋保护、湿地修复等一系列生态保护、修复与建设工程。2020年6月，江苏省财政厅、自然资源厅印发《江苏省自然资源保护利用专项资金管理办法》，对土地综合整治、国土空间生态修复、海洋生态保护修复、其他重点项目提出专项资金支持，规范项目的开展。然而，受制于"人口密度大、人均环境容量小、单位国土面积污染负荷高"的特殊省情，同时面临着生态文明新高度、经济发展新常态、现代化建设新水平、城乡一体化新阶段及上升为国家战略的长三角区域一体化发展的机遇挑战，江苏省在落实生态修复和国土综合整治中仍存在着长江生态保护修复任务重、污染防治攻坚任务重、生态保护意识不强、破解资源能源约束难度大、生态自然资源保护压力大等突出问题。总体而言,江苏省开展生态修复和国土综合整治既依托有利条件取得了重大进展,也充满着机遇和挑战,依然面临较为严峻的形势。

10.1.2 区域需求

随着经济社会快速发展,江苏省面临较多的资源环境问题:第一,生态环境本底脆弱,部分生态敏感地区和重要生态功能区遭到破坏,生物多样性威胁严重,突发性环境事件呈增多趋势;第二,国土资源紧缺,可开发后备耕地资源数量少,建设占用耕地占补平衡难度较大,耕地污染较为严重。现阶段,推进生态文明建设的任务十分艰巨,迫切需要推进旨在保护生态环境、促进经济社会绿色发展的生态修复与国土综合整治工作(范业婷 等,2019)。

1. 整治修复法律法规体系不尽完善

生态修复与国土综合整治制度建设需求迫切,但相关法律法规仍不完善,影响全社会生态修复与国土综合整治事业的健康发展。必须加快推进法制化建设,尽快制定相关法律法规,建立与完善生态修复与国土综合整治相关规章制度,保障工作依法依规开展。

2. 整治修复综合理念稍显滞后

目前,社会生态文明理念尚未完全牢固,仍存在牺牲环境利益换取经济增长现象。尊重自然、顺应自然、保护自然的意识尚未全面形成。传统的生活方式和消费理念亟待转变,提高全社会生态文明意识任重道远。通过创新建设理念、创新体制机制及创新发展模式,促进全社会生态修复与国土综合整治更好地实施。

3. 整治修复技术支撑相对薄弱

随着工业化、城镇化的持续快速发展,全省建设用地迅速扩张,不仅造成生态空间被大量挤占的现象,同时导致全省生态空间资源环境承载能力下降、生态系统退化明显。生态文明建设是我国"五位一体"战略的重要内容,通过生态修复提高全省山水林田湖草系统治理能力,为生态建设提供更多空间,有助于加快形成绿色发展方式。

4. 整治修复落地实施有待规范

江苏省土地开发强度接近资源环境承载力上限,耕地资源紧缺,可开发后备资源数量少,建设占用耕地占补平衡难度较大,农田过度开发,投入结构不合理,土壤结构被破坏,土地增量供给空间与经济发展用地需求矛盾突出,土地粗放利用方式和土地消耗型的经济发展方式难以为继。加快实施全域国土综合整治,转变土地利用模式,优化用地结构与布局,推动经济结构优化升级要求迫切。

10.2 研究过程

10.2.1 国土整治修复目标与空间划定

通过梳理国土空间整治修复在国土空间规划体系及各规划文件中的问题导向、目标导向和实践导向,结合江苏省资源环境承载力、国土开发适宜性等现状分析和评价,判断当前江苏省国土空间整治修复所面临的形势与所需解决的重点问题。

首先,根据国土空间整治修复在国土空间规划中的目标、定位与任务,从空间维度划分国土空间整治修复的类型,明确新时期江苏省国土空间整治修复所包含的基本要素;其次,选择主导要素作为整治修复分类依据,综合归纳江苏省国土空间整治修复的类型结构;最后根据自然资源部门管理职责及国土空间规划定位,按照生态优先、高质量发展、高品质生活、高水平治理的要求,形成新时期实践导向下的国土空间整治修复分类体系。

依据国土空间整治修复分级分类体系,围绕"重点类型—重点区域—目标控制—指标分解"的研究思路(夏方舟 等,2018;尹向东和刘涛,2020),针对当前阶段江苏省面临的生态破坏严重、生态风险重大、系统治理缺位等重要问题,融合主体功能区规划、城乡规划、土地利用规划等空间规划,在划分不同整治类型的基础上,实施以生态质量全面提升为目标的全省及关键区域的全要素综合治理,明确相应的省级规划目标与相应的约束性或预期性指标,划分关键整治内容的重点区域,初步确定省级国土空间整治修复重大工程(贾文涛,2018)。

10.2.2 国土空间整治修复研究体系

江苏省国土综合整治修复以全省生态文明建设为目标,坚持"绿水青山就是金山银山"的理念,统筹全省"山水林田湖草"系统全要素,分析自然生态空间历史演变规律与特征,剖析农业、城镇、生态国土空间存在的问题及特征,开展国土空间整治修复分类、分区、分级研究。通过统筹各类国土空间的整体保护、系统修复、综合治理,构建新时期国土空间整治修复分类体系,针对不同类型国土空间整治修复细化分区,进一步明确国土空间整治修复的目标任务、重点区域、重大工程布局与整治时序,从而提出国土空间整治修复的实施模式机制与政策、资金保障措施(图10-1)。

省域尺度的整治修复工作重点关注长江经济带、海岸线、江淮生态大走廊、太湖流域、洪泽湖流域、采煤塌陷区等片区,通过制定具体行动计划和进度安排,统筹推进各类型、各区域综合整治与生态修复(蔡海生 等,2020)。

1. 农业空间整治

针对部分农村区域用地粗放、效率不高、基础设施不完备等问题,开展农业空间整治。通过高标准农田建设、耕地后备资源开发、污染土地治理和农村建设用地整治,全面提升耕地质量,有效增加耕地面积,进而改善农业生产生活条件及人居环境,提高粮食安全保障能力。基于"山、水、林、田、湖、草"等系统性整治内涵,农业空间整治对象包括田、水、路、林、村等。以提供农业综合生产能力、村庄用地结构优化布局、完善设施配套、改善人居环境、发展现代农业为整治目标,具体包括质量改善、格局优化、功能提升等方面。根据不同整治目标,可将农业空间整治任务分为耕地质量提升、耕地产能提升、耕地基础设施完备度提升、居民点公共服务提升和居民点格局优化等。

2. 城镇空间整治

针对部分城市化地区国土空间利用效率不高、城镇用地结构不合理、城市病凸显和生态问题突出等问题,开展城镇空间整治。通过城镇低效用地再开发,旧城镇改造,城中村改造,城市山体、水体、棕地等生态修复和城市绿地系统环境治理与修复,实现城镇低效用地挖潜,低效空间改造升级、功能调整,城镇公共设施提升和城镇生活环境改善。根据国家经济社会发展和生态环境资源的保护要求,

第十章 江苏省国土综合整治与生态修复

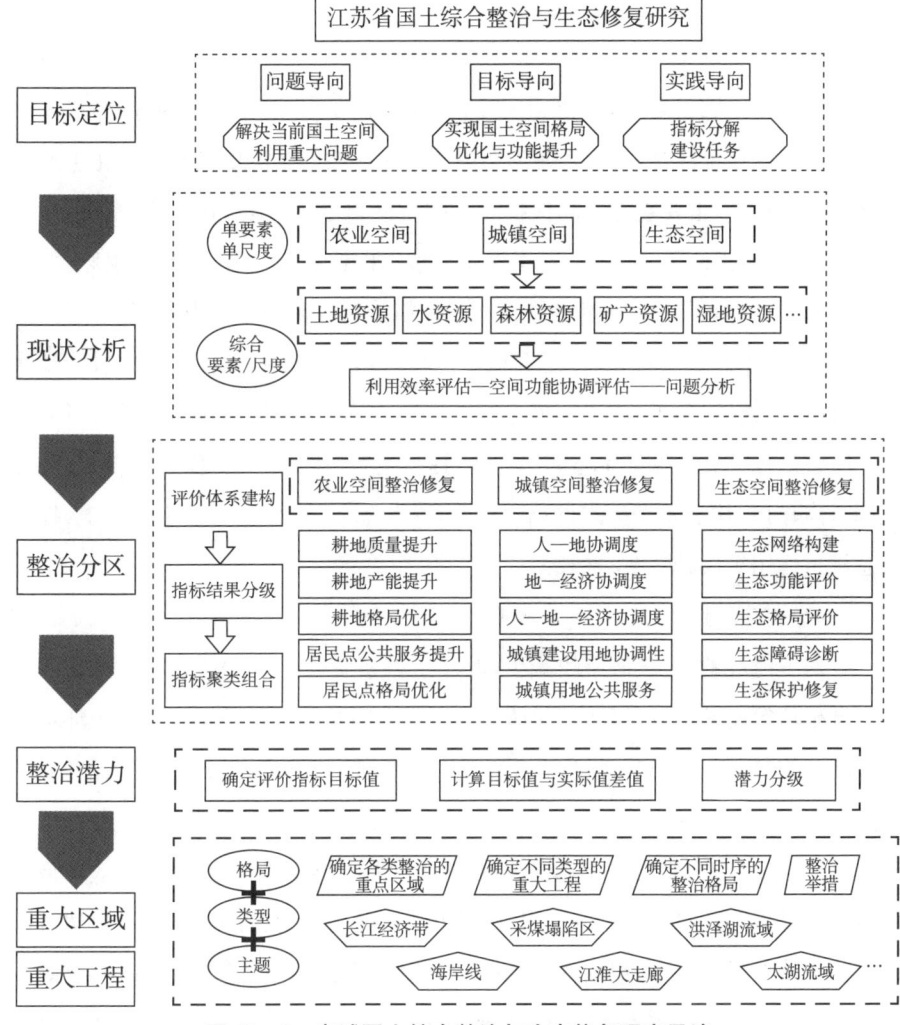

图10-1 省域国土综合整治与生态修复研究思路

探索具有江苏特色的城镇工矿建设用地综合整治道路,进行省域层面的城镇建设用地及工矿用地的发展现状分析、趋势研判及预测,发现当前存在的主要问题,并通过确定关键指标评价整治潜力。在此基础上确定整治的重点区域和重大工程,并依据国家级规划及省级规划中提到的约束性指标和预期性指标以及指标计算结果确定目标值,制定市级的指标分解方案,以期构建城乡协调、健康有序的城镇体系,引导省域空间集约发展,加快建设经济文化强省,形成区域和谐互动、城镇化健康推进、城乡一体化发展的新局面。

3. 生态空间整治

针对部分区域生态系统功能不强、生态破坏严重、生态系统脆弱等问题，开展山水林田湖草系统修复，筑牢生态安全屏障。生态空间整治以构建和优化生态安全格局为目标，以重要生态空间保护和受损空间修复为核心，开展防护林体系建设、湿地资源保护修复、河湖水生态保护修复、水土流失治理、污染土壤修复等。整治对象包括城镇绿地、自然水体、湖泊等，整治目标侧重于生态断裂点修复、生态节点保护、生态廊道优化、生态源地功能提升，具体包括提高生态安全性、提升效率、保护功能、缓和矛盾、增加可持续性等五方面。根据不同整治目标，可将生态空间整治任务分为保证生态网络连通、提高生态空间效率、保障关键节点、充分发挥节点作用、构建复杂生态网络、优化复杂生态网络、保护重要生态廊道、提升生态廊道作用等（韩博 等，2019）。

4. 海洋空间整治

针对滨海湿地、自然海岸线减少，海洋生态系统受损，生态功能退化，滨海景观资源破坏等问题，实施海洋空间整治。海洋空间整治通过开展海岸资源环境综合整治和修复，逐步恢复海洋生态系统结构和功能，改善海岸景观系统，提升海岸和近岸海域生态服务价值。海洋空间整治重点针对由于开发利用造成的自然景观受损严重、生态功能退化、防灾能力减弱等问题采取整治措施，对利用效率低的海域海岸带展开整治修复。分析海洋空间现状，定量计算滨海湿地以及自然海岸线的生态修复潜力，依据规划约束性指标和预期性指标及计算结果确定目标值，划定海洋空间修复的重点区域，以期推进滨海湿地生态功能恢复、合理开发滩涂资源以及整治修复受损海岸带。

10.2.3 现状问题解析与潜力评估

1. 农业空间

农业空间围绕耕地资源现状、利用概况、基本农田保护、设施农业及农村建设用地等开展农业空间现状分析，针对耕地资源格局、质量、利用条件，农村居民点分布情况、设施完备情况、建设用地情况等方面构建评价指标体系。通过收集与处理 2018 年土地利用变更调查数据、江苏省 EVI（增强型植被指数）遥感数据、耕地质量等别数据、后备耕地资源数据、农村道路与沟渠数据、农村居民点数据等，选取耕地数量、质量、产能、规模化率、细碎化程度、水土匹配度、农业基础设施完备度等指标测算整治潜力，并根据指标分析结果进行组合以完成整治聚类分区，从而确定江苏省农业空间整治分类、整治总体格局及整治方向。

江苏省耕地总面积4595447.0公顷，占全省土地总面积的42.86％。其中，水田2707424.5公顷，占耕地面积的58.92％；水浇地468464.9公顷，占耕地面积的10.19％；旱地1419557.7公顷，占耕地面积的30.89％。2017年江苏省耕地质量等级为4.69，耕地质量基本保持稳定。耕地细碎化指数由南向北呈现出逐渐降低的空间格局特征，地域差异明显（孙瑞 等，2018；刘晶 等，2019）。总体水土匹配度一般，水土匹配度较优的地区主要分布在启东市、如东县和东台市等地区。省域耕地产能高值区主要集中于苏北、苏中地区，低值区主要集中于苏南地区。2017年耕地后备资源总面积（指可形成新增耕地的后备资源面积）为495.80万亩。其中，可开发土地为85.28万亩，可复垦土地为398.06万亩，可整理土地为12.46万亩，分别占耕地后备资源的17.20％、80.29％、2.51％。全省耕地后备资源主要集中在徐州市、盐城市，面积分别为110.10万亩、64.81万亩，分别占全省耕地后备资源总面积的22.21％、13.07％。江苏省居民点拆并紧迫度整体呈现东部最高、南部较低、北部较高的空间分布格局。经济快速发展引致人口、资金集聚，较多基础服务建设工作逐渐开展，使得江苏南部地区周边农村居民点得到进一步发展，改善和提升了区位条件与交通便利程度。

江苏省中部地区的耕地质量改善潜力显著高于南部地区和北部地区，耕地质量改善潜力高等级区分布较为集中；耕地后备耕地资源开发利用潜力普遍较低，潜力高、较高等级区分布较为零散，主要分布于徐淮农区西部等地区。省域中部的耕地规模化率提升潜力和耕地细碎化改善潜力则显著高于南部地区和北部地区，耕地细碎化改善潜力高等级区主要分布于宁镇扬丘陵农区、沿江农区和太湖农区等地区，南部的耕地细碎化改善潜力显著高于北部地区和中部地区。耕地产能潜力空间格局总体呈现南部产能提升潜力高，中、北部产能提升潜力较低的分布特征，产能提升潜力最高的地区分布于宁镇扬丘陵农区、沿江农区和太湖农区。基础设施完备度提升潜力高等级区主要分布于里下河农区、沿江农区和太湖农区等地区,南部和中部地区的提升潜力显著高于北部地区。

江苏省农村居民点格局优化潜力、公共设施提升潜力与低效用地挖潜潜力分布具有明显的空间差异。一方面,在经济发展速度相对较缓的区域内,由于本区域内部的经济发展水平推动周边农村劳动力流入城市务工,外流式人口流动模式的增强导致区内人口密度大幅下降,人均建设用地面积大幅上升;另一方面,在区域经济发展相对较高的区域内,区域内部农村户籍人口积累相当财富后,返回农村进行宅基地建设,农村居民点出现大量"空心化"现象,导致人均建设用地面积上升。

2. 城镇空间

随着社会经济的持续发展,人地矛盾日益尖锐,迫切需要寻求人、土地利用与经济社会协调发展的合理路径。围绕城镇空间土地利用结构、投入产出效率及社会服务能力开展研究,通过收集整理2010—2019年《江苏省统计年鉴》、2010—2018年江苏省各市土地利用变更调查数据、POI数据,明确江苏省城镇土地利用结构现状及趋势变化。同时,选取餐饮密度、教育设施密度、医院密度和休闲娱乐设施密度四类指标对社会服务功能进行现状评价;选取城市公共设施服务、低效用地占比、城市建成区植被绿度、空气质量等指标系统评价城镇公共设施提升、城镇低效用地挖潜和城镇生活环境改善情况。而后,根据城镇空间整治分类结果明确城镇空间各整治类型的潜力,从而为划分城镇空间整治重点区域。

2018年江苏省13个地级市建成区绿化覆盖率均值为43.02%,各市建成区绿化覆盖率差异较大,分别在连云港市和南京市出现最低值和最高值,二者之间相差5.30%,但整体呈现绿化覆盖率逐年上升的趋势。各市工矿面积占比平均为8%,各市采矿面积占比均低于50%,整体呈现逐年下降趋势。在2010—2019年,各市交通运输用地面积占比相对均衡,变化趋势不明显。省域尺度公共服务设施分布密度大的区域集中在各市辖区范围内,呈现从中心向周围扩散的分布状态,"苏锡常"土地利用区的公共服务设施密度大于"徐宿淮"土地利用区。徐州市、南京市、扬州市、常州市、无锡市、苏州市的餐饮密度达到每平方千米3074～7546个。教育资源丰富的地区主要分布在江苏省南部以及徐州市。医院类POI密度值达到每平方千米0～37个的城市分布于江苏省的中部和北部,整体呈现各市辖区向周围递减的分布状态。休闲娱乐设施POI密度达到每平方千米1782～3756个的城市主要有南京市、常州市、无锡市和苏州市市辖区，密度较低地区分布于江苏省中北部。

江苏省城市公共设施总体配套程度较低，主要分布于宿迁市、淮安市、南通市、苏州市和连云港市，该区域的公共设施难以满足城市人口需要，公共服务设施密度总体较低，应优先考虑对人口密集区公共服务设施进行配套完善，同时应兼顾城市生态环境改善，改善城市产业结构。城市区域低效用地比例较大以及公共设施配套程度较低的城市主要分布于"宁镇扬泰"土地利用区及"苏锡常"土地利用区部分地区，该区域应考虑统筹优化，兼顾公共设施建设与低效用地挖潜。此外，城市公共设施配套不足、低效用地占比较大、城市人居生态环境质量较低的区域主要为泰州市，该区域应综合考虑三类城市土地利用问题，兼顾公共设施建设、低效用地挖潜和城市生态功能提升，并纳入城市用地综合整治区范畴。总体上，江苏省各地级市建成区公共服务设施、低效用地和生态环境差异相对明显，环境质量有待进一步提高。

3. 生态空间

江苏跨江滨海，平原辽阔，水网密布，湖泊众多，具有良好的自然禀赋。然而，江苏省仍面临重要生态系统功能弱化问题，严重制约江苏省生态文明建设步伐。针对生态断裂点修复、生态节点保护、生态廊道优化、生态源地功能提升，构建生态空间整治目标和优化生态安全格局，围绕林地和湿地等关键生态资源展开生态修复，以确定林地补充面积和湿地恢复面积。基于2013年环境保护区数据、2018年土地利用数据、NPP数据、DEM数据、降水量数据、蒸散量数据以及全国第二次土壤普查数据集，采用InVEST模型测算生态空间的生态功能，其中，采用水量平衡的估算方法测算水源涵养功能，采用土壤侵蚀量指标表征土壤保持功能，以生境质量表征生物多样性保护功能，以固碳量表征气候调节功能。基于指标计算与整治潜力评价结果，明确生态空间整治类型与整治任务。

从全省整体情况来看，江苏省长江以南地区水源涵养功能显著较优，产水量最高值为1146.92 mm/km^2，最低值为499.23 mm/km^2。水源涵养功能高值区域集中在太湖流域、沿海片区；达到1000 mm/km^{2}的地区主要为苏州昆山市、苏州工业园区、苏州姑苏、南通崇川区。土壤侵蚀量基本为0,水土保持功能较好,土壤侵蚀量最高值为380203 t/km², 最低值为0 t/km²。生物多样性保护功能高值区域集中在太湖、洪泽湖等重要湖泊水体周围；生境质量大于0.4的地区主要为苏州虎丘区、吴中区,无锡滨湖区,淮安洪泽区。气候调节功能的高值区则集中分布于沿海、重要湖泊水体片区,达到265 g/m²的地区主要为滨海县、海安市、灌南县、涟水县、如皋市。

重要生态资源修复潜力可划分为林地修复潜力和湿地修复潜力两个方面。其中,江苏省林地修复潜力高值区主要位于张家港市,南通市通州区、海门区,句容市,溧阳市,淮安市盱眙县,徐州市丰县以及连云港市赣榆区。江苏省境内湿地资源相较丰富,自然湿地主要分布于沿海市县、环太湖地区和江淮地区。自然湿地生态修复潜力高值区位于安兴市、江阴市、新沂市、灌云县、邳州市。生态网络空间优化潜力包括生态源地格局优化潜力和规模提升潜力。其中,生态源地格局优化潜力较大区域主要分布在淮河流域北部、里下河的部分区域。生态源地规模提升潜力较大的区域主要分布在通南及崇明岛诸河、武阳区、黄浦江区以及淮河入海水道部分区域。

4. 海洋空间

江苏海洋位于我国海域中部、西太平洋沿岸带中心,沿海地带处于我国生产力布局主轴线交汇区域,是加强国际交流、参与国际分工的重要区域。海岸线北起苏鲁交界的绣针河口,南至长江口南岸的苏沪交界35号界碑外侧,岸线全长1045.88 km。沿海滩涂面积大、淤长快、沙脊多、可再生、潜力大,滩涂资源750.25万亩,占全国沿海滩涂面积的四分之一,是沿海滩涂资源最丰富的省份之一,潮上带和潮间带面积约为4689.87 km²。全省海洋生态保护红线面积9676.07 km²,占全省管辖海域面积的27.83%,类型总计8大类。海洋红线共划定大陆自然岸线335.63 km,占全省岸线的37.58%;划定海岛自然岸线49.69 km,占全省海岛岸线的35.28%(表10-1)。

基于市县调查上报数据资料,江苏省滨海湿地生态修复潜力高值区位于连云港市灌云县、盐城市滨海县和射阳县等地区；自然岸线生态修复潜力的高值区则位于连云港市赣榆区、连云区以及南通市启东市等地区。

表 10-1　全省海域生态保护红线面积（按类型分）

类型	总面积(km²)	禁止类面积(km²)	限制类面积(km²)
自然保护区红线区	1946.25	631.22	1315.03
海洋特别保护区红线区	585.56	49.50	536.06
重要河口生态系统红线区	13.18	0	13.18
重要滨海湿地红线区	273.05	0	273.05
重要渔业海域红线区	6076.09	0	6076.09
特别保护海岛红线区	676.53	0	676.53
重要滨海旅游区红线区	90.40	0	90.40
重要砂质岸线及邻近海域生态保护红线区	15.01	0	15.01

10.2.4　省域整治修复格局构建

根据江苏省土地利用现状特点、自然地貌特征、社会经济发展、生态环境状况及国土综合整治潜力和方向，按照全省国土空间策略和主要目标，结合生产、生活、生态空间布局和重点区域整治修复潜力，科学划分国土空间整治修复重点区域，明确整治修复方向，因地制宜推进国土空间整治修复，形成"五区三带"的国土空间整治修复总体格局（图 10-2）。"五区"指宁镇扬低山丘陵综合整治区、徐淮平原综合整治修复区、沿江平原综合整治修复区、沿海平原综合整治区和里下河平原综合整治区；"三带"指长江沿线国土整治修复带、运河沿线国土整治修复带和海岸带国土整治修复带。

(1) 宁镇扬低山丘陵综合整治区

该区应大力推进农用地整治，稳定耕地面积，提高耕地质量，提高粮食综合生产能力；开展城镇建设用地提效工程，通过收购储备、实施流转、协议置换、"退二进三"、增容技改等方式，推进城镇低效用地再开发，实现土地资源要素纠正错配、促进适配、提升优配；深入推进国土资源节约集约利用"双提升"，引导工业项目集中布局，打造特色产业集群，提升土地产出率、资源循环利用率。

(2) 徐淮平原综合整治修复区

该区应系统开展农用地整治、建设用地整治、生态修复和公共空间治理，持续推进实施高标准农田建设，积极推进中低产田改造，完善田间防护林网和沟渠水网，优化农田生态系统格局；着力开展实施塌陷、废弃矿山环境综合治理和重金属

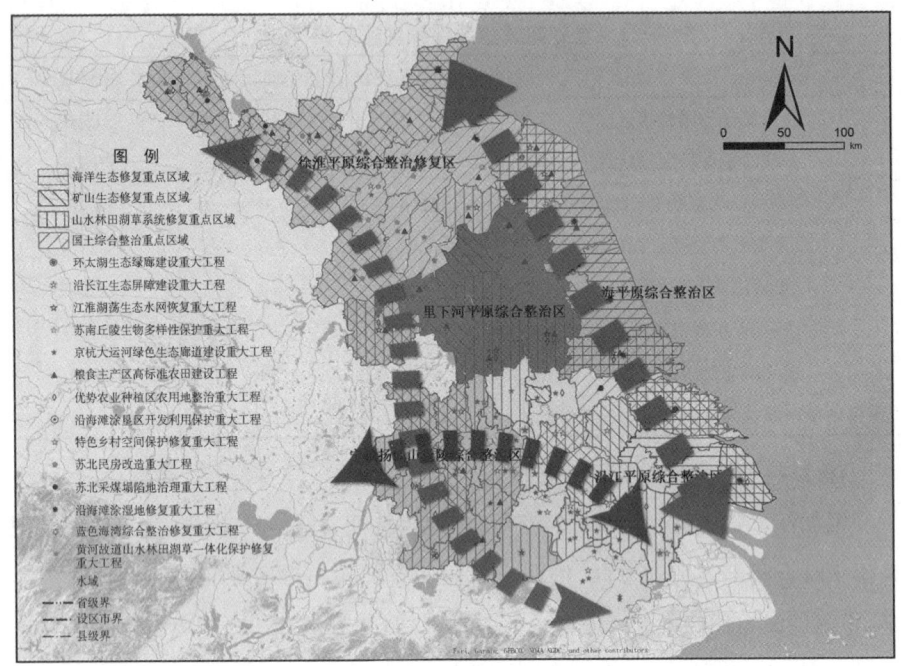

图10-2　江苏省生态修复和国土综合整治规划图

污染防治,加大工矿废弃地复垦力度,推进受损矿山地质和开山采石区景观恢复、地质灾害隐患消除、矿山复绿,全面加强矿地融合发展;引导城镇合理用地,加强采煤塌陷区的生态恢复。

(3)沿江平原综合整治修复区

作为全省经济最发达的地区,该地区应实施国土综合整治与生态修复工程,修复已受损的污染地块、工矿废弃地、污染水体等,加强沿岸防护和水源涵养林带和网络建设,提升江南水乡景观风貌;加强生态廊道建设,开展长江岸线整治修复,降低岸线港口、工业等用地造成的生态影响,提升长江岸线与腹地的生态连通性;有序开展退田(圩)还湖(湿)、退渔还湖等环太湖地区环境整治,推进太湖流域水环境综合治理,恢复湖泊水网湿地生态系统,加强水源保护和洪水调蓄功能。

(4)沿海平原综合整治区

该区应以节约集约用地为重点,优化城镇村用地结构和布局,集中布局临港产业；强化基本农田建设与管理，加强农业基础设施建设，促进农田规模化经营，实现农业产业现代化；按照因地制宜、适度开发、生态环境保护优先的原则，适度开发耕地后备资源，实现耕地后备资源开发与生态环境保护协调发展；统筹推进生态保护，加强湿地、饮用水源地保护，改善区域生态环境。

(5) 里下河平原综合整治区

该区应开展农村环境综合整治，加强生态涵养，促进乡村原貌整治，实现生态塑造，彰显地域风情特色；完善基础设施建设，着力发展绿色生态农业；重点开展水网生态保护和环境治理工程，通过缓冲带土地利用结构调整与植被保护、人工湿地建设、湖荡水网污染控制、水环境治理等，疏浚河道、连通水系、改善环境，恢复湖荡水网生态系统。

(6) 长江沿线国土整治修复带

该整治修复带应遵循自然恢复为主、人工修复为辅的原则，推进沿江岸线整治和生态修复，打造长江沿线特色示范段；从国土资源领域不同层面、不同职能专项系统优化长江经济带保护开发空间布局，实施最严格的耕地保护制度，构建数量、质量、生态"三位一体"耕地保护格局，开展"国土整治＋生态保护、美丽乡村、现代农业"等特色项目，推动生态整治修复，实现长江经济带科学发展、有序发展、高质量发展，助推美丽家园建设。

(7) 运河沿线国土整治修复带

该整治修复带应秉承山水林田湖草生命共同体的理念，以打造绿色生态长廊为目标，推动运河沿线生态自然恢复，以增强南北生态源地连通性为导向，立足沿线湖泊湿地生态系统、沿岸林地生态系统等，因地制宜实施山水林田湖草生态保护修复、国土空间全域综合整治、废弃矿山地质环境治理等工程，推动运河沿线生态自然恢复；以践行绿色发展理念为核心，严格落实耕地保护、开发强度、生态保护"三条红线"，实施农业污染控制、生态红线区域保护、产业结构转型升级、生态廊道及湿地建设等措施，构筑融合大运河文化的生态安全屏障。

(8) 海岸带国土整治修复带

该整治修复带应坚持生态优先、集约利用，以促进沿海生态自然恢复，增强陆海统筹协调为导向，强化生物措施与工程措施相结合，通过开展蓝色海湾整治、海岸线管控、分类施策处理围填海历史遗留问题、全面整治入海污染源等整治修复活动,最大程度降低对海洋水动力和生物多样性等的影响,恢复岸线湿地的自然生态面貌,改善近海海水水质与海洋生物栖息环境,提高沿线自然岸线恢复率,促进沿海生态自然恢复与海洋资源严格保护、有效修复和集约利用。

10.2.5 整治修复重点区域识别

1. 山水林田湖草系统修复重点区域

(1) 太湖平原生态修复区

应大力推进环湖林地修复、湖湾水渚保护、滨湖水系梳理、类湿地绿地建设、防护林地、绿化织补等植物群落营造,注重自然湿地保护、湿地生态及河湖水网修复,构建太湖平原生态安全格局。

(2) 苏南低山丘陵修复区

应大力加强水土流失治理,严格控制丘陵山地开发建设活动,实行退耕还林,改善生态环境,提升森林质量,进一步保护栖息地间连通性,维护区域生物多样性。

(3) 沿江平原生态修复区

应大力加强防护林体系建设、水域岸线生态保护、沿江湿地修复等措施,实施长江沿线生态修复工程,打造绿色生态屏障。

(4) 江淮湖荡生态修复区

应针对洪泽湖、里下河地区湖泊湖荡、高邮湖、骆马湖、白宝湖等区域,通过沟通水系、退圩还湖、保护湿地、水生态修复、沿河湖防护林建设等措施,构建江淮生态大走廊(表10-2)。

表10-2 山水林田湖草系统修复重点区域

重点区域名称	范围
太湖平原生态修复区	苏州市相城区、常熟市、无锡市新吴区、滨湖区、宜兴市、常州市金坛区、溧阳市、镇江市丹阳市、句容市,共计9个县(市、区)
苏南低山丘陵修复区	南京市溧水区、高淳区、江宁区、苏州市昆山市、太仓市、常熟市、张家港市、无锡市惠山区、江阴市、宜兴市、常州市溧阳市、镇江市句容市、丹阳市、扬中市,共计14个县(市、区)

续　表

重点区域名称	范围
沿江平原生态修复区	南京市浦口区、六合区,常州市新北区,扬州市邗江区、广陵区、江都区、仪征市,泰州市泰兴市、兴化市,南通市如皋市、启东市、如东县,共计12个县(市、区)
江淮湖荡生态修复区	淮安市涟水县、盱眙县,扬州市高邮市、宝应县,盐城市东台市、响水县、滨海县,泰州市兴化市,共计8个县(市、区)

2. 国土综合整治重点区域

(1) 高标准农田建设重点区

应以旱涝保收高标准农田建设为重点,开展基本农田平整,归并零碎地块,完善基础设施建设,建设集中连片、高产稳产良田,改善生产条件和农业生态环境,促进农用地适度规模经营,提高农业生产效率和粮食综合生产能力。

(2) 农村建设用地整治重点区

应以改善农村居民点和零星闲散建设用地整治为重点,以提高土地利用效率、提升人居环境质量为目标,推动特色田园乡村和美丽宜居乡村建设,促进工业化、新型城镇化发展(表10-3)。

表10-3　国土综合整治重点区域

重点区域名称	范围
高标准农田建设重点区域	南京市溧水区、高淳区、六合区、江宁区,徐州市贾汪区、丰县、沛县、睢宁县、新沂市、邳州市,常州市、溧阳市金坛区,南通市海安市、如东县,连云港市赣榆区、东海县、灌云县、灌南县,淮安市涟水县、洪泽县、盱眙县、金湖县,盐城市响水县、滨海县、阜宁县、射阳县、建湖县、东台市、大丰区,扬州市宝应县、高邮市,镇江市句容市,泰州市兴化市,宿迁市沭阳县、泗阳县、泗洪县,共计36个县(市、区)
农村建设用地整治重点区域	徐州市铜山区、贾汪区、沛县、丰县、睢宁县、新沂市、邳州市,连云港市灌云县,淮安市淮阴区、涟水县、洪泽区、盱眙县,盐城市亭湖区、盐都区、射阳县、建湖县、大丰区,扬州市仪征市,镇江市丹阳市、句容市,泰州市靖江市、泰兴市,宿迁市宿城区、宿豫区、沭阳县、泗阳县、泗洪县,共计27个县(市、区)

3. 矿山生态修复重点区域

(1) 工矿废弃地复垦利用重点区

应有序开展工矿废弃地复垦利用试点工作,按照宜耕则耕、宜林则林、宜水则水的原则,促进矿山环境治理恢复,拓展建设用地空间,改善矿山生态环境,保障土地可持续利用。

(2) 矿山地质环境治理重点区

针对露天采坑、破损山体、采煤塌陷等矿山地质环境问题,应按照"谁破坏、谁治理"的原则,落实矿山地质环境主体责任,遵循绿色矿山建设标准,开展改善经济发展和生态环境治理并重的治理,实现经济效益、资源效益与环境效益相协调(表10-4)。

表10-4 矿山生态修复重点区域

重点区域名称	范围
工矿废弃地复垦利用重点区	徐州市鼓楼区、铜山区、贾汪区、泉山区、丰县、睢宁县、沛县、新沂市、邳州市,连云港市赣榆区、连云区、海州区、东海县,南通市启东市、如皋市、如东县,泰州市海陵区、靖江市,镇江市句容市,扬州市仪征市,宿迁市泗洪县,淮安市淮安区、金湖县、盱眙县,共计24个县(市、区)
矿山地质环境治理重点区	徐州市贾汪区、铜山区、邳州市、新沂市、睢宁县、沛县,淮安市金湖县、盱眙县,南京市六合区,无锡市江阴市,泰州市泰兴市,共计11个县(市、区)

4. 海洋空间整治潜力与重点区域

(1) 滨海湿地生态修复区

应因地制宜推进沿海互花米草控制工程,加强对滨海生态保留地滩涂湿地保护,开展河口及重要野生动物栖息地退化湿地修复治理,恢复滨海湿地自然生态功能,为滨海湿地生物特别是迁徙鸟类等提供栖息地。

(2) 岸线生态整治修复区

应按照集约节约利用原则,最大限度地减少对海岸线资源的占用,通过清理拆除岸线构筑物、退养还滩、退圈还海、清淤疏浚、建设海岸生态廊道等多种方式,重点修复破碎化严重、功能退化、集中连片岸线,开展自然化、绿植化、生态化岸线建设,形成具有自然海岸形态特征和生态功能的海岸线,以提升沿岸综合环境(表10-5)。

表10-5 海洋生态修复重点区域

重点区域名称	范围
滨海湿地生态修复区	盐城市亭湖区、响水县、滨海县、射阳县、大丰区、东台市,连云港市赣榆区、连云区,南通市如东县、通州区、启东市,共计11个县(市、区)
岸线生态整治修复区	连云港市赣榆区、连云区,盐城市响水县、滨海县、射阳县、大丰区、东台市,南通市如东县、海门区、启东市,共计10个县(市、区)

10.2.6 整治修复重大工程布局

1. 山水林田湖草系统修复

应大力实施防护林体系建设、天然林保护、退耕还林还草、草原保护修复、水土流失综合治理、河湖和湿地保护恢复土地综合整治等工程。坚持以水定绿、乔灌草相结合,开展大规模国土绿化,大力实施退化林修复;加强重要河湖、湿地保护修复,保障重要河流生态流量及湖泊、湿地面积,推动长江岸线生态恢复;实施生物措施与工程措施相结合的土壤污染治理,解决重点区域土壤污染生态破坏问题(表 10-6)。

表 10-6 山水林田湖草系统修复重大工程

沿长江生态屏障建设重大工程	涉及常州市新北区,扬州市邗江区、广陵区、江都区、仪征市,泰州市泰兴市、兴化市,南通市如皋市、启东市、如东县,共计 10 个县(市、区) 通过防护林体系建设、岸线生态保护等措施,实施长江沿线生态修复工程,打造绿色生态屏障
苏南丘陵生物多样性保护重大工程	涉及南京市溧水区、高淳区、江宁区、栖霞区,苏州市昆山市、太仓市、常熟市、张家港市,无锡市惠山区、江阴市、宜兴市,常州市溧阳市,镇江市句容市、丹阳市、扬中市,共计 15 个县(市、区) 通过提升森林生态系统质量,开展中幼林抚育和低效林改造,进一步保护濒危物种及其栖息地,连通生态廊道,以完善生物多样性保护网络
环太湖生态绿廊建设重大工程	涉及苏州市相城区、吴中区、吴江区,无锡市新吴区、滨湖区、江阴市、宜兴市,常州市金坛区、溧阳市,镇江市丹阳市、句容市,共计 11 个县(市、区) 通过环湖林地修复、湖湾水渚保护、滨水水系梳理、类湿地绿地建设、防护林地、绿化织补等植物群落营造,建设太湖滨水空间生态修复的绿色廊道
江淮湖荡生态水网恢复重大工程	涉及淮安市涟水县、盱眙县,扬州市高邮市、宝应县,盐城市东台市、响水县、滨海县,泰州市兴化市,共计 8 个县(市、区) 通过沟通水系、退圩还湖、保护湿地、沿河湖防护林建设等措施,构建江淮生态大走廊
京杭大运河绿色生态廊道建设重大工程	涉及徐州市鼓楼区、贾汪区、铜山区、邳州市、新沂市、睢宁县,宿迁市宿城区、宿豫区、泗阳县、泗洪县,淮安市淮安区、清江浦、洪泽区、淮阴区、涟水县,扬州市邗江区、江都区、广陵区、宝应县、仪征市、高邮市,镇江市京口区、丹徒区、丹阳市,常州市武进区、新北区、天宁区、钟楼区,无锡市梁溪区、惠山区、新吴区、滨湖区,苏州市姑苏区、虎丘区、吴江区、吴中区、相城区,泰州市姜堰区、海陵区等,共计 310 个县(市、区) 通过强化河道水系管理、优化生态空间管控、强化环境污染治理、深化生态保护修复等措施,构建京杭运河生态长廊
黄河故道山水林田湖草一体化保护修复重大工程	涉及徐州市鼓楼区、云龙区、铜山区、泉山区、丰县、沛县、睢宁县,宿迁市宿城区、宿豫区、泗阳县,淮安市淮安区、清江浦、淮阴区、涟水县,盐城市阜宁县、滨海县、响水县,共计 17 个县(市、区) 通过"山水林田湖草"全要素综合整治,优化调整生产、生活、生态空间布局,修复治理人居环境,着力构建黄河故道特色农业走廊、绿色生态走廊及生态屏障,推进黄河故道的生态保护和高质量发展

2. 国土综合整治

全面实施农用地综合整治。应开展粮食主产区高标准基本农田建设、优势农业种植区整治、沿海滩涂垦区开发利用等重大工程，以实施土地平整、归并零散地块、建设农田水利设施、田间路网和生态防护林体系等为核心，推进耕地"三位一体"保护，夯实农业现代化基础，促进土地资源安全利用，提高国土资源综合承载能力。

因地制宜开展农村建设用地整治。应开展特色乡村空间、苏北民房改造等重大工程，以促进城乡统筹发展为导向，优化土地利用布局，建设规模适度、设施完善、生活便利、产业发展、生态环保、管理有序的新型农村社区，合理引导农民居住向集镇、中心村集中，优化用地结构布局，提高节约集约用地水平，促进农民增收、农业增效和农村发展，推动美丽宜居乡村建设和新型城镇化发展（表10-7）。

表10-7　国土综合整治重大工程

粮食主产区高标准农田建设工程	涉及徐州市贾汪区、丰县、沛县、睢宁县、新沂市、邳州市，常州市溧阳市、金坛区，南通市海安市、如东县，连云港市赣榆区、东海县、灌云县、灌南县，淮安市涟水县、洪泽区、盱眙县、金湖县，盐城市响水县、滨海县、阜宁县、射阳县、建湖县、东台市、大丰区，扬州市宝应县、高邮市，镇江市句容市，泰州市兴化市，宿迁市沭阳县、泗阳县、泗洪县，共计32个县(市) 以高标准农田建设为重点，完善农田基础设施，增强防洪、排涝等抵御自然灾害的能力，全面提高农田质量、增加有效耕地面积、改善生态环境
优势农业种植区农用地整治重大工程	涉及南京市江宁区、六合区、溧水区、高淳区，徐州市丰县、沛县、铜山区、邳州市，常州市溧阳市，苏州市常熟市，南通市启东市，淮安市盱眙县，盐城市东台市，扬州市高邮市，泰州市兴化市、姜堰区，宿迁市沭阳县，共计17个县(市、区) 针对苏南水网地区、宁镇低山丘陵地区等的经果、茶园、水生作物种植区，开展特色农用地整治工程，实施生态化、本地化、种植结构适宜性强的整治措施，促进特色农产品产业发展，提高资源利用效率
沿海滩涂垦区开发利用保护重大工程	涉及南通市如东县、启东市，连云港市连云区、赣榆区，盐城市东台市、大丰区、射阳县，共计7个县(市、区) 针对沿海滩涂围垦区，合理规划围垦开发利用格局，适度新增围垦面积；优化提升垦区耕地质量，通过脱盐脱碱、熟化、改良土壤，改造中低产田；强化滩涂地区生态功能导向，防控种植养殖造成海水污染；建立陆海统筹多功能垦区试点，形成滩涂垦区利用保护创新样板
特色乡村空间保护修复重大工程	涉及南京市江宁区、高淳区，无锡市锡山区、惠山区，常州市武进区，苏州市吴中区、常熟市、昆山市，南通市通州区，淮安市洪泽区，扬州市高邮市，镇江市镇江新区、丹阳市，泰州市兴化市、泰兴市，宿迁市宿豫区，徐州市沛县，共计17个县(市、区) 针对农业文化遗产、传统村落、传统农业文化景观所在区域，通过全域推进、系统保护、适当修复，建设融合农耕文化、生态文明，体现特色乡村景观风貌同时符合现代农业发展的特色乡村空间

	续 表
苏北民房改造重大工程	涉及徐州市沛县、丰县、睢宁县、新沂市、邳州市,宿迁市宿城区、宿豫区、沭阳县、泗阳县、泗洪县,共计10个县(市、区) 针对住房条件较差农户,分区分级、精准施策,优先改善低收入农户居住条件,推进农村危房改造,妥善解决农村"空关房"和"空心村"问题

3. 矿山生态修复

应按照"谁损毁、谁修复"的原则,要求在采矿山履行矿山地质环境恢复治理与土地复垦义务,推进绿色矿山建设,确保规划期内矿山地质环境破坏和土地损毁不欠新账;推进历史遗留关闭矿山生态修复,进一步加强采煤塌陷地综合治理。结合国家、省重点工程建设,及时、全面复垦工矿、水利和交通工程周边的废弃地;推广先进的矿山生态修复和废弃地复垦技术,有效恢复土地的生产生态功能(表10-8)。

表10-8 矿山生态修复重大工程

苏北采煤塌陷地治理重大工程	涉及徐州市铜山区、鼓楼区、泉山区、贾汪区、丰县、沛县,共计6个县(市、区) 针对采煤塌陷地重点区域,加强采煤塌陷地治理,推进矿山生态恢复与环境治理;结合国家、省重点工程建设,及时、全面复垦新增工矿、水利和交通沿线废弃地;推广先进的土地复垦工程和生物技术,恢复土地生产生态功能

4. 海洋生态修复

加强沿海防护林体系和海岛生态建设。应强化沿海发展过程中的环境保护和生态建设,开展滨海湿地、海草床、河口、海湾等典型海洋生态系统修复,开展岸线整治与生态景观恢复;推进沿海产业空间重新布局和产业结构重构,全面整治化工园区,加快沿海工业园区生态化改造;鼓励沿海污染性企业易地搬迁或者企业转型,实现沿海企业"减污减排"(表10-9)。

表10-9 海洋生态修复重大工程

沿海滩涂湿地修复重大工程	涉及盐城市亭湖区、响水县、滨海县、射阳县、大丰区、东台市,南通市海安市、如东县、通州区、启东市,连云港市赣榆区、连云区,共计12个县(市、区) 通过淮河入海口、废黄河口、长江口等重要河口湿地修复,实施沿海互花米草控制工程,开展沿海滩涂和浅海水域可持续利用示范,提升滨海湿地生态质量和生态功能
蓝色海湾综合整治修复重大工程	涉及盐城市大丰区、亭湖区、响水县、滨海县、射阳县、东台市,南通市通州区、海门区、如东县、启东市,连云港市赣榆区、连云区、灌南县、灌云县,共计14个县(市、区) 开展湿地退养还湿、地形塑造、水系连通、植被培育优,恢复岸线湿地的自然生态面貌,优化生态空间格局,提升生态稳定性和防灾减灾能力,构筑稳固的沿海生态屏障

10.2.7 国土整治修复实施机制

1. 国土综合整治修复策略

(1) 国土综合整治修复分类体系落实途径

按照省级—市(县)的尺度分级,可以确定不同层面整治分类的落实途径。由于不同尺度面对的国土空间与资源利用问题不同,对国土综合整治分类的目标与要求也不同。在承接国家层面国土综合整治与生态保护修复重点区域与重大行动的基础上,省级层面可根据自身特征与国土空间规划选择区域性的整治大类与亚类,按照国家整治目标的总体要求制定不同类型的整治任务;市(县)级层面需因地制宜选择与地方问题衔接的整治小类,完成整治任务,以实现整治目标,在进行重点区域与重大工程选择时,结合特定问题选择相应整治亚类与小类(图 10-3)。

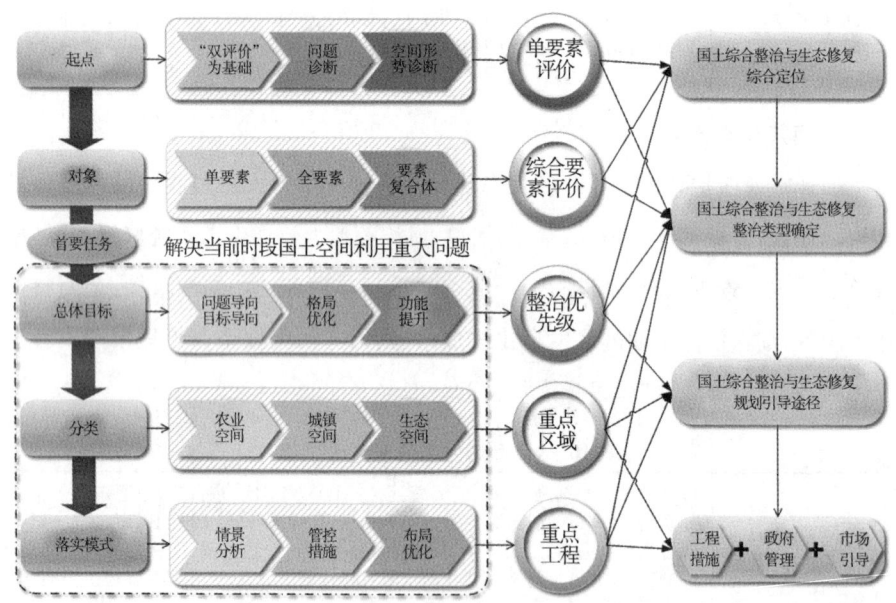

图 10-3 国土整治修复分类体系落实途径

(2) 国土综合整治修复分类体系与国土空间规划的衔接

① 定位衔接

广义的国土综合整治、生态保护修复、国土空间规划均是优化国土空间资源利用的重要途径,狭义的国土综合整治,生态保护修复,国土空间开发、保护共同构成了国土空间规划格局,其中国土综合整治与生态保护修复主要针对利用失序、功能退化的国土空间。

② 目标衔接

国土综合整治与生态保护修复应以解决"双评价"(资源环境承载力与国土空间开发适宜性评价)确定的国土开发利用问题、实现国土空间规划确定的空间发展蓝图为目标。

③ 对象衔接

国土综合整治与生态保护修复分类的要素应与国土空间规划"三线划定"体系衔接,城镇空间对应城镇开发边界内区域,生态空间对应生态红线划定区域,农业空间对应城镇开发边界及生态红线外包含农用地的区域,工矿空间对应采矿用地及配套仓储与工业用地。

2. 保障机制

(1) 实施计划安排

① 探索编制国土整治修复专项规划

当前,土地整治正逐渐向国土整治修复转型,编制国土整治修复专项规划也应以新时代生态文明理念为指导思想,强调提升国土空间品质,关注国土空间全要素分尺度逐级落实。在省级尺度上,编制规划时应考虑到省级专项规划,以全部资源为视角,侧重协调,重视提高,通过国土整治修复来增强区域生态系统服务功能的能力与水平;在市县级尺度上,编制专项规划时应侧重于传导性,按照党中央、国务院关于大力推进国土整治的决策部署以及我省统筹城乡发展精神,落实《江苏省土地整治规划(2016—2020)》以及各市、县土地利用总体规划的目标任务。在部署专项规划上,围绕组织准备、资料收集、确定规划基础和规划范围,明确技术方法和路线开展。同时,考虑重要的生态功能区专项规划,遵循主导功能、保障发展、区域相关、相似一致、区域共轭及协调衔接原则。

② 试点开展国土整治修复工程

为适应现代农业发展需要,推动国土空间规划落地实施,统筹试点推进农用地整治、村庄整治、生态保护修复、工业用地整治、城镇低效用地再开发等,鼓励盘活存量建设用地和农村闲置资产资源,保障农村一二三产业融合发展用地,促进农村生态环境改善,助推乡村振兴。试点以耕地保护为重点,减少耕地碎片化,优化耕地布局,提升耕地质量,为农业适度规模经营和发展现代农业创造条件;统筹农民住宅建设、产业发展、公共服务、交通水利基础设施等建设用地,有序开展农村宅基地、工矿废弃地以及低效闲置建设用地整理;保留村庄特有民居风貌、自然景观、乡土文化,实施生态修复工程,优化调整生态用地布局等。

a. 农村土地综合整治示范村镇工程

常州市金坛区上阮村土地综合整治项目,推进综合整治,助力乡村振兴。上阮村作为"两田两水六分山"的乡村,原有土地利用格局严重制约乡村的发展。项目开展土地综合整治,以改善基础设施为抓手,分区推进土地整治;以现代农业园为平台,提升综合生产能力;以农业产业规划为引领,助力实现乡村振兴;以可持续发展为理念,推动美丽乡村建设,现已斩获江苏省"省级最美乡村"。

b. 山水林田湖草生态保护修复工程

蓝城—戴南村悠然南山特色田园乡村项目,是符合江苏省生态文明建设、乡村振兴要求的特色田园乡村试点项目。项目打造集高品质农业生产、乡村休闲旅游、山水康养度假、农业创业产业于一体的江南丘陵地区特色田园乡村,探索释放乡村"生态红利"的新路径。项目深入开展对农村生活、生产环境的综合整治,对全域的基础设施进行了改造。实施中注重原生态保护,大力发展功能农业;立足现实改善,保留乡村原有生态自然环境。

③ 建立国土整治修复技术标准体系

国土整治修复是一个长期投入的工程,积极探索建立国土整治修复技术标准体系对于更好实施具体项目大有裨益。后续可以尝试从三个方面来建立标准体系:首先需要规范国土整治修复项目的申报立项,省级和市(县)级的专项规划遵循"管什么就批什么"的原则,侧重控制性审查;其次是明确国土整治修复工程建设标准,明确生态优先、保护优先、规划引领、节约集约,政府主导、农民主体,守住底线、改革创新,因地制宜、循序渐进的基本原则;最后,严格国土整治修复项目验收标准,加强对竣工报验项目的质量管理,认真组织竣工验收实地踏勘工作。

④ 有序推进整治重点区域国土整治修复

坚持耕地数量、质量与生态管护并重,坚持国土综合整治修复与生态保护相统一,规范有序推进国土综合整治修复工作,维护和保障农民的合法权益,促进绿色转型发展。按照整治紧迫度,制定近期与远期重点国土整治修复区域安排,结合整治项目投融资情况,推进重点整治区内整治项目开展,循序渐进,稳妥推进整治重点区域国土整治修复。

(2) 实施保障机制

① 政策制度保障

第一,要落实主体责任制度,保证公众知情权;第二,要探索完善国土整治修复收益分配机制,合理引导挂钩指标配置,建立农用地整治经济激励机制;第三,要制定合理的区域协作制度,各部门和行业相互配合;第四,要建立良好的上下联动机制,创造有利的政策环境;第五,要制定适当的公众参与制度,明确公众参与方式,完善公众参与程序。

② 社会综合治理体系建设

需要政府、社会、公众共同努力,加强生态文明建设的宣传与普及,合力助推生态文明建设,逐步改善生态环境。

③ 资金投入保障

国土整治修复资金以财政资金投入为主,社会投入、金融投入为辅。为确保工程项目的资金投入,应该设置财政专项资金,同时拓宽融资渠道,形成多元化的资金投入机制。

④ 技术支撑保障

强有力的技术支撑是实施国土整治修复的重要前提之一,同时也是提高整治效率的关键手段,因此要在以下两方面做好支撑保障:一是要提升国土整治修复科技水平,加快推进国家级土地科技创新平台建设;二是要加强国土整治修复人才培养,完善人才激励机制,迅速提升专业技术队伍、管理队伍的综合能力水平。

10.3 案例总结

10.3.1 省域国土整治修复范式

根据国土综合整治与生态保护修复内涵、特征及其任务定位，省域国土综合整治与生态修复应具有以下分类原则：第一，尺度性，应在分类中区分不同尺度国土综合整治与生态保护修复对象、目标、途径等的差异，不同尺度间整治类型应相互衔接；第二，独立性与综合性结合，体现国土综合整治与生态保护修复的系统性、综合性，包括整治对象的综合、整治目标的综合、整治手段与措施的综合等，同时保持不同整治类型在某一特征上的相对独立；第三，稳定性与开放性结合，国土综合整治分类与生态保护修复应适应不同时期不同区域要求，以稳定的分类框架容纳不断变化的整治措施和手段。

依据国土综合整治与生态保护修复相关的各类规划文本及图件、政策文件、相关文献等资料，省域国土综合整治与生态修复应具有以下范式（图 10-4）：理论分析部分主要基于人地关系地域系统理论，构建广义国土综合整治体系，按照时代要求和管理需求，构建新时期国土综合整治与生态保护修复分类体系，提出不同类型的整治重点、目标、途径、参考指标等；实证分析部分选择农业空间、城镇空间、生态空间三类国土空间进行整治潜力测算、整治分区，确定整治重点区域、整治时序与重大工程（韩博 等，2019）。

10.3.2 省域国土整治修复讨论

省域国土综合整治与生态修复涉及农村土地利用、城乡土地建设、基础设施建设等各个方面，与当地人民生活、生产及生态环境息息相关，与当地政府的规划形成对接。若国土综合整治的过程中缺乏合理的系统筹划，会在一定程度上与当地各项产业发生冲突，不利于各个部门合理利用当地土地资源，容易造成纠纷。实际上，在我国大部分地区的资源环境配置缺乏从全局着手的意识，大部分地区为了完成国土综合整治任务，忽视了全局统筹，因而在国土综合整治项目的具体内容上缺乏合理的设计，造成国土综合整治项目与现状脱节；在规划国土综合整

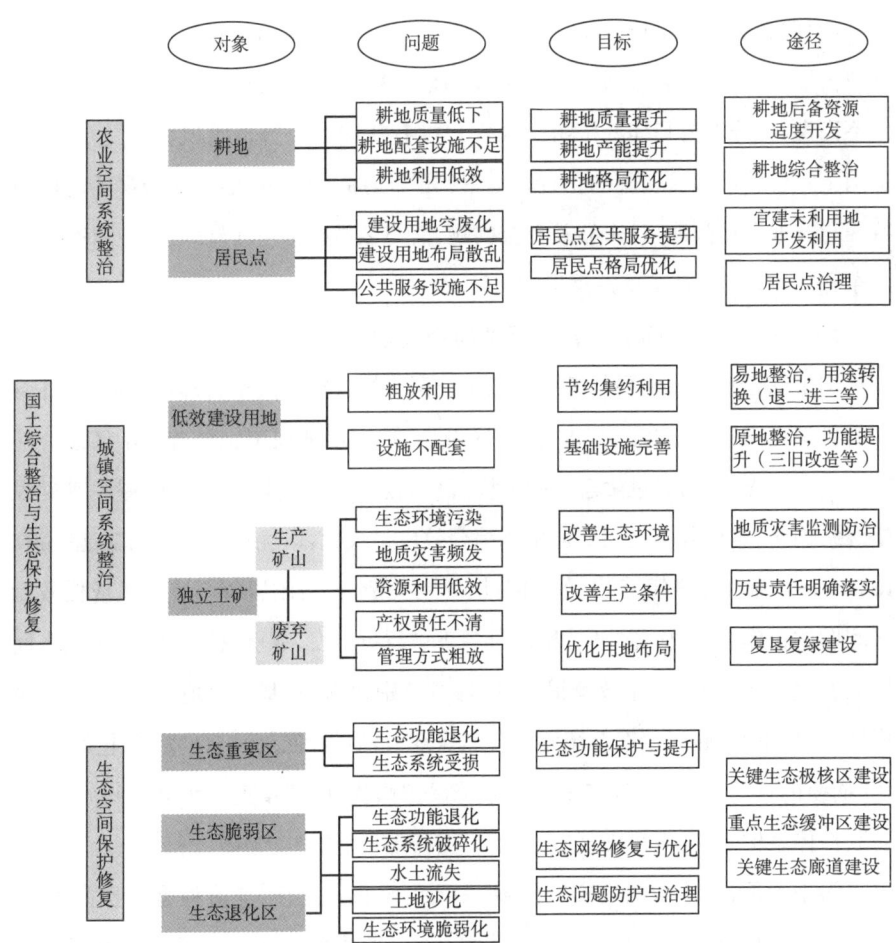

图 10-4　省域国土综合整治与生态保护修复研究范式

治项目时,为了提高任务完成量,对区域设计划分不合理,忽略了部分区域不适合进行国土综合整治的问题,影响了国土综合整治的效率;出现主次不协调的矛盾,使项目区域土地耕作被严重破坏,不利于农民耕作生产,影响了国土综合整治项目的整体效果;国土综合整治项目主要依靠财政专项的投入才得以实施,即在项目开展前期需要地方政府先进行垫付,在实施后有垫资的政府以置换的方式进行资金周转。然而,垫付的资金可能会出现不能及时回笼的现象,这对规模较大、建设要求高的项目增加了地方政府筹措资金的压力。在国土综合整治项目的实施过程中,各个部门项目资金来源和用途不同,导致建设内容和项目验收标准难以整合,因此无法进行工作的统一开展。此外,国土综合整治项目的规模大,涉及的农户占地数量不同,并且项目没有征拨用地专项补偿安置资金,使农民对资金补偿不满意,部分农村集体经济组织和农户没有从国土综合整治项目中受益,违背了国土综合整治项目实施的初衷。本案例以江苏省为研究区,未能穷尽所有区域特征与土地利用问题,且未涉及资金问题,需与区域国土空间规划进一步衔接(尹向东和刘涛,2020;许闯胜 等,2021)。

10.3.3 国土空间规划背景下的研究展望

国土综合整治的主要任务应紧紧围绕国土综合整治战略目标,对接应用性与内在机理更完善的"双评价"机制,划区域、有重点地铺展国土综合整治实践。应秉持生态优先原则,通过生态空间适度规模划定、生态要素结构优化、绿色基础设施网络构建,实现各类空间要素生态综合效应最大化,以优化空间结构功能(贾文涛,2018);对存在规模零散、布局混乱、要素失衡、低效闲置等不宜不适或低效闲置问题的耕作农田、村庄屋宅、城市景观等进行再开发、复垦、整理,进而实现空间格局调整优化、资源利用效率提升;应通过差别化措施,基于全地域、全要素和全周期,保护重要、脆弱生态系统发挥自然恢复力,修复、恢复乃至重建严重受损、退化、崩溃的自然生态系统,实现生态系统保护修复;应注重灾害污染空间识别、联防联控体系构建、灾害污染事后处置,以实现地质、洪涝灾害防治和大气、土壤、水重点污染治理;应围绕规划实施保障、多元资金投入运作、全流程监督监管、统筹协调组织管理、生态价值补偿、资源资产提升,考评六个方面,构建整治修复制度体系(郝庆 等,2019)。

国土综合整治的规划体系须牢牢对接主体功能区和国土空间规划,并将其定位为国土空间规划的专项规划(韩博 等,2019;蔡海生 等,2020)。在进一步提升"双评价"机制规范性和应用性的基础上,确定"国土整治"功能区,开展国土整治重大工程,修复国土功能。具体的逻辑应是对接现在、未来的主体功能区划和国土空间规划成果,结合重要生态环境功能区、生态脆弱区、生态问题突出区、重大战略支撑区,开展"宏观—中观—微观"多空间尺度构成的国土综合整治规划体系建设。以整治问题识别、整治格局构建、整治工程布局为目标,通过综合性"双评价"划定"国土整治"功能区,通过土地、地质、大气、生态、环境等单项评价确定整治功能区方向,在国土整治功能区范围内,通过归因分析明确国土整治任务目标,进而在国土空间规划专项规划指导下开展综合整治重大工程,修复国土功能。在"国土整治"功能区域确定"主要任务＋次要任务"指导下的"主体工程＋次要工程"的项目体系。此外,还应将多元资金投入、全流程监督、关注自然资产提升的考评融入项目实施全过程,并体现资金支持的广泛性,体现监督、监管保障的完备性(韩博 等,2019)。

参考文献

[1] 蔡海生,陈艺,查东平,等,2020.基于主导功能的国土空间生态修复分区的原理与方法[J].农业工程学报,36(15):261-270.

[2] 范业婷,金晓斌,项晓敏,等,2019.江苏省土地利用功能变化及其空间格局特征[J].地理研究,38(2):383-398.

[3] 韩博,金晓斌,孙瑞,等,2019.新时期国土综合整治分类体系初探[J].中国土地科学,33(08):79-88.

[4] 郝庆,封志明,赵丹丹,等,2019.自然资源治理的若干新问题与研究新趋势[J].经济地理,39(6):1-6.

[5] 贾文涛,2018.从土地整治向国土综合整治的转型发展[J].中国土地(5):16-18.

[6] 孔雪松,蒋献佳,刘叶,等,2020.国土空间开发强度与资源环境承载时空耦合及规划启示——以江苏省为例[J].中国土地科学,34(6):10-17.

[7] 刘晶,金晓斌,徐伟义,等,2019.江苏省耕地细碎化评价与土地整治分区研究[J].地理科学,39(5):817-826.

[8] 孙瑞,金晓斌,项晓敏,等,2018.土地整治对耕地细碎化影响评价指标适用性分析[J].农业工程学报,34(13):279-287.

[9] 夏方舟,杨雨濛,严金明,2018.中国国土综合整治近40年内涵研究综述:阶段演进与发展变化[J].浙江国土资源(7):39.

[10] 许闯胜,刘伟,宋伟,等,2021.差异化开展国土空间生态修复的思考[J].自然资源学报,36(2):384-394.

[11] 尹向东,刘涛,2020.空间规划语境下国土整治与生态修复的思考[J].中国土地(7):31-33.

第十一章　江苏省长江经济带生态保护修复规划

生态保护修复规划是新时期国土整治的一项重要内容。当前,生态保护修复规划正经历从分散独立的项目规划向山水林田湖草系统保护修复规划的转型,规划范式与方法仍处于探索阶段。本章展示了江苏省长江经济带生态保护修复的规划案例,与全国和省级国土整治修复规划的综合性特点不同,江苏省长江经济带具有突出的地方性生态问题,因此在编制生态保护修复规划过程中必须充分考虑区域特色和区域问题。推动长江经济带发展是党中央做出的重大决策,是关系国家发展全局的重大战略。实施长江经济带生态修复对改善区域生态环境质量、支撑沿线经济高质量发展转型具有重要意义。然而,由于江苏省长江沿线在快速工业化进程中受到高强度的环境干扰,且承载了极高的人口和经济活动,当前面临巨大的生态保护压力。如何在生态保护与经济发展的矛盾中寻找生态修复平衡路径,已成为当前亟须研究的问题。本研究提供了江苏省长江经济带生态保护修复规划的一种分析思路,从区域典型生态问题识别出发,构建了一种多尺度潜力评价与分区体系。最后,本章总结了江苏省长江经济带生态保护修复规划在政策制定中的应用价值。

11.1　案例背景

11.1.1　政策背景

党的十九大提出了"统一行使所有国土空间用途管制和生态保护修复职责,

统筹山水林田湖草系统治理"的战略要求。2018年国家机构改革后,自然资源部将"负责统筹国土空间生态修复"写入机构职能,并成立国土空间生态修复司;2019年国土空间规划体系建设正式启动,提出"推进生态系统保护和修复"。这一系列举措标志着中国生态修复逐渐由局部分散开展阶段向全面系统发展阶段转变。尽管当前生态修复实践需求愈发紧迫,但目前还面临着生态修复概念内涵不明确、生态修复路径与范式不清晰、生态修复实践与"整体保护、系统修复、综合治理"的要求不匹配等问题(曹宇 等,2019)。这些问题的解决对推进生态修复广泛开展、提升实施与管理水平、保障生态修复实施效益具有重要意义,是当前学者亟须解决的关键命题。

长江经济带发展战略是当前我国最重要的区域发展战略之一,实施长江经济带生态修复是促进区域可持续、高质量发展的重要途径(李焕 等,2017;徐梦佳 等,2017;郜志云 等,2018)。作为我国开发历史最久、人口经济分布最为集中的地区之一,长江江苏段是当前长江流域生态承载压力最大、生态保护与经济活动矛盾最突出、生态保护形势最紧迫的区域(陈诚 等,2011)。2016年1月5日,中共中央总书记习近平在推动长江经济带发展座谈会上提出"共抓大保护、不搞大开发"战略。江苏省长江沿线作为沿江开发利用程度最高的区域,面临着最紧迫的生态保护与修复需求。

11.1.2 区域概况

江苏省长江干流从苏皖交界到长江口北支,全长432.5 km,流域面积3.86万 km²,岸线总长1169.9 km,涉及南京、无锡、常州、苏州、南通、扬州、镇江、泰州等8个地级市、66个县级单元,沿江10 km范围涉及303个镇级单元,20 km范围涉及96个小流域单元。该区域处于亚热带向暖温带的过渡区,气候温和,雨量适中,四季分明,平均气温13℃~16℃,年降水量1000 mm左右。沿江地区地貌以平原为主,丘陵山地面积很小,在低山丘陵的坡麓和平原之间,分布着西南部的黄土岗地和东北部的变质岩石质岗地。沿江地区土壤类型主要有水稻土、潮土等9个土类,共19个亚类、52个土属,其中沿岸冲积平原主要为灰潮土。该区域是我国开发历史最久、人口经济分布最为集中的地区之一。根据《江苏统计年鉴—2018》,2017年末沿江8市常住总人口4994.03万,地区生产总值67719.28亿元,分别占全省的62.20%、76.96%。第一产业生产总值1828.49亿元,第二产业生产总值31085.64亿元,第三产业生产总值34805.15亿元,分别占全省生产总值的46.43%、77.59%、79.13%。根据《江苏省国家级生态保护红线规划》,2017年年末沿江8市国土总面积为47357.88 km², 陆域生态保护红线面积为4626.65 km², 海域生态保护红线面积为2471.94 km², 分别占全省面积的47.05%、47.77%、22.92%。

11.1.3 生态问题

现代意义的江苏省长江沿线开发可追溯到民国时期,该区域是我国民族工业的发祥地(施和金,2007)。2003年《江苏省沿江开发总体规划》的发布标志着长江岸线从分散利用向全面开发利用转变,沿江产业迅速布局,建设用地急剧扩张;2007年《江苏省沿海开发总体规划》发布,沿江产业发展重心开始向沿海区域转移;2016年长江经济带发展战略提出"共抓大保护、不搞大开发",江苏省为落实该战略制定了《长江经济带生态环境保护实施规划》;2019年长江大保护会议提出要将"长江江苏段建成生产发展、生活富裕、生态优良高质量发展的典范"。然而,长期高强度开发利用过程形成的历史惯性给生态转型造成了严重阻力,实施区域生态修复仍是未来一段时期的重要历史任务。

生态问题识别是开展生态修复的基础,长江江苏段是整个长江流域生态环境问题最突出的区域,其中长江岸线部分生态问题表现最为显著(邹辉和段学军,2016)。受历史条件和经济社会发展阶段等因素的影响,当前江苏省长江岸线存在保护利用矛盾大、违建项目多、集约利用效率低等突出问题(陈诚 等,2014)。"重化围江"是当前长江岸线最主要的生态胁迫(陈欢 等,2015;刘燕和赵海霞,2019)。江苏全省重工业企业数量占全省企业总数的62.9%,化工、火电、冶金等七大高耗能产业产值占全省工业总产值的三分之一左右,且主要分布于沿江8市,成为水土污染重要来源。高污染风险企业的不合理布局进一步影响了长江沿岸生态环境质量,重要水源保护区、生态敏感区、部分生态红线管控范围内存在一定数量的化工企业。此外,江苏段长江岸线还存在生产性岸线利用比例高、沿江林地湿地带等生态性岸线占比不断下降、滨江生态用地功能退化等问题(段学军和邹辉,2016)。不合理的岸线利用与生物多样性保护矛盾凸显,尤其给江豚生存带来了严重威胁。不仅如此,一些建设项目布局不合理,存在局部岸段岸线冲刷调整现象,对防洪安全及河势稳定造成不利影响。

与此同时,沿江区域生态景观格局变化进一步加剧了长江生态问题。城镇建设扩张一方面导致林草河湖等生态用地面积不断减少,另一方面也导致生态用地格局破碎化。例如沿江地区生态防护林多以分散林地斑块为主,树种配置单一,功能不够完善,未形成统一、完整的带状空间。沿江水系存在人工破坏现象,导致部分支流滞流、断流,湖泊河网调蓄能力下降,自然湿地面积减少,水域生产力下降。野生动植物生境分布区日益缩小,栖息地破碎化严重(Peng et al.,2019)。

近年来,江苏省针对长江沿线生态问题已经实施了一系列举措。江苏省级层面制定了《江苏省长江经济带生态环境保护实施规划》;在2018年完成了国家级生态保护红线划定;实施环太湖生态绿廊工程、宁镇扬淮丘陵生态公益林建设工程,并将"江淮生态大走廊"建设纳入国家规划。部分地市如南京市开展绿水湾、龙袍、八卦洲等长江滨江三大湿地保护工程,扬州打造长江下游最大的人工恢复岸线湿地等。但目前长江沿线生态问题恶化的态势尚未得到根本扭转,首先,社会经济发展与生态保护的矛盾更加突出,转型实现绿色发展存在障碍;其次,已实施的各类生态修复措施呈现重工程、轻管控,重指标、轻效益等特征;再次,生态修复途径措施较为单一,主要以矿山废弃地治理、造林绿化、水土污染治理、海岸带修复等为主,缺乏区域统筹;最后,部门间、区域间协调较少,难以发挥生态修复整体效益。因此,识别研究区尺度、要素、途径复合的生态修复格局,成为进一步推进生态修复开展的重要基础。

11.2 分析过程

11.2.1 分析思路和技术路线

狭义的生态修复是指针对已受损的土地、水体、土壤、栖息地等,以工程、化学、生物、绿化等手段进行恢复与修复,实现污染消除、生态功能与景观恢复、资源再利用等目的的过程。广义的生态修复则包含了以提高生态环境质量为目的的所有人类活动及地表过程。由于生态系统是一个复杂巨系统,狭义的生态修复往往"治标不治本",因此针对特定区域实施系统性生态修复已逐渐成为共识。本研究借鉴人地系统科学、景观生态学、生态学等相关理论,尝试对广义生态修复进行内涵解析(图11-1)。

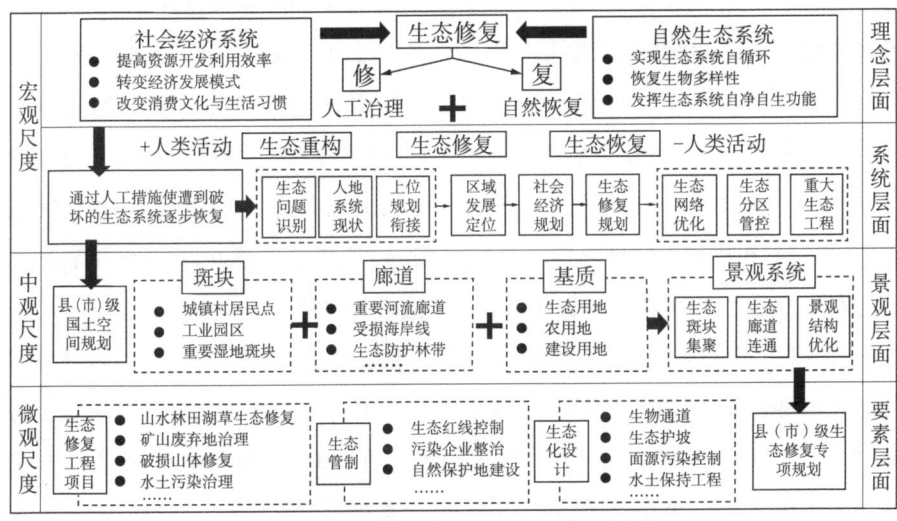

图11-1 生态修复内涵解析框架图

按照人地关系理论,生态修复的对象可分为社会经济系统及自然生态系统,针对已破损生态系统,通过人工措施进行生态重建和生态修补,对生态脆弱区、生态敏感区通过划定生态管控区促进生态恢复。由于当前自然生态系统的高度人工化,实践中生态修复过程需要"修""复"结合。宏观尺度的生态修复不只是各类生态工程、生态管制、生态措施的空间布局,更是生态修复目标约束下区域社会经济发展的引导。按照生态修复理念调整社会经济发展方向,通过构建生态补偿等机制协调经济活动与生态修复活动,制定区域层面的生态修复规划,是宏观尺度生态修复的实现途径。中观尺度生态修复的对象主要是各类景观生态要素,以县(市)级国土空间规划为载体,通过调整景观结构、优化景观格局、改善景观生态功能等途径,落实宏观尺度生态修复规划。微观尺度生态修复与传统狭义的生态修复概念近似,是操作层面实施生态修复的具体途径,通过县(市)级生态修复专项规划布局生态修复工程项目,制定地块尺度的生态管制规则,推行适宜区域条件的生态设计标准。

11.2.2 现状评价与问题识别

1. 评价指标体系构建

基于本研究对广义生态修复的内涵解析,结合江苏省长江沿线区域特征及生态环境问题分析,构建基于"要素—景观—系统"框架的生态修复评价指标体系,旨在分析江苏长江沿线多尺度生态修复类型与潜力。镇级行政单元是要素层生态修复的决策单元,小流域单元具有相对独立的景观连通性特征,县级行政单元是社会经济与自然生态复合系统。基于此,本研究分别以镇级行政单元、小流域单元、县级行政单元作为要素层、景观层、系统层评价单元。考虑到生态修复实施的空间布局,按照以下原则确定评价范围:第一,距离长江越近,对长江干流产生的生态压力越大,因此优先对长江岸线及周边进行评价;第二,应尽可能将距离长江干流较近的中心城区纳入评价范围;第三,景观层评价旨在分析生态连通性,因此需覆盖要素层评价单元;第四,系统层评价应覆盖长江沿线完整行政单元。据此,本研究将长江干流 10 km 缓冲区范围涉及的 303 个镇级行政单元、20 km 缓冲区范围涉及的 96 个小流域、沿江 8 市 66 个县级行政单元纳入评价范围。

评价对象的生态现状和发展态势是开展生态修复的基本依据,变化过程产生的压力和针对压力已做出的决策响应是影响发展态势的重要因素,因此本研究从压力—状态—响应(Pressure-State-Response,PSR)三个维度进行指标选取(表 11-1)。当压力指标值越大,状态指标与响应指标值越小,表明评价单元生态修复潜力越大。

表 11-1 "要素—景观—系统"生态修复评价指标体系

评价对象	要素	景观	系统
压力	土地利用变化压力指数 A_1	景观压力指数 B_1	人口增长率 C_1 GDP 增长率 C_2 工业产值增长率 C_3
状态	工业用地面积比 A_2 水面率 A_3 水田面积比 A_4 土壤重金属污染 A_5 植被覆盖度 A_6	生态景观连通度 B_2 生态景观分割度 B_3 生态景观聚集度 B_4	生境质量 C_4 固碳量 C_5 水源涵养量 C_6

续 表

评价对象	要素	景观	系统
响应	禁止开发区面积比 A_7	规划生态景观连通度 B_5	国家级生态保护红线面积比 C_7
	基本农田保护区面积比 A_8	规划生态景观分割度 B_6	主体功能区类型 C_8
	风景旅游用地区面积比 A_9	规划生态景观聚集度 B_7	
	林草业用途区面积比 A_{10}		
综合指标	要素层生态修复潜力 A_{11}	景观层生态修复潜力 B_8	/

(1) 要素层指标解释

指标 A_1 具体计算公式如下：

$$A_1 = \alpha_{ab} \times S_{ab}$$

式中，A_1 为评价单元的土地利用变化压力指数，其值越大表示由于土地利用变化导致的生态压力越大；S_{ab} 指该评价单元从2010年至2017年，土地利用类型 a 转移为土地利用类型 b 的面积，其中本研究将土地利用类型划分为水田、其他农用地(水浇地、旱地、田坎、园地)、生态用地(林地、草地、水面、沼泽地、盐碱地、裸地、沙地)、建设用地(城镇村建设用地、设施农用地、交通运输用地)四种类型；α_{ab} 为土地利用类型 a 转移为土地利用类型 b 的压力权重，参考不同土地利用类型的生态服务价值进行取值(表11-2)。

表11-2 土地利用类型转移压力权重矩阵

	水田	其他农用地	生态用地	建设用地
水田	0	0.08	−0.1	0.24
其他农用地	−0.08	0	−0.12	0.16
生态用地	0.1	0.12	0	0.3
建设用地	−0.24	−0.16	−0.3	0

注：纵轴为转出地类，横轴为转入地类

指标 $A_2 \sim A_4$ 分别表示工业用地、水面、水田这三类该区域最重要的土地利用要素占评价单元的面积比；指标 A_5 表示以《土壤环境质量 农用地土壤污染风险管控标准(试行)》(GB15618—2018)为依据，评价单元是否存在重金属超标，存在则值为1，不存在则值为0；指标 A_6 采用增强型植被指数(EVI)表示，取值范围为[−1,1]，值越大表示植被覆盖度越高；指标 $A_7 \sim A_{10}$ 分别表示土地利用总体规划中不同类型土地规划用途区面积占评价单元的面积比,其中禁止开发区包括生态与环境安全控制区、自然与文化遗产保护区,林草业用途区包括林业用地区和牧业用地区;指标A_{11}是由各单项指标综合计算得到的复合指标,具体计算公式如下:

$$A_{11} = \sum_{1}^{i} \beta_i \times As_i$$

式中,As_i为指标A_i极差标准化之后的值;β_i为对应权重,采用AHP法与熵权法结合的方法进行取值,分别为 0.342、0.121、0.019、0.019、0.138、0.031、0.122、0.071、0.079、0.058;i为要素层单项评价指标个数,本研究为 10。

(2) 景观层指标解释

指标B_1具体计算公式如下:

$$B_1 = Exp \times CONTAG$$

式中,B_1为评价单元的景观压力指数,其值越大表示生态景观格局受到的压力越大。本研究将生态景观划分为农用地景观(包含要素层的水田和其他农用地)、建设用地景观(对应要素层的建设用地)以及生态用地景观(对应要素层的生态用地);Exp为该评价单元从 2010 年到 2017 年建设用地景观面积增长率;$CONTAG$为该评价单元从 2010 年到 2017 年的建设用地景观蔓延度变化率。

指标B_2表示评价单元生态用地景观的景观连通度(Connectance Index),取值范围[0,100],值越大生态用地景观连通性越好;指标B_3表示景观分割度(Landscape Division Index),取值范围[0,1],值越大表示生态用地景观在空间上分离程度越高;指标B_4表示景观聚集度(Aggregation Index),取值范围[0,100],值越大表示生态用地景观空间分布越集聚;指标$B_5 \sim B_7$分别表示土地利用总体规划中生态相关用途区(包含要素层的禁止开发区、基本农田保护区、风景旅游用地区、林草业用途区)的景观连通度、景观分割度、景观聚集度。指标B_8具体计算公式如下:

$$B_8 = \sum_{i=1}^{i} \gamma_i Bs_i$$

式中,Bs_i为指标B_i极差标准化之后的值;γ_i为对应权重,采用AHP法与熵权法结合的方法进行取值,分别为 0.337、0.141、0.072、0.124、0.138、0.068、0.120;i为景观层单项评价指标个数,本研究为 7。

(3) 系统层指标解释

指标 $C_1 \sim C_3$ 分别表示评价单元从 2010 年到 2017 年的人口增长率、GDP 增长率及工业产值增长率,用以表示社会经济发展对人—地系统造成的压力;指标 $C_4 \sim C_6$ 用以表示生态系统服务功能;C_7 表示评价单元内国家级生态保护红线面积占比;C_8 表示评价单元所属的主体功能区类别,反映自然生态系统保护及社会经济系统发展导向的决策响应。

2. 要素层评价结果

根据要素层生态修复评价指标计算结果,将评价单元各指标计算的值(除土壤重金属污染指标)按自然断点法(Natural Break)划分为五个等级(图 11-2)。土地利用变化压力指数反映土地开发利用过程造成的生态胁迫,测算结果显示,江苏省长江沿线 10 km 范围镇域单元的土地利用变化压力指数平均值为 0.0053,总体呈现建成区周边高、其他区域低,长江北岸高、南岸低的分布,土地利用变化压力较高的区域集中于长江北岸自扬州、镇江到南通市启东市沿江区域一带。

在状态指标中,研究区工业用地面积比平均值为 0.093,无锡、苏州、南通长江沿线工业用地面积比较大。研究区水面率平均值为 0.187,南京长江北岸、扬州沿江区域水面率较高,无锡、苏州等传统江南水乡地区以及南京长江南岸、南通市辖区水面率相对较低。研究区水田面积比平均值为 0.145,总体呈东西低、中部高的分布趋势,扬州、泰州水田面积比最大,环长江入海口区域以及南京、镇江低山丘陵区水田面积比较小。研究区土壤重金属整体超标情况较少,仅在南京、镇江、扬州部分镇域存在汞元素、铅元素、砷元素超标现象。区域内 EVI 年平均值为 0.189,总体来看距离长江干流越远,EVI 值越高。

以沿江 8 市土地利用总体规划矢量数据(2020 年为规划年)为基础计算指标 $A_7 \sim A_{10}$ 等四个响应指标。禁止开发区严格禁止各类建设活动,是最有效的生态保护途径。研究区禁止开发区面积比平均值为 0.015,大部分镇域占比较小,南京镇江邻接区域、镇江扬州长江沿线区域禁止开发区面积比较大。耕地是江苏长江沿线地区具有生态功能的重要用地类型,基本农田保护区划定能够通过限制开发建设活动,保护耕地生态功能。研究区基本农田面积比平均值为 0.175,东段占比

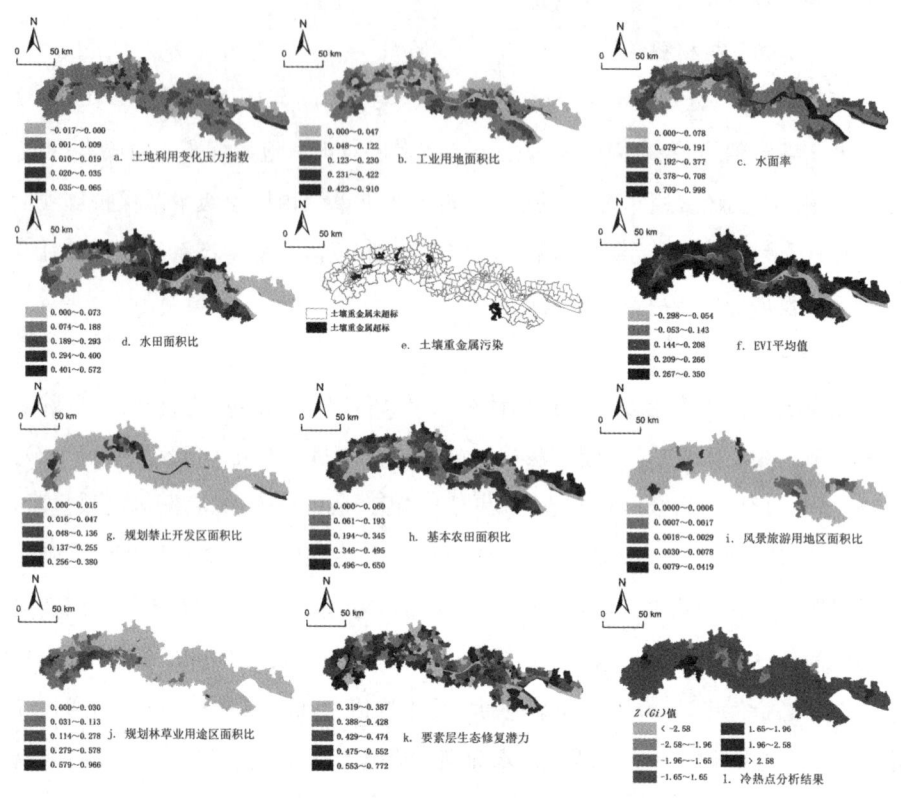

图 11-2 要素层评价结果图

较高,西段占比较低。风景旅游用地区包含自然与人为景观,具有一定生态保护功能。研究区风景旅游用地区面积比平均值为 0.0003,除南京江宁区、镇江句容市、泰州高港区等普遍占比较低。林草业用途区是土地利用规划发展林业和牧业用地区,江苏省沿江区域自然林地偏少,多为具有一定生态功能的人工林草地。研究区林草业用途区面积比平均值为 0.030,主要集中分布在南京和镇江低山丘陵地区。

根据 $A_1 \sim A_{10}$ 计算结果,计算 A_{11},测算江苏省沿江镇域的生态修复潜力(图 11-2 h)。通过计算可知江苏沿江镇域生态修复潜力平均值为 0.460。使用 ArcGIS 空间自相关性分析工具测算生态修复潜力全局相关性,得到 Moran's I 为 0.029,p 值为 0.802,未通过显著性检验,空间集聚不明显。使用 ArcGIS 中 Getis-

Ord Gi*热点分析工具分析镇域生态修复潜力,可以得到镇域生态修复冷热点空间分布(图11-2i),热点区($GiZ>1.65$) p 值平均值为 0.039,通过空间显著性检验;冷点区($GiZ<-1.65$) p 值平均值为 0.053,具有一定空间显著性。总体来看,江苏沿江镇域生态修复潜力呈"大分散、小集聚"的特征,生态修复潜力热点区域主要集中于南京老山以东江北新区、镇江丹徒区等市辖区、南通启东市等,这些区域面临的生态压力较大,生态基础较薄弱,是生态修复的重点区域。生态修复冷点区域主要集中于江苏省长江中段,包括镇江扬中市沿江地区、常州新北区北部、泰州泰兴市与靖江市沿江地区、南通通州区西部等,这些区域生态压力相对较小,具有生态功能的土地面积较大,并且通过土地利用规划对开发建设活动进行了一定限制,是生态保护与恢复的重点区域。

3. 景观层评价结果

本研究基于 2010 年及 2017 年两期土地利用数据,使用 Fragstates 软件计算涉及的景观指数。根据景观层生态修复评价指标计算结果,将评价单元各指标计算的值(除土壤重金属污染指标)按自然断点法划分为五个等级(图11-3)。景观压力指数表示建设用地景观面积增长与布局延展的趋势,从而反映建设用地扩张对生态景观造成的压力。研究区景观压力指数平均值为 0.056,总体普遍偏高,其中环长江入海口区域景观压力最大。

生态景观连通度、分割度、聚集度用于表征生态景观在空间上连通、分离和集聚的状况,研究区生态景观连通度、分割度、聚集度平均值分别为 62.92、0.890、69.09,研究区生态景观连通度呈东西两段低、中段高的布局,南京、镇江区域受地形与城乡用地布局影响,生态景观连通性最低。研究区生态景观分割度、生态景观聚集度与距离长江干流距离呈正相关,除长江入海口北岸地区,长江岸线区域较长江沿线腹地生态景观更为集聚。

基于土地利用规划用途区数据,计算规划期具有生态功能用地景观的连通度、分割度与聚集度,表征规划决策对生态压力的响应程度。研究区规划生态景观连通度、分割度与聚集度平均值分别为 73.57、0.901、80.59。受地形影响,研究区规划生态景观连通度总体呈西低东高布局,但苏州张家港及泰州泰兴市沿江区域景观连通度最低。研究区规划生态景观分割度普遍较高,表明土地利用规划对造成生态景观分离的可能考虑不足。研究区规划生态景观聚集度呈西高东低布局,在长江入海口等现状生态景观聚集度较高区域,规划生态景观聚集度反而较低,表明规划响应对生态景观集聚性可能造成进一步压力。

根据指标 $B_1 \sim B_7$ 计算结果计算 B_8(图 11-3h)。通过计算可知江苏沿江小流域生态修复潜力平均值为 0.435。使用 ArcGIS 空间自相关性分析工具计算得到 p 值为 0.0007,通过显著性检验;Moran's I 为 0.214,具有一定空间集聚性。使用 ArcGIS 中 Getis-Ord $Gi*$ 热点分析工具计算得到小流域生态修复潜力冷热点区域分布(图 11-3i)。热点区($GiZ>1.65$)p 值平均值为 0.031,冷点区($GiZ<1.65$)p 值平均值为 0.048,均通过空间显著性检验。结果显示,江苏省沿长江小流域生态修复潜力具有明显的组团特征,热点区主要集中于环长江入海口区域,冷点区主要集中于扬泰平原区。

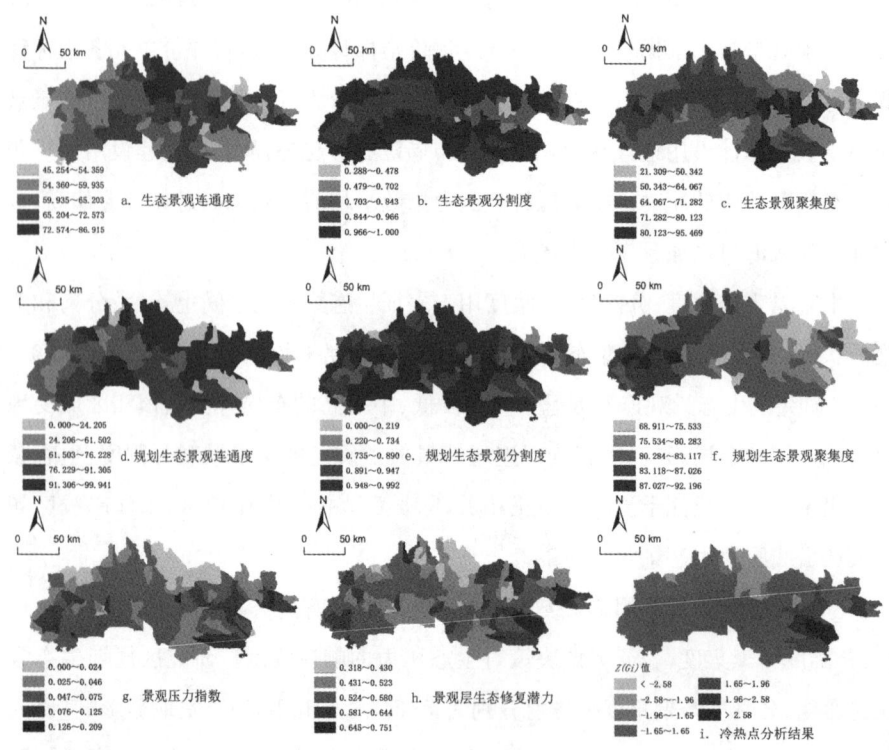

图 11-3 景观层评价结果图

4. 系统层评价结果

系统层评价主要包括对社会经济系统压力、自然生态系统功能现状以及规划决策响应的评价(图11-4)。基于2010年到2017年社会经济数据,计算研究区人口、GDP、工业产值增长率。结果显示,研究区人口增长率平均值为0.114,增长率较高区域主要集中于无锡、苏州地区,但同时该区域部分县域人口呈负增长。研究区GDP增长率平均值为1.211,"苏锡常"等传统长三角经济发达区,除江阴市、新北区、新吴区等之外的县域GDP近年增速相对较慢;南京市总体GDP增速相对较快。研究区工业产值增长率平均值为0.623,南京部分区县以及长江以北地区工业产值增长较快,这些区域也是研究区生态基础较优的地区,可能面临工业发展带来的生态压力。

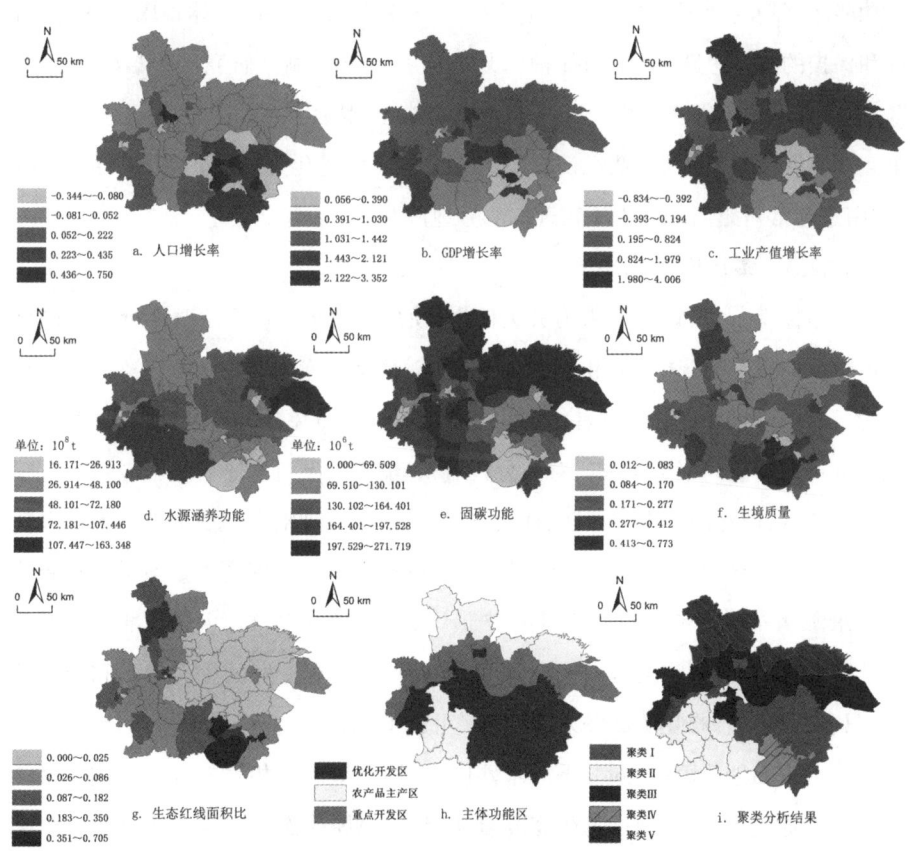

图11-4 系统层评价结果图

依据张晓琳等(2019)的研究结果,本研究分析了研究区自然生态系统的水源涵养功能、固碳功能及生境质量。研究区 2015 年水源涵养量、固碳量以及生境质量值的平均值分别为 54.154×10^8 t、150.960×10^6 t、0.208。研究区西南山地丘陵区及长江入海口以北区域水源涵养功能较高,环太湖平原区及扬泰平原区水源涵养功能较低。研究区内除环太湖区域以及南京、镇江、南通主城区外,生态系统固碳功能较高。整体来看,长江以南生境质量优于长江以北地区。

生态保护红线是今后实施国土空间用途管制、推进生态保护的重要依据。生态红线划定面积一方面受区域生态本底影响,另一方面受区域生态管控强度影响。研究区平均生态红线面积比为 0.076,比例较大区域主要包括环太湖区域以及京杭运河流域,"苏锡常"及南通、泰州沿江区域生态红线划定面积比较低。主体功能区规划明确了县级行政单元的社会经济发展主导方法,体现国土开发、利用和保护的主体思路,对生态保护修复方向有重要影响。研究区包括优化开发区、重点开发区及农产品主产区三类主体功能区,长江沿线北岸全部县级单元为重点开发区,长江以南多数经济较发达县级单元为优化开发区,而扬州、泰州、南通、南京和常州距离长江干流较远的部分地区为农产品主产区。

11.2.3 多尺度规划决策

以指标 $C_1 \sim C_8$ 计算结果为分类依据,使用 Geoda1.14 软件对评价单元进行 K-means 空间聚类分析,采用 Queen 邻接方法构建空间权重矩阵。经实验,聚类数为 5 时可以在保证分区具有相对独立特征的同时避免分区过度碎片化,由此得到县级单元的空间聚类结果。对比分析可知,聚类结果与主体功能区规划具有较高的一致性,但在南京市主城区、环太湖地区、镇江市丹阳市和扬中市等区域出现差异。对五个聚类分区进行指标结果统计分析,结果显示聚类 I 生态系统具有较高的水源涵养功能和固碳功能,工业产值增长率最低,主导的主体功能区类型为优化开发区,社会经济发展水平在各分区中最高,具有良好的生态基础和经济基础,具备开展生态修复的良好条件。聚类 II 的 GDP 和工业产值增长率较高,由于包括了西南山地丘陵区、部分平原水网区,平均生境质量相对较好。总体上聚类 II 具有农业生产、工业生产与生态复合功能,应兼顾生态保护与生态修复。聚类 III 生态系统的固碳功能在各分区中最高,但平均生态红线面积占比最低,县级单元均为重点开发区,是当前长江沿线生态保护压力最大的区域。聚类Ⅳ的 GDP 和工业产值增长率最低,但生境质量显著优于其他分区,同时生态保护红线划定面积比例较大,是当前长江沿线生态保护核心区域。聚类Ⅴ全部县级单元为农产品主产区,但 GDP 和工业产值增长率最高,各类生态功能相对较低,生态质量可能进一步降低(表 11-3)。

表 11-3 聚类分区指标统计表

聚类分区	县级单元个数	国土面积(km^2)	平均人口增长率(%)	平均GDP增长率(%)	平均工业产值增长率(%)	水源涵养量(10^8 t)	固碳量(10^6 t)	平均生境质量	平均生态红线面积占比(%)	主体功能区类型
聚类Ⅰ	31	12154.66	19.05	117.08	36.90	1289.39	3212.70	0.174	5.29	优化开发区
聚类Ⅱ	10	10258.23	3.80	124.07	72.61	795.83	1832.41	0.282	8.59	农产品主产区 优化开发区
聚类Ⅲ	17	15660.15	3.00	133.06	91.95	1122.60	3589.46	0.157	2.86	重点开发区
聚类Ⅳ	3	3192.08	25.11	63.97	39.83	106.02	188.36	0.618	54.17	优化开发区
聚类Ⅴ	5	9754.22	−1.03	133.90	111.62	260.35	1140.36	0.202	8.11	农产品主产区

11.2.4 生态保护修复格局构建

本研究根据要素层、景观层和系统层的指标评价及空间分析结果,进行江苏省长江沿线生态修复总体格局构建,针对不同区域、不同类型的生态修复区提出生态修复对策建议。生态修复总体格局主要由点、线(带)、面等组成。首先以系统层聚类分析结果为依据,确定生态修复总体分区(图 11-5)。以区位及分区特征为主要命名依据,将五个聚类分区命名为沿江城镇群生态修复区、长江南岸生态腹地保护修复区、沿江发展带生态修复区、太湖周边生态修复区、长江北岸生态腹地保护修复区。

(1) 沿江城镇群生态修复区

此区包括除苏州外各市主城区以及苏州、无锡、常州大部分县域,该区域是沿江 8 市经济最发达区域,但该区域工业化、城市化快速发展造成了严重生态环境破坏,传统江南水乡景观逐渐丧失。近年来该区域逐渐推进产业转型升级和生态环境保护,但生态功能下降的趋势尚未扭转(朱治州和钟业喜,2019)。今后应进一步加强用地管制,推进建设用地减量化发展,推进产业转型升级;通过制定国土空间规划,提高生态用地比例,优化"三生用地"结构,在区域生态斑块破碎的背景下,加强生态廊道建设,提升生态连通性;开展长江岸线整治修复,降低岸线港口、工业等用地造成的生态影响,提升长江岸线与腹地的生态连通性;实施国土综合整治与生态修复工程,对已受损的污染地块、工矿废弃地、污染水体进行修复;进行区域特色生态设计,提升江南水乡景观风貌。

(2) 长江南岸生态腹地保护修复区

包括南京南部、镇江和常州西部等区域,是沿江 8 市山地丘陵面积最大的区域,林草覆盖率、水面率较高,生态环境相对较好。该区域中,南京江宁区、溧水区、高淳区,常州金坛区等经济增速较快,特别是江宁区正处于建设用地快速增长阶段。该区域应优化发展路径,降低地耗(单位 GDP 增长需要的新增建设用地面积),并行推进生态保护与修复;合理划定生态保护红线与永久基本农田,严格限制生态功能区的开发利用活动;加强自然保护地建设,进一步提升茅山、宝华山、长荡湖、天目湖等重要生态区生态功能;保护宁镇至茅山山脉的大量库塘湿地,提升湿地水体质量,遏制富营养化趋势;推进乡村规划编制,建设人、地、业协调的美丽乡村,提升江南水乡文化与景观特色;加强农用地整治,优化农用地结构,控制草地、苗圃等可能造成土壤流失的作物种植,控制农业面源污染,修复高强度作物种植造成的耕地破坏。

(3) 沿江发展带生态修复区

该区是研究区内经济增长与工业发展最快的区域之一,同时是主体功能区定位的重点开发区。该区域贯穿长江沿线东西,包含老山国家森林公园、京杭运河、扬州泰州南通滨江湿地等重要生态源地,以及长江豚类自然保护区等生物多样性保护区,具有较高的水源涵养与固碳功能。该区域是当前沿江生态保护压力最大的区域,工业发展与建设用地快速扩张造成农用地与生态用地损失。该区域应权衡经济发展与生态保护关系,推进产业集聚绿色发展,控制新增建设用地规模,增划生态保护红线,严格保护森林、湿地、水域等重要生态用地;通过实施多功能土地综合整治,在保障粮食生产功能前提下进一步提升规模化水田的固碳与水源涵养功能;优化整合港口用地,加快工矿废弃地复垦复绿;实施海岸带整治修复,恢复滩涂湿地,保护自然岸线。

(4) 太湖周边生态修复区

该区是江苏长江沿线最重要的生态源地,具有重要的生态净化、洪水调蓄、气候调节、维护生物多样性、饮用水供应功能,同时太湖周边也是苏南地区人口最密集、经济发展水平最高、建设用地密度最高的区域,是当前生态修复潜力最高、难度最大的区域。该区域应进一步加强产业转型升级,推进太湖流域水环境综合治理,恢复沿湖湿地;开展生态农业与生态渔业建设,开展退田(圩)还湖(湿);建立太湖流域污染监测预警体系,严格控制水、土污染,修复已受损用地,优先调整为生态用地。

(5) 长江北岸生态腹地保护修复区

包括扬州、泰州、南通北部区域,是研究区内重要的农产品主产区,同时也是工业产值增长最快的区域。该区域是连接长江流域与淮河流域的通道,应优先保障生态系统连通性。该区域包含了宝应湖、高邮湖等重要湿地及兴化垛田等文化生态景观,应合理规划开发建设活动,减少生态负面效应;提升水系连通性,优化水网结构;实施农村土地综合整治,适当开展居民点用地复垦,提升农用地集中连片规模。

根据景观层冷热点分析结果,可以识别生态景观保护修复核心区,包括长江入海口生态景观修复核心区以及长江北岸生态景观保护核心区。环长江入海口区域生态景观分割度较高,并且面临土地利用规划导致的生态景观进一步破碎问题。该区域应在今后国土空间规划编制中重点关注生态景观布局优化,提升生态景观集聚性与连通性。长江北岸生态景观保护核心区的生态景观均质性较高,但面临建设用地扩张风险,应在国土空间规划编制过程中尝试划定"生态景观集中保护区",限制开发建设活动。同时应鼓励农用地流转,促进具有生态功能的农用地进一步集中连片。

通过分析要素层生态修复关键点及冷热点空间分布特征,可以识别生态修复重点工程集中区及生态保护修复关键带。长江东段、西段生态修复潜力热点区为重点修复关键带,该区域特别是沿江岸线区域是重化工围江密集区,应依据相关规划推进化工污染企业专项整治,降低重化工企业数量和排污总量;整治违法、违规岸线利用项目,调整码头布局,整治占用长江岸线、围垦长江滩地及水面项目,并对腾退的岸线资源进行统一生态建设规划;针对土壤污染问题实施土壤修复工程项目。长江中段生态修复冷点区为重点保护关键带,该区域分布有大量滨江湿地,但湿地生态环境质量一般,河流、湖泊水体水质较差,高强度经济活动对湿地的干扰持续存在。该区域应统一编制长江岸线生态保护与建设相关规划,系统实施护堤护岸造林、岸线复绿、沿线城镇村庄绿化等项目,建设沿江两岸护堤护岸林带体系,实施滨江绿化生态廊道建设工程试点,建设滨江公园绿地、风景林地、湿地公园等。

提取要素层生态修复潜力最高和较高两级单元,使用 ArcGIS 中要素转点工具得到 97 个生态修复关键点。针对不同类型的生态修复关键点,实施相应生态修复工程,包括破损山体修复工程、城市环境整治工程、矿山废弃地整治工程、污染土地治理工程、水环境治理工程、防护林带建设工程、湿地修复工程等。其中,针对南京江北新区、镇江扬州滨江地区、"苏锡常"沿江地区、南通中心城区等生态修复重点工程集中区,实施生态修复重大行动,集中连片推进生态修复工程项目建设。

图 11-5 生态修复总体格局

11.3 案例总结

11.3.1 区域生态保护修复思路

1. 体系构建

与传统生态修复工程相比,国土空间生态修复不仅是人类改造空间与资源利用方式的途径与过程,更是人地系统的可持续发展。生态修复概念从直观上看其对象是"生态",但其潜在及根本修复对象是"人"。因此,作为系统工程的国土空间生态修复,依赖于政府决策与管控、规划引导、市场调控、工程项目建设、宣传教育等复合途径。同时,国土空间生态修复又具有区域性和尺度性,不同区域和尺度在生态问题与修复目标上既有差异又有联系。因此,本案例提出"政府主导—规划统筹—分区引导—分级落实—创新机制"的总体思路。

由于江苏省长江经济带生态保护修复的核心问题在于经济发展与生态保护的矛盾,而二者的权衡只有通过政府主导下优化国民经济发展路径才能实现,仅靠部门职能难以从根本上实现生态系统修复。国民经济发展规划是统领性规划,有必要将国土空间规划与之衔接,落实开发、利用、保护与修复空间布局,发挥统筹作用。

2. 分级落实途径

由于仅靠微观尺度的生态修复工程项目实施落实生态修复目标已无法满足当前形势需求,因此应根据不同尺度面对的问题,提出分级修复路径。

宏观尺度生态修复不只是各类生态工程、生态管制、生态措施的空间布局,更是生态修复目标约束下区域社会经济发展的引导。按照生态修复理念调整社会经济发展方向,通过构建生态补偿等机制协调经济活动与生态修复活动,制定区域层面的生态修复规划,是宏观尺度生态修复的实现途径。

中观尺度生态修复的对象主要是各类景观生态要素,以县(市)级国土空间规划为载体,通过调整景观结构、优化景观格局、改善景观生态功能等途径落实宏观尺度生态修复规划。

微观尺度生态修复与传统狭义的生态修复概念近似,是操作层面实施生态修复的具体途径。通过县(市)级生态修复专项规划布局生态修复工程项目,制定地块尺度的生态管制规则,推行适宜区域条件的生态设计标准。

3. 创新评价体系

传统的以工程建设为主要内容的评价体系并不适用于现在的江苏省长江经济带生态修复。本研究建议从以下方面创新评价体系:第一,探索以生态功能、生态价值等为主要指标的质量导向评价体系,替代以工程量、工程面积等为主要指标的数量导向评价体系;第二,以地方生态问题的解决程度和对宏观修复目标的支撑能力为考评依据;第三,构建长时期、区域性的评价体系,建立区域"病例本",实现区域"诊疗过程"全记录。

11.3.2 生态修复机制创新

探索国土空间生态修复新机制,是当前国外开展生态修复的重要经验。机制创新的内容包括管理体系优化、监测评估体系优化、决策支持体系优化、生态文化建设等。结合当前江苏省长江经济带问题特征,建议优先开展区域生态补偿机制创新探索。系统性国土空间生态修复不仅仅是修复自然环境的过程,更是统筹协调区域发展的过程。江苏省长江经济带率先推进生态补偿是基于以下原因:一是区域生态与经济发展差异大,存在补偿空间;二是可以通过生态补偿开拓生态修复资金来源,提升地方生态修复积极性;三是通过生态补偿引导经济落后区错位发展,避免重走"先破坏后保护"的老路。

目前在国土综合整治与生态修复实践中开展的生态补偿机制探索已颇为丰富。例如,"生态券"制度是将国土整治修复形成的生态产品进行价值量化和交易的典型代表(韩博 等,2021)。生态券是指特定区域范围的某生态单元生态功能及生态效率变化程度的价值量化,而生态券制度是对生态券的产生、应用、交易、评估、监测等进行管理的政策体系。江苏省长江经济带作为内部生态资源差异较大的典型地区,有条件探索"生态券"制度实施。

参考文献

[1] 曹宇,王嘉怡,李国煜,2019.国土空间生态修复:概念思辨与理论认知[J].中国土地科学,33(7):1-10.

[2] 陈欢,陈雯,曹有挥,等,2015.江苏苏中3市的沿江岸线资源开发利用变化及驱动因素[J].长江流域资源与环境,24(5):711-718.

[3] 陈诚,甄云鹏,2014.江苏省长江岸线资源利用变化及合理性分析[J].自然资源学报,29(4):633-642.

[4] 陈诚,陈雯,赵海霞,2011.江苏沿江地区生态保护与产业分布空间匹配格局分析[J].地理研究,30(02):269-277.

[5] 段学军,邹辉,2016.长江岸线的空间功能、开发问题及管理对策[J].地理科学,36(12):1822-1833.

[6] 郜志云,姚瑞华,续衍雪,等,2018.长江经济带生态环境保护修复的总体思考与谋划[J].环境保护,46(9):13-17.

[7] 韩博,金晓斌,孙瑞,等,2021.面向国土空间整治修复的生态券理论解析与制度设计[J].资源科学,43(5):859-871.

[8] 李焕,黄贤金,金雨泽,等,2017.长江经济带水资源人口承载力研究[J].经济地理,37(01):181-186.

[9] 刘燕,赵海霞,2019.污染型制造业空间格局演变的特征及影响因素分析——以长江经济带中下游地区为例[J].世界地理研究,28(4):96-104.

[10] 施和金,2007.江苏长江岸线的历史变迁与沿江开发应注意的问题[J].历史地理(1):212-219.

[11] 徐梦佳,刘冬,葛峰,等,2017.长江经济带典型生态脆弱区生态修复和保护现状及对策研究[J].环境保护,45(16):50-53.

[12] 邹辉,段学军,2016.长江经济带经济—环境协调发展格局及演变[J].地理科学,36(9):1408-1417.

[13] 张晓琳,金晓斌,范业婷,等,2019. 1995—2015 年江苏省土地利用功能转型特征及其协调性分析[J]. 自然资源学报,34(4):689-706.

[14] 朱治州,钟业喜,2019. 长江三角洲城市群土地利用及其生态系统服务价值时空演变研究[J]. 长江流域资源与环境,28(7):1520-1530.

[15] Peng B, Li Y, Elahi E, et al., 2019. Dynamic evolution of ecological carrying capacity based on the ecological footprint theory: a case study of Jiangsu province[J]. Ecological Indicators, 99: 19-26.

第十二章　常州市金坛区生态网络优化

区域生态网络作为国土空间生态保护修复重要研究任务,是一种在开放系统中利用生态廊道,并将湿地、林地、草地等各部分生境斑块(也称"生态源地")相互连接,从而形成的生态系统有机结合体。区域生态网络为保护生态系统提供了有效的方法借鉴,在增强景观连通性、生物多样性方面发挥重要作用,研究区域生态网络可为国土空间生态保护修复提供重要支撑。长江下游平原区拥有得天独厚的自然条件和地理环境,境内湖泊众多、水网密集、植被茂盛,整体生态环境质量较优。与此同时,该地区经济高度发达,快速的人口集聚和城市化扩张导致该区域生态安全格局面临严重威胁。在高质量发展要求的背景下,维护长江下游平原区优越的自然环境,保障区域生态安全格局,显得尤为迫切。基于此,本研究以长江下游平原区水网密布的代表性区域——常州市金坛区为案例区,重点围绕区域生态网络识别与优化开展研究,以期丰富县域尺度生态安全格局构建方法,为国土空间生态保护修复提供借鉴。

12.1　案例背景

12.1.1　研究背景

随着社会经济快速发展,区域生态环境遭受愈加严重的破坏(单薇 等,2019;张晓琳 等,2019)。城镇建设用地扩张和人类活动强度增加,导致越来越多城市生态用地被占用,引发城镇地区诸多的生态问题(高宇 等,2019)。2000—2018

年间,世界人口城市化率从 46.69% 增加到 55.27%(UN,2019)。随着城市及其周边自然环境的恶化,大型生境斑块被蚕食消失,逐渐出现土地利用混乱、资源短缺、栖息地破碎化、生物多样性减少以及城市热岛效应等问题,影响整个区域可持续发展(Yang et al.,2020)。为保护区域生态安全,国内外开展了一系列活动,以维护区域可持续发展(邓祥征 等,2020)。2015 年,联合国发布可持续发展目标,以期实现人类与生态系统的可持续发展(Costanza et al.,2016)。2016 年,中国发布"十三五"规划纲要,将联合国可持续发展目标纳入"十三五"规划和国家中长期整体发展规划(张晓琳 等,2020)。区域可持续发展目标、计划的实施,试图遏制快速城镇化带来的负面环境影响,为区域生态安全提供美好愿景。

区域尺度上的生态安全以研究区域环境安全、健康安全、经济安全、社会安全和国家安全等公共安全问题为中心,是维护人类生态安全的核心关注点(鞠昌华 等,2020)。为践行党的十八大生态文明建设理念,我国开展一系列生态修复工程(邹长新 等,2018),形成了工矿、水域、生物和环境等典型的生态修复技术和方法,取得了一定效果(彭建 等,2020)。然而,由于前期缺乏对系统保护的理解,生态文明建设下的生态修复工程多为特定某一点位或局部面状修复工程,忽略了区域生态系统的过程耦合,未形成连续空间格局。加之相关执行部门缺乏统一规划和整体协调,致使生态系统健康虽然在局部空间得到明显改善,但总体效果差强人意。在此背景下,强调山水林田湖草生命共同体理念应运而生(邹长新 等,2018)。2018 年 2 月,党的第十九届中央委员会第三次会议审议通过《中共中央关于深化党和国家机构改革的决定》,赋予自然资源部"统一行使全民所有自然资源资产所有者职责,统一行使所有国土空间用途管制和生态保护修复职责"(韩博 等,2020)。至此,生态空间系统性保护修复受到高度关注,生态保护修复下的国土空间优化愈发重要。

关于生态网络,相关研究主要集中在生态网络识别与优化方面。在生态网络识别方面,区别于国外学者多以具体目标物种为基础搭建生态安全格局,基于"识别源地—构建阻力面—提取廊道"研究范式,综合考虑区域生态网络多要素耦合、多尺度连接特性,已成为识别区域生态网络的研究热点。其中在生态源地识别上,研究多采用多指标评价(方莹 等,2020)或景观类型选择(张晓琳 等,2020)的方法,确定区域中具有重要生态功能的生境斑块,侧重生态源地功能属性的分析,对生态源地的适宜规模并未过多涉及。在生态廊道提取上,研究多通过构建阻力面,利用最小累积阻力模型提取潜在生态廊道,但对最小阻力阈值和最佳距离阈值的设置未进行深入分析。基于区域景观特点的生态源地最小面积阈值的设定,将直接影响生态源地数量,而适宜距离阈值可合理地识别生态网络,因此,应从客观定量、符合区域景观特点的角度对此类参数进行有效界定。在生态网络优化方面,近年来的研究方法正朝向群智能算法、编程运算等复杂科学发展(张晓琳 等,2020),对生物保护学、景观生态学、计算机编程技术等有着较高要求,难以满足大范围区域规划的指导需求,同时也缺乏一定的可操作性。通过设立缓冲距离和增加生态节点的方法,可以大大减少区域生态盲区,操作简便,可快速实现生态网络优化目的,但存在缓冲距离设置主观性强、生态节点增加位置和范围缺乏定量分析等问题。如何更加科学客观地识别区域生态网络,系统定量地优化生态网络,值得进一步深入探索。近年来,通过图论指数分析区域景观连接度的方法得到广泛应用,依托景观连接度识别的区域生态网络,可进一步借鉴图论指标分析方法来判定区域最小面积阈值和最佳距离阈值,达到识别区域生态网络的目的。基于区域最佳距离阈值和最小面积阈值等参数,可进一步量化节点缓冲距离,明确生态盲区布局和范围,为开展生态盲区指导下生态网络优化提供解决路径。

12.1.2 文献综述

生态网络思想出现于二十世纪初期,1929 年美国生理学家 Cannon 提出"稳态"概念,以表示内环境及其稳定状态的维持;1935 年英国生态学家 Tansley 提出"生态系统"概念,其指在一定空间内生物成分和非生物成分通过物质循环和能量流动相互作用、相互依存而构成的一个生态学功能单位;此外,1940 年 Cabral 提出的"自然连续体"以及 1960 年理论生物学家 Bertalanffy 提出的"系统通用理论",均是生态网络思想的基础(Cunha and Magalhães, 2019)。生态网络概念起源于生态学方法(Lewis, 1964),是从 1970 年代和 1980 年代具有土地利用规划传统背景的国家中开发而来(Bennett and Wit, 2001),例如 1983 年建立的爱沙尼亚生态补偿区网络(Külvik et al., 2003)。关于生态网络概念和识别方法很多,由生态廊道和生态源地组成的生态网络识别体系为保护自然生态系统提供了有效的思路。从网络角度来看，任何网络是由节点和连接节点的边（或路径）组成的复杂系统。区域生态网络也可由结构性或功能性生态廊道（代表网络的边或路径）交织在一起的生境斑块（代表网络的节点）组成，通过重新连接栖息地方式，减少景观破碎化程度，增强区域生境斑块间的联系，进而保护区域生物多样性（De Montis et al.，2019）。因此，关于生态网络识别研究，重点主要集中在如何确定区域生态源地、区域生态廊道以及其他重要的生态节点上。

国外相关研究多关注以某一具体目标物种为基础识别区域生态网络，侧重维护区域生物多样性目标（Meurant et al，2018；De Montis et al.，2019）。如 De Montis 等（2016）认为生态网络是生物多样性保护和增强的关键，生物多样性的演变取决于区域景观空间凝聚力的数量和质量，并基于此以努奥罗镇（意大利）的郊区为例，提出了一种基于网络建模的方法框架，用于生态网络的研究和建模。Cunha 和 Magalhães（2019）基于生态网络概念由来及发展历程，创建了葡萄牙生态网络识别体系，认为该方法可应用于国家绿色基础设施规划中。具体地，通过识别和绘制最有生态价值和最敏感的区域，确保葡萄牙生态系统的功能，开发一种方法来绘制葡萄牙大陆的国家生态网络图，建立生态网络构建的理论框架。Upadhyay 等（2017）应用复杂网络理论研究喜马拉雅山脉西部温带森林物种景观水平上的生态信息流、生长和连通性。通过明确整个生态网络中目标物种扩散过程以及重要的栖息地斑块分布，提出相应规划引导上的建议。此外，借鉴复杂网络的理论，生态网络的识别逐渐趋向成熟。Borrett 和 Scharler（2019）以生态网络中流量分析为主要内容，详细介绍流量分配和计算方法，从而分析生态系统状态指标，为有向加权的复杂生态网络识别提供借鉴。

国内学者关于生态网络识别体系的研究较多且不统一，通常立足景观生态学理念，较多采用在景观格局、景观连通性指数与景观生态网络模拟之间的研究方法，主要涉及城市景观生态网络、自然景观生态网络和生物保护领域（刘世梁 等，2017）。如王玉莹等（2019）以江苏省为例，利用测度结构连接性的景观格局分析方法（MSPA），识别区域重要生态源地，采用最小累积阻力模型提取潜在生态廊道，由此形成江苏省生态网络体系。李青圃等（2019）以宁江流域为例，将区域内大面积林地和起到水源调节重要作用的水库作为生态源地，基于流域景观生态风险构建累积阻力面生成生态廊道,采用阻力最高的"山脊线"与阻力最低的"山谷线"的交点作为区域生态节点,得到流域生态网络。此外,在基于目标物种识别生态网络方面,国内也有少数学者有所涉及。Liu 等(2015)利用最大熵算法(Maxent)对武夷山自然保护区目标物种的地理分布进行建模,并应用最小成本距离模型识别武夷山市 1995 年到 2005 年的景观网络,克服了无法反映物种扩散过程方向的局限性等问题,使建模过程更具说服力。引入了三个新的度量标准,量化网络的完整性和连续性以及生态网络与生态过程之间的关系,以度量网络中循环路径和循环强度。

综上,国外通过侧重某一目标物种的真实生态网络识别,生态源地和生态廊道以及其他重要节点的确定多基于物种活动轨迹和生长位置等特性确定。国内较多关注生态源地与生态节点等其他重要节点的概念界定和诊断识别,受研究目标和思路的影响,判定生态源地、生态节点等识别方法众多,且尚未统一。在生态源地识别方面,国外更注重目标物种的栖息地斑块,国内则注重生态功能重要性或敏感性评价方法识别生态源地,并舍去分布较为细碎的小斑块。在生态廊道提取上,国外较注重河流、植被等线状地物提取,国内则更注重潜在生态廊道的提取,尤其是利用最小累积阻力模型生成生态廊道的研究居多。

12.1.3 研究区概况

常州市金坛区位于江苏省南部,处于宁沪杭三角地带,属于长江下游平原区。东面与常州市武进区相邻,西部茅山与镇江市句容市相邻,南面长荡湖与常州市溧阳和无锡市宜兴市相邻,北面与镇江市相邻。位于东经 119°17′45″～119°44′59″、北纬 31°33′42″～31°53′22″之间,区域总面积为 975.73 km²,其中农用地 453.36 km²、建设用地 192.14 km²、水域 324.88 km²。金坛区经济发达,先后被评为国家工业百强区、投资潜力百强区、科技创新百强区等。2018 年地区生产总值(GDP)为801.93 亿元,按常住人口计算人均 GDP 为 142819 元。区域内部水陆交通便捷,属于南京都市圈辐射范围(图 12-1)。

金坛区位于北亚热带向北温带过渡的气候区域,拥有四季分明、雨热同期的特点。这里常年雨量较充沛、日照充足,年降水量可达 1063.5 mm,年平均气温15.3℃。全区紧邻太湖,自然环境条件优越,境内地势平坦,河流众多,东南部的

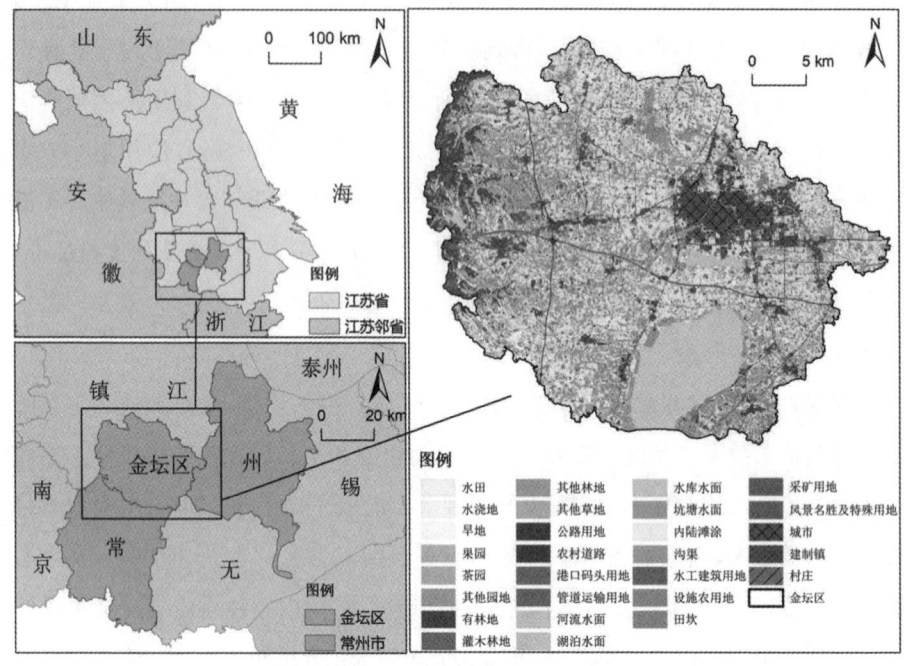

图 12-1 研究区位置示意图

长荡湖是江苏省十大淡水湖之一。金坛区西部为南北走向的茅山低山丘陵,东部为长江三角洲西部的冲积湖积平原,南部为以长荡湖为中心的生态水网,属于典型江南水乡。区域拥有丰富的生物资源和矿产资源,植被类型从平原、岗地到低山分布不一,珍稀植物有水杉、杜仲等;珍贵动物有金丝雀、穿山甲等;矿产资源主要有岩盐、玄武岩、矿泉水等。此外,金坛区人文景观较多,自然风光与人文景观的融合使得旅游资源十分丰富。

根据《金坛市城市总体规划(2013—2030年)》,金坛区提出建设"山水生态城市、精致休闲城市"的总体目标,拟与苏南同步实现基本现代化,以保护丘陵、湖泊地区生态基底空间,促进"山、湖、城"资源统一筹划。在整体格局上,依据《常州市金坛区土地利用总体规划(2006—2020年)》修改方案,金坛区东部以产业兴旺为目标,提升农业发展质量;西部区域以生态宜居为重点,推进乡村绿色发展。为加快推进乡村振兴战略,金坛区计划在区域内实施特色田园乡村试点,以形成良好的区域联动模式。在产业布局方面,重点关注产业创新力,将建设高新区、经济开发区、金东工业园、金西工业园等产业园区平台。在生态国土建设方面,坚持节约优先、保护优先、自然恢复为主的方针,加快形成环境保护的空间格局。重点对重要水域、滩涂、湿地等区域进行维护,以维持生态系统连续性和完整性;重点保护茅山生态多样性和完整性,强化生态保护,大力实施修复工程等。

12.2 优化过程

12.2.1 优化思路与技术路线

1. 优化思路

区域生态安全格局构建与优化已成为国土空间生态保护修复重要任务,本研究试图构建增强景观连通性、维护生物多样性的生态网络,为相关区域实践提供指导。研究目标主要包括最小面积阈值和最佳距离阈值等重要参数分析以及生态盲区指导下的生态网络优化等。鉴于图论在绿色基础设施和生态网络识别上的重要作用(穆博 等,2017),本研究基于相关图论指标算法和原理,分析2011—2018年金坛区景观格局动态演变特征,重点对景观连接度变化进行研究。基于区域特点和景观连接度变化,确定生态网络识别中相关参数设置,如生态源地面积最小阈值和区域最佳距离阈值。基于长江下游平原区水网密布、绿色基础设施较好的生境,开展生态盲区下的生态网络优化,并最终对优化前后生态网络进行图论指标或网络性能评价,以验证优化后生态网络结构有效性。本研究主要目的为:第一,分析金坛区景观格局特征及时空演变;第二,科学、客观、定量地识别金坛区生态网络;第三,对金坛区生态网络进行优化与评价,以适应区域景观规划或生态保护修复需求。

在上述研究目标指导下,还需对研究重点和难点进行分析,以明确研究思路和方法。景观生态学中,生态源地以发挥重要生态功能为主要作用,是具有重要生态功能或生态服务功能价值以及生态环境敏感脆弱性较高的生境斑块(牛腾 等,2019)。综合考虑研究区景观格局特征,本研究以区域内具有重要生态功能和生态保护价值的生境斑块作为生态源地,选择林地、草地、水域等三种类型作为生态源地备选斑块。在区域生态网络识别中,生态源地最小面积阈值设定将会对斑块数量、生态源地面积比例等产生重要影响(吴茂全 等,2019),合理选择最小面积阈值对生态网络的识别十分重要。景观连接度按生态过程中产生促进或阻碍生物体运动的程度可分为结构连接度和功能连接度:结构连接度是土地覆被景观类型在空间上的连续程度,而功能连接度则结合物种特征,反映目标物种在景观中的运动情况,体现了景观的内在真实连接程度(Saura et al.,2011;张宇 等,2016)。距离阈值反映生态流的最大可达距离,是判断生境斑块间存在功能连接或连接关系强弱的重要依据(杜志博 等,2019)。因此,本研究基于景观连接度内涵,在识别生态网络过程中分析研究区景观连接程度,进一步确定区域合适的距离阈值,以作为生态廊道建立和缺失的依据,为生态网络优化中开展生态盲区指导下的生态节点优化提供分析基础。

2. 技术路线

本研究立足图论和景观生态学理论方法,以常州市金坛区为案例区,通过图论指数对比分析,量化区域化参数,识别区域现状生态网络,进一步开展生态盲区指导下生态网络优化,并对优化前后的生态网络、区域生境斑块进行评价,得到区域生态保护修复具体措施(图12-2)。

12.2.2 生态网络识别与演变

构建生态网络是在人类活动密集地区增强景观连通性的有效方法,通过为物种流动提供高度连接的网络来扩大物种生存的范围,可以减轻人类活动对生物多样性的威胁(Chi et al.,2019)。生态网络通过生态廊道将孤立的生境斑块连接起来,人类活动强度增加的过程是破坏生态网络中的生态节点和生态走廊的过程。在此过程中,网络结构的完整性和生态功能不断下降,网络中的物质和能量传输通道逐渐被堵塞甚至发生断裂。为进一步了解区域生态网络情况,首先需对区域生态网络进行识别。

1. 最小面积阈值确定

基于前述景观格局的分析,将景观类型中的林地、草地、水域提取并作为生态源地识别类型。在生态源地识别过程中不仅需保证生态源地是区域重要生态斑块,还需维持一定的斑块面积。通常,随着生态源地最小面积阈值不断增大,生态

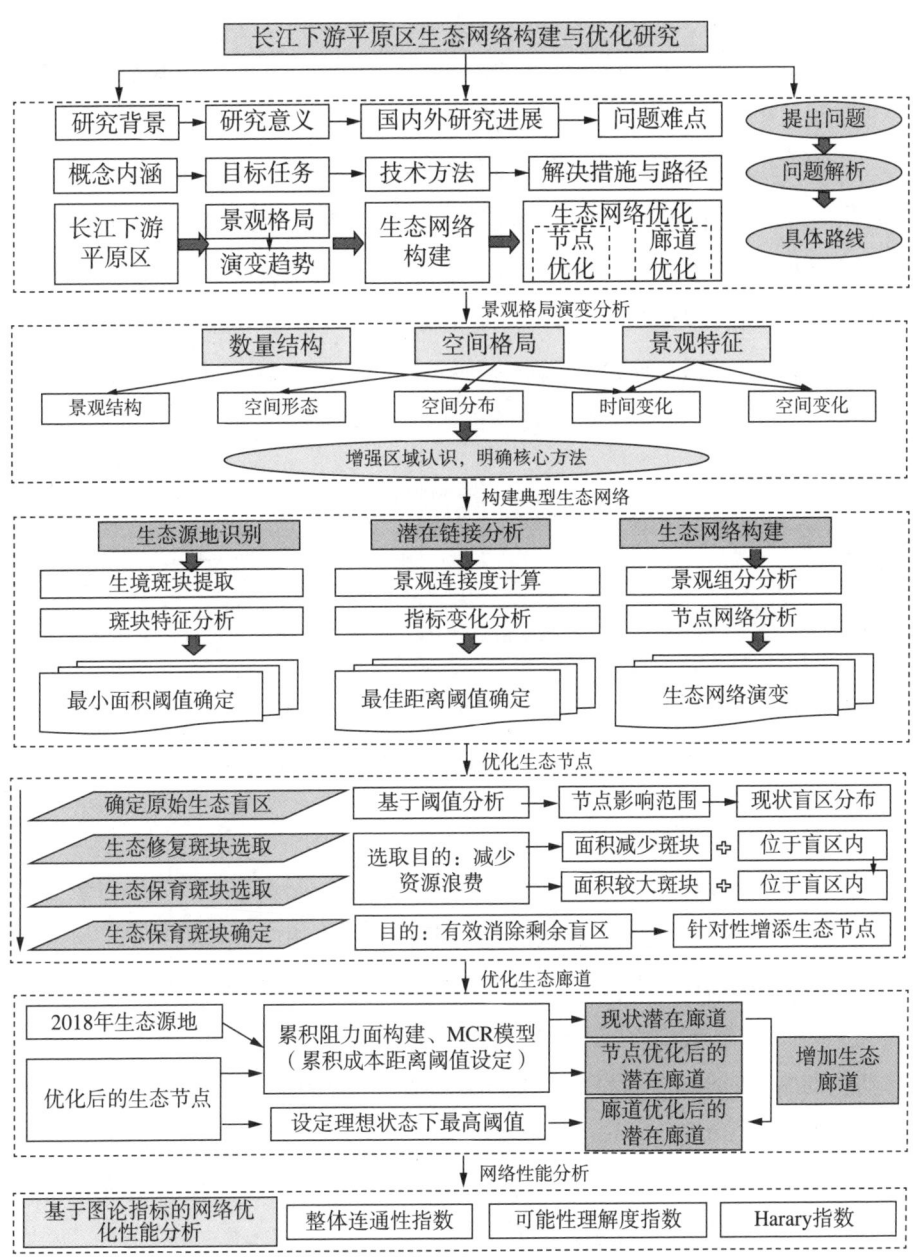

图 12-2 长江下游平原区生态网络识别与优化研究技术路线图

源地斑块数量会加速减少。对两期景观类型数据进行分析(图12-3),发现斑块数量变化情况随最小面积阈值变化趋势相似,在 0.1 km² 之后两期数据曲线基本重叠;在 0.1~0.175 km² 时,生态源地斑块数量恰巧维持平衡,之后斑块数量减少呈现平缓态势。

生态源地面积随最小面积阈值的增加而减小,生态源地占区域总面积比例在 0.1 km² 左右曲线下降趋势后呈平缓态势。对两期景观类型数据进行分析,面积比例随最小面积阈值变化趋势相似,在 0.1 km² 左右两期数据曲线基本重叠;基于生态源地面积比例与生态源地数量变化情况,设定最小生态源地面积阈值为 0.1 km²,被剔除的斑块面积较小,分布细碎且分散,对区域生态环境影响较小。

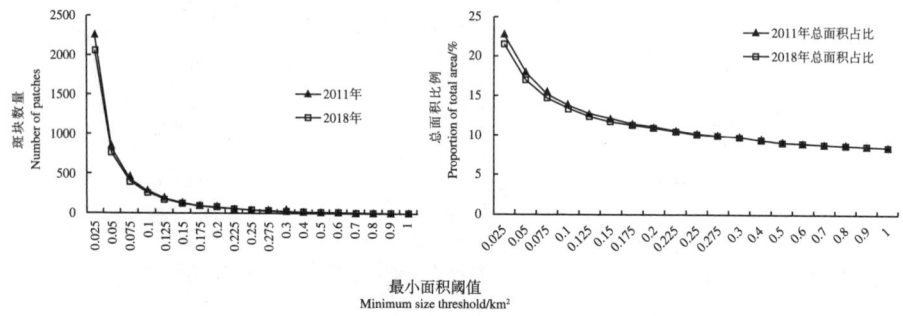

图 12-3 生态源地斑块最小面积阈值设定变化

2. 最佳距离阈值分析

从景观生态学角度出发,以景观连接度指数对距离阈值进行分析,可较为精确地判断距离阈值的范围。景观连接度主要通过斑块间链接数(NL)、组分数(NC)、等效连接面积指数(ECA)、景观巧合概率指数(LCP)等指数来表征(杜志博 等,2019)。根据文献中距离阈值选择设定(杜志博 等,2019),考虑鸟类、中小型哺乳动物、两栖爬行动物等扩散距离阈值,选取 30 m、50 m、100 m、200 m、400 m、600 m、800 m、1000 m、1500 m、2000 m、2500 m 共 11 个距离阈值,利用 Conefor Sensinode 2.6 软件计算各连接度指数,计算不同距离阈值下各指数的变化趋势,确定研究区域最佳距离阈值。

(1) 链接数、组分数对比分析

在 11 种距离阈值下,景观组分(NC)、景观链接数(NL)变化情况不尽相同。

在研究期间,金坛区景观 NL 值均随距离阈值的增加而增加,具体变化情况呈现出以固定斜率直线上升的趋势;NC 值随距离阈值的增加而下降,具体下降情况呈现出先急速后缓慢最后趋于稳定的态势。经反复试验,当距离阈值达到 2500～3000 m 时,景观组分等于 1,且随着距离阈值增加景观组分不再发生变化。

2018 年金坛区 NL、NC 值随距离阈值的变化情况,可划分为四个阶段(图 12-4):第一阶段,距离阈值在 200 m 以下,NC 值急速下降,表明景观组分在此距离阈值阶段不稳定,景观组分易随着较小的距离阈值变化产生较大景观组分值下降。因此,该阶段不适合表征研究区景观的连接状况。第二阶段,距离阈值在 200 m 至 1000 m,NC 值开始缓慢下降,为后期组分趋于稳定值的转折铺垫,但 NL 值上升幅度未发生明显变化。该阶段景观组分下降幅度明显变缓,景观连接增长幅度较为稳定,说明此距离阈值区间内景观稳定性较好,可进行景观连接度计算分析。第三阶段,距离阈值在 1000 m 至 2000 m,NC 值平缓下降,NL 稳步上升且幅度逐渐加大。尽管该阶段景观组分趋于稳定,但由于景观链接数变化幅度较 1000 m 以下更大,故该阶段同样不适合作为理想距离阈值范围。第四阶段,距离阈值大于 2000 m,景观组分值最终稳定减小到 1,可认为研究区生态斑块基本处于相互连接状态,故不能选择此距离阈值。

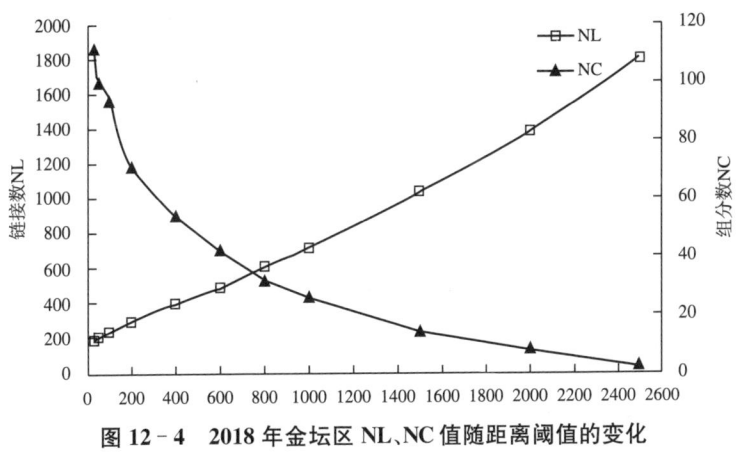

图 12-4 2018 年金坛区 NL、NC 值随距离阈值的变化

与 2011 年相比,2018 年 NC 值缓慢下降的转折点有所提前,即 2011 年在距离阈值 400 m 左右 NC 值出现缓慢下降,而 2018 年 NC 值在 200 m 出现缓慢下

降。这表示在研究期间,随着人类活动干预增强,理想的景观距离阈值呈降低趋势,景观破碎性有所提高。

(2) 等效连接指数对比分析

在11种距离阈值下,等效整体连通性指数 EC(IIC) 和等效可能连通性指数 EC(PC) 变化情况见图12-5。研究期间,金坛区 EC(IIC) 随距离阈值的增加而增加,不同距离阈值阶段增长幅度不一,具体增长情况呈现出先缓慢,后加速,最后快速增长的趋势;EC(PC) 随距离阈值的增加而增加,整体上增长幅度相差不大,近似呈现以某一恒定斜率直线上升的趋势。

2018年金坛区 EC(IIC)、EC(PC)值随距离阈值的变化情况可划分为四个阶段:第一阶段,距离阈值在400 m以下,等效整体连通性指数 EC(IIC) 随距离阈值的增加呈现增长趋势,增长幅度较稳定,但随距离阈值的变化,景观稳定性发生变化,因此该阶段不适合作为距离阈值范围;第二阶段,距离阈值在400 m至800 m,EC(IIC)几乎没有变化,此阶段景观连通性变化不明显,景观连接性增长幅度较为稳定,说明此距离阈值区间内景观稳定性较好,可进行景观连接度计算分析;第三阶段,距离阈值在800 m至1000 m,EC(IIC)开始快速增长,景观连通性趋于不稳定,故该阶段不适合作为理想距离阈值范围;第四阶段,距离阈值大于1000 m,EC(IIC)迅速增长,虽增长幅度小于前一阶段增长幅度,但仍不能选择此距离阈值。综上,从景观链接数指数、景观组分数指数、等效连通性指数等角度来看,金坛区2011年合适的距离阈值取值范围为400 m至600 m,2018年合适的距离阈值范围为400 m至800 m。

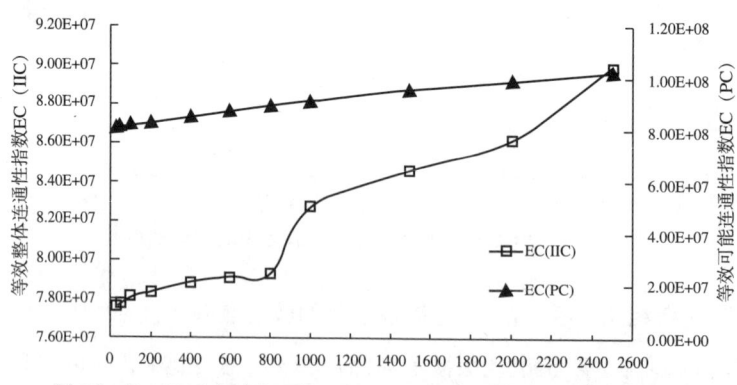

图12-5 2018年金坛区 EC(IIC)、EC(PC)值随距离阈值的变化

(3) 最佳距离阈值的选择

根据斑块重要性指数进行分析,进一步确定具体的景观距离阈值。斑块重要性指数相差越小,表明景观距离阈值设置越科学。因此,本研究选择景观巧合概率指数(dLCP)、整体连接度指数(dIIC)、可能性连接度指数(dPC)三个斑块重要性指数进行计算,探测指数变化趋势相同下的理想距离阈值。以 2018 年为例,筛选面积数量最大的前六位生境斑块,依次设定 400 m、500 m、600 m、700 m、800 m 等五个距离阈值,研究 dLCP、dIIC、dPC 的变化情况(图 12-6)。可以发现,随着距离阈值的增加,dLCP、dIIC、dPC 之间的差异也逐渐变大。当距离阈值最小为 400 m 时,dLCP、dIIC、dPC 之间的差异最小,在此阈值下研究景观连通性较合适,即 2018 年最佳距离阈值为 400 m。采用相同方法进行测算,可得到 2011 年最佳距离阈值同样为 400 m。

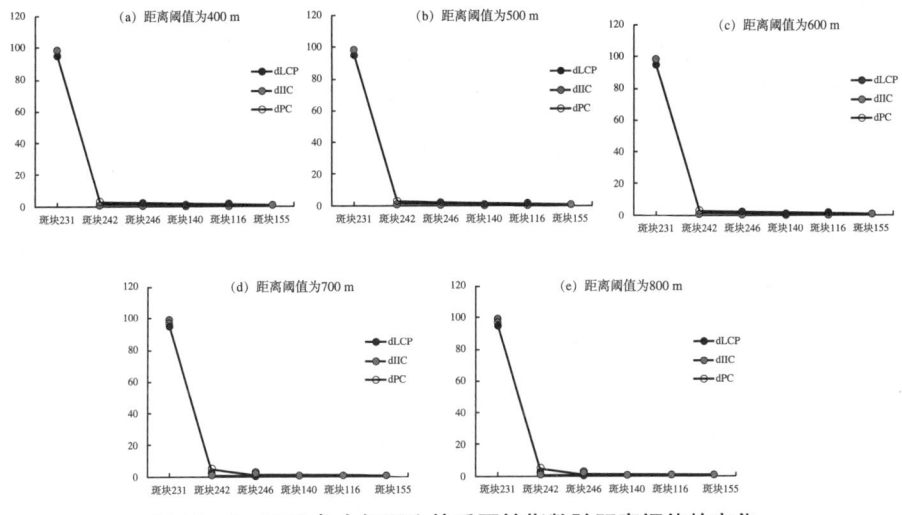

图 12-6　2018 年金坛区斑块重要性指数随距离阈值的变化

3. 生态网络构建分析

在距离阈值 400 m、生境斑块面积大于 0.1 km^2 条件下,应用 Graphab 2.4 软件生成金坛区生态网络状况,获取生态斑块分布情况、景观组分分布情况、孤立的生境斑块与明确优化的区域和范围(图 12-7)。景观组分内部被视为可以进行生物间信息交流的区域,不同组分间存在较大边缘隔离。由于不同组分间景观阻力的存在,组分间的生物不能实现自由交流,从而不利于整个区域生物保护和生境安全。

金坛区具有两大景观组分,分别为西部茅山风景区、南部长荡湖区域,后者对区域生态环境具有重要影响,是连接中部、东部的重要景观组分。但部分景观组分位于孤立边缘,没有更好地与其他生境斑块连接,尤其是西部山区至南部长荡湖景观组分之间存在较大阻隔,形成边缘地带的复杂零碎的景观组分,应重视西部山区边缘地带的生态廊道和生态节点建设,以保障区域生态安全。

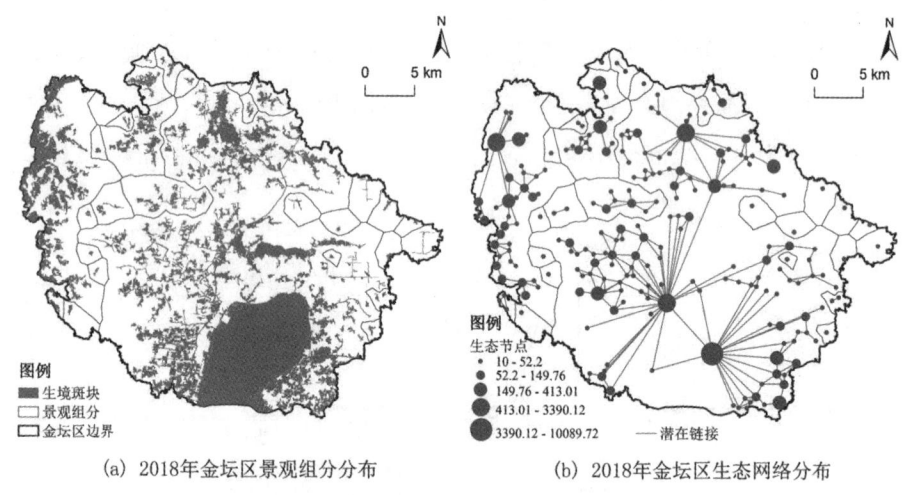

(a) 2018年金坛区景观组分分布　　(b) 2018年金坛区生态网络分布

图 12-7　2018 年金坛区生态网络识别图

12.2.3　生态网络优化与评价

生态网络识别是对研究区现状格局的刻画,仍需对区域生态网络进行优化。选择 2018 年金坛区景观数据作为优化前的基础数据,考虑到城市扩展和人类活动增加在短期和长期内都会对生物多样性和生态进程构成重大威胁,因此发展具有高度连通性的区域生态网络被认为是一项重要的保护战略(Liang et al., 2022)。为实现区域生态源地间的高度连通,需要对区域生态盲区进行消除,识别和优化潜在功能性生态廊道。关于生态盲区的概念,学术界尚未有统一定论,多是指动物在运动迁徙过程中由于受到较大阻力或迁徙距离较长导致无法达到的区域。通过优化生态节点和生态廊道,改善生态节点的影响范围和空间分布,增加生态廊道密度,降低分割的景观组分数,可以使整个区域的生态网络互通互连,进而减少生态盲区。

在本研究中,首先对原始生态盲区进行分析,确定原始生态盲区的位置和范围;其次对生态源地进行优化,建立生态修复斑块、生态保育斑块和生态培育斑块,基本消除生态盲区;最后基于生成的原始潜在生态廊道,对生态廊道进行优化。通过增加生态廊道密度,保证高连接性和高效的区域生态网络。为了在考虑最高连通性的情况下优化生态网络,进一步分析优化前后生态网络的景观连通性指数。研究选择二进制连接度指数、连通性概率指数等景观连通性指数进行分析;如果其中两个点直接连接,则基于二元连接模型,由此选择二进制连接度指数H、IIC;连通性概率指数PC是一个涉及概率性连接模型,不受所分析数据集中相邻斑块或元素的影响。此外,考虑生态源地斑块重要程度,选择斑块重要性指数dI、斑块中心度BC对优化后生态源地进行斑块重要性评估。

1. 生态节点盲区分析

在2018年生境斑块(面积大于$0.1\ km^2$)基础上,结合最佳距离阈值,确定生态节点的影响范围。在研究区内,位于生态节点影响范围之外的区域为生态盲区,原始生态盲区面积为$271.5\ km^2$,占整个研究区($975.73\ km^2$)的27.83%,即生态节点影响范围占比为72.17%。生态盲区大面积分布在西部丘陵山区向中部景观过渡地带、东部经济开发区(东城街道)以及直溪镇北部片区等范围(图12-8)。

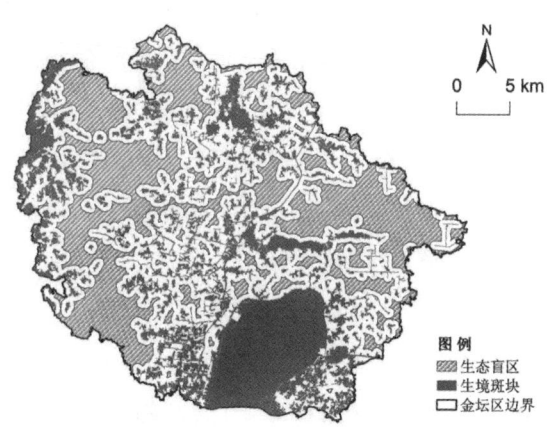

图12-8　2018年金坛区生态盲区图

2. 生态节点优化结果

本研究的生态网络由节点和潜在链接组成,生态节点处于生态网络关键位置,控制区域生态安全。根据生态节点内涵和空间格局,需要优化节点空间位置和节点面积大小,进而消除生态网络控制下区域的生态盲区。由于区域存在的较大生境斑块均是经过多年积累形成的,在空间位置上具有不可移动性,灵活运用大型生境斑块组建生态网络,可以减少资源的浪费,而区域内其他较小生境斑块(面积小于 0.1 km²)在优化时,可以改变空间位置,具有一定范围内的可移动性。此外,生境斑块均可以通过改变本身生境斑块的面积大小,改变影响范围的多少。因此在本研究中,生态节点优化是通过扩大生态节点影响范围和改变较小节点斑块的空间位置实现的。

根据这一优化思路,采用利用已有生态资源并在一定程度上增加生态节点的策略,消除区域生态盲区。首先,为减少资源浪费,需确定生态修复斑块和生态保育斑块,面积大于最小生态源地面积阈值的 2011 年生境斑块,却在 2018 年变小至面积小于最小生态源地面积阈值的自然斑块,通过生态修复的手段,扩大此类生态修复斑块面积,使其恢复到最小面积阈值水平,有利于消除生态盲区。其次,在生态盲区内寻找 2018 年生境斑块较小,但具有重要生态连接意义的斑块,通过生态保护加培育的综合手段,扩大这些生态保育斑块的面积,可极大范围地增强生态节点影响,有利于加速减少生态盲区范围。最后,针对经生态修复和生态保育手段后仍存在的生态盲区,需要人为增加生态节点来进行消除,即增加生态培育斑块,经生态培育步骤之后,区域生态盲区面积基本消除。因此,生态盲区指导下的生态节点优化内容主要分为三个部分,即确定生态修复斑块、明确生态保育斑块、添加生态培育斑块。另外,针对某生态修复斑块类型下的具体斑块而言,要确定未来修复的可能性难度极大,需要考虑多方面的因素,一般认为水域生态修复可能性较小,林地、草地修复可能性较大。

(1) 确定生态修复斑块

优化生态节点,首先寻找合适的生境斑块,扩大位于生态盲区的潜在生态源地面积,有利于快速减少生态盲区面积。基于斑块筛选结果可知,生态修复斑块分布零散,包括直溪镇西北部、钱资荡南部等区域(图 12-9)。结合最佳距离阈值,将得到的生态修复斑块(面积大于 0.1 km²)进行缓冲区分析,从而确定生态修复斑块的影响范围。用生态盲区减去生态修复斑块的影响范围,得到修复生态斑块后生态盲区的范围,面积为 244.95 km²。与原始生态盲区相比,减少了 26.55 km²。经生态修复后,生态节点影响范围占比增加至 74.9%。

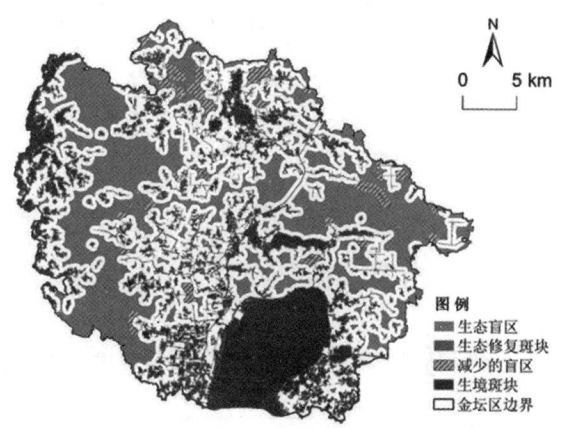

图 12-9　生态修复后生境斑块及生态盲区分布图

(2) 明确生态保育斑块

在确定生态修复斑块后,生态盲区并没有很大程度消解,需要扩大生态保育斑块,增强生态节点影响范围,以加速减少生态盲区范围。具体实现方法为选择生态盲区内的 2018 年生境斑块,去除原始的生态源地和生态修复斑块,利用自然断点法将其余斑块按面积大小分为五类,取最高等级(斑块面积大于 3.24×10^{-2} km²)的生境斑块作为研究中的生态保育斑块。

生态源地最小面积阈值为 10 公顷(0.1 km²),由于生态保育斑块面积较小(最小为 3.24×10^{-2} km²),后期应注重对生态保育斑块的保护和培育,扩大斑块面积和影响范围。此处将生态保育斑块向外作缓冲区,新增加的缓冲区面积作为生态保育斑块的一部分。经多次尝试,缓冲距离在 75 m 时,可以保证生态保育斑块最小面积为 10.91×10^{-2} km²。将面积扩大后的生态保育斑块作为优化后的生态保育斑块,其主要分布在夏溪河东部、扬溧高速路两侧、湟里河北部区域等(图 12-10)。经生态保育斑块的保护培育后,生态盲区减少至 188.52 km²,与生态修复后的生态盲区相比减少 56.43 km²(图 12-11)。此时,生态盲区占研究区域面积百分比为 19.32%,生态节点影响范围占比增加至 80.68%。

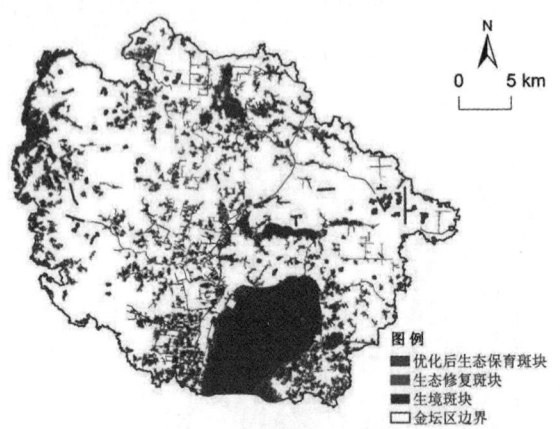

图 12-10 优化后生态保育斑块与生态修复斑块分布图

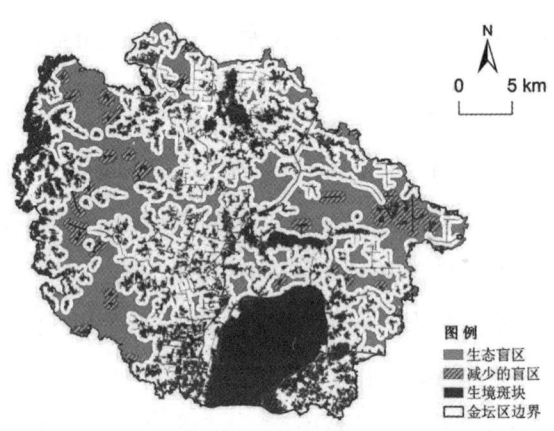

图 12-11 优化后生态保育斑块的生态盲区分布图

(3) 添加生态培育斑块

在明确生态修复斑块、生态保育斑块后,仍有一部分生态盲区被遗漏,需要在这些生态盲区内部增添生态节点,即生态培育斑块。由于生态培育斑块的形状和位置的不确定性,明确生态培育斑块应对其空间位置和面积范围进行表征。

首先,确定生态培育斑块的位置,将生态修复斑块、优化后生态保育斑块和原始生境源地导入 Graphab 2.4 软件,通过设置栅格大小和生态节点最小距离阈值等参数,最终生成生态培育斑块的空间位置。可以发现,生态培育斑块均位于生态盲区,且具有重要连通作用。基于 0.1 km² 生态源地最小面积阈值和 400 m 最佳距离阈值,设定生成生态培育斑块的栅格大小为 1100 m,生态节点最小距离阈值设定生境斑块的最佳距离阈值为 400 m,可生成生态培育斑块的空间分布图(图 12-12)。

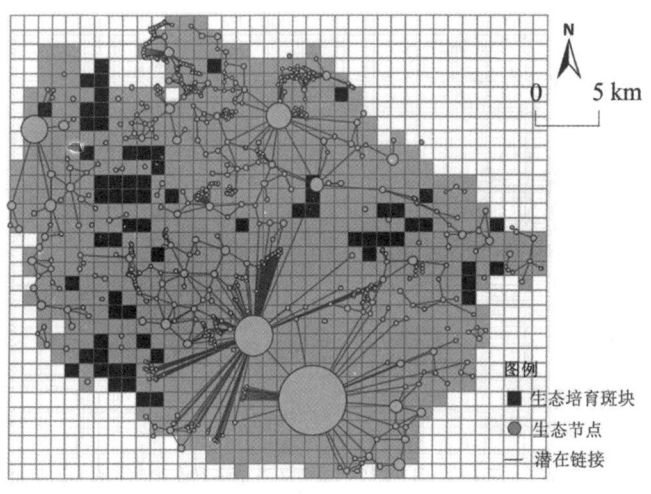

图 12-12 生态培育斑块分布图

其次,确定生态培育斑块的范围。参考最小面积阈值,生态培育斑块将识别以生态培育点为中心、半径为 300 m 的圆形区域。由图 12-13 可知,生态培育斑块主要分布在西部丘陵山区向中部景观过渡地带、东部经济开发区(东城街道)等原始生态盲区。由于最佳距离阈值为 400 m,生态培育斑块影响范围为 400 m,故将生态培育斑块的影响范围定为半径为 700 m 的圆形区域。将生态保育斑块建立后的生态盲区,与生态培育斑块影响范围进行裁剪,得到最终生态培育斑块建立后的生态盲区。该生态盲区是生态节点优化后的最终生态盲区,生态盲区越小,代表生态节点的优化程度越高。由于生态盲区和生态培育斑块间因裁剪产生间隙,需要去掉其中细碎的零散斑块。基于斑块面积大小,根据自然断点法将裁剪后的生态盲区分为五级,去掉面积最小的三级零碎图斑,得到实际最终生态盲区。由图12-13可知,最终生态盲区已被生态节点范围影响裁剪出极不规则的形状,且面积极小,几乎可认为研究区内不存在生态盲区。经上述计算,最终生态盲区总面积为50.26 km²,占研究区总面积的5.15%。经生态节点优化后,生态盲区减少了221.24 km²,生态节点影响范围达到94.85%。

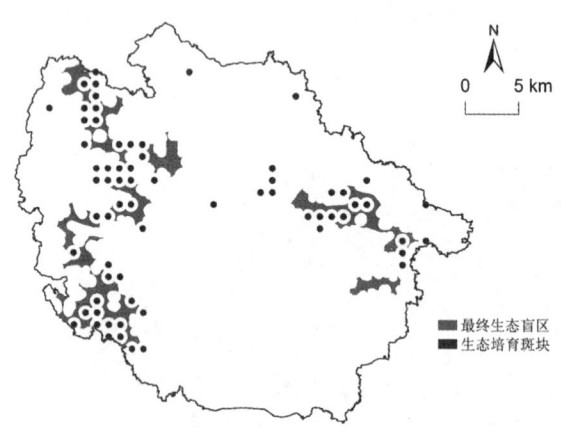

图12-13 生态培育斑块及最终生态盲区分布图

3. 生态廊道优化结果

生态节点通过潜在生态廊道的链接形成生态网络,而潜在链接是潜在生态廊道的简化表达。潜在生态廊道与区域实际利用情况相关,是区域累积最小生态阻力的潜在路径。利用最小累积阻力模型(MCR)生成潜在生态廊道,即区域生境斑块间链接的路径。受累积阻力的影响,在一定累积距离下,区域内生境斑块不可能达到完全互通互联。因此,本研究基于原始2018年生境斑块分布和累积阻力面计算情况,通过优化生态节点以及增大最小累积阈值的方式,达到区域内景观斑块间的互通互联。与原始生态廊道相比,新产生的潜在生态廊道即优化的廊道位置。

首先利用最小累积阻力模型生成2018年现状的潜在生态廊道(图12-14)。可以发现,在距离较近或阻力较小的区域存在密集生态廊道,但在距离较远处的生态廊道发生断裂,导致生态廊道长度很短,其最大值为1019.12 m,最小值为42.43 m,平均值仅为174.57 m。

第十二章　常州市金坛区生态网络优化

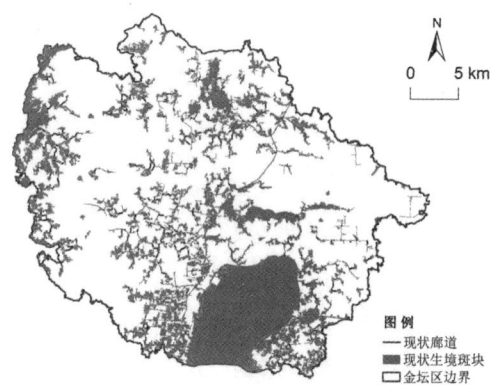

图 12‑14　现状生态廊道分布图

其次,生成生态节点优化后潜在生态廊道。经生态节点优化,区域生态廊道愈发密集,距离较远的生境斑块由于其他生境斑块的加持逐渐相互连通(图12‑15)。经节点优化后的生态廊道长度最大值为1023.38 m,最小值为30 m,平均值达到232.77 m,比之前生态廊道平均值增加了56.2 m。经节点优化后的生态廊道共437条,较未进行节点优化的廊道(264条)增加了173条。然而尽管生态廊道密度大大增加,仍有廊道尚未实现相互连接。

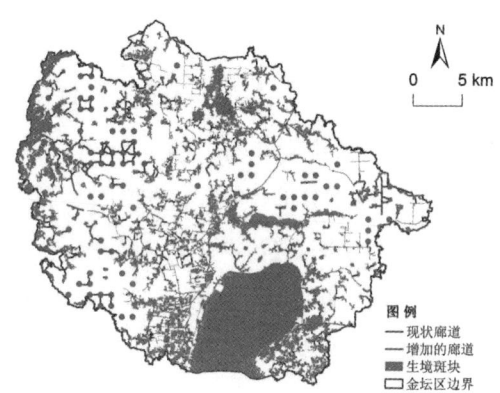

图 12‑15　节点优化后生态廊道分布图

最后,通过增加距离阈值的方式,针对仍未连通的生境斑块增加生态廊道(图12‑16)。经优化,区域生态廊道更加密集,生境斑块互相连通。生态廊道长度最大值为4265.88 m,最小值为30 m,平均值达到704.08 m,比节点优化后的生态廊道平均值增加 471.31 m,比现状生态廊道长度平均值增加 529.51 m。最终优化后的生态廊道共 1054 条,较进行节点优化的廊道(437 条)增加 617 条,比现状生态廊道数量(264 条)增加 790 条。可见,最终优化后生态廊道愈加密集,使生境斑块间互通互联更加紧密。

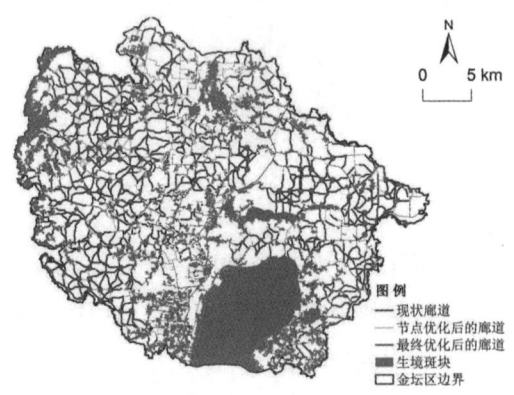

图 12-16　最终优化后的生态廊道分布图

4. 生态网络优化评价

基于图论的景观连接度评价指标,量化生态网络优化前后的性能。按照图论的分析原理,将研究区生态源地与生态廊道抽象为节点和连线的图形。当节点间的连线距离小于最佳距离阈值 400 m 时,认为节点间的链接存在,否则认为不存在。景观组分作为两个生态源地斑块链接存在的斑块组,位于相同景观组分的斑块之间存在链接,位于不同景观组分的斑块间存在断裂。景观连接度指数是表示景观中生态源地间链接流畅程度的指数,本研究选择图论中表示连接度的二进制连接度指数 Harary 指数(H)、整体连接度指数(IIC)和概率连接度指数(PC)两类三个图论连接度指数(齐珂和樊正球,2016)。

考虑到生态源地斑块重要程度,需对优化后生态源地斑块进行重要性评估。基于图论分析,具体选择斑块重要性指数 dI、斑块中心度 BC 进行评价分析(欧维新和袁薇锦,2015;齐珂和樊正球,2016)。

(1) 图论指数评价分析

优化前后生态网络的景观连接度指数计算结果见表 12-1。根据生态网络性能评价结果可知,优化后生态网络连接度大大提高,其中 H 增加了 10.92 倍,IIC 增长了 43.45%,PC 增长了 99.58%,表征优化后生态网络连接更稳固,也较优化前网络更稳定。

表 12-1 优化前后生态网络性能评价表

时期	H	IIC	PC
优化前	480.62	1.68	2.36
优化后	5728.75	2.41	4.71
变化率	1091.95%	43.45%	99.58%

(2)斑块重要程度评价

斑块重要程度不仅体现为斑块在生态网络中的拓扑位置中心性和连接度重要性,还体现在斑块自身具备生态功能上,而斑块面积大小在很大程度上代表生境斑块的功能。因此,将斑块重要性指数、斑块中心度和斑块面积等运用 Z-Score 标准化处理,再采用熵权法确定各节点的相应权重,最终计算节点综合重要程度并排序。将节点重要程度与优化后生态源地斑块进行关联,按自然断点法将重要程度分为四级,分别为极重要斑块、较重要斑块、重要斑块、一般重要斑块(图 12-17)。研究区极重要斑块分布在南部长荡湖、钱资湖湿地及其周边区域;较重要斑块分布在天荒湖湿地保护区周边,通过丹金溧漕河与南部长荡湖相连;重要斑块大致分布在五处,分别为西部茅山、朱林镇中南部、北干河、通济

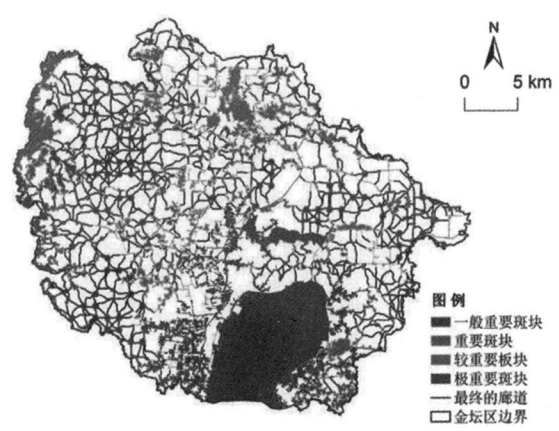

图 12-17 优化后生态网络等级评价图

河、夏溪河周边区域；一般重要斑块规模最小，主要零散分布在原始生态盲区，为重要斑块间相互连接起到"踏脚石"作用。

12.3 案例总结

12.3.1 生态网络视角下的生态修复对策与建议

依托节约为先、保护优先、自然恢复为主的基本理念，应重点关注部分关键区域的国土空间生态保护修复，促进整个区域生态协调、景观连通。基于研究结果，本研究提出一系列针对性修复策略：针对区域重要生境斑块提出重要斑块生态保护策略，禁止进行有损生态的开发建设活动，维护斑块的重要生态功能；针对生态盲区下的生态修复斑块和生态培育斑块，采取关键节点生态修复策略，对退化或损坏生境斑块整治修复，保障城镇集聚发展片区生态宜居、网络稳定；针对生态培育斑块和原始生态盲区，采取特殊区域生态建设策略，打造郊野生态游憩空间，布局绿色生态廊道，增强整个区域景观连通性。综合而言，通过差异化生态网络修复策略，可达到在减少资源浪费的同时，维护生态网络稳定的目的。

12.3.2 本研究存在的问题

本研究基于图论和景观生态学等理念和方法，从景观连接度的视角，识别区域生态网络分析和优化研究框架，并依据金坛区景观格局特征进行案例实践。该研究体系在实际景观规划、生态保护修复中具有较强实用性。在此基础上，进一步明确生态网络识别重要参数，解决了区域化参数设置主观性强等问题，创新性提出生态修复斑块、生态保育斑块、生态培育斑块的空间布局，使生态网络识别和优化过程更加科学，丰富了生态网络识别的方法体系，为生态安全格局建设提供了新思路。但研究受制于基础数据限制及方法自身缺憾，仍存在进一步改善提升的空间。

研究采用2011—2018年的基础数据，时间跨度不大，景观格局特征变化并不明显。由于地理现象具有空间尺度效应，研究中基础数据时间、精度略有差异，通过统一精度栅格的预处理操作，可能导致研究结果存在误差。后期应考虑较长的时间跨度、多样化栅格尺度、精细化时间分类,以增强本研究科学性、客观性。此外,受物种分布基础数据限制,案例未考虑特定目标物种。基于目标物种识别的生态网络,可有效保护区域生物多样性,有利于后期生态网络效率评价,后期应考虑根据物种类型设置缓冲距离,进行多层级的生态网络识别等分析内容。

研究对象的边界是以行政单元划分,本研究未考虑地理单元和相邻地理要素的影响,可能导致生态盲区、生态节点影响范围判别不精准。后期可补充区域单元发展变化特征作为区域化重要参数选择的依据,构建适应于地理单元的区域高质量发展的基本范式,以增强区域差异化、精细化管理。

案例研究中生态廊道优化和生态网络评价部分略有欠缺。具体而言,难以在实践操作上确定现实生态廊道建设位置以及生态廊道宽度;生态网络评价方法的有效性和实用性有待实地验证。后期应加深生态网络复杂特性认识,采用网络结构鲁棒性模拟(于强 等,2018;刘建华 等,2019)、分析生态网络循环次数(Liu et al.,2015)等方法,以期实现生态网络评价的可操作性和有效性验证。

研究未考虑生态交错带边缘效应、"踏脚石"斑块等生态网络复杂特性。由于区域生态网络识别机理研究尚不完善,加之生态网络效应复杂性、生态网络动态建模挑战性(Gonzalez et al.,2017),区域生态网络的识别十分困难。后期可进一步深入分析生态网络拓扑变化与生物多样性演化之间的动态反馈,加深生态源地间交错带的边缘效应和"踏脚石斑块"(小生境斑块)研究(Hou et al.,2017),以提升对区域生态网络的认识。

参考文献

[1] 邓祥征,金贵,何书金,等,2020.发展地理学研究进展与展望[J].地理学报,75(2):226-239.

[2] 杜志博,李洪远,孟伟庆,2019.天津滨海新区湿地景观连接度距离阈值研究[J].生态学报,39(17):6534-6544.

[3] 方莹,王静,黄隆杨,等,2020.基于生态安全格局的国土空间生态保护修复关键区域诊断与识别——以烟台市为例[J].自然资源学报,35(01):190-203.

[4] 高宇,木皓可,张云路,等,2019.基于MSPA分析方法的市域尺度绿色网络体系识别路径优化研究——以招远市为例[J].生态学报,39(20):7547-7556.

[5] 韩博,金晓斌,项晓敏,等,2020.基于"要素—景观—系统"框架的江苏省长江沿线生态修复格局分析与对策[J].自然资源学报,35(01):141-161.

[6] 鞠昌华,裴文明,张慧,2020.生态安全:基于多尺度的考察[J].生态与农村环境学报,36(05):626-634.

[7] 李青圃,张正栋,万露文,等,2019.基于景观生态风险评价的宁江流域景观格局优化[J].地理学报,74(07):1420-1437.

[8] 刘建华,王戈,杨斓,等,2019.包头市草原景观斑块耦合网络结构特征研究[J].农业机械学报,50(03):196-203.

[9] 刘世梁,侯笑云,尹艺洁,等,2017.景观生态网络研究进展[J].生态学报,37(12):3947-3956.

[10] 穆博,李华威,Mayer A,等,2017.基于遥感和图论的绿地空间演变和连通性研究——以郑州为例[J].生态学报,37(14):4883-4895.

[11] 牛腾,岳德鹏,张启斌,等,2019.潜在生态网络空间结构与特性研究[J].农业机械学报,50(08):166-175.

[12] 欧维新,袁薇锦,2015. 基于景观连接度的盐城滨海湿地丹顶鹤生境斑块重要性评价[J]. 资源科学,37(04):823-831.

[13] 彭建,吕丹娜,董建权,等,2020. 过程耦合与空间集成:国土空间生态修复的景观生态学认知[J]. 自然资源学报,35(01):3-13.

[14] 齐珂,樊正球,2016. 基于图论的景观连接度量化方法应用研究——以福建省闽清县自然森林为例[J]. 生态学报,36(23):7580-7593.

[15] 单薇,金晓斌,孟宪素,等,2019. 基于多源遥感数据的土地整治生态环境质量动态监测[J]. 农业工程学报,35(01):234-242.

[16] 王玉莹,沈春竹,金晓斌,等,2019. 基于MSPA和MCR模型的江苏省生态网络识别与优化[J]. 生态科学,38(02):138-145.

[17] 吴茂全,胡蒙蒙,汪涛,等,2019. 基于生态安全格局与多尺度景观连通性的城市生态源地识别[J]. 生态学报,39(13):4720-4731.

[18] 于强,杨斓,岳德鹏,等,2018. 基于复杂网络分析法的空间生态网络结构研究[J]. 农业机械学报,49(03):214-224.

[19] 张晓琳,金晓斌,范业婷,等,2019. 1995—2015年江苏省土地利用功能转型特征及其协调性分析[J]. 自然资源学报,34(04):689-706.

[20] 张晓琳,金晓斌,赵庆利,等,2020. 基于多目标遗传算法的层级生态节点识别与优化——以常州市金坛区为例[J]. 自然资源学报,35(01):174-189.

[21] 张宇,李丽,吴巩胜,等,2016. 基于生境斑块的滇金丝猴景观连接度分析[J]. 生态学报,36(01):51-58.

[22] 邹长新,王燕,王文林,等,2018. 山水林田湖草系统原理与生态保护修复研究[J]. 生态与农村环境学报,34(11):961-967.

[23] Bennett G, Wit P, 2001. The development and application of ecological networks: a review of proposals, plans and programmes[EB/OL]. [2022-06-15]. https://portals.iucn.org/library/sites/library/files/documents/2001-042.pdf.

[24] Borrett S R, Scharler U M, 2019. Walk partitions of flow in ecological net-

work analysis, review and synthesis of methods and indicators[J]. Ecological Indicators, 106: 1-16.

[25] Chi Y, Xie Z, Wang J, 2019. Establishing archipelagic landscape ecological network with full connectivity at dual spatial scales [J]. Ecological Modelling, 399: 54-65.

[26] Costanza R, Daly L, Fioramonti L, et al., 2016. Modelling and measuring sustainable wellbeing in connection with the UN sustainable development goals[J]. Ecological Economics, 130: 350-355.

[27] Cunha N, Magalhães M, 2019. Methodology for mapping the national ecological network to mainland Portugal: a planning tool towards a green infrastructure[J]. Ecological indicators, 104: 802-818.

[28] DeMontis A, Caschili S, Mulas M, et al., 2016. Urban-rural ecological networks for landscape planning[J]. Land Use Policy, 50: 312-327.

[29] DeMontis A, Ganciu A, Cabras M, et al., 2019. Resilient ecological networks: a comparative approach[J]. Land Use Policy, 89: 1-10.

[30] Gonzalez A, Thompson P, Loreau M, 2017. Spatial ecological networks, planning for sustainability in the long-term[J]. Current Opinion Environment Sustainability, 29: 187-197.

[31] Hou W, Neubert M, Walz U, 2017. A simplified econet model for mapping and evaluating structural connectivity with particular attention of ecotones, small habitats, and barriers [J]. Landscape and Urban Planning, 160: 28-37.

[32] Külvik M, Sepp K, Jagomägi J, et al., 2003. Ecological networks in Estonia-from classical roots to current applications[J]. Multifunctional Landscapes, 3: 263-289.

[33] Lewis Jr P H, 1964. Quality corridors for Wisconsin[J]. Landscape Architecture (Quarterly), 54(2): 100-107.

[34] Liang X, Jin X, He J, et al., 2022. Impacts of land management practice

strategy on regional ecosystems: enlightenment from ecological redline adjustment in Jiangsu, China[J]. Land Use Policy, 119: 106137.

[35] Liu G, Yang Z, Chen B, et al., 2015. An ecological network perspective in improving reserve design and connectivity: a case study of Wuyishan nature reserve in China[J]. Ecological Modelling, 306: 185-194.

[36] Meurant M, Gonzalez A, Doxa A, et al., 2018. Selecting surrogate species for connectivity conservation[J]. Biological Conservation, 227: 326-334.

[37] Saura S, Estreguil C, Mouton C, et al., 2011. Network analysis to assess landscape connectivity trends: application to European forests (1990-2000) [J]. Ecological Indicators, 11(2): 407-416.

[38] United Nations, 2018. 2018 revision of world urbanization prospects[EB/OL]. [2022-06-15]. https://www.un.org/en/desa/2018-revision-world-urbanization-prospects.

[39] Upadhyay S, Roy A, Ramprakash M, et al., 2017. A network theoretic study of ecological connectivity in Western Himalayas[J]. Ecological Modelling, 359: 246-257.

[40] Yang J, Zeng C, Cheng Y, 2020. Spatial influence of ecological networks on land use intensity[J]. Science of the Total Environent, 717: 137-151.

第十三章　常州市金坛区生态型土地整治规划

各类国土整治修复工程是落实国土综合整治与生态修复规划的最终途径。中国农用地整治工程已历经 20 余年发展，在农田水利与道路等工程规划设计方面趋近成熟。然而，传统农用地整治工程的条块化规划和硬质化设计对生态环境造成了不可忽视的影响，如何着眼"人地和谐"共生目标，把握区域发展定位，依托优势资源环境，改善发展障碍条件，构建因地制宜"山水林田湖"生态综合型的土地整治模式已迫在眉睫（罗明 等，2019）。本研究展示了常州市金坛区的一个生态型土地整治规划案例。案例区是典型的长江下游水网密集平原区，传统的整治规划范式与其"江南水乡"特色并不完全契合，因此本研究探索了一种生态型土地整治规划思路，立足江南水乡地域环境特征，以"绿色—生态"田园综合体为发展目标，形成了以景观生态学原理为依据的项目区要素特征识别与功能分区方法体系。本研究详细解释了各类生态型整治工程的设计要点，评估了生态型土地整治规划的主要成效，最后总结了生态型土地整治工程在理念与方法上的转变，可为今后国土综合整治与生态保护修复工程实施提供借鉴。

13.1　案例背景

13.1.1　政策背景

改革开放以来，我国新型城镇化与城乡统筹发展不断加速，城乡建设用地的扩张致使农业、生态用地不断受到挤压，城镇、农业、生态空间矛盾加剧，城乡地域不同空间尺度都存在着人与自然、生产和生活、自然生态系统内部关系不尽协调的矛盾(周德 等，2015)。新时期新阶段,生态文明建设、农业现代化发展、美丽乡村建设等国家战略目标的提出,为土地整治赋予了新的时代使命。

我国新时期土地(农用地)整治通过调整土地利用结构、完善农田基础设施等途径,在增加有效耕地数量、提高耕地质量、提升农业生产能力、稳定粮食生产等方面取得了积极效果(胡业翠 等,2012；徐康 等,2015；Jin et al,2017)。高标准农田建设是我国保障粮食安全、夯实农业基础的重要工具,但随着农业发展阶段转变、生态文明建设进一步推进,传统高标准农田建设的目标、方法、手段同形势需求逐渐不相适应(李少帅和郧文聚,2012)。传统高标准基本农田建设以实现补充耕地、改善农业生产条件为目标,规划层面追求"田成方、路成网、渠相通、树成行"(郧文聚和宇振荣,2011),以坑塘河道填埋、机械化土地平整、硬质化道路沟渠建设为主要手段,实施过程投入高强度机械作业,导致项目区短时期内生态环境遭受剧烈扰动,长时期自然景观格局及生态稳定性遭到破坏,亟须生态转型(王军和钟莉娜,2017)。

江苏省是中国经济最发达、城市化程度最高的地区之一,改革开放以来江苏省特别是苏南地区城市扩张迅速,乡镇企业发展迅猛,建设用地占用及各类污染加剧使得江苏省耕地资源保护工作面临巨大压力(赵其国 等,2006)。基于此,江苏省通过开展高标准农田建设,为保护耕地资源、提高耕地产出效率提供了有效保障。"十二五"期间,江苏省完成高标准农田建设项目2785个,项目建设总规模3018.95万亩,投入资金345.83亿元,建成高标准农田面积2389.10万亩,新增耕地68.46万亩,耕地质量等别平均提高0.87等,新增粮食产能214.47万吨。高标准农田建设加快了江苏省农业建设的步伐,为国家粮食安全做出了重要贡献。

需要注意的是,江苏省高标准农田建设中仍存在不容忽视的问题。江苏省地表水资源丰富,水网密布,但高标准农田建设过程为实现耕地补充任务,确保田块形状、方向规则,进行了大量坑塘、河道等的填埋工作,使得总体水面率降低,水系连通性降低,水面的生态功能受损(刘小冬,2009)。同时,由于江苏省乡镇企业发达,工业点源污染带来的水、土、气污染严重,这也成为农业生产的重要限制因素。但传统高标准农田建设受限于建设目标和建设任务,污染整理工作开展较少。随着生态文明建设需求日益紧迫,高标准农田建设生态转型已是大势所趋(金妍 等,2013)。针对高标准农田建设中越来越多的生态问题,江苏省也积极贯彻国家政策,从内涵、理念、体系、方法、设计等多个层面,不断进行高标准农田建设生态转型的实践探索,目前已经取得了一定成果。本研究以常州市金坛区直溪镇溪滨村(核心区)土地整治项目区项目为例,介绍江苏省在高标准农田建设生态转型过程中的具体实践和成效。

13.1.2 项目简介

1. 项目情况

该项目名称为"2016年常州市金坛区直溪镇溪滨村(核心区)省以上投资(新增建设用地土地有偿使用费)土地整治项目",项目类型属于"2016年省以上投资(新增建设用地土地有偿使用费)高标准基本农田建设土地整治项目"。

项目区土地总面积107.81公顷,扣除不动工面积67.34公顷,项目建设规模为40.47公顷,其中基本农田面积39.12公顷,占建设规模的96.67%。该项目的工程类型包括土地平整、灌溉与排水、田间道路及农田防护与生态环境保持工程等。项目工程施工费预算总投资861.07万元,亩均投资5324.61元。其中土地平整工程投资96.46万元,占工程施工费11.20%;灌溉与排水工程投资210.16万元,占工程施工费24.41%;田间道路工程投资249.64万元,占工程施工费28.99%;农田防护与生态环境保持工程投资304.81万元,占工程施工费35.40%。

该项目从2016年2月中旬开始外业踏勘,进行可行性研究编制,经过多次现场核对、方案优化论证,形成最终的规划方案。2016年3月中旬,常州市国土资源局组织有关专家对项目可行性研究进行评审,评审通过后完成项目可研立项。项目建设工期两年,完成时间为2018年年底。

2. 项目特色

该项目立足江南水乡地域环境特征,以"绿色—生态"田园综合体为发展目标,重点通过高标准农田建设、水系生态修复和村域功能复合等整治方式,提升农业生产效率,改善人居环境,完善生态系统,营造特色景观,激活乡村价值,将项目区打造为融合江南水乡风光、田园浪漫景色为一体,以现代农业生产为主,兼具观光、休闲独特功能的田园综合体。

具体而言,农田要素以高标准基本农田建设为目标,通过地类调整、田块设计、设施完善、景观优化、利用提升等整治手段,提高耕地产能,促进规模经营,推进设施农业和观光农业的发展;水系要素以生态环境保护为目标,通过水网连通、湿地设计、驳岸建设、污染防控等整治手段,优化水系结构,改善水体质量,提高景观功能和生态价值;村庄要素以村域功能复合为目标,通过设施完善、建筑重塑、污染防控、主题打造等整治手段,改善村庄居住条件,提升乡村景观风貌,增加地域农民福祉,促进美丽乡村建设。总体上,立足生态综合型土地整治,将项目区内的农田、村庄、道路、水系等要素构成一个相对完整的乡村生态景观单元,在此基础上,推进土地流转和规模经营,整合乡村人力、资金、科技等资源要素,为农业现代化发展、美丽乡村建设和城乡统筹发展提供有力的平台支撑。

13.2 规划过程

13.2.1 规划思路

为实现高标准农田建设生态转型,本案例基于"江南水乡"的独特资源特点及建设条件,围绕高标准农田建设和生态环境改善的核心目标,进行了生态型土地整治项目规划探索,提出了全新的规划思路。生态型土地整治是在传承传统型整治优点的基础上提出的,主要以景观生态系统生物生产功能、生态服务功能和文化服务功能等多个功能的实现为基本出发点,针对"田、水、路、林、村"等关键整治要素,运用景观指数等方法对项目区景观生态格局进行定量描述和综合分析,识别项目区土地利用的障碍因素,并针对性地提出项目规划设计方案和规划实施措施。生态型土地整治在规划目标上,将生态文明建设、生命共同体、人地和谐理念贯穿于土地整治工作的始终,重视景观格局重构、生态功能重建和乡村污染控制;在规划方法上,将生态景观格局诊断与生态景观功能评价技术融入规划方案,以达到营建绿色基础设施的生态目标;在工程设计上,研发河道防护、农田防护、道路绿化、沟渠绿化等不同生态化技术,引入土壤修复、污染源隔离、污染物集中纳管等技术;在规划效果上,不仅着眼于耕地质量和土地综合生产能力的提升,而且关注区域景观生态格局的稳定、生态服务功能的发挥和作为旅游观光资源价值的复合,实现整个系统经济、社会和生态等效益的统筹优化。

项目总体按照"资源要素诊断—规划目标设定—整治方式综合—方案评价反馈"的思路进行规划设计,通过功能空间优化、生态网络构建和绿色基础设施营造等生态化土地整治技术的联合应用,对项目区农田、水面、居民点、道路、林网等整治要素进行全域规划、综合整治,打造"生产—生活—生态"空间有序、设施完善、功能复合、景观融合的江南水乡田园综合体(图13-1)。

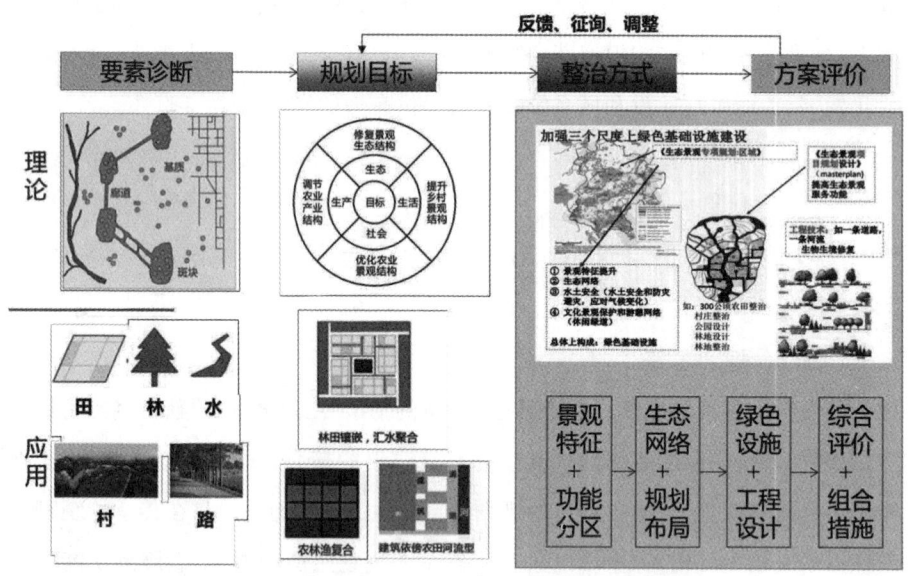

图13-1 生态型土地整治规划总体思路

(1) 景观特征分析+功能分区

以场地的现状分析为基础,将生态景观格局诊断与生态景观功能评价技术融入规划方案,立足要素功能和目标导向,依次对农田、水面、居民点、基础设施等整治要素进行特征分析和障碍诊断;结合区域上位规划和发展定位,遵循"因地制宜、统筹兼顾"的设计原则,以主导功能和优势资源为依据,进行项目区的功能分区,确定相应的发展目标。

(2) 生态网络构建＋规划布局

采用"反规划"理念，立足场地的景观格局及其要素演变规律，按照"斑块—廊道—基质"的生态规划设计思路，通过敏感性分析、要素条件评价和准则控制规划，构建合理的生态网络格局，为农田、水系、沟渠、道路、林网等关键要素、骨干设施的配置提供布局控制；在生态景观单元总体布局稳定的基础上，考虑要素间的功能协调和内部结构优化，依据行业技术标准、研究成果总结的要素规划准则，利用适宜性评价和线性规划方法，进行项目区在土地利用、工程设施、利用模式上的规划布局。

(3) 绿色设施营造＋工程设计

按照绿色设施建设的一般思路，通过国内外已有生态化土地整治工程技术的总结，结合项目区具体实际，以高标准生态良田建设、功能复合型水面修复为核心目标，引入生态衬砌技术、生物通道、缓冲带建设、污染物集中纳管等不同生态化技术，对农田防护、沟渠配型、道路绿化、河道修复等方面进行工程设计及施工技术的升级或改造。

(4) 综合评价反馈＋措施综合

以项目区"生产—生活—生态"空间的协调及功能的统筹实现为评判基准，通过经济效益计算、社会效益分析和生态效益评价等方式，对初步的规划设计方案进行效益判断反馈；对存在显著负向效益的规划要素，进行方案的调整或借助工程、生物、社会等其他措施的组合，实现项目区生态综合型土地整治规划设计方案的优化。

13.2.2 要素特征识别与功能分区

当前，在高标准农田建设项目规划中，普遍存在忽略生态保护和景观设计论证、盲目追求"田成方、路成网、渠相通、树成行"的标准化建设问题，导致项目区景观的类型单一化和格局重复化。项目区所在金坛区地处苏南经济发达区，近年来土地利用面临耕地保护、城市扩张与生态休闲的三重困境，以农用地在多重功能利用之间的冲突最为剧烈，其与传统的以生产性农业为整治目标的项目具有明显差异。苏南地区的土地整治在项目规划设计上应重视乡村景观特征的提升、乡村污染的控制、乡村休闲旅游的发展以及乡村基础设施与生活条件的改善等方面，整治目标具有明显的生态性、景观性和综合性特征。景观格局分析是开展生态综合型土地整治规划设计的前提条件，项目遵循景观格局评价到景观格局调整的基本原则，立足"斑块—基质—廊道"景观结构优化，以项目区土地利用现状为基础，结合区域资源要素调查，依次对农田、水面、居民点、基础设施等整治要素进行特征分析和障碍诊断，为土地整治规划目标的设定提供基础依据。通过景观格局分析，结合前期实地调查(图13-2)，项目区要素具有以下特征。

（1）农业景观格局方面

农业景观占总面积的46%，其中耕地占比为36.81%，是高标准农田整治的主要对象。就斑块特征而言，水田斑块数量最多，斑块密度相对较高，集中分布于项目区中部，小部分错落于河塘周边，形状相对规整；但受自发性经营养殖水面的分割，耕地的破碎化和分离度较高，平均规模较小，适宜规模化生产耕地（斑块面积不小于3亩）占比仅为10.77%，边界形态复杂。在土地利用方式上，结合廊道特征分析，现有沟渠、道路等农田基础设施在结构和功能上均未达到配套要求，廊道密度和环通性相对较低，实际有效灌溉面积占比仅为11.99%，土地利用效率较低，耕地产能潜力尚未发挥。同时，农用地作物种植方式单一，以一年两熟水稻为主，均匀度指数偏高，经济作物种植缺乏，水产养殖和粮食生产空间分离且相互干扰，农业生产效益较低，设施农业和观光农业水平有待提升。

（2）水系景观格局方面

水系景观占总面积的49.24%，其中坑塘水面占比为39.51%，是水系生态整治的主要对象。就斑块特征而言，坑塘水面斑块数量较多，平均规模较大，以养殖水面为主，形状单一、高低不整、封闭性强，缺乏生态防护和缓冲区设置，粗放性经营下水质污染日趋严重，与农田、河流等要素之间存在明显的功能冲突和生态干扰。此外，受灌排渠系不完善的影响，农业生产中人工截流取水、填埋造塘现象较多，致使以河流为主的自然水面生态连通性较差，流经项目区的耿庄河缺乏必要的生态驳岸和污染防控措施，生产性和生活性水体污染并存，水系的景观营建不足。

（3）村庄景观格局方面

村庄景观占总面积的4.68%，其中农村居民点占比为4.62%。就斑块特征而言,零散分布有三个生活组团,其中以东北部巨村组团为主,由于建筑样式、色彩、山墙等风格各异,导致整体景观缺乏层次,植被树木与林带缺乏,水乡地域特征不强。公共设施配套有待加强,外围道路环通性较低,道路等级无法满足现阶段行车需求,连接农田的生产道路密度较低,村内前后空闲地较多,道路缺乏绿化带;同时,多数村民反映西南部以工业油料生产为主的化工厂,历史悠久,是本村重要的乡镇企业之一,但生产较为粗放,三废污染严重;此外,村内生活垃圾回收站、水桥、文化中心等设施亟待建设,以改善乡村生活水平和生态环境,落实居民亲水、游憩等需求。

a. 土质排沟　　　b. 土质道路　　　c. 建筑物

图 13-2　项目区整治前现状

项目基于整治要素评价和生态网络构建,融入"江南水乡"地域特色,充分尊重原生地貌、自然水网和文化传统,以"水"为主题进行项目区土地整治功能分区。项目区具备苏南水网地区典型的地域特征,大小不一且功能各异的河流、湖泊、坑塘水面相互串联,村庄临水而筑,沿河发展,农田受水环境制约规模较小且布局分散,其独特的地域环境对整个区域的经济发展、土地利用、生态保护等方面提出了特殊的要求。如图 13-3 所示,该项目遵循景观"起、承、转、合"的序列构造和"生产—生活—生态"空间的功能统筹,以"水"为文化基调,形成高效农业区、宜居生活区、渔水湿地区和浪漫田园区等四大主题功能区,依次承载现代农业发展、美丽乡村建设、生态腹地维育、景观游憩服务等四大主导功能,形成"一村、两水、四区"

的总体布局,打造三生空间有序、设施完善、功能复合、景观融合的江南水乡田园综合体。

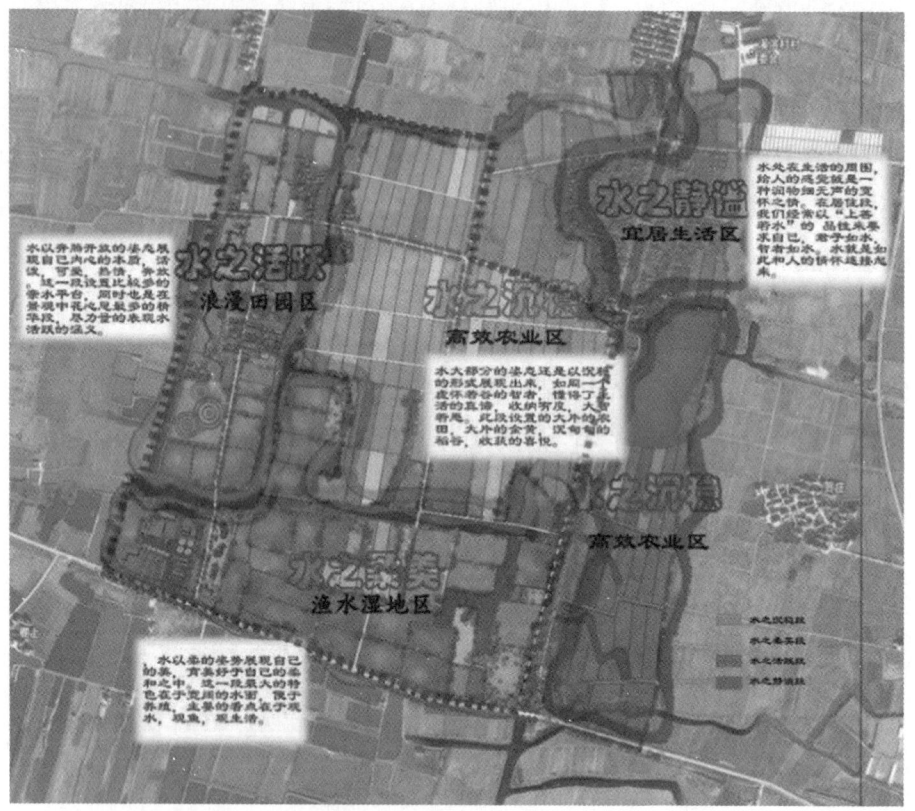

图 13-3　土地整治功能分区图(资料来源:项目规划设计资料)

13.2.3　生态化工程设计

传统的土地整治主要包括土地平整工程、农田水利工程、田间道路工程、农田防护工程和其他工程,而这五大工程的具体流程和工艺设计中所存在的不合理内容都将导致生态问题的产生,主要包括生态景观功能退化、生物廊道及栖息地保护不够、工程建设材料缺乏生态考虑、农村景观风貌保护不足、污染防控和隔离工程缺失等。因此,该项目在传统高标准农田建设工程框架下,基于现有研究,针对主要的生态问题,提出高标准农田建设工程生态化设计的主要内容和要点(表 13-1)。

表 13-1　项目区生态设计一览表（资料来源：项目规划设计资料）

工程类型	具体措施	生态化设计要点	功能效应
土地平整工程	生态化田坎设计	土地平整工程的田土坎归并及分布中，优先采用土质坎，对田土坎和石坎进行生态化工程处理，在梯田外侧种植灌丛植被；综合考虑水土保持、景观效果、稳固性及就地取材等因素，整形修筑萱草生物田坎，保证农田斑块的完整性	增强农田生态系统的多样性；避免工程对地表的扰动及其造成新的土壤流失；提高田坎稳定性及透水性，保护水土资源，美化景观
灌溉与排水工程	渠岸改善	渠道边坡设计与植物配置，营造多样化的水流环境，增加水路两侧绿化率，与周围自然景观配合；沟边两侧预留植物生长用地，种植适生草本植物	保障田间生物自由通行不受阻碍，增加透水性，涵养地下水，减小对生态环境的影响
	断面设计	考虑沟渠内壁、纵横断面构造、水路底及侧坡面的凹凸、水深流速、和缓的侧边坡度；将沟底设计成凹凸起伏变化的底面；复式断面，改良型、植生型防渗砌块渠道的设置	提供多样化的沟底栖息环境，减缓雨水对沟道土壤的冲刷力度，提高沟渠的生态功能
	动物保育设计	排水沟和灌溉渠结构设计，设置生态逃离梯步，沟渠底回填夯实土并随机放置卵石；在渠道中间隔 20~30 m 距离沿渠道纵向设置一段单侧的动物脱逃生态斜坡；生态孔洞、生态阶梯、深槽设置	卵石凹凸不平的表面及细缝能够生长苔类植物，为生物提供饵料、栖息生长环境，同时起到一定的防渗效果；保护生物多样性
田间道路工程	生态路面设计	生产路采用素土路基，分层压实，田间路采用泥结石路面，以碎石为骨料、泥土为填充料和黏结料，经压实修筑而成；经生态改良的混凝土材料及其构件铺面；路面材料以粗骨渣土为主，辅以石块铺面，或采用粒料加固土、砂碎石路面等	利于花草生长，为小型动物和微生物提供栖息场所，最大限度地保证了土壤生态功能的发挥，便于不同斑块内动物的活动或迁移，融入原生态环境
	生物通道设计	避免穿越生态敏感区，在适当地点设置动物专用的涵管式通道、生态桥和涵洞；道路两旁预留一定宽度的生态廊道，在沟渠与道路交叉处配套设置涵洞（生态孔）；根据动物习性合理选择涵管材质和孔径并置于适当位置，通过覆盖植被等措施诱导动物进入	防止生境破碎化，方便灌溉和排水以及作为田间动物的通道，保障动物的流动性及生态系统的稳定性

1. 土地平整工程

土地平整工程的生态化设计主要包括景观生态化田块设计、田块平整、田埂修筑、土地复垦和土壤修复等。田块设计在符合一般规划设计要求的基础上，保留和重新归整出一些景观要素，建立起与各生物类群之间的共生关系，如构建田块生态边界，包括树篱、草皮（带）、墙、篱笆、作物边界以及生物梗等，巩固田土坎稳定性的同时保护生物多样性。同时，该项目要求土地平整过程中尽量减少重型机械的使用，研究使用精细化平整的铲土机和推土机，采用精细化土地平整的流程与方法，促进农田保土、节水、保肥和增产；推广耕作层的剥离与回填，优化土壤剖面重建技术与工艺。

2. 农田水利工程

农田水利工程的生态化设计主要包括沟渠断面设计、灌排网络和渠岸改善、动物保育设计、缓坡设计、沟渠生态材料应用等内容。沟渠设计在符合一般规划设计要求的基础上，尽量增加沟渠的蜿蜒性以及断面的多样性，尽量减少硬质沟渠，选择性采用连锁块、土质沟渠等能增加水土交换的生态沟渠形态；引导增加绿色生态材料和生态混凝土的使用，渠底部采用块石堆砌或者设计纵横相连的生态带。为保证水生物栖息环境，进行生态孔洞、深槽和复式断面的设计，为生物提供栖息藏匿场所，保证水流量的稳定，维持水生物的生存环境。

3. 田间道路工程

田间道路工程的生态化设计主要包括生态路面设计、生态绿化设计、路旁缓冲带设计、生物通道设计等内容。田间道路设计在符合一般规划设计要求的基础上进行"多孔质"道路设计，减少混凝土等硬质材料的使用。村道等低等级的道路使用碎石或土路；高等级道路设计时结合经济草种和绿篱等的种植，帮助水分渗透，推广道路多孔结构。同时，针对项目区陆生生物（主要是小型爬行动物），在生产道路、田间道路路基部分设计"生态管涵"，加强绿廊类生物多样性保障设计，提供可通行的生物通道。

4. 生态防护与污染防控工程

生态防护与污染防控工程主要包括农田生态防护、水系生态防护、水体净化工程、乡村污染治理等内容。

(1) 农田生态防护工程

其设计结合生态化和景观化两个过程,进行防护林带景观空间结构和植物景观配置的综合设计,主要从林带乔灌木结构配置,林带间距及林带宽度的合理性,防护林带优势景观空间、景观节点、轴线及功能区景观建设的需求等方面进行考量;此外,利用生态材料与植物相结合建成生态带护坡,利用混凝土与植被相结合的方式建设网格生态护坡等。

(2) 水系生态防护工程

依照各个河道的不同类型,采用生态混凝土护岸和生物护岸两种方式。生态混凝土护岸通过混凝土和石块结合,在常水位以上设计形成表面不填缝浆砌块石护岸,营造表面粗糙的多孔质空间,在常水位以下采用半混凝土半浆砌块石护岸或造型板混凝土方式,保证渠道输水效率;对于水流速度和边坡坡度较小的河道沟渠可采用植生挡土墙、原生植被护岸和木桩工法护岸等生物护岸方式,防止水土流失,保证护岸的自然性。

(3) 水体净化工程

在农田灌溉和农田渍水排放之前可分别设置生态净化池,以阻止农田水系污染的扩散;对于已经污染的水面(包括河流、坑塘、渠道等),人为创造条件,利用动、植物和微生物的吸收和降解作用,加强水系的自净能力,如通过渠底或坑塘沉水植物和岸坡挺水植物构建水生生物微系统的水生植被恢复技术。

(4) 乡村污染治理

针对村庄污水直排河道,生活垃圾、工业三废因未能及时处理所产生的乡村污染问题,在强化乡村生态监测的基础上,增加农村生活污水和垃圾生态处理系统,利用厌氧、人工湿地、微生物等生态化环节对污水进行处理,采用生物工艺对农村生活垃圾进行分类处理;针对工业"三废"、汽车尾气、噪声等不同污染源,确定绿色隔离带(缓冲区)的建设位置、规模及种类,保证农田生态系统的稳定。

13.2.4 整治效果评价

1. 生产能力提升

通过该项目的实施,可以有效完成高标准农田建设的基本任务,可新增耕地

5.99公顷，新增耕地率达14.8%，在提高项目区总体农业产能的同时，为经济建设提供了"占补平衡"用地指标，进而为实现耕地总量动态平衡的战略目标做出了贡献。

通过项目建设，项目区耕地的道路通达度从28.78%提升至88.84%，耕作便利性显著提升。项目区灌排设施覆盖耕地比例从13.23%提升至94.26%，保证了耕地及时有效进行灌排，提高了项目区农业抗风险能力。通过灌排设施配套建设，使项目区内的灌排设施体系化，有效改造中低产田，建设高标准基本农田，增加了农作物耕层厚度，防止了水土流失，改善了局地气候，为提高土壤肥力和耕地质量提供了可靠的保证。项目区土地平整面积为40.47公顷，通过土地平整，可提升项目区耕地机械化条件，提升农田灌溉能力，增加粮食产能。项目区平均耕地质量等别(利用等)从5.8等提升至5.2等。

2. 生态景观提升

生态型高标准农田建设的目标既包括提升农业生产能力，也包括改善农田生态系统的稳定性、安全性。根据表13-2，通过该项目的实施，项目区村庄景观、农业景观、水系景观三大类景观在类型水平上，除了风景名胜、特殊用地以及河流水面，其他景观的斑块密度指数皆有所下降，表明规划后土地破碎化程度减小，实现了土地资源整合的作用，提升了土地耕作效率。其中，旱地、水田及河流水面最大斑块指数值增加最大，表明耕地优势度增加；旱地、水田、坑塘水面等规划后较规划前更加规则。

在景观水平上，三大类景观规划后规则度皆有所增加，与规划前整体景观破碎化程度较高相比，规划后土地聚集度和延展性增加，景观生态功能得到显著提升。此外，规划后耕地面积占比上升至53.96%，耕作田块平均规模0.3~0.4公顷，耕地规模化率提升161.1%，均质、连续、集中田块紧密分布；有效灌溉保证率提升26.78%，土地综合生产力提升10.28%；廊道密度和环通度显著提升，表现为"路成网、河相通、渠相连"的线性规则景观，水面有效利用率提升24.43%。此外，通过项目建设，采用工程、生物、农艺等措施进行综合治理，能够改善土、水、肥条件，有效保护和调节气候，涵养水分，减少水污染，减少水土流失，减少河道泥沙淤积，对当地小流域生态治理起到重要作用。

第十三章 常州市金坛区生态型土地整治规划

表13-2 整治前后核心区景观指数对比

景观大类	地类名称	类型水平							景观水平					
		斑块密度		最大斑块指数		最大形状指数		斑块密度		最大形状指数		蔓延度指数		香农多样性		香农均匀度	
		整治前	整治后	整治前	整治后	整治前	整治后	整治前	整治后	整治前	整治后	整治前	整治后	整治前	整治后	整治前	整治后
村庄景观	村庄	298.47	265.58	35.70	36.52	4.47	4.25										
	风景名胜及特殊用地	19.90	20.43	1.33	1.33	1.23	1.18										
	旱地	42.39	14.63	1.69	2.81	6.08	4.00										
	农村道路	218.00	195.07	5.88	1.27	28.39	21.06	318.37	286.01	4.62	4.35	94.89	94.91	0.07	0.07	0.10	0.10
	其他园地	10.09	6.50	0.47	0.39	2.60	2.20										
	设施农用地	2.02	1.63	0.23	0.18	1.25	1.14										
	水田	42.39	17.88	20.14	60.66	7.47	3.59										
	田坎	92.85	45.52	0.61	0.09	11.98	6.65										
水系景观	河流水面	1.89	2.55	19.76	24.74	7.98	7.46	81.22	48.48	14.46	10.91	62.84	57.68	0.50	0.56	0.72	0.81
	坑塘水面	79.33	45.92	27.45	31.11	12.40	8.56										

-483-

以上表明，通过基于要素优化的土地整治规划设计，整治后项目区"斑块—廊道—基质"格局趋于协调稳定，土地利用要素空间有序发展，对农业现代化发展、生物多样性保护、生态景观价值提升等方面均可发挥积极影响，利于修复江南水乡典型的"河、湖、鱼、堤、柳、人"的传统景观特色，控制非点源乡村污染风险。

13.3 案例总结

13.3.1 建设理念转变

传统高标准农田建设以补充耕地数量、提升耕地质量、改善农业基础设施为主要建设目标，符合当时的时代要求。但随着经济发展进入新时代、农业发展进入新阶段，生态文明建设成为高标准农田建设的新任务、新要求，新时代高标准农田建设必然面临着生态转型，在目标、思路上同以往发生质的变化。

常州市金坛区直溪镇溪滨村（核心区）土地整治项目为高标准农田生态转型提供了有益探索。该项目不再单纯局限于传统建设目标，而是在其基础之上增加生态保护、生态修复、生态提升的新目标，并最终建成融合江南水乡风光、田园浪漫景色为一体，以现代农业生产为主，兼具观光、休闲、生态功能的田园综合体。

为实现这一建设目标，规划思路也相应地进行转变。传统高标准农田建设以工程布局为重心，而生态型高标准农田建设以后期发展定位为导向，对项目区进行整治分区，根据各分区的未来发展需求，在不同分区布置相应的重点工程。工程建设不仅仅为了满足农业生产需要，还应考虑到后期项目区新型产业发展需要、宜居乡村生活需要等。

13.3.2 技术方法创新

高标准农田建设生态转型包括新技术新方法的应用：第一，在项目规划理念方面，以生态景观理论为指导，增加对项目建设的生态环境影响及环境治理等方面的考虑，结合项目区自然条件、发展定位、景观格局等进行建设分区，对不同分区提出针对性规划方案；第二，项目规划技术主要采用了生态景观格局诊断、生态景观功能评价、生态敏感性分析等方法，通过分析确定对生态环境负面影响最小的工程布局;第三,在工程设计方面,结合地方实际情况,设计了具有生态连通和保育功能的生态沟渠、生态田间道,尽可能减小工程对项目区生态环境的分隔,维护生物多样性;分析水体污染流动方向,在适宜位置布设了生态净化池,尽可能减小农田氮、磷等元素造成的水体富营养化,提高了生态环境质量。

根据项目的实践探索可知,高标准农田生态转型需要从项目规划、工程布局、单体设计、污染防治等多方面进行生态考量,在生态理念指导下进行工程建设,尽可能减小生态环境影响。

13.3.3 评估方式转变

传统高标准农田建设成效主要从社会经济效益、生态效益、耕地质量提升等角度进行评价,但存在以下几个问题:首先是评价方法过于单一,主要是通过相关指标的定量计算与定性描述相结合,缺乏科学的、系统的评价体系支撑;其次是评价内容过于简单,计算指标难以全面衡量项目建设的影响,特别是生态效应评价,传统高标准农田建设的生态效益通常用水土流失治理面积等指标进行评价,无法对项目的生态影响进行全面、直接的评价;最后,以往的高标准农田建设评价主要是通过项目建设情况对直接建设成效进行评价,缺少对项目的长效评价。

生态型高标准农田建设评价不仅着眼于耕地质量和土地综合生产能力的提升,同时还关注区域景观生态格局的稳定、生态服务功能的发挥和作为旅游观光资源价值的复合,实现整个系统经济、社会和生态等效益的统筹优化。评价手段也从传统的评价指标计算向长时间、多维度监测转变,更加重视对生态效益等长时间作用发挥的效果的监测,重视对环境污染、景观多样性、生物多样性等方面的评价,探索项目建设隐性价值评价的方法并将其纳入项目验收评价体系,从而提升生态价值评估的重要性,促进高标准农田建设生态转型。

参考文献

[1] 胡业翠,郑新奇,徐劲原,等,2012.中国土地整治新增耕地面积的区域差异[J].农业工程学报,28(2):1-6.

[2] 金妍,车越,杨凯,2013.基于最小累积阻力模型的江南水乡河网分区保护研究[J].长江流域资源与环境(01):8-14.

[3] 李少帅,郧文聚,2012.高标准基本农田建设存在的问题及对策[J].资源与产业,14(3):189.

[4] 刘小冬,2009.基于区域可持续发展的江南水乡乡村景观研究[D].南京:南京农业大学.

[5] 罗明,于恩逸,周妍,等,2019.山水林田湖草生态保护修复试点工程布局及技术策略[J].生态学报,39(23):8692-8701.

[6] 王军,钟莉娜,2017.土地整治工作中生态建设问题及发展建议[J].农业工程学报,33(5):308-314.

[7] 徐康,金晓斌,吴定国,等,2015.基于农用地分等修正的土地整治项目耕地质量评价[J].农业工程学报,31(7):247-255.

[8] 郧文聚,宇振荣,2011.土地整治加强生态景观建设理论、方法和技术应用对策[J].中国土地科学(6):4-9.

[9] 赵其国,周生路,吴绍华,等,2006,中国耕地资源变化及其可持续利用与保护对策[J].土壤学报(04):662-672.

[10] 周德,徐建春,王莉,2015.近15年来中国土地利用冲突研究进展与展望[J].中国土地科学(2):21-29.

[11] Jin X, Shao Y, Zhang Z, et al., 2017. The evaluation of land consolidation policy in improving agricultural productivity in China[J]. Scientific Reports, 7: 2792.